KB111337

인식의 도약

〈패러다임의 전환 총서〉를 내면서

자신과 이 우주를 입자의 집합체로 인식하는 입자적 우주관이 아직도 세상을 지배하고 있습니다. 무한경쟁과 갈등과 폭력과 불평등과 환경재앙 등 현대사회가 직면한 모든 파국적 문제는 우리 존재의 본질이 낱낱이 분리된 입자라고 생각하는 케케묵은 우주관에 뿌리박고 있습니다.

그러나 홀로그램 모델이 시사하듯이 입자적 우주관은 인간이 한정된 지각능력의 작은 틈새를 통해 우주를 내다볼 때 일어나는 착시현상에서 비롯된 것임이 분명합니다. 깊은 차원에서 들여다보면 입자 우주는 춤추는 파동의 간섭무늬가 만들어내는 그림자, 홀로그램 입체상일 뿐입니다.

파동의 차원에서는 부분이 곧 전체여서 분리라는 개념이 존재하지 않습니다. 우주는 천의무봉天衣無縫, 꿰맨 데 없는 하나의 전일체여서 이것을 인식하지 못하는 인간에게만 온갖 불가사의와 초자연현상이 이해되지 않는 수수께끼로 남아 있는 것입니다. 〈패러다임의 전환 총서〉는 이 새로운 우주관에 대한 이해를 일반에 진작시키고, 그 앎을 각자의 삶 속으로 가져가는 방법론들을 소개함으로써 태동하는 새로운 우주관이 펼쳐낼 새 시대를 맞이하기 위한 기틀을 닦고자 합니다.

정보의 시대를 넘어 직관의 시대로

인식의 도약

페니 피어스 지음 | 김우종 옮김

정신세계사

LEAP OF PERCEPTION

by Penney Peirce

Original Copyright ⓒ Penney Peirce, 2013.
Korean Translation Copyright ⓒ Inner World Publishing, 2015.
This Korean edition was arranged with Atria Books/Beyond Words,
a Division of Simon & Schuster, Inc. through EYA(Eric Yang Agency).
All rights reserved.

인식의 도약
ⓒ 페니 피어스, 2013

페니 피어스 짓고, 김우종 옮긴 것을 정신세계사 정주득이 2015년 10월 30일 처음
펴내다. 이균형이 다듬고, 김윤선이 꾸미고, 한서지업사에서 종이를, 영신사에서 인
쇄와 제본을, 김영수가 기획과 홍보를, 하지혜가 책의 관리를 맡다. 정신세계사의
등록일자는 1978년 4월 25일(제1-100호), 주소는 03785 서울시 서대문구 연희로
2길 76 한빛빌딩 A동 2층, 전화는 02-733-3134, 팩스는 02-733-3144, 홈페이지는
www.mindbook.co.kr, 인터넷 카페는 cafe.naver.com/mindbooky이다.

2021년 5월 17일 펴낸 책(초판 제4쇄)

ISBN 978-89-357-0394-4 03320

이 도서의 국립중앙도서관 출판시도서목록(CIP)은 서지정보유통지원시스템 홈페이지(http://
seoji.nl.go.kr)와 국가자료공동목록시스템(http://www.nl.go.kr/kolisnet)에서 이용하실 수 있
습니다.
(CIP제어번호: CIP2015027065)

사회 부적응자, 반항아, 선동가들에게

자신이 잘못된 때와 장소에서 태어났다고 느끼는 사람들에게

자신만의 방식으로 선을 행하는 사람들에게

시인, 예술가, 몽상가, 영매, 신비가들에게

발명가, 혁신가, 선도자들에게

온갖 유형의 스승들에게

특히 지혜의 폭을 넓혀주기 위해 시대마다

거듭 등장해주는 영적 스승들에게 이 책을 바칩니다.

우리를 위해 용감히 나서 길을 닦아주심에 감사드립니다.

차례

추천의 글

개인의 영적 발달을 다룬 서적들에 관한 한, 나는 매우 까다로운 사람이다. 나는 신앙심이 깊은 동네에서 자라났다. 우리 동네는 선한 의도, 주옥같은 지혜, 그리고 나중엔 내가 완전히 헛소리로 간주하게 된 말들로 넘쳐나는 곳이었다. 이후 나는 하버드 대학에서 세 개의 사회과학 분야 학위를 땄는데, 나는 거기서 내가 읽는 모든 책의 주장에 의문을 품도록 교육받았다. 또한 하버드는 물리적으로 수치화할 수 없는 것은 무엇이든 깎아내리는 일종의 독단적 유물론의 세계관을 접하게 해주었다. 하지만 나는 독단적 유물론이 이 포스트 뉴턴 과학시대에 놀랍도록 근시안적이라고 생각했다. 이미 물리학자들이 물질과 에너지가 실은 같은 현상의 서로 다른 존재상태임을 증명했으므로 나는 유물론자들에게 의구심을 품을 수밖에 없었다.

그 후 나는 학계를 떠나 자기계발서 작가가 되었는데, 의도치 않게 이 장르의 많은 작가들로부터 원고를 받아보는 입장이 되었다. 요즘도 나는 매주 새로운 원고, 교정쇄, 양장본을 받고 있다. 차곡차곡 쌓인 이 자료들을 나는 '내가 요청하지도 않은 책들'이라고 부른다. 물론 훌륭한 작품들도 더러 있지만, 그저 좋은 글들을 짜깁기한 것에 지나지 않는 '의도만 좋은' 작품들도 많다. 나는 이 자료들을 검토할 때 세 단계를 거친다. 1) 몇 개의 장을 읽어본다. 2) 고개를 내젓는다.

3) 요양시설에 기증한다. 물론 나는 내가 충치에 대해 걱정하는 만큼 오라aura를 정화하는 데 신경 쓰는 사람들도 존중받아야 마땅하다는 사실을 잘 안다. 차크라가 혼탁해졌다고 느끼면 부인과婦人科 전문 심령술사에게 자문을 구하거나 지금 글이 잘 안 써지는 이유가 수성이 역행하고 있기 때문이라는 설명만으로 책 한 권을 써내는 사람들 말이다. (내가 알기엔, 수성은 거의 항상 역행한다.) 하지만 난 그럴 마음이 생기지 않는다.

내 요지는 이렇다. 나는 논쟁을 꺼리지 않는 회의론자인 동시에 이런 유의 얘기에 진절머리가 난 사람으로서 페니 피어스 같은 사람들이 쓴 책들에 대해 극도로 비판적이다. 즉, 나는 노골적이고 적대적인 회의론자다.

하지만…

페니의 조언에 관해서 말하자면, 그것은 일리가 있다. 페니는 애매모호하게 긍정적인 말을 들려주는 대신 독자들이 특정한 결과를 이뤄낼 수 있도록 단계별로 실용적인 지침을 제공해준다. 물론 그 지침을 따라서 성과를 내는 것은 전적으로 독자의 주관적 경험이므로 그것을 물리적으로 측정할 수는 없다. 그렇다면 적어도 내 경우엔 그녀의 조언을 따를 때 좀더 차분해지고 평화로운 마음을 갖게 되는가? 그렇다. 그녀의 말처럼 정말로 지금 이 세상이 우리를 '인식의 도약'으로 이끄는 변성과정을 거치고 있다고 느끼는가? 그렇다. 페니가 제시하는 지침이 나를 좀더 직관적인 사람으로 만드는가? 그렇다. 지침을 따름으로써 나는 먼 장소의, 또는 미래의 상황을 좀더 정확하게 볼 수 있는가? 그렇다. 그런 인식들을 실제 물리적 현실과 비교했을 때 정확하게 들어맞는가? 그렇다. 절대적으로 그렇다.

나는 페니의 말이라고 해서 다 믿진 않는다. 그렇지만 그녀가 지금 내게 일어나고 있다고 묘사하는 내용들은 거의 대부분 신뢰한다. 서로 만난 적도 없지만, 우리 둘의 경험은 완벽한 동시성 속에서 행진하고 있는 듯하다. 페니가 나더러 〈추천의 글〉을 써달라고 부탁하기 하루 전날, 나는 저작권 대리인에게 '도약(The Leap)'이란 제목의 책을 꼭 쓰고 싶은데 분명 나만 그런 생각을 하고 있진 않을 거라고 말했었다. 지금 여러분은 바로 그 책을 들고 있다. 아마도 이것은 당신도 나와 페니를 매료시킨 이 짜릿하고, 즐겁고, 유쾌한 동조상태 속으로 곧 들어오리라는 뜻일 것이다.

이런 주제로 책을 쓰는 대부분의 작가들은 에너지 변성과정의 경험을 다소 얄팍하고 피상적인 문구들로써 묘사하곤 한다. 그런 책들은 저자가 어느 도시, 이를테면 맨해튼을 직접 방문한 적도 없이 그저 영화에서만 보고 쓴 관광안내서와 같다. 그들은 생생하고 매혹적인 뭔가를 묘사하지만 그 정보는 실제 경험이 아니기 때문에 예측과 선입견으로 왜곡되어 있다. 반면 《인식의 도약》은 뉴욕 토박이가 직접 쓴 관광안내서와 같다. 비유적으로 말하자면, 페니는 이 지역에서 걷기도 하고 차도 몰고 지하철도 타고 다닌다. 그녀는 어떻게 택시를 잡는지, 어디가 맛집인지, 어떤 명소가 볼 만한지를 잘 알고 있다. 따라서 페니의 지침을 따를 때 여러분은 그녀가 묘사하는 장소에 실제로 도달하게 된다. 페니가 묘사하는 장소, 즉 '인식의 도약' 너머의 세상은 마법과도 같은 경이로운 곳이다. 스스로 선택했든 우연이든, 능동적이든 수동적이든 간에 이미 여러분은 그곳으로 향하고 있다. 이 책은 그 여정을 훨씬 더 쉽고 즐겁게 만들어줄 것이다. 내가 그렇듯이, 여러분도 이 책을 자주 들여다보고 조언을 얻기를 바란다.

페니의 말을 인용하면서 추천의 글을 마무리하고자 한다. "사람이든 사물이든 진정으로 현존하는 것은 분명 어딘가 진실하고, 믿을 만하고, 설득력 있고, 활기차고, 매력적이고, 보편적으로 보이며 우리는 자연스럽게 그 대상과 관심을 주고받게 된다." 페니가 이 말을 쓰면서 자기 자신을 염두에 두진 않았겠지만, 내 생각에 이 말은 이 책과 저자를 완벽하게 묘사하고 있다. 나는 페니가 이 책을 세상에 내놓은 데 대해, 그래서 내 인식을 도약시키기 위한 도움의 손길을 내밀어준 데 대해 진심으로 감사한다. 페니의 다른 손은 여러분을 향해 있다. 그 손을 잡고 도약하시라!

2012년 11월 16일,
마사 벡.

독자들에게

우리에겐 큰 비전을 가진 사람들과 교감하고자 하는 거의 본능적인 열망이 있다.
의식의 진화를 이끄는 사람들 간의 우정이 이뤄내는 놀라운 성취엔
말로는 표현할 수 없는 가치가 있다.

— 피에르 테야르 드 샤르댕

결국 시간은 우리의 친구인 것으로 판명된다. 당신은 자신이 무엇을 하고 있는지 안다고 생각한다. 그러다 진실이 밝혀지고, 당신은 자신이 '진짜로' 하고 있는 것이 무엇인지를 깨닫게 된다. 그런 다음 또 다른 욕구와 진실을 통해 당신은 그림의 또 다른 측면을 보게 된다. 이런 과정이 이어지면서 당신은 여기에서 어떤 연결성을 발견하게 된다. 주의를 집중함으로써, 당신은 자신의 삶 속에서 조화롭고 시성적인 패턴이 모종의 계획에 따라 구현되고 있음을 알게 된다. 당신은 자신의 삶을 이끄는 고차원적인 지혜가 있음을 깨닫고 그것을 신뢰하는 법을 배우게 된다.

상위 의식에 진입하게 된 이야기를 시작하려면, 먼저 내가 몇 년간이나 직관력 계발법을 가르쳐온 탓에 따분함을 느끼고 있었던 시기로 돌아가야 한다. 물론 나는 여전히 직관력을 사랑했고 사람들과 어울리며 매번 새로운 즐거움을 느꼈지만 내 안에서 뭔가 변화가 필요하다는 느낌이 끊임없이 샘솟았다. '이제 나는 어떤 일에 도전해야 할까?' 나는 나 자신에게 물었다. '그래, 고전이 될 멋진 책을 써보는

거야.' 내 내면의 목소리가 대답했다.

당시 나는 직관(intuition)이란 개념을 대중화시키는 데 앞장서고 있었다. 직관은 논리나 증거에 의존하지 않고 뭔가를 즉각 '아는' 마법과도 같은 감각이다. 하지만 마음이 닫힌 전문직 종사자나 사업가들은 '직관'이라는 단어만 들어도 코웃음 치기 일쑤였다. 우리는 신뢰를 쌓아야 했고, 그러려면 단어를 신중히 골라야 했다. 나는 사람들로부터 '영매'나 '허무맹랑한 뉴에이지 채널러'라는 꼬리표를 얻지 않으려고, 혹은 '몽상가'로 치부되지 않으려고 부단히도 애를 썼다. 나는 내 의도를 정확히 설명하고자 '베일을 벗기다(demystify)'라는 단어를 입에 달고 다녔다. 나는 우리를 제한된 앎과 사고방식 속에 가두는 근거 없는 관념들, 그리고 초자연적인 능력들의 실체를 밝혀내고 싶었다. 나는 직관력을 '당연한' 것으로 만들고 싶었다!

그리하여 나는 내면의 길잡이를 따라서 《직관의 길: 의식 수준을 높이는 안내서》(The Intuitive Way: The Definitive Guide to Increasing Your Awareness, 국내 미출간)를 썼다. 그 와중에 내 작업실은 온통 포스트잇으로 도배되었다. "모든 문장은 주옥과도 같다. 모든 단락은 살아 숨 쉬어야 한다." "글에는 진실한 경험이 담겨 있어야 한다." 그 책을 쓰는 동안, 내 안에 복잡하게 얽히고설켜 있던 생각의 실타래는 아름다운 직물로 엮였고 내 직관력도 더욱 깊어졌다. 내 직관력은 신체적인 감각과 결합하면서 '몸 안에 머문다'는 것이 진정 어떤 의미인지를 깨닫게 해주었다. 나는 전보다 훨씬 더 섬세한 감각을 갖게 되었고, 어럽쇼, 직관의 '베일을 벗기는(demystify)' 작업은 전혀 상상치 못했던 방식으로 나 자신을 위한 일이 되어 있었다. 우리의 영혼은 얼마나 장난을 좋아하는지!

현재에 오신 걸 환영합니다

나의 다음 작품은 《지금 이 순간: 이해력과 직관력을 위한 일일 지침서》(The Present Moment: A Daybook of Clarity and Intuition, 국내 미출간)였다. 이 책 안에서 나는 직관력 계발을 돕는 365가지 이야기와 방법을 제시해야 했다. '내겐 들려줄 이야기가 무수히 많아.' 나는 혼잣말로 중얼거렸다. 그런데 목록을 작성해보니 고작 33개밖에 나오질 않았다. 충격에 빠진 나의 입에선 신음이 새어나왔다. '어떻게 해야 이런 이야기를 332개 더 생각해낼 수 있을까?' 일단 나는 할 수 있는 일부터 했다. 수중에 있던 33개의 이야기를 모두 적은 것이다. 그러고 나선 컴퓨터 화면 속의 빈 페이지와 깜박이는 커서를 물끄러미 바라봤다. 그 시간이 마치 영원처럼 느껴졌다. 그때 갑자기 전화벨 소리가 울렸다. 텍사스에 사는 한 여성에게서 걸려온 전화였다. 그녀는 자신이 가르치는 학생들 중에 직관력을 가진 아이들에 대한 이야기를 들려주고 싶어했다. 그것은 《직관의 길》에 넣을 서른네 번째 이야기로 완벽한 소재였다.

이런 식으로 필요할 때마다 새로운 이야기가 계속 날아들었다. 단, 내가 지금 이 순간에 집중하고 있는 동안에만 그랬다. 만약 주의의 초점이 예컨대 11월의 목록으로 건너뛰어서 '무슨 수로 거기까지의 이야기를 채워 나가지?' 하고 고민할 때는 행운의 순간이 거짓말처럼 딱 멈췄다. 나는 빈 페이지와 깜박이는 커서로 돌아가야 했다. 그러나 다시 지금 이 순간에 몰입해서 기쁨과 설렘을 되찾으면 별다른 노력 없이도 필요한 이야기가 알아서 척척 들어왔다. 이런 과정을 통해 나는 한 단계 높은 깨달음을 얻을 수 있었다. 이미 이것을 잘 요약해주는 말이 있다. "걱정이란 원치 않는 것을 달라고 기도하는 것과 같다." 나는 내 마음과 지금 이 순간이 어떻게 아이디어, 창조력, 에너지의 자연스러운 흐름을 멈추거나 재개하는지를 정확한 방식으로 생생히 체험하고 있었다.

이어서 나는 꿈을 주제로 한 두 권의 책을 써냈다. 그러는 동안 나는 삶이 주는 미묘한 직관적 신호와 내면의 메시지를 매 순간 — 심지어 꿈속에서도 — 알아차리는 습관을 길렀다. 나는 의식의 작동 원리를 스스로 깨우쳐갔고 그 배움의 많은 부분은 투시와 공감이 일상화된 삶과 고객들과의 리딩작업(특정인 또는 대상의 에너지/의식에 집중하거나 접촉하여 의미 있는 정보를 읽어내는 작업, 역주)에서 나왔다. 나는 내 안에서 볼 수 없었던 의식의 패턴을 다른 사람들 안에서 — 어떻게 문제가 생겨나고 지속되는지를, 그리고 어떻게 해야 그걸 해결하거나 없앨 수 있는지를 — 볼 수 있었다. 딱히 물리적 행동을 취하거나 기지를 발휘하거나 노력을 기울이거나 통제하지 않아도, 그저 직관력만 잘 이용하면 많은 문제가 해결되거나 더 이상 문젯거리가 아니게 되고 오히려 유용한 에너지와 정보의 전달자로 변모한다는 사실이 분명해졌다. 나는 점점 더 우리의 삶을 우리의 태도와 선택과 상상력과 수용력이 상호작용한 결과로서 인식하게 되었다.

변성의 기미

나의 통찰들은 차곡차곡 쌓이면서 커다란 퍼즐의 조각들처럼 서로 잘 맞아떨어졌다. 나는 삶과 감응하기 위해, 겉으로 드러난 현실

16

배후의 에너지 흐름을 감지하기 위해, 그리고 이런 흐름이 세상에서 어떤 사건으로서 발현될지를 예견하기 위해 직관력과 공감능력을 사용하기 시작했다. 그 결과 나는 해가 갈수록 우리의 삶이 맹렬하게 가속화하고 있음을 느낄 수 있었다. 활기 넘치는 에너지의 물결과 한 차원 높은 의식이 내 몸속으로 밀려 들어왔고 이로 인해 처음엔 불편함마저 느껴질 만큼 격렬한 심리적, 영적 성장을 겪게 되었다. 내 동료들, 친구들, 고객들도 나와 똑같은 과정을 겪고 있었다. 나는 이 과정에 주목했고, 이 과정의 실체를 추적했다.

새벽 동이 트듯 더 큰 깨달음이 나를 찾아왔다. 나는 단순히 사람들이 직관력을 깨워 각자의 삶을 개선하도록 돕고 있는 것이 아니었다. 우리는 다 함께 심오한 '의식의 변성과정'을 겪고 있었다. 처음에 난 그 의미를 분명히 알지 못했다. '대체 우리에게 무슨 일이 일어나고 있는 거지?' 나는 변성이 단순한 변화 그 이상이라는 것을 본능적으로 알았다. 변성은 극적으로, 근본적으로 다른 것이었다. 내 직관에 의하면, 우리는 완전히 새로운 현실로 들어가면서 새로운 종류의 인간이 되고 있었다. 이제 삶은 새로운 규칙에 따라 펼쳐질 것이다. 그것은 내 예상보다 훨씬 더 거대한 일이었다! 그 순간부터 나는 새로운 존재방식과 변성의 양상을 발견해내는 데만 온전히 집중했다.

나는 변성과정과 관련된 온갖 새로운 관점에 짜릿한 흥분을 느꼈고 당장 그것에 대해 책을 쓰고 싶다는 생각이 들었다. 그리하여 지난 몇 년 동안 여러 번 출간제안서를 썼다. 하지만 모두 시기상조였다. 좀더 구체적인 정보를 담은 또 다른 통찰들이 잇따라 등장하면서 기존의 관점들을 속속 대체해갔던 것이다.

나는 정신적으로 안정되지 않은 상태였고, 강물을 거슬러가고 있었고, '확실한' 뭔가를 얻고 싶어했다. 나는 인내심을 갖고서 좀더 관찰하고 경험해야 할 필요가 있었다. 나는 때가 무르익기를 기다려야 했다.

마침내, 비로소 《직관의 길》의 후속서를 쓸 때가 됐다는 확신이 들었다. 나는 직관력에 대한 거부감이 줄어든 지금이야말로 '공감 (empathy)'이란 주제를 다룰 절호의 기회라고 생각했다. 가속화하는 세상의 에너지는 우리로 하여금 고도의 감응력을 갖게 만들고 있었고, 우리는 종종 온갖 정보와 비관론, 삶의 역동성에 압도당하고 있었다. 나는 공감이라는 주제를 심사숙고하면서 그것이 우리가 겪고 있던 변성과정과 관련이 있다는 사실을 깨달았다. 공감능력과 더불어 향상되고 있는 에너지 차원의 감응력이 우리로 하여금 에너지 정보 — 우리가 주변 사람들, 상황들, 심지어 먼 곳의 사건들로부터 수신하는 온갖 파동들 속에 담긴 통찰 — 를 알아차리게 해주고 있었다. 이제 우리에게 필요한 것은 이런 비언어적, 비논리적 자료를 해독할 수 있는 고도의 직관력 기법이었다.

주파수와 내적 진동

이 모든 생각을 한데 엮고 보니 공감능력조차도 새 책에서 다뤄야 할 여러 주제들 가운데 하나에 불과했다. 《감응력: 꿈을 실현시키고 직관을 깨우는 힘》(Frequency: The Power of Personal Vibration, 2010년 국내출간)에서 나는 변성과정의 단계와 각 단계의 징후를 상세하게 설명했고, 미래에 우리가 살게 될 변성된 현실의 기본 밑그림을 제시했다.

이 책은 모든 사물과 모든 사람이 특정한 주파수의 에너지를 갖고 있고, 각자 자신의 주파수에 따라 서로 다른 경험을 하게 되며, 우리는 주파수를 조율함으로써 삶을 개선하고 변성과정을 순탄하게 통과할 수 있다는 내용의 '새로운 에너지 현실'을 소개했다. 그때는 《감응력》이 출시될 적당한 시기였다. 사람들이 이 책의 개념들을 이해하고 유용한 것으로 인정할 만큼 세상의 주파수가 올라간 상태였다.

하지만 《감응력》의 집필작업은 내 마음을 무척 심란하게 만들기도 했다. 글이 저절로 쓰이는 것 같은 때가 많았고, 그 과정에서 나는 적잖은 충격을 받았다. 기존의 내 현실을 구성하고 있던 많은 기반들이 흔들렸다. 새로운 단어가 나타날 때마다 마치 나 자신이 좀더 깊은 차원에서 재배선되고 재정돈되는 것 같았다. 《감응력》 집필을 끝냈을 땐 내가 책에 무슨 내용을 썼는지도 기억이 안 날 정도였다! 이 책의 내용이 실제로 내 일상에 스며든 때는 독자들과 만나는 행사에서 그것을 반복해서 설명하던 즈음이었다. 내 진동을 '근원 주파수'(home frequency: 개인이 얻을 수 있는 가장 높으면서도 가장 자연스러운 진동수, 역주) 수준으로 유지하는 경험 또는 온전히 '몸 안에 머무는' 느낌에 흠뻑 취하면서 내 삶은 별다른 노력 없이도 훨씬 좋아졌다. 내가 책에 써둔 것과 똑같이 말이다.

《감응력》의 집필과정을 되돌아보면, 내 안의 '깊은 나'가 내 표면의식이 알기도 전에 상황을 미리 내다보고 있었다는 사실이 참으로 놀랍다. 그 책 속의 통찰들은 적절한 순서와 방식으로 배열되면서 복잡한 문제를 차근차근 풀어냈다. 마치 내 영혼이 내 개성을 매 순간의 새로운 진동과 정보에 동조시켜서 그것을 경험하고 발현하게끔 돕는 것 같았다. 이것이 바로 내가 앞에서 언급한 '시간은 우리의 친구'란 표현의 속뜻이다. 결국 우리는 이 성장과정이 실제로 얼마나 우리에게 자비롭고 온정적인가를 알게 된다. 우리는 매 순간의 새로운 정보와 아름다운 화음처럼 조화롭게 공명한다. 게다가 이 성장은 절대 멈추지 않는다! 《감응력》 이후로도 새로운 통찰이 계속해서 내게 모습을 드러냈다.

> 아직 회복되지 못한 정체성은 숨겨져 있거나 잠자고 있는 상태에서도 여전히 자발적인 이끌림, 진실의 빛, 강력한 무의식적 확신을 드러내거나 기억한다.
> ― 스리 오로빈도

다음을 향해: 주의력과 인식작용!

이따금 나는 특정한 단어를 보고 듣는다. 그 단어들은 마치 노란 형광펜으로 칠해진 것처럼 책이나 대화 속에서 두드러진다. 지난 몇 년간은 가는 곳마다 '주의력(attention)'과 '인식작용(perception)'이란 단어가 내 눈에 들어왔다. 나의 내적 자아는 그런 개념들을 빵부스러기처럼 떨어트려 내가 그것들을 주의 깊게 살피게끔 이끌었다. 의식의 변성과정 속에 숨겨진 원동력을 이해하려면 《감응력》에서 제시했던 설명을 좀더 철저히, 다시 살펴봐야 했다. '주의력과 인식작용은 어떤 역할로써 우리의 변성과정을 순탄하게 해주는 걸까?' 나는 의식이 있는 곳에는 늘 인식작용이 함께하며 앞을 밝혀준다는 사실을 깨달았다.

나는 몇 년 전에 불교신자 친구들로부터 '깨어 있기'(skillful perception)란 말을 듣게 되었는데, 그 표현이 내 가슴을 울리고 내 마음을 사로잡았다. 내가 이해하기에 '깨어 있기'란 불교의 세 가지 핵심 원리인 계戒-정定-혜慧 모두와 관련된 개념인데, 불교는 자신의 상처를 적절히 치유하되 세상에 더 이상의 고통과 괴로움을 더하진 않는 식으로 마음을 사용하도록 장려한다. 이 말이 내겐 쉽게 다가왔다. 왜냐하면 나는 내 고객들이 가진 문제들 중 너무나 많은 부분이 무책임한 태도, 무의식적 의사결정, 선입견과 아집, 직관력의 부재와 불신감 등으로 인해 초래된 것임을 익히 알고 있었기 때문이다. 게다가, 이처럼 부주의하게 의식을 사용하면 자신뿐 아니라 주변 사람들의 삶에도 많은 고통을 전가하게 된다. 나는 깨어 있기를 통해 우리의 의식을 변성된 현실과 새로운 자아상에 알맞도록 좀더 세련되게 확장시킬 수 있음을 알아차렸다. 이렇게 나는 의식, 즉 주의력과 인식작용의 효과적 활용법이라는 매력적인 주제를 새로운 화두로 삼게 되었다.

세상과의 생생한 연결고리

나는 주의력이 전반적인 인식작용 그 자체와 얽히고설켜 있다는 사실을 깨닫기 시작했다. 주의력은 인식의 강도를 조절하는 렌즈이다. 우리는 주의력을 이용하여 지식을 얻고, 우리 자신을 다각적으로 이해하고, 심지어는 삶의 모습까지 창조해낸다. 나는 주의력과 인식을 능숙하게 이용해서 놀라운 일들을 수없이 해낼 수 있다는 사실과 이것이야말로 내적 변성을 이루는 데 중요한 열쇠라는 사실을 깨달았다. 또한 우리의 주의력 조절기법들이 과학기술에만 매달리는 오늘날의 문화 때문에 위축되고 있다는 사실도 알았다. 어딜 가도 얕고 산만한 주의력을 보이는 사람들과 '주의력 결핍장애'를 가진 사람들이 눈에 띄었다. 그렇지만 나는 우리가 내면 깊숙한 곳에서 주의력을 통해 이를 수 있는 하나의 참된 실재를 갈구하고 있음을 느꼈다.

몇 년 전, 시인 데이비드 화이트는 어떤 대화에서 "주의력은 세상과의 생생한 연결고리다"라고 말했다. 바로 이 생생한 연결고리를 통해 우리의 직관은 계속해서 열려 있게 되고 의식 변성의 중요한 요인인 통합과 흐름(the Flow)이 가능해진다. 그동안 나는 조용한 사막이나 산꼭대기를 찾아다니며 다양한 영적 체험을 했고 그 와중에 이런 연결성을 자주 경험했다. 예컨대 어떤 식물을 한동안 응시하면서 그것과 감응하면, 그것도 나를 보면서 나를 경험하고 있음을 느낄 수 있었다. 내가 그 식물과 하나로 결합하면 그것도 나와 하나로 결합했다. 나는 그 식물의 관점에서 세상을 보았고, 그 식물도 나의 관점에서 세상을 보았다. 아닌 게 아니라, 나는 그것이었고 그것은 나였다! 이런 영적 체험들은 내가 우주의 궁극적 진리를 발견하기 위해 주의력과 인식작용을 능숙하게 조절한 데서 비롯된 것이다.

시간이 흐름에 따라, 주의력과 인식작용을 능숙하게 조절함으로써 변성과정을 거들 방법들이 샘솟듯이 떠올랐다. 나는 에너지와 의식이 왜 본질적으로 같은 것인지를, 그리고 에너지와 의식이 어떻게 서로에게 즉각적으로 영향을 미치는지를 몸 안에서 직접 느끼기 시작했다. 더 나은 표현이 생각나지 않아 나는 그냥 그것을 '에너지-의식'(consciousness-energy)이라고 부르기 시작했다. 흥미롭게도 그 시기에 과학계에서는 신경가소성(두뇌는 고정불변의 기관이 아니라 어떻게 쓰이느

나에 따라 변화의 가능성을 내포한다는 학설, 역주)이라는 개념이 널리 인정받기 시작했다. 그에 따르면 우리의 생각과 주의력은 우리의 두뇌에 영향을 미치는데, 이는 두뇌가 원인이고 생각은 그 결과라는 기존의 관점을 뒤엎는 것이었다. 사람들은 두뇌의 구조와 좌우뇌의 역할, 능력 등에 점점 더 많은 관심을 보였다. 과학과 심리학과 영성이 서로 거리를 좁혀가고 있었다.

새로운 책이 형태를 갖추다

통찰이 점차 쌓이면서 나는 굳게 확신하게 되었다. 우리는 우리 자신과 우리의 삶을 분명히 변성시킬 수 있다. 그것은 결코 어려운 일이 아니다. 우리의 인식작용을 좀더 현대적이고 세련된 방식으로 조절함으로써 충분히 이번 생 안에 해낼 수 있는 일이다. 나는 새로운 책을 쓸 준비가 되어 있었고, 마침내 《인식의 도약》이 완성되었다! 곧 알게 되겠지만 이 책은 의식-에너지가 어떻게 작용하는지에 관한 미래지향적인 개념들로 엮어져 있고, 변성을 위해 내적 성장을 도모하는 방법과 변성된 세상에 어울리는 생활방식을 빼곡히 담고 있다. 다른 책을 쓸 때와 마찬가지로 나는 지금 이 책에 쓰인 내용들을 몸소 경험하고 있다. 그런 의미에서 나는 당신과 처지가 같다. 나는 인식의 렌즈를 깨끗이 닦고, 견고한 허상 너머 의식-에너지의 세계를 보며, 좀더 빠르고 포괄적인 인식과 앎의 방식을 실천하고 있다.

변화의 시기라 해도 아직 배울 것이 남은 사람은 계속 같은 세상에 머문다. 하지만 배움이 끝난 사람은 자신이 멋지게 적응해낸 그 세상이 이젠 더 이상 존재하지 않음을 깨닫게 된다.

— 에릭 호퍼

인식작용을 현명하게 조절하는 방법을 배우면 크게 두 가지 이점이 있다. 첫째, 변성과정의 각 단계를 쉽고도 신속하게 통과할 수 있다. 지금 우리는 내면에 깊숙이 각인된 낡은 인식습관을 허물고 새로운 습관을 쌓아올리는 중이며, 이는 상상 이상으로 지난한 일이다.

둘째, '깨어 있기'(skillful perception)는 우리가 변성된 현실에 적응하고 새로운 규칙에 따라 새로운 역할을 성공적으로 수행하도록 돕는다. 이처럼 앞서서 실천하는 '얼리 어답터'들이 많아질수록 새로운 삶의 방식은 더 큰 영향력을 발휘하게 되고, 뒤따르는 사람들도 한결 신속하게 변성된 현실 속으로 미끄러지듯 들어오게 된다. 그 결과 진화의 속도가 기하급수적으로 빨라져서 마침내 우리는 높은 주파수의 새로운 의식-에너지 세계에서 살게 될 것이다. 이것이 바로 내가 주의력을 이용해서 만들어내고 있는 꿈이다.

요컨대 나는 이 책을 통해 당신에게 두 가지 이점 ― 변성과정을 수월하게 통과하는 것과 변성된 현실에 성공적으로 적응하는 것 ― 을 제공하고자 한다. 새로운 인식작용의 원리를 빨리 배울수록, 새로운 주의력 조절기법을 빨리 실천할수록, 당신의 삶은 훨씬 간결해지고 놀라운 성취를 향해 달려갈 것이다.

다 함께 인식의 도약으로

변성과정은 확장된 의식을 드러낼 때 사람마다 그 방식과 시기, 사건을 달리 택한다. 하지만 명백하게 우리의 이야기는 서로 닮아가고 있고 우리의 길은 하나로 합해지고 있다. 우리는 서로에게 해답과 교훈과 돌파구가 되어준다. 우리는 이처럼 의식의 진화 속에서 서로 얽히고설켜 있다. 우리 모두는 새로운 현실을 함께 불러오고 있으며, 우리 모두를 끌어당기는 거대한 비전 속에 내재된 교감을 경험하기 시작했다.

이번 장을 여는 인용문구에도 나왔듯이, 우리는 영적 우정과 영적 가족을 향한 본능적인 갈망을 갖고 있다. 그리고 이런 경험은 우리의 집단의식이 확장됨에 따라 실제로 모습을 드러내고 있다. 이처럼 새로운 상호연결 상태가 가져오는 깊은 내적 친밀감은 우리가 인식의 도약을 통해 이르게 될 놀라운 현실인 '직관의 시대'의 한 부산물이다.

책을 열며

당신은 현실을 벗어날 수도, 현실의 청사진 속에 없는 일을 할 수도 없다.
당신은 그것의 살아 있는 가슴과 본성을 이해하지 못하리라.

— 세스(채널러는 제인 로버츠)

나는 나 자신도 모르는 채로 의식의 변성과정에 대한 3부작을 써온 것 같다. 이 3부작은 《직관의 길》로 시작해서 《감응력》으로 확대되었고, 그런 다음 《인식의 도약》으로 가고 있다. 《직관의 길》은 모든 영적 성장의 기초가 되는 기술인 직관력을 계발하는 종합코스를 다루고 있다. 《감응력》은 변성과정을 구체적으로 설명하고, 당신의 에너지와 고도의 감응력을 이용해 현실을 좀더 나은 상태로 바꾸는 방법을 알려준다. 《인식의 도약》은 새롭게 변성된 현실이 기존의 친숙한 현실과 어떻게 다른지를 설명하면서 인식작용의 심원深遠한 변화 속으로 당신을 데리고 간다.

이 책은 자신의 인식구조를 발견하는 방법과 기존의 선형적線形的 인식습관으로부터 구球-홀로그램 인식습관으로 옮겨가는 방법을 소개한다. 또한 지나치게 좌뇌를 이용해서 인식할 때 답답함을 느끼게 되는 이유와 그 속박으로부터 벗어나는 방법을 알려준다. 그리고 변성된 의식은 어떤 느낌이고 어떤 행동을 유발하는지와 인생에서 좀더 큰 성공과 기쁨을 가져다줄 새로운 주의력 조절기법을 계발하는 방법도 알려준다. 여기서 우리가 초점을 맞추게 될 주제는 다음과 같다. "미래에 우리의 인식작용은 어떻게 바뀔까? 그걸 지금 당장 이루려면 어떻게 해야 할까?"

나의 목적

나는 추상적인 관념들을 상식적이고 실용적인 수준으로 풀어내는 작업을 좋아한다. 이것이 바로 내가 독자들이 직접 그 내용을 신체적, 감정적으로 체험할 수 있게 해주는 실천과제가 포함된 안내서(guidebook)를 즐겨 쓰는 이유다. 일단 머릿속에 다각적으로 새겨두어야 당신은 그것을 제대로 소화해낼 수 있다. 《인식의 도약》도 이런 유의 안내서이다. 나는 당신이 이 책의 내용을 속속들이 흡수하여 뼛속 깊이 새겨두길 바란다. 아니, 차라리 당신의 온 존재가 이미 상세히 알고 있는 그것, 늘 당신의 본성이었던 그것을 잘 기억해내라고 말하는 편이 더 정확하겠다.

오늘날의 '낡은' 관점에서 보면 이 책이 때론 공상적이고 비현실적인 생각들을 소개하는 듯 보일지도 모른다. 하지만 내가 묘사하는 인식작용의 변화를 직접 겪고 나면 당신은 이 모든 것을 완벽히 이해할 것이다. 나는 이 책이 당신의 상상력을 자극하고 새로운 사고방식에 마음을 열게 해주길 기대한다. 지금 당장은 책 내용이 당신의 마음을 어지럽히고 불편하게 한다 해도 괜찮다. 그런 불편함이 당신을 변화의 길로 이끌 것이다. 무엇보다도, 나는 당신이 '변성된 인식작용'이 대체 어떤 것인지를 온몸으로 느끼게 되길 기대한다.

이 책의 이해를 돕기 위한 팁

당신은 이 책을 처음부터 끝까지 읽어갈 수 있다. 그러는 동안 당신의 내면에서 변성과정이 펼쳐질 것이다. 혹은 용기를 얻거나 특정 문제의 해결책을 찾고자 할 때 아무 페이지나 펼쳐서 읽어보는 식으로 활용할 수도 있다. 이 책은 그처럼 다양한 목적과 용도로 쓰일 수 있게 구성되어 있다.

나는 쓸데없는 시간낭비를 막는 동시에 독자들이 이 책의 내용을 물 흐르듯 술술 이해할 수 있도록 내 이전 책들에 실렸던 내용을 이따금 첨가했다. 하지만 이 책은 분명히 그 두 작품과 완전히 독립된 책이므로 굳이 전작들을 찾아볼 필요는 없다. 물론 함께 읽는다면 더 도움이 되겠지만.

《인식의 도약》은 그냥 대충 훑어보거나 속독하면 내용이 버겁게 느껴질 수도 있다. 그러나 이 책은 의미가 심오할 뿐이지 내용이 복잡한 것은 아니다. 천천히 정독하고 내용을 따라가면서 순간순간 의미를 느껴보려고 한다면 불현듯 많은 것들이 머릿속에서 명쾌해질 것이다.

이 책을 집필하는 것은 내게 흥미로운 경험이었다. 처음엔 늘 하던 식으로 개요를 정했지만, 곧 이 책은 보통의 논픽션 책과 같은 직선적, 논리적, 좌뇌적 서술방식 — A지점, B지점, C지점이 순차적으로 매끄럽게 연결되며 최종 목적지에 이르는 — 을 스스로 거부했다. 그 대신에 이 책은 각각의 내용이 서로 중첩되면서 한 덩어리로 녹아드는 나선형 순환구조의 우뇌적 서술방식을 취했다. 그래서 A를 말하려면 B와 C도 함께 언급해야 할 때가 많았다. 하나의 개념을 처음엔 슬쩍 언급만 했다가, 두 번째엔 좀더 자세히 설명하고, 세 번째에서야 연계된 내용들까지 포함한 더 큰 그림을 보여줄 때도 있었다. 생각의 가닥들이 스스로 움직이며 이 책 전체를 엮어냈고, 그것들은 한 번만 등장했다가 사라지기를 스스로 원치 않는 듯했다. 이 책을 읽는 동안 방금 내가 말한 내용을 반드시 기억하길 바란다.

나는 이 책의 중간중간에 삽입된 인용문에 대해서도 미리 언급해두고 싶다. 나는 과학자도 아니고 학자도 아니다. 원래 나는 예술가이자 디자이너였다. 내 전문지식의 대부분은 수년간 영적 분야에서 직접 겪은 체험들로부터, 그리고 제각각의 수많은 정보들 틈에서 연결고리와 공통점을 찾아내는 데서 기쁨을 얻는 나의 괴팍한 분석력과 직관력에 의한 통찰들로부터 얻어진 것이다. 하지만 나는 과학의 진보에서 깊은 인상을 받고 있으므로 이렇게 내가 직접 체험하여 얻어낸 통찰들에다 과학적 근거를 덧붙이고 싶었다. 또한 순전히 나 스스로 발견해낸 것들이 나중에 알고 보니 이미 고대로부터 다양한 종교의 스승, 신비주의자, 현자들에 의해 표현만 조금 다를 뿐 거의 반복적으로 언급되어온 경우도 많았다. 나는 이처럼 시대와 문화를 넘어 반복되는 통찰에 늘 주의를 기울인다.

중요한 것은 당신의 '주관적 경험'이다. 당신의 일에 관한 한, 당신 자신이야말로 최고의 전문가다. 나는 당신이 진실을 마주하게 되면, 과학자들이 뭐라 떠들든 간에, 곧장 그것을 알아차릴 것이라고 믿는다. 하지만 나는 독창적인 사상가와 균형 있고 통합적 관점을 가진 영적 스승들에 대해서도 깊은 존경심을 갖고 있다. 뭔가를 충분히 이해하려면 적어도 세 번은 들어야 하고, 뭔가에 통달하려면 반드시 추가적인 관점이나 지침들이 필요한 법이다. 내 경우에 그러했듯이,

여러분도 어떤 한 문장이 시각을 딱 0.5도 돌려주는 것만으로 심오한 깨달음의 문이 열리는 경험을 하게 되길 바란다.

《인식의 도약》에서 나는 당신이 스스로를 좌뇌와 동일시하는 대신 좌뇌를 쉬게 하고 우뇌의 인식작용 속으로 가볍게 옮겨가도록 돕는 데 주된 초점을 맞추고 있다. 일단 이것이 가능해지면 다시 좌뇌를 가동시켜도 당신은 발목 잡히지 않는다. 이것이 바로 당신이 변성된 새로운 현실과 그에 수반되는 주의력 조절기법을 이해할 수 있는 유일한 길이다. 미래를 알기 위해서는 고도의 감응력을 사용할 줄 알아야 한다.

성장과정 기록하기

일지에다 나날의 경험, 관심사, 통찰 등을 기록함으로써 당신은 성장과정의 발자국을 남길 수 있다. 이 책은 실습과제가 포함된 안내서이고, 일지는 그 실습과제를 통해 얻은 결과를 기록할 수 있는 좋은 수단이다. 당신은 어떤 통찰을 얻었는가? 어떤 어려움 또는 놀라움이 찾아왔는가? 실습과제를 하는 동안 어떤 의문을 품게 되었는가? 실습과제와는 별개로, 최근에 자꾸 주의를 끄는 대상이나 꿈속에 나온 주제들도 적어두라. 나 자신에게 질문을 던지고 그에 대한 답을 자동기술(무의식이 지시하는 대로 글을 쓰는 행위, 역주) 기법으로 적는 것도 좋다. 자동기술을 할 때는 온전히 열린 순수한 태도로써, 자신의 깊은 곳에서 샘솟는 단어의 물줄기가 어떤 검열도 없이 저절로 흘러나올 수 있도록 해야 한다. 지레짐작하거나 곱씹지 말라. 완전히 끝날 때까지는 아예 적은 것을 읽지도 말라. 그 물줄기가 계속 끊이지 않고 흐르도록 하라. 당신은 그 글의 참신함과 진실함에 깜짝 놀라게 될 것이다.

창의적인 태도를 가지라. 일지에다 도표도 만들고 스케치도 그려 넣으라. 거기에다 아이디어란을 만들어 당신의 주목을 끌었던 사항들도 기록해두라. 이를테면 노랫말, 우연의 일치, 누군가가 내뱉은 한 마디, 신문기사, 창문 밖 새의 우스운 행동 등을 적으라. 당신의 내면에서 오간 대화의 요점을 그대로 옮겨 적으라. 좌뇌가 만들어내는 부정적인 확언들도 적으라. 그러면 당신 자신의 제한된 생각들을 종이 위에서 직접 볼 수 있을 것이다. 당신의 꿈과 소명의 세부요소들을 적으라. 당신이 사랑하고 좋아하는 것들, 당신이 질색하는 것들도 적으라. 나중에 이 기록들을 다시 숙독해보라. 당신의 영혼은 어떤 이야기를 들려주고 있는가? 지금 당신의 내면에서는 과연 어떤 일이 벌어지고 있는가?

느낌 신뢰하기

이 책은 집중력과 주의력에 관련된 내용이다. 당신이 뭔가에 '주목하는' 데는 반드시 이유가 있으므로 그 이면을 가급적 자주 들여다보길 바란다. 또한 그 대상이 당신의 관심을 끈 방식에도 주의를 기울여보라. 당신의 직관이 그렇게 시켰는가? 미묘한 내적 감각이 있었는가? 그 느낌은 어디서 일어났는가? 배, 가슴, 척추, 아니면 발? 당신이 지금 겪고 있는 체험은 어떤 울림을 주는가? 그것은 당신의 본성과 일치하는가? 그 진동에 뭔가 다른 것이 섞여 있지는 않은가? 이 책을 읽는 일을 잠시 멈출 때마다 불현듯 직관적 통찰이 마음속에서 떠오를지 모른다. 일상생활을 하는 도중에 당신이 읽고 있던 내용과 관련된 경험이 찾아올 수도 있다. 이처럼 '아하' 하고 깨닫는 순간, 그 것은 당신에게 의심의 여지 없는 진실이 된다.

이 책의 구조

《인식의 도약》은 세 단계의 순차적 구성에 따라 진행된다. 〈1부: 인식의 재발견〉 편에서는 의식과 인식작용의 기본적 특성 및 원칙에 대한 바탕 지식을 알아본다. 현재의 실상을 정확히 파악하고 이해한 후에 세부사항으로 넘어가는 것이 최선이기 때문이다. 우리는 당신이 당신 자신의 경험과 이 세상의 현상들을 에너지 측면에서 이해할 수 있도록 변성과정을 요약해볼 것이다. 또한 우리는 신비주의자들의 우뇌적 관점과 과학자들의 좌뇌적 관점을 함께 살펴볼 것이다. 그밖에 여기서 살펴볼 질문들은 다음과 같다. 영혼과 마음, 두뇌는 서로 어떻게 연결되어 있는가? 영적 진화란 무엇인가? 의식-에너지는 어떻게 작용하는가? 어떻게 인식작용은 소위 '정상'이라고 여겨지는 범위를 넘어서 확장되는가?

〈2부: 변성을 위해 깨어 있기〉 편에서는 변성과정을 심도 있게 파헤쳐나간다. 2부의 목적은 주의력 기술을 연마함으로써 때론 마음을 어지럽히고 혼란케 할 변성과정의 각 단계를 성공적으로 통과하는 것이다. 개인적으로, 사회적으로, 전 세계적으로 우리는 소위 '전환기'라고 불리는 시기 중에서도 가장 혼란스런 지점의 한가운데 놓여 있다. 우리는 기존의 오래된 인식습관을 찾아 그것을 깨트리는 데 집중하고, 그런 다음 새로운 인식작용의 실체를 파악하고 그 배후의 의식전환 과정을 공부할 것이다.

〈3부: 직관의 시대를 위한 새로운 주의력 조절기법〉 편에서는 의식-에너지를 적극적으로 활용하는 법에 대해 알아본다. 변성된 직관의 시대의 세계관은 우리가 지금 알고 있는 세계관과는 사뭇 다르다. 사실 우리의 현재 이해력 수준에서 그것은 뜬구름 잡는 얘기로만 보일 수도 있다. 변성된 직관의 시대는 어떤 모습일까? 당신이 그 안에서 성공적으로 살 수 있도록 인식을 도약시키기 위해서는 몇 가지 새로운 의식기법을 연습해야 한다. 이 책은 그처럼 새로운 유형의 인식작용과 인식구조, 다차원적인데다 빛처럼 빠르기까지 한 새로운 접근법을 제시하고 있다. 신인류의 능력을 억누를 방법은 없다. 삶이 의식-에너지를 근간으로 펼쳐질 때, 주의력 조절기법은 에너지를 활용하여 더 깊은 사랑과 지혜와 영혼을 창조하고 경험하는 데 필요한 중요한 열쇠가 된다.

이 책에서 사용되는 핵심용어

우선 용어에 대해 확실히 해두고 싶다. 오늘날은 신조어들이 무척이나 많고 하나의 개념을 언급하는 데도 다양한 용어들이 쓰이고 있기 때문이다. 나는 낯선 용어를 처음 언급할 때는 따로 강조 표시를 하고 바로 옆에 정의나 설명을 덧붙일 것이다. 또한 같은 대상을 지칭하는 유사용어들은 나란히 붙여놓을 것이다. 예를 들면, "에너지체 또는 에테르체야말로 육체의 근본 바탕이다"와 같은 문장이 그렇다. '영역', '차원', '세상', '현실'과 같은 용어들도 다양한 방식으로 병행해서 사용되었다. 기본적으로 그것들은 모두 같은 경험을 나타낸다.

하지만 대부분의 경우에 나는 누구나 상식적으로 잘 알고 있는 단어들을 주로 사용했다. 따라서 그 의미는 당신의 추측과 거의 맞아떨어질 것이다. 예컨대 '의식-에너지'(consciousness-and-energy)처럼 두 단어를 하이픈으로 연결해서 쓴 이유는 두 개념이 서로 밀접하게 연관돼 있고 서로가 서로에게 동시에 영향을 주고 있음을 상기시키기 위함이다. 그리고 '흐름'(the Flow)에서 알파벳을 대문자로 쓴 것은 의식-에너지가 물질세계를 넘나들거나 하나의 존재상태에서 다른 존재상태로 옮겨가는 식으로 작용하기 때문이다. '통일장(unifying field)'은 하나의 거대한 의식-에너지 바다로서 그 속에 모든 물질과 모든 가능성을 담고 있다. '내적 청사진(inner blueprint)'은 생각, 느낌, 에너지의 근저를 이루는 패턴으로서 그 자신과 일치하는 특정한 물리적 형태나 현실을 만들어낸다. 이 용어들은 따로 설명할 필요가 없을 정도로 뜻이 분명하다.

반면 미묘한 차이점을 가진 몇 가지 개념은 그 뜻을 분명하게 구별해둘 필요가 있다. 예컨대 나는 '의식(consciousness)'과 '깨달음(Aware-ness)'의 차이점을 분명히 해두었다. 이것은 2장에서 구체적으로 설명하겠다. 또한 '인식작용(perception)'과 '주의력(attention)'의 뜻도 분명히 달리 쓰였다. 인식작용이 뭔가를 의식의 대상으로 받아들이는 일반적인 행위인데 비해 주의력은 뭔가를 의식의 대상으로 삼기 위해 특별히 그것에 '주목하는' 행위를 뜻한다.

1장에서 나는 우리가 지금 겪고 있는 가속화 현상과 변성과정에 대해 요약해놓았다. 1장의 내용은 이 책의 나머지 내용을 이해하는 데 배경지식이 될 것이다. 당신은 지금 자신이 경험하고 있는 변화가 진정한 인식의 도약에 의해 일어나고 있음을 알게 될 것이다.

모든 책에는 영혼이 들어 있다.
그 책을 쓴 사람의 영혼과 그 책을 읽은 사람의 영혼,
그리고 그 책과 함께 살면서 꿈꾸었던 사람의 영혼이 들어 있다.
책의 주인이 바뀔 때마다, 누군가가 책의 페이지를 읽어 내려갈 때마다,
그 책의 영혼은 점점 자라나고 강해진다.
— 카를로스 루이스 사폰

1부 인식의 재발견

1

가속화와 변성

전 세계가 잃었던 기억을 되찾으면서 무시무시한 영적 위기가 발생하고 있으며,
이 위기는 시간의 가속화로 인해 절정으로 치닫고 있다.
우리는 시간의 가속화가 끝장내고 있는 것은
이 세상이 아니라 '낡은 방식'일 뿐이란 사실을 이해해야 한다.
물론 여전히 많은 사람들이 낡은 방식을 고수하고 있지만.

— 바버라 핸드 클로

새로운 시대가 도래했다! 와우! 충분히 주의를 기울였다면 당신은
세상의 변덕과 불안한 등락, 삶의 갑작스런 전환과 변화, 두려워하는
사람들과 마음을 연 사람들 간에 격차가 심화되고 있는 것을 분명히
알아차렸을 것이다. 기존의 체계와 사고방식이 만족할 만한 결과를
낳지 못함에 따라 세상은 점차 혼돈 속으로 빠져들고 있다. 동시에
다른 한편으로는 영적·정신적 성숙을 향해, 사회문제의 혁신적인 해
결책을 향해, 더 커다란 평화와 풍요를 향해 전진하고 있기도 하다.
이것은 정말 놀라운 드라마이며 우리는 목격자이자 주인공이다.

우리는 새로운 세상에서 새로운 규칙에 따라 사는 새로운 종류의
인간이 되기 위해 전면적인 변성과정을 겪고 있는데 지금은 그중 초
기 단계에 해당한다. 우리는 현재의 변화가 여태껏 역사상 기록되었
던 일들과는 전혀 다른 것임을 막 깨닫기 시작했다. 지금 우리는 지

구상에서 한 번도 '대규모로는' 일어난 적 없었던 심오한 변성과정에 동참하고 있다. 우리는 시간의 가속화와 의식 주파수의 ─ 개별의식이든 집단의식이든 ─ 상승을 경험하고 있고, 우리가 그동안 당연하게 여겨온 고통, 괴로움, 복잡함 등은 새로이 등장하는 현실엔 더 이상 존재하지 않을 것이다. 이것이 바로 변성(transformation)이다.

나는 우리가 이 변성과정을 순조롭게 항해해서 활짝 웃음꽃을 피우며 기운 넘치는 모습으로 종착지에 다다를 수 있기를 바란다! 그때 우리는 이 아름다운 지구에서 진실로 놀라운 것들을 공동으로 창조할 것이다. 이번 장에 요약된 가속화·변성과정의 설명을 통해 당신은 헷갈리거나 머뭇대지 않고 그 징조를 자신의 내면에서, 다른 사람들에게서, 또한 사회에서 명확히 발견해내게 될 것이다. 변성과정의 전반을 이해함으로써 당신은 다른 사람들보다 앞서서 그 과정을 통과하고 새로운 주의력 조절기법을 익혀 새로운 세상에 맞는 성공의 열쇠를 쥘 수 있다.

우리는 먼저 변성과정의 시발점을 살펴본 다음에 앞으로 겪게 될 단계들을 차례대로 살펴볼 것이다. 그리고 실제로 벌어질 일들을 예상해보고, 혼란과 저항을 최소화하며 그 다양한 변화에 대처할 방법들을 알아볼 것이다. 이번 장에서 언급될 요점들은 이후의 장들에서 더욱 심도 있게 다뤄질 것임을 기억하라.

삶도 당신도 가속화하고 있다

변성은 가속화 현상과 함께 시작된다. 수십 년 동안 이 세상과 우리 몸의 주파수는 꾸준히 상승해오고 있다. 그 원인을 특정할 순 없지만 — 아마도 우주적 현상, 즉 일종의 고주파 에너지가 우리의 태양계에 쏟아지고 있기 때문일 것이다 — 이것은 분명한 사실이며, 실제로 슈먼공명(Schumann Resonance)이라고 불리는 지구 그 자체의 주파수가 상승 중이다. 세상의 주파수가 높아질수록 우리가 높은 주파수의 의식에 접근하는 일도 수월해진다. 어찌 됐든 우리의 마음은 확장되고 삶의 속도는 빨라질 것이다.

바버라 핸드 클로는 계몽적인 저서 《행성의 마음 깨우기》(Awakening the Planetary Mind)에서 마야력曆이 지구의 주파수 상승에 수반되는 '시간의 가속화'* 현상을 이미 예견했다고 설명한다. 마야력은 164억 년 이상을 아우르는 우주의 시간을 '지하세계(underworlds)'라고 불리는 아홉 번의 주기로 나누어 상세하게 기술한다. 그에 따르면 각 지하세계의 활동기는 그 직전의 주기에 비해 매번 20분의 1로 줄어들며, 2011년 말에 아홉 번의 주기가 모두 완결되었다고 한다. 이 말은 지구의 시간은 주기가 바뀔 때마다 20배씩 가속화했고 따라서 마지막 아홉 번째 주기는 고작 1년에 불과했다는 뜻이다. 분명히 우리는 지금 엄청나게 가속화한 시대를 살고 있다.

---

* 마땅한 대안을 찾지 못해 원문대로 '시간의 가속화'(time acceleration)라고 옮겼지만 이 표현은 분명 오해의 소지가 있다. 여기서 저자의 의도는 '시간이 점점 빠르게 흐른다'는 뜻이 아니라 '동일한 시간 내에 점점 더 많은 일이 벌어진다'는 뜻임에 유의해주기 바란다. 역주.

미래는 소리소문없이 오는 방법을 알고 있다.
— 조지 윌

마야인들은 지구의 주파수가 상승하고 있다는 사실을 알고 있었다. 흥미로운 사실은 이 지하세계의 전환점들이 실제로 과학계가 최근에 발견한 지구의 생물학적, 진화적 주기와 밀접한 관련이 있다는 점이다. 지금은 지구가 너무나도 빠르게 진동하고 있기에 마치 한순간에 오만가지 일들이 일어나는 것처럼 보인다. 이런 속도는 필연적으로 우리에게 강렬한 감정들을 불러일으킨다. 이제 우리는 결코 마주하고 싶지 않았던 두려움들을 더 이상 부인할 수도, 회피할 수도, 과거 속에 묻어둘 수도 없다. 그것들은 바로 우리의 눈앞에 와 있다. 바버라 핸드 클로는 이렇게 말한다. "2011년에 아홉 번째 지하세계가 쏟아낸 엄청난 진동은 우리의 마음과 가슴속에서 해묵은 트라우마가 거대한 괴물처럼 떠오르게 했다."[1]

지난 수십 년간 당신과 나, 그리고 에너지 측면에서 민감한 사람들은 모두 이런 가속화 현상을 직관적으로 경험해왔다. 가속화 현상이 우리 몸의 심층 에너지들의 주파수를 상승시켰기 때문이다. 표면상으로는 이것이 당신을 근심케 했을지도 모르지만, 당신의 마음속 깊은 곳에서는 뭔가 짜릿하고 멋진 일 — 깨달음을 향한 의식의 변화 또는 지상천국의 도래 — 이 찾아오는 게 아닐까 하는 기대감이 생겨났을 것이다. 아마도 당신은 바버라 핸드 클로가 언급한 '해묵은 트라우마'를 없애는 지속적인 정화작업과 더불어 몇 차례의 전 세계적인 격변이 요구되고 있음을 눈치챘을 것이다. 선뜻 받아들이기 어려울 수도 있지만, 나는 우리들 대부분이 내심 이런 변화를 기다리고 있었다고 확신한다.

진동하는 세상

이 세상과 당신의 주파수가 상승함에 따라, 자연스럽게 당신의 인식이 확장되고 당신의 세계관도 변화한다. 높은 주파수 상태에서 당신은 비물리적 세계를 인식하고, 당신 자신을 포함한 모든 사람과 사물들을 특정 공간을 점한 (견고하고 속도가 느린) 물리적 대상이 아니라 일종의 에너지로서 이해하게 된다. 실제로 당신은 '꿰뚫어' 보거나 '감응'함으로써 단단한 물질 이면의 에너지 패턴을 느낄 수 있다. 만물은 저마다의 주파수로 진동하고 있고, 이 세상은 그 음정(주파수)들로 구성된 하나의 웅장한 교향곡과 같다.

당신은 물질의 안과 밖에서 모두 에너지를 느낀다. 에너지가 존재하지 않는 공간은 없기 때문이다. 당신은 의식과 에너지가 하나로 엮여 있다는 사실도 발견한다. 에너지 수준을 높이면 의식 수준이 따라 높아지고, 거꾸로 의식 수준을 높여도 에너지 수준이 따라 높아진다. 또한 이것과 저것을 결합했을 때 그 둘의 주파수가 조화를 이룰지 불협할지를 미리 감지하게 되고, 우주는 항상 주파수의 균형을 맞추려 한다는 사실도 알아차리게 된다.

세상의 주파수가 상승할수록 변성과정은 더욱 가속화된다. 이제 인과관계는 더 이상 원하는 결과를 얻는 데 유효한 법칙이 되지 못한다. 설명할 수 없는 방식으로, 마치 마법처럼 당신이 원하는 바가 눈 깜짝할 새에 손쉽게 창조되기 때문이다. 모든 것이 더 쉽고 빠르게 성취된다. 당신은 지금 이 순간 속에 포함된 정보량이 급증하고 있음을 알게 된다. 현재가 미래와 과거를 품기 위해 급팽창하고 있는 것이다. 지금 이 순간 속에 모든 것이 담겨 있으므로 당신은 어떤 해답이나 도움, 결과를 '기다릴' 필요가 없다. 당신은 그저 구하고 받기만 하면 된다.

정보의 시대에서 직관의 시대로의 진화

변성과정을 제대로 이해하려면 그것을 지구상에서 오랫동안 — 마야력을 믿는다면 무려 164억 년 동안 — 쉼 없이 진행돼온 진화과정의 자연스런 연장선에서 바라보는 것이 도움이 될 것이다. 적응과 성장은 끝이 없이 이어지는 무엇이다. 종種이 진화하고, 삶이 진화하고, 그와 함께 지식과 능력이 확장되며 상호연결성과 속도가 증가한다. 가까운 과거만 보더라도 우리는 중세의 암흑기로부터 르네상스와 산업혁명을 거쳐 진화의 발걸음을 내딛어왔다. 이런 가속화 현상은 우리를 상대적으로 느린 속도의 산업시대로부터 정보시대로 이끌었다. 산업시대에는 물리적·기계적·직선적(인과관계) 접근이 중시됐던 반면, 정보시대에는 급증하는 정보들을 빠르게 판단하고 적절히 전달하는 분별력과 다차원적이고 동시적인 상호연결성이 강조된다.

고주파 기계인 텔레비전과 컴퓨터가 산업시대의 종말을 고하며 우리를 정보시대로 쏘아 보냈다. 지금은 인터넷과 글로벌 통신매체가 우리의 삶을 이전보다 훨씬 더 가속화하고 있다. 정보시대에는 모든 것이 너무나 빨리 변하기에 우리는 무수한 정보들을 그저 힘겹게

뒤쫓고만 있다. 분석적인 좌뇌의 지배하에 우리의 마음은 그 방대한 양의 정보를 기어이 해치우려고 — 미친 듯이 여러 가지 일을 동시에 하거나 질보다는 양과 속도를 택하면서 — 애쓰는 중이다. 그로써 과잉행동과 일중독, 불면증, 자연결핍장애(사람들이 전자화면에서 시간을 많이 보내면서 자연에 대해 무관심해지는 생기는 현상, 역주) 등의 온갖 스트레스 증상이 유발되고 있다.

정보시대가 더욱 가속화되며 초공간(hyperspace)*과 그 너머의 단계로 도약하는 동안, 우리는 기존의 물리적·정신적 관념들이 더 이상 충분히 포괄적이지 못하다는 사실을 깨닫게 된다. 그것들은 너무 느리고 낡았다. 철 지난 방법론으로는 어떤 결과도 얻을 수 없다. 이제껏 효과가 있던 방법들이 새로운 시대에는 무용지물이 되고 대신 새로운 현실에 맞는 새로운 방법들이 생겨난다. 한편 기존의 관념들은 좀더 크고 포괄적인 맥락 안에서 천천히 통합된다. 나는 최근에 등장한 이 새로운 현실을 '직관의 시대'(Intuition Age)라고 부른다. 무제한적이고 전일적인(holistic) 직감이 이 시대의 특징이기 때문이다.

직관의 시대에는 영성이 강조되는데 당신은 이미 그 초기 단계를 경험하고 있다. 당신은 산업시대에는 몸을 나라고 생각했고, 정보시대에는 마음을 나라고 생각했으며, 직관의 시대가 도래하면서부터는 자신이 다름 아닌 영혼이라는 사실을 기억해내기 시작했다. 내 동료 중 한 명은 이런 변성의 흐름을 '영혼 운동'(the Soul Movement)라고 부른다. 직관을 신뢰하고 에너지의 주파수를 감지하는 새롭고 심원한

---

* 여기서는 물리학계에서 쓰이는 개념이 아니라 인터넷과 가상현실 기술로 대변되는 전 세계적인 네트워크 세상을 지칭하는 표현으로 보인다. 역주.

인식이 모습을 드러내고 있다. 이 확장된 인식을 통해 당신은 곧장 비물리적 세계로 들어가게 되고, 다른 사람들을 단순히 물리적 대상 이상의 ─ 내면에 강력한 영성을 지닌 ─ 존재로 바라보게 된다. 또한 사람들뿐 아니라 모든 사물과 모든 공간도 높은 주파수의 의식-에너지로 이루어져 있음을 이해한다.

아무것도 죽지 않는다. 다만 세상이 바뀔 뿐이다.
─ 인디언 시애틀 추장

우리는 어떻게 변성될 것인가?

이렇게 우리는 변성과 가속화를 경험하고 있다. 좀더 구체적으로 말하자면 주파수의 상승 덕분에 지금 당신은 삶의 원리를 더 깊이 이해하고, 멋진 가능성들을 더 많이 맞이하며, 자신의 본성에 대해 훨씬 더 확장된 인식을 갖춰가고 있다. 당신의 정체성이 뿌리째 진화하고 있다. 즉 당신은 새로운 종류의 인간이 되어가고 있다. 이 변성과정이 끝나면 기존의 자기보호적·통제지향적·자기중심적 잔재물들 ─ 이제껏 우리가 인성人性의 일면으로 여겨온 편협한 정체성(에고) ─ 은 완전히 소멸하고 그 잿더미로부터 마치 불사조처럼 한층 더 위대한 자아가 재탄생한다. 두려움의 자리를 사랑이 대체하는 것이다.

변성은 온전한 자기 이해와 수용의 출발점이다. 이제 당신은 늘 몸속에서 자신의 영혼을 생생하게 느끼고 그것을 당신의 정체성으로 받아들이게 된다. 당신의 의식-에너지 수준이 극적으로 상승하고 이전에는 존재하는지도 몰랐던 의식의 차원 또는 주파수들로부터 정보를 얻게 된다. 능력이 커지고, 선택지도 늘어난다. 이제 당신은 예전의 당신이 아니라 그보다 훨씬 더 당신의 본모습에 가까워진 존재다. 이처럼 당신은 매번 한계를 뛰어넘으며 본모습을 되찾아가고 그럴 때마다 신선한 놀라움을 경험한다.

변성된 당신은 변성된 현실 속에서 내부의 의식-에너지 세계와 외부의 물리적 세계가 경계 없는 단일체로서 작용하는 방식을 이해하며 살아가게 된다. 좌뇌와 우뇌, 머리와 가슴, 육체와 마음, 내면세계와 외부세계 등등 이제껏 별개였던 것들이 하나로 통합된다. 이런 통합을 통해 당신은 전체가 부분의 합 이상의 의미를 갖는 새로운 세계로 진입한다. 여기서는 공감능력이야말로 진화의 원동력이자 인류의 생존과 개인의 성공을 보장해줄 새로운 의식의 필수요소이다.

변성과정의 초기에는 그것을 오직 '에너지' 차원의 변화로 받아들이는 경우가 많다. 실제로 당신은 신체적, 감정적 불편함과 스트레스를 느끼며 시간에 쫓기게 된다. 때론 건강상태에 문제가 생기기도 한다. 이처럼 당신은 당신의 에너지와 현실의 연결성을 실감하게 된다. 그리고 머지않아 당신은 주파수의 상승으로 인한 '의식' 차원의 변화를 느끼게 된다. 당신은 좀더 많은 것들을 접하고 배우면서 당신의 생각과 현실의 연결성을 이해하게 된다.

새로운 의식은 결코 육체를 무시하지 않는다. 그것은 시공간에 제약된 기존의 몸-의식이 변성된 몸-의식으로 부활한(resurrection) 것이다.
— 비드 그리피츠

당신이 변성과정의 개시단계를 성공적으로 순항하고 당신의 몸이 높은 주파수의 에너지에 적응할수록, 당신은 더 좋은 기분을 느낀다. 당신은 삶의 새로운 속도에 적응한다. 감정이 안정되고 더 큰 행복과 조화로움과 열정과 활기가 느껴진다. 이 긍정적인 느낌은 멋진 생각들로 이어진다. 당신은 불평과 비난을 멈추고, 새로운 아이디어를 받아들이며, 더 많은 호기심을 느낀다. 당신은 행복한 상상과 함께 당신의 가슴이 진정으로 원하는 것을 창조하고픈 열망을 회복한다. 당신은 당신 자신이 지금껏 상상력을 무의식적으로 활용함으로써 부정적 상황을 창조했었다는 사실을 깨닫고 탄식한다. '괜히 에너지만 낭비했구나!'

당신은 높은 주파수의 생각과 감정이 더 행복한 삶, 더 편안한 현실을 창조해내는 과정을 목격한다. 삶은 더 즐거운 것이 되었다. 이제 당신은 높은 주파수의 존재가 되어 모든 일에서 당신의 영혼과 영적 진실을 드러내고 애쓰지 않고도 순리를 따라 나아간다.

실제 변성과정

사람들은 이렇게 묻는다. "그런데 대체 변성은 어떻게 일어나죠? 고통스러울까요?"

변성을 이루기 위해서는 먼저 기존의 사고방식을 완전히 바꿔야 한다. 달리 말하면 세상을 바라보는 방식을 철저히 수정해야 한다. 지금의 방식으로는 이 정보들을 제대로 처리할 수 없다. 시간이 턱없이 부족하기 때문이다. 당신을 확장된 인식 속으로 자연스럽고 수월하게 도약시켜줄 새로운 방법론이 필요하다. 이런 전면적인 변화, 즉 '인식의 도약'을 위해서는 새로운 신경회로, 새로운 감각·알아차림의 습관이 필요하다. 더불어 우리의 '두뇌'가 심장, 몸, 세포는 물론 주변의 에너지장까지 전부 아우르는 기관임을 이해해야 한다. 정말로 당신은 상상하는 것보다 훨씬 더 위대한 감각기관을 가지고 있다. 무슨 수로 신경회로를 재배선(rewire)하고 뇌를 전방위적으로 활용한다는 것인지 아직 감이 오지 않더라도 걱정하지 말라! 가속화 현상이 하나씩 하나씩 통찰을 안기며 당신을 인도할 것이다.

변성은 일련의 변화들로 이루어진 과정이다. 각 단계에서 요구되는 과제를 이해하고 받아들인다면 당신은 이 과정을 순조롭게 통과할 것이다. 만약 저항한다 해도 이 과정은 발버둥치고 비명을 지르는 당신을 어떻게든 질질 끌고 갈 것이다. 중요한 것은, 당신이 그 흐름을 일부러 막지만 않는다면 결코 해를 입는 일은 없으리란 사실이다.

나는 상승하고 있는 지구의 주파수가 어떻게 당신의 인식을 확장시켜 물리적 현실의 거죽을 꿰뚫고 비물리적인 의식-에너지 현실을 볼 수 있게 만드는지에 대해 이미 언급했다. 비물리적 세계로 들어가는 일은 변성과정에서 가장 중요한 단계 중 하나다. 당신의 일상을 되돌아보라. 당신은 양치질을 하고, 아이들 아침을 만들고, 직장 동료들 말에 귀를 기울이고, 슈퍼에서 사야 할 품목들을 기억하고, 저녁식사 후에 운동하고, 잠자리에 들기 전에 재밌는 소설을 읽는 데 푹 빠져 있다. 당신은 이런 평범한 일상 속에서 길을 잃고 그게 전부라고 생각하기 쉽다. 하지만 당신이 손만 뻗으면 거기에는 항상 내면의 또 다른 현실이 존재한다. 명상하고 기도하고 남을 축복해주는 법을 기억해낼 때, 또는 앞마당에 서서 밤하늘에 뜬 보름달과 별들을 바라보며 자연의 경이로움에 감탄할 때, 당신은 물리적 세계 너머로 깊숙이 들어간다. 그리고 형언할 수 없는 것들과 신비로운 관계를 맺는다.

자신을 변성시키기 위해서는 반드시 내면으로 들어가야 한다. 여기서는 그 무엇보다도 직관력이 중요하다. 직관력이야말로 비물리적 세계를 이해하고 항해하는 데 필수적인 도구이다. 의식-에너지 현실에서는 논리적 사고방식이 통하지 않는다. 이제 당신은 '직접' 알아차리고, 느끼고, 이해한다. 당신은 자신이 경험하는 그것과 하나가 된다. 당신은 직관을 통해 일체성의 원리를 발견하고 통일장 또는 의식-에너지의 무한한 바다에서 살아가는 방법을 배운다. 통일장은 모든 생각, 재료, 현실을 품고 있기 때문에 당신의 의식은 기하급수적으로 확장된다. 비물리적 세계에서는 모든 것이 하나로 엮여 상호보완한다. 이 '하나됨'을 경험했다면, 당신은 비로소 직관의 시대에 눈을 뜬 것이다.

마침내 당신은 자연스럽게 물리적 세계와 비물리적 세계 양편에 '함께' 존재하게 된다. 처음에는 이편과 저편 사이를 오가겠지만 곧 그 둘이 한 덩어리로서 실시간으로 상호작용한다는 사실을 깨닫는다. 이처럼 내면세계와 외부세계를 하나로서 경험하는 것이 변성과정에서 두 번째로 중요한 단계다. 예컨대 당신은 당신이 친구의 면전에 대고 비아냥거린 말이 그 친구의 마음을 얼마나 상하게 했는지를 그 즉시 느낄 수 있다. 당신의 물리적 행동은 비물리적인 파급효과를 만들어낸다. 처음 겪는 상황이 아님에도 이제 당신과 당신의 친구는 전보다 더 큰 불편함을 경험하고, 그렇게 내면이 움츠러든 탓에 외부세계에서의 자아표현도 억압될 것이다. 만약 둘 중 한 사람이 대화의 물꼬를 튼다면, 이번에는 반대로 외부세계가 즉각 내면세계의 변화를 이끌어 에너지가 다시 흐르기 시작하고 억압되었던 자아표현이 회복될 것이다.

변성과정의 또 다른 중요한 단계는 언제 어디서든 '지금 이 순간' 속에 머무는 것이다. 당신이 지금 이 순간을 벗어나지 않는 한, 그 어떤 심리적 투사 — 당신과 분리된 듯 보이는 시공간 속의 지점들에 주의를 빼앗기는 일 — 도 불가능하다. 서로 분리된 것은 아무것도 없다. 당신의 현실 속에 있는 모든 정신적, 물리적 대상과 마찬가지로 과거와 미래도 오직 지금 여기에 존재한다. 이로 인해 당신의 인식작용은 자연스럽게 기하학적 변화를 겪게 된다. 당신은 기존의 선형적 — 전후순서와 인과관계와 논리적 사고에 집착하는 — 인식이 더 이상 유용하지 않다는 사실을 깨닫고 삶을 사방에서 당신을 둘러싸고 있는 완벽한 구球의 형태로 경험하기 시작한다. 이 중대한 변화의 세부사항에 대해서는 나중에 좀더 살펴보기로 하자.

중요한 점은, 물리적 현실과 비물리적 현실이 통합되고 모든 것이 지금 이 순간에 존재할 때는 모든 변화가 그 양편에 걸쳐서 진행된다는 사실을 기억하는 것이다. 비물리적 인식작용으로의 전환은 반드시 그에 상응하는 당신의 두뇌, 몸, 일상의 물리적 변화를 — 조금의 시차도 없이 — 동반한다.

처음엔 변성이 두렵게 느껴질 수 있다

변성과정은 한순간에 당신을 박살 내는 변화가 아니다. 그것은 다양한 작은 변화들로 이루어져 있고 그 각각마다 적응기간이 필요하다. 여기서 핵심은 오랫동안 간직한 낡은 습관을 버리고 새로운 습관을 들여야 한다는 것이다. 이 과정은 처음엔 당사자도 모르게 시작되고 조금 시간이 지나야 겉으로 드러나곤 한다. 마치 지하세계로 떨어지게 된 신화 속 주인공처럼, 당신이 자신이 처한 상황을 제대로 이해하는 데는 다소 시간이 필요하다.

그럼 변성과정의 초기 단계가 당신에게 어떤 영향을 미치는지 살펴보자. 가속화하고 있는 에너지는 그만큼 강렬한 파동의 형태로 당신을 통과해간다. 이 높은 주파수는 처음엔 이질감과 불편함을 줄 수 있다. 그것은 당신의 몸, 감정, 마음이 작용하는 방식에 뚜렷한 변화를 일으키고 당신은 무의식중에 그것을 억누르고 거부한다. 이처럼 당신이 두려움 속에서 잔뜩 움츠러들면 그 정체된 에너지는 새로운 문제를 일으키거나 기존의 문제를 더 크게 만든다. 하지만 당신이 자신의 주파수를 스스로 높여 그 파동에 일치시킬 때, 그것은 당신을 건드리지 않고 그대로 지나쳐간다. 이런 과정을 통해 당신은 점점 더 투명한 존재로 진화한다. 이것은 마치 비탈을 내려갈 때마다 추진력과 속도를 더하며 점점 불어나는 강물과 같다. 강물은 탁 트인 곳은 순조롭게 통과하지만, 물길을 막는 통나무 더미를 만나면 그것을 힘으로 부수고 그 잔해를 하류까지 싣고 가서 결국 바다에 흩뿌린다. 여기서 가속화하고 있는 의식-에너지는 강물이고 우리의 두려움과 고정관념과 신체의 만성적 충혈, 경직, 통증 등은 장애물에 해당한다. 그리고 바다는 통일장(unified field)을 뜻한다.

우리는 대부분 두려움을 억누르거나 부정함으로써 얻는 '임시변통'의 안락함에 안주하는 데 익숙해져 있다. 우리는 마음 깊숙이 자리한 분노, 공포, 고통과 절대 마주치지 않기 위해 고정관념과 선입견과 습관에 집착한다. 우리는 '머리'에만 의존하면서 기계적으로 살아가고 있다. 하지만 이런 방식은 더 이상 통하지 않는다. 변성과정이 당신의 의식을 두려움으로부터 사랑으로 끌어올릴 것이기 때문이다. 당신은 이 과정의 장애물인 두려움과 감정적 상처를 풀어내고 치유해야 한다. 그러기 위해서 당신은 ― 물론 겁이 나겠지만 ― 그것을 직접 대면하고, 느끼고, 파헤치고, 이해해야 한다. 가속화한 파동이 거세게 당신을 통과할 때마다, 그것은 당신의 잠재의식으로부터 낮은 주파수의 의식-에너지와 억눌린 두려움을 깡그리 몰아낸다. 그러니 당신이 여러 가지 불편함을 경험하는 것은 어쩌면 당연한 일이다.

깨달음은 광명한 존재를 쫓을 때가 아니라 제 마음속 어둠을 들여다볼 때 찾아온다.
― 칼 융

깊은 두려움과 고통이 잠재의식으로부터 떠오름과 동시에 그와 관련된 기억들이 마치 지금 일어나는 일인 양 마음속에서 솟구친다. 당신은 그 두려움과 고통을 지금 이 순간의 새로운 상황으로 경험하지만, 사실 그것은 당신이 온전히 받아들이고 경험하여 풀어내지 못했던 과거사의 재현에 가깝다. 곳곳에서 극적인 사건들과 트라우마가 넘쳐난다! 이 정화과정을 거부하는 사람들은 습관적으로 '불편함'

을 억누르거나 부정한다. 당신도 여러 형태의 투쟁-도피 행동들을 통해서 그것을 다시금 잠재의식 속으로 밀어내려 할지 모른다.

고조된 에너지에 겁을 먹고 버티고 저항할수록 그것은 댐에 갇힌 물처럼 점점 더 강한 힘으로 당신을 압박한다. 계속해서 '흐름'을 거스르고 저항한다면, 당신의 삶은 온갖 부정적인 경험들로 더욱 거칠고 험난해지다가 마침내는 불가항력의 '폭발'까지 — 낡은 패턴을 일거에 부수어 돌파구를 마련해주기 위해 — 불러오게 된다.

> 깨달음은 우리가 당연시하던 세계관의 균열을 필요로 한다. 그때 우리는 기존의 경험들에 의문을 제기하고 인식을 수정한다.
>
> — 쇼샤나 주보프

전환점: 새로운 출발을 위한 휴지기

잠재의식 속의 장애물들을 피하고 억누르려고 하면 남는 것은 피로뿐이고, 그 결과 당신은 환멸을 느끼고 의욕을 잃고 무기력해진다. 하지만 사실 이것은 좋은 징조이다! 당신은 이제 전환점에 이른 것이다. 마침내 당신이 저항하고 통제하는 데 지쳐 그 복잡한 상황을 더 이상 감당할 수가 없게 되는 것, 이것이 바로 변성과정의 마지막 난관이다. 여기서 당신은 멈추게 된다. 더 이상 할 수 있는 일이 없기 때문이다. 앞이 보이지 않고, 당신의 의지력은 어떤 결과도 이뤄내지 못한다. 당신은 부정적인 판단과 해석에 빠져서 기진맥진해진다.

이런 이유로 당신은 비로소 지금 이 순간을 — 당신 자신과 당신의 두려움과 고통을 — 온전히 경험하게 된다. 당신은 이런 자신의 상태를 판단하거나 반응하지 않고 '있는 그대로' 받아들여야 한다. 그저 마음을 비우고 '될 대로 되게끔' 허락함으로써, 당신은 당신의 실재(영혼) — 가려져 있었으나 늘 그 자리에 있었던 그것 — 를 다시 발견하게 된다. 이때가 바로 당신이 침묵에 잠겨 비물리적 현실로 들어가는 순간이며 직관이 열리는 순간이다. 이제 당신의 영혼은 빛을 발하며 사방을 환히 밝힌다. 계시가 주어지고, 이해와 연민의 감정이 두려움을 녹여 없앤다. 해방감과 안도감에 젖고, 기쁨이 되돌아온다. 당신은 전보다 훨씬 좋은 기분을 느낀다!

이것이 바로 변성과정의 전환점이다. 여기서 편협한 마음은 두 손을 들고 가슴, 몸, 통일장, 지혜로운 진화의 흐름을 향해 거대한 확장을 시작한다. 새로운 세상과 함께 당신의 정체성이 새로이 빛난다. 이 지점을 넘어섰다면 '직관의 시대'의 새로운 삶과 인식에 적응하도록 도와줄 의식-에너지 기법을 좀더 본격적으로 훈련할 차례이다.

변성은 아주 유쾌하고 활기찰 수도 있다

매 순간 당신은 이 세상과 조화를 이루고 '흐름'을 따르면서 부드럽고 신속하게 진화해갈 것인지, 아니면 스스로 지어낸 고통과 시련들 속에서 오락가락하며 진화해갈 것인지를 선택할 수 있다. 고조된 에너지와 정화과정을 받아들이면, 당신은 그 '흐름'을 타고 높은 주파수로 상승하게 되고 사랑과 이해력과 건강상태도 증진된다. 어떤 판단이나 머뭇거림도 없이 눈앞에 나타난 모든 것과 어우러지는 일이 갈수록 쉬워진다. 실로 모든 것은 유용한 정보이다. 당신이 직면한 두려움은 단지 당신의 상냥함, 연민, 인내심을 필요로 하는 어떤 부분이 있음을 알려주고 있을 뿐이다. 당신이 그 두려움과 '함께하면' 그것은 당신을 옥죄는 대신 속내를 털어놓는다. 당신은 차분히 상황을 관조하고, 그 에너지는 마치 엄마 품에 안긴 아이처럼 잔잔해진다. 그렇게 당신은 웃음을 되찾는다.

내 동료 중 한 명이 티베트로 성지 순례를 떠났는데 그곳에 있는 동안 그녀 안에서 무언가가 신비스럽게 변화했다. 그녀는 이렇게 말했다. "뭐라 표현하긴 어렵지만, 마치 내가 진짜 나 자신이 된 것 같은 느낌이에요. 마치 49야드 경계선*을 넘어 내 구역으로 들어간 그런 느낌 말이죠." 이와 비슷한 경험을 한 사람들은 한둘이 아니다. 그들은 한결같이 이렇게 말한다. "그 경험을 어떠어떠한 것이라고 또는 무엇과 비슷하다고 설명할 방법이 없어요. 처음엔 내가 미쳐가고 있다고 생각했어요! 한순간에 나 자신이 전혀 다른 ― 좀더 온전하고, 편안하고, 유쾌한 ― 사람이 된 것처럼 느껴졌거든요."

발로 단단히 땅을 딛고, 손은 별을 향해 뻗으라.
― 케이시 카셈

---

* 미식축구에서 양 팀이 50야드 지점을 기준으로 서로 진영을 나눠 공격과 수비를 하는 데서 비롯된 표현으로 보인다. 역주.

물론 당신은 그 빛을 보기 시작한 이후로도 여전히 다른 사람들의 두려움에 영향을 받을 수 있고, 때로는 희생과 시련이 당연한 것이라는 사회적 통념과도 맞서 싸워야 한다. 당신은 어차피 밤이면 굴러떨어질 바위를 매일 낮마다 산 위로 올려야 했던 시시포스*처럼 어떤 통찰을 얻었더라도 다시 제자리로 뒷걸음질할 수 있다. 이것은 자연스러운 현상이다. 변성된 새로운 현실에 안착하기 위해서는 자신의 진동을 영혼의 수준 — 나는 이것을 근원 주파수(home frequency)라고 부른다 — 에 맞춰 유지하겠다는 지속적인 '선택'이 필요하다. 우리는 지금 기존의 습관을 끊어내고 있다. 이처럼 어떻게 살고, 창조하고, 성장할 것인지를 처음부터 다시 배우는 데는 당연히 연습이 필요하다.

'신인류'로서 다시 등장하기

전환점을 지나고 나면, 당신은 당신 자신을 영혼으로서 느끼게 된다. 당신은 인생을 다른 방식으로 느끼기 시작하고, 새로운 선택 기준을 갖게 되며, 자신의 직관을 믿고 따르게 된다. 이전에는 매우 심각하다고 여겨졌던 문제들이 오히려 기회로 — 그것도 별다른 노력 없이 — 바뀐다. 이제는 '흐름'이야말로 당신에겐 최고의 친구이

---

* 그리스 신화에 나오는 욕심 많고 사악한 코린트의 왕. 다시 굴러떨어질 바위를 반복해서 산꼭대기로 밀어올려야 하는 영원한 형벌을 지옥에서 받고 있다고 한다. 그 이유는 해석에 따라 의견이 분분한데 신들을 농락했거나 신들만의 비밀을 인간에게 전했기 때문이라는 설도 있고, 생전에 살인과 같은 못된 짓을 저질렀기 때문이라는 설도 있다. 역주.

고, 당신은 어떤 생각이 떠올라도 그것을 억누르지 않는다. 당신은 모든 것이 자연스럽게 진화하고 상승할 수 있도록 여지를 남겨두길 원한다.

당신은 변성과정의 난관들을 성공적으로 넘어설 수 있었던 것이 자신의 주의력 조절기법 덕분임을 이해한다. 당신은 퇴보와 고통만 유발하는 낡은 습관을 이젠 버리겠다고 거듭 선택했다. 당신은 이런 연습이 실제로 인생을 훨씬 낫게 변화시켰다는 사실을 깨닫는다. 당신의 근원 주파수가 좋은 기회들, 비슷한 진동의 사람들, 흥미롭고 새로운 창조물들을 불러왔다. 자신이 지금 무엇을 어떻게 인식하고 있는지를 철저히 자각하는 것이 당신의 제2의 천성이 되었다. 이제 당신은 직관의 시대에 새로운 가능성을 찾고 실현하는 데 도움이 되도록 주의력 조절기법을 한층 더 발전시키고자 한다

이 시점에서 당신은 우리가 어디로 가고 있는지에 대해, 직관의 시대가 당신에게서 무엇을 이끌어낼지에 대해, 깨어 있기(skillful perception)가 변성과정을 통과하는 데 얼마나 중요한지에 대해 대충이라도 감을 잡아야 한다. 우리는 당신이 진짜로 '변성'을 겪고 '신인류'로서의 삶을 시작할 때까지 이 모든 주제를 이 책 전반에 걸쳐 심도 있게 파헤칠 생각이다. 2장과 3장에서 우리는 의식-에너지의 심오한 작용방식을 이해하기 위해 비물리적 세계 속으로 풍덩 뛰어들 것이다.

우리 자신이 변성하는 것 말고 완성에 도달할 외부적 방법은 없다. 우리가 변성한다면, 그 즉시 기존의 세상은 우리 눈앞에서 마법처럼 녹아내리고 우리와 발을 맞추어 제 모양을 바꿀 것이다.

— 네빌 고다드

요약

시간은 가속화하고 있다. 이로 인해 물리적 세계는 물론 우리 몸의 에너지도 가속화하고, 이것은 의식의 변성과정을 촉발한다. 마치 판도라의 상자를 열 듯이, 처음엔 높은 주파수의 에너지가 우리의 잠재의식 속에 억압됐던 두려움들을 전부 밖으로 튀어나오게 하여 혼란을 일으킨다. 이때 당신은 불편한 증상, 심지어 고통스런 증상들을 다양하게 겪을 수 있으나 그 원인을 받아들이고 이해하여 마침내는 녹여 없애야 한다. 그러면 사랑과 명료함이 그 자리를 대체할 것이고, 당신의 성장은 더욱 빠르고 수월해질 것이다.

당신의 의식은 확장되고 있다. 당신은 당신 자신의 본질과 현실의 작동원리에 대해 점점 더 많이 알아가고 있다. 당신은 비물리적 세계를 꿰뚫어보며 만물이 실은 의식-에너지로 구성되었고 다양한 주파수로 진동하고 있음을, 또한 물리적 세계와 비물리적 세계는 사실상 하나의 통일장임을 이해한다. 당신은 새로운 종류의 인간으로 진화하고 있으며 새로운 현실에서 새로운 규칙에 따라 살게 될 것이다. 나는 이 변성된 현실을 '직관의 시대'라고 부른다. 변성의 각 단계에서 생길 일들을 미리 알아둔다면, 당신은 이 과정을 최단거리로 통과할 수 있다.

2

확장된 인식으로 가는 길

우리는 인식하는 자이다.
우리는 단일한 의식이지 분리된 대상이 아니다. 우리는 유연하며 한계가 없는 존재다.
낱낱이 분리된 대상들의 세계란 … 그저 우리가 편의상 창조해낸 언어적 관념에 불과하다.
하지만 우리, 아니 정확히는 우리의 이성이 그게 관념일 뿐임을 잊었다.
그래서 우리는 삶의 대부분을 일종의 악순환 속에 철저히 갇혀 살아간다.

— 카를로스 카스타네다

우리에게는 공통점이 하나 있다. 그것은 바로 우리 모두가 성장하고 확장해가고 있다는 사실이다. 설령 우리의 발걸음이 잠깐 주춤하더라도 진화과정이 다시 시동을 걸어준다. 이번 장에서는 우리의 진화하는 본성, 다시 말해 참된 자아와 차원 높은 삶의 방식을 향한 '인식의 확장'에 대해 탐구할 것이다. 우리는 변성의 시대에 살고 있다. 이 말은 낮은 곳에서 높은 곳으로 훌쩍 도약하고 있는 우리의 인식이 모든 것을 완전히 새롭고 놀라운 관점으로 바라보도록 이끌어준다는 뜻이다. 이제 그 과정을 자세히 살펴보자.

인식이란 무엇인가?

인식(perception)이란 물리적 세계와 비물리적 세계를 망라하여 사람마다 특정한 한계 안에서 이뤄지는 앎의 방식이다. 여기서 흥미로운 사실은 당신의 주파수, 즉 의식-에너지 수준이 당신의 인식에도 영향을 미쳐 앎의 내용을 결정한다는 점이다. 의식과 에너지는 동전의 양면으로서 서로 즉각적으로 영향을 주고받는다는 사실을 기억하라. 하나가 증가하면 다른 하나도 증가한다. 그러므로 에너지의 주파수가 높아지면 삶에 관한 의식도 광대해지고 깊어진다. 이것이 에너지 증가를 동반하는 가속화와 변성과정이 인식력과 이해력을 높여주는 이유이다.

인식은 자유자재로 초점 조절이 가능한 렌즈를 가진 망원-현미경이라고 보면 되는데, 망원-현미경은 가장 멀리 떨어진 별들로부터 가장 미세한 미생물까지 전부 초점을 맞출 수 있다. 당신의 의식-에너지 주파수도 이런 렌즈처럼 우리 눈앞에 다양한 세상을 펼쳐 보여준다. 주파수를 최대한 높이면, 당신은 물리적 세계를 초월해 비물리적 세계를 볼 수 있다. 이처럼 탁 트인 인식을 통해서 당신은 비물리적 현실이 어떻게 물리적 현실에 영향을 미치는지를 명쾌하게 이해한다.

나 자신과 현실에 대한 시야 확장하기

인식이 가능한 대상의 영역에 대해 숙고하게 되면 몇 가지 기본적인 물음이 떠오른다. '나는 누구인가?' '현실이란 무엇인가?' '삶은 어떻게 작용하는가?' 주파수가 상승할수록, 당신은 당신 자신과 당신의 현실과 당신 삶의 원동력을 한층 다각도로 인식하게 된다. 반대로 주파수가 낮다면, 당신은 당신 자신을 유전자의 명령대로 만들어져 두뇌의 통제를 받는 육체로만 인식할 것이다. 또한 현실도 공간적으로 분리된 사물들로 채워진 물리적 시공계로만 보일 것이다. 인과적 사고방식 탓에 당신은 삶이 과거-현재-미래라는 시간표를 따라 비교적 느리게 펼쳐지고 있다고 여길 것이다.

주파수가 상승하면 감각과 감정, 생각과 지혜, 상상과 에너지로 이뤄진 비물리적 세계를 인식하게 된다. 이는 당신이 이전에 알았던 물리적 자아와 현실에다 새로운 차원을 보태준다. 이 수준에서 당신은 당신 자신을 의식-에너지로 구성된 현실과 좀더 유기적으로 상호작용하는 존재로서 ─ 당신도 의식-에너지이므로 ─ 경험한다. 당신의 삶도 지금 이 순간 훨씬 빠르게 펼쳐진다.

당신의 주파수가 상승을 계속할수록, 당신의 인식은 바늘을 따라가는 실처럼 어김없이 그 뒤를 따른다. 이제 당신은 내면의 비물리적 현실이 외부의 물리적 현실과 솔기 없이 매끄럽게 통합하는 모습을 보게 된다. 이 두 세계는 동시에 공존하고 섞이면서 자아와 현실에 대한 당신의 체험을 또 한 번 변화시킨다. 물리적 세계와 비물리적 세계가 분리되지 않는 상태로 공존한다. 원인과 결과가 거의 시차가 없는 하나의 사건이 되어버린다. 이런 통합의 경험은 완전히 새로운 차원의 삶 속으로 들어가는 것과 다를 바 없고, 우리는 바로 이것을 변성이라고 부른다.

> 두 가지 대상을 한꺼번에 마음속에 품으면, 그 둘은 서로 연결되기 시작한다.
> — 릭 핸슨

이후로 당신은 자신을 영혼으로서 경험하게 된다. DNA, 육체, 두 뇌는 그 영혼의 지혜와 기억으로부터 발현된 일종의 수단일 뿐이다. 현실은 당신의 의식-에너지 패턴이 다른 지적 존재들의 패턴과 함께 표출된 무엇이다. 견고했던 물질이 이제는 진동하는, 변화무쌍한 입자들의 성근 집합이 된다. 여기에는 뚜렷한 경계가 없다. 그저 다양한 주파수들이 하나의 통일장을 이루고 있을 뿐이다. 거대한 '지금 이 순간'만이 유일무이한 시간이 되고, 무엇이든 순식간에 창조되어 나온다. 당신은 당신 자신과 현실이 서로 얽히고설켜 있음을 깨닫는다. 그 둘은 서로를 창조할 뿐 아니라 사실상 하나이다.

요약하자면, 당신은 외부의 물리적 세계에 바탕을 두고 자아와 현실을 다소 단조롭게 경험하다가 주파수의 상승에 의해 점차 내면의 비물리적 세계를 인식하게 된다. 처음엔 두 세계 사이를 시계추처럼 오가지만, 주파수가 계속 상승하면서 당신은 그 둘이 서로 밀접히 상호작용하며 당신 자신과 현실을 변성시킨다는 사실을 인식한다. 이제 더 많은 가능성이 존재한다. 전에는 보이지도, 믿어지지도 않았던 일들을 가능케 하는 원리들이 발견된다. 이처럼 인식이 정교하게 진화해가는 것은 자연스런 일이다. 낮은 주파수의 인식은 한때 우리로 하여금 세상은 평평하고, 태양은 지구 주위를 돌고, 여자는 진짜 사람이 아니라고 믿게 했다! 그러나 지금 우리는 그 존재 자체만으로 모든 사람이 동등한 영혼임을 안다. 우리는 마치 광속으로 은하계를 여행하듯이 이 우주를 '실제로' 보고 이해하게 된다.

신비스런 돌파구

나의 내면세계는 언제나 활발하게 작동하지만, 몇 년 전에 나는 무척 놀라운 경험을 통해 물리적 현실과 비물리적 현실이 상통하고 있음을 더욱 절감한 바 있다. 당시 나는 어머니댁을 방문하고 있었다. 어머니와 새아버지는 연세가 아흔에 가까웠지만 기력이 넘치는 데다 호기심도 많고 유머감각도 있었다. 나는 그들과 함께 시간을 보내는 걸 좋아했다. 숨 가쁜 일상을 잠시나마 내려놓고 여유로운 기분을 만끽할 수 있었기 때문이다. 하지만 이때는 그분들의 친구 몇 분이 세상을 떠난 직후라서 집안에 상실감이 감돌고 있었고, 나 또한 어떤 강렬한 에너지를 느끼며 좀체 잠을 이루지 못했다.

그날도 나는 몇 시간을 뒤척거리다가 결국 몸을 일으켰고, 불을 켠 채로 침대 위에 책상다리를 하고 앉아 허공을 응시했다. 나는 완전히 열리고 풀어진 상태로 그저 가만히 있었다. 바로 그때였다. 내가 숨을 들이마시자 방이 온데간데없이 사라져버린 것이다! 그럼에도 나는 내 현실의 중심에 여전히 존재하고 있었다. 이제 나는 허공에 둥둥 떠다니는 둥그런 모양의 빛이었다. 내 아래엔 아무것도 없었다. 대신 공간 그 자체가 사방에서 나를 떠받치고 있었다. 내 몸은 방과 함께 사라졌지만, 나는 항상 익숙하게 느껴왔던 내 존재감을 계속 느낄 수 있었다. 나는 여전히 존재했고 평화로운 상태였다.

그런 다음 숨을 내쉬자 방이 다시 나타났다. 눈을 휘둥그레 뜨고 아래를 내려다보니 내 몸은 그대로였다. 나는 다시 숨을 들이마셨다. 이크! 방은 또 사라졌고, 나는 또 내 육체와 무관한 둥근 빛이 되었다. 나는 이렇게 빛과 육체 사이를 오가는 게임을 지겨울 때까지 반복했다. 나는 이렇게 생각했다. '아마도 죽으면 이런 느낌일 거야. 눈 깜짝할 새에 물리적 현실을 벗어나서 빛-에너지 현실 속으로 들어가게 되는군. 나 자신이 달리 보이지만, 그 중심 진동은 여전히 그대로 느껴져.'

문득 내가 지금 물리적 현실 자체를 들이마셨다가 내쉬고 있는지도 모른다는 생각이 스쳐 갔다. 물리적 현실이 마치 풍선처럼 들숨엔 내 상위 자아에게로 빨려 들어갔다가, 날숨엔 다시 부풀며 형체를 되찾았다. 원한다면 나는 들이마신 상태에서 그것을 변화시키고, 그 변화를 담아 내뿜을 수도 있는 듯했다. 이 경험은 내게 심오한 영향을 미쳤다. 그동안 내가 죽음에 대해 가졌던 두려움의 잔재가 말끔히 사라졌고, 물리적 세계와 비물리적 세계 — 내 자아와 현실의 안과 밖 — 의 밀접한 관계가 분명해졌다. 나는 이 충격적인 경험을 통해 내가 두 가지 현실에 걸쳐 있고 그 두 곳 모두에서 살아 있음을 깨달았다.

눈을 감았다 뜨며 호흡하기

1. 편안한 자세로 앉되 머리는 반듯하게 세우라.

2. 당신이 있는 공간을 자세하게 관찰하라. 그리고 당신의 몸에 집중하라.

3. 당신이 방금까지 분주한 일상의식 속에서 특정한 느낌에 빠져 있었음을 알라. 그것은 신 나고 활기찬 기분일 수도, 따분하고 짜증 나는 기분일 수도, 평화롭고 사랑스러운 기분일 수도 있다.

4. 호흡에 집중하라. 호흡을 들이마시고 내쉬면서 그 흐름을 따라가라. 그 외에 지금 당신은 달리 해야 할 것도, 알아야 할 것도 없다.

5. 숨을 들이마시면서 천천히 눈을 감으라. 당신의 방과 육체, 일상사를 전부 들이마신다고 상상하라. 그것들이 모두 통일장 속으로 사라지고, 이제 당신은 조용하고, 편안하고, 어둡고(또는 밝고), 탁 트인 곳에서 휴식을 취한다. 이곳이 바로 상위 의식의 시작점이자 당신의 내면세계이다.

6. 이제 숨을 내쉬면서 천천히 눈을 뜨라. 이전의 현실과 비슷한, 그러나 약간 더 높은 주파수의 새로운 현실을 내뿜는다고 상상하라. 이 경험을 사랑과 감사의 마음, 순수한 경이로움의 감정으로 가득 채

우라.

7. 눈을 감으면서 천천히 숨을 들이마시라. 외부 현실로부터 모든 관심을 거두어 그것이 사라지게 하라. 비물리적 세계의 무시간성 無時間性(timelessness)을 느끼면서 그저 있는 그대로의 당신이 되어보라. 순수함을 당신 안으로 불러들여 그것에 주파수를 맞추라.

8. 눈을 뜨면서 다시 숨을 내쉬라. 당신의 몸과 개성이 존재하는 3차원 세계가 마치 풍선처럼 부푼다고 상상하라. 당신 내면의, 상위 의식의 진동을 내뿜어 그 '영화'에다 숨결을 불어넣으라. 숨을 들이마시고 내쉴 때마다 그 영화가 더 개선되게 하라.

9. 이 방법을 원하는 만큼 반복하고, 새로운 깨달음이 떠오르진 않는지를 살펴보라. 그것을 일지에 적으라.

진화는 끊임없이 계속된다

물리적 현실만이 전부라는 대중적 합의 때문에, 그 관점에 이의를 제기하고 그 영향력에서 벗어나는 일은 쉽지 않다. 하지만 나는 당신도 나와 비슷한 — 당신 자신이나 다른 사람들을 에너지, 빛, 고차원의 의식으로 느끼거나 바라보는 — 경험을 해봤으리라 확신한다. 꿈속에서 하늘을 나는 경험이 의심할 여지 없는 '현실'로 느껴졌을 수도, 할머니가 당신 침대 끄트머리에 서서 방금 자신이 세상을 떠났음을 알려주는 일을 겪었을 수도 있다. 어쩌면 외계 은하의 존재들에 의해 치유되거나 어떤 나무의 오라aura가 섬광처럼 꺼졌다 켜졌다 하는 모습을 봤을 수도 있다.

나는 높은 주파수의 현실이 낮은 주파수의 현실 속으로 마치 영상이 겹치듯 튀어나오는 모습을 목격한 사람들을 많이 만났다. 이런 경험은 당신이 확장된 인식으로 나아가야 할 진화 단계에 이르렀을 때 찾아오며, 실제로 당신을 변화시킨다. 내 어머니가 여덟 살일 때 겪은 일이다. 그해 여름 어머니는 한 농장에서 지내고 있었다. 때마침 떠돌이 치유사가 잠시 그곳에 들렀는데, 어머니 이마에 나 있던 커다란 혹을 단 몇 분 만에 사라지게 했다고 한다. 그 치유사가 한 일이라곤 그냥 자신의 손가락을 어머니 이마에 올려놓은 것뿐이었다. 어머니는 이 놀라운 사건을 계기로 삶의 미스터리에 눈을 뜨게 되었다. 나중에 어머니가 네 가지 종류의 암에 걸렸음에도 스스로 치유해낼 수 있었던 것은 바로 그 경험 덕분일 것이다.

이처럼 어떤 사건이나 충격이 쉼 없이 재잘대는 평소의 '원숭이 마음'(정신없이 나무를 옮겨타는 원숭이의 모습에 빗댄 표현, 역주)을 잠재우고 옆으로 치워 우리를 확장된 인식에 눈 뜨게 하기도 하지만, 때로는 아주 평범한 일상의 한복판에서 이런 경험이 찾아오기도 한다. 그로써 우리는 전부라고 생각했던 현실 너머에 또 다른 수준의 현실이 존재함을 알게 된다. 고대문화 또는 비교秘敎전통에서는 이 단계를 입문入門(initiation)이라고 부른다. 말하자면 높은 주파수의 의식, 새로운 수준의 힘과 책임감을 얻기 위한 통과의례인 셈이다. 이 단계를 거친 사람들은 거의 예외 없이, 높은 주파수의 신비로운 경험에 저절로 이끌렸다고 말한다. 이런 경험은 마법처럼 놀랍지만 지극히 자연스럽고 편안하게 느껴진다. 우리의 의식-에너지 주파수가 자석에 이끌리듯 상승하는 것은 그만큼 강력하고 역행이 불가능한 현상이다. 우리의 진화는 무슨 수를 써서든 돌파구를 찾아 전진할 것이다.

> 활짝 핀 꽃보다 단단히 웅크린 봉오리가 더 큰 시련을 겪는 날이 왔다.
> — 아나이스 닌

명상을 통해서도 당신은 주파수를 높이고 물리적 수준의 현실 인식을 초월할 수 있다. 비물리적 세계를 경험할 줄 아는 명상가들은 대개 '나', '나의 것'이라는 관념을 내려놓으라고 강조한다. 좀더 큰 자아를 자각할 수 있을 만큼 당신의 인식을 확장시키기 위해서다. 선불교에는 "어떤 것도 빠트리지 말라"는 가르침이 있다. 요컨대 당신이 당신의 '작은' 자아와 '작은' 세계로부터 주의를 거두면, 지금껏 당신이 '저 밖에 있는 것'으로 취급했기에 알 수도 경험할 수도 없었던 새로운 사물, 사람들, 가능성이 드러난다는 뜻이다. 그것들을 당신의 세계 속에 다시 품을 때, 당신의 인식은 확장된다. 이와 비슷한 불교의 가르침이 또 있다. "특별한 것은 아무것도 없다." 이것은 모든 경험을 똑같이 대하라는 뜻이다. 특별한 것이 따로 없다는 말은 모든 것이 특별하다는 말이고, 모든 경험이 동등한 가치를 갖고 있다는 말이다. 하나의 현실만 붙들고 그 외의 현실들은 밀어내는 일을 멈출 때, 당신의 인식은 모든 것을 품을 만큼 크게 확장된다.

> 부처의 길을 배우는 것은 나를 배우는 것이요,
> 나를 배우는 것은 나를 잊는 것이요,

나를 잊는 것은 만물로부터 깨달음을 얻는 것이다.

— 도겐(道元禪師)

깨달음에서 의식으로, 의식에서 다시 깨달음으로

스리 니사르가다타(1897-1981)는 내가 제일 좋아하는 현자 중 한 명으로 의식-에너지의 여러 차원을 통과해가는 인식의 진화 여정에 대해 가르침을 편 인물이다. 그는 우리가 상상하거나 알 수 있는 모든 것을 포함한 의식(consciousness)이야말로 '내가 존재한다'(I Am)는 현존감의 근간이라고 가르쳤다. 또한 그는 의식 너머에 무언가가 있다고 가르치며 이것을 깨달음(Awareness) 또는 절대자(the Absolute)라고 불렀다. 이것은 환히 깨어 있는 상태로서 열반(nirvana), 해탈(moksha), 견성見性, 오도悟道 등의 여러 이름으로 불린다.

의식은 이원성의 양극을 오가며 흔들리는 데 비해 깨달음은 완전 무결하고 원융圓融하며 언제나 그대로이다. 깨달음은 어떤 이원성도 허락지 않는다. 니사르가다타는 깨달음을 원인 없는 신비 또는 '빛(shining)'이라고 묘사했다. 깨달음은 더 이상 인식의 주체와 객체가 나뉘지 않는 의식이다.* 우리는 흔히 '자각(awareness)'이라는 단어를 '의식'과 혼용하여 쓰지만 사실 이 말은 그 이상의 의미를 담고 있다.**

---

* "깨달음은 그 자신을 알지 못하는 의식이다"(It is consciousness unaware of itself)라는 원문을 조금 풀어서 옮겼다. 역주.
** 이 책에서는 대문자 Awareness를 '깨달음'으로, 소문자 awareness를 '자각'으로 구분하여 옮겼다. 역주.

깨달음은 지금 물질적 삶 속으로 내려와 있는 우리의 본향인 동시에 우리가 다시 진화해서 올라가야 할 최종 목적지이다. 이 책 전반에 걸쳐 등장하는 의식(consciousness)이라는 용어와 우리의 출발점이자 종착점을 뜻하는 깨달음(Awareness)이라는 용어에 주의하기 바란다.

처음에 니사르가다타는 제자들에게 다양한 '소멸' 단계를 통과하게 했는데, 여기서 소멸이란 자아에 관한 관념들이 버려진다는 뜻이다. 제자들은 평소 그들이 간직해왔던 자아상 ─ 기억, 습관, 재산 등 등 ─ 이 진짜 자신이 아님을 깨달아야 했다. 그 하나의 인격체는 '생각들(ideas)'이 만들어낸 아주 편협하고 그릇된 정체성일 뿐이다. 나 자신은 나의 육체도 아니고 믿음과 환상이 끝없이 새끼를 치는 나의 마음도 아니다. 그의 제자들은 이런 관념들을 소멸시키거나 내버려야 했다. 이런 '소멸을 통한 성취' 또는 '가지치기에 의한 성장'은 선불교 수행과 궤를 같이한다. 이런 관념들을 전부 내려놓고 나면 오직 '내가 존재한다'는 단순한 느낌 또는 의식만이 남는다. 우리는 15장에서 이 주제를 다시 논의할 것이다.

긴 시간을 들여다봐도 거기엔 단 하나의, 영원한 '지금 이 순간'밖에 없다.
─ 스리 오로빈도

그런 다음 니사르가다타는 제자들에게 그들 자신이 곧 의식의 통일장 ─ 모든 생각과 형상이 나오는 곳이며 또한 돌아가는 곳 ─ 이란 사실을 깨달을 때까지 '내가 존재한다'는 생각에만 집중하게 했다. 그로써 그들은 제한된 육체와 인격의 자아감을 벗어나 자신을 영혼으로서, 더 나아가 영혼들의 통합의식, 세상의 유일령靈, 통일장,

마침내는 우주의식 그 자체로서 인식하게 된다.

아마도 당신은 통일장과 합일하는 정도면 충분하지 않으냐고 생각할 수도 있다. 하지만 니사르가다타는 제자들에게 의식이란 어떤 경우에도 다소의 이원성을 포함할 수밖에 없다는 사실을 알려주며 흥미로운 다음 단계를 시작한다. 당신에게 '의식'이 있다는 것은 그 의식의 대상이 있다는 뜻이기도 하다. 즉 최상의, 수정처럼 맑은 의식일지라도 거기에는 반드시 객체(object)가 존재한다. 따라서 당신은 '내가 존재한다'는 느낌을 자신의 정체성으로 받아들여도 곧 그 느낌만이 전부는 아님을 알게 된다. 당신은 '의식'에 선행하는 무언가가, 영혼으로서의 존재감보다도 더 깊은 무언가가 있음을 안다. 그것이 바로 '깨달음'이며, 이전에도 그러했고 앞으로도 그러할 궁극의 현실이다. 깨달음은 '내가 존재한다'는 의식에 선행한다. 깨달음은 의식을 존재케 하는 바탕이며, 우리의 최종 목적지 ─ 집으로 돌아가는 경험 ─ 이기도 하다.

> 당신은 자신을 작은 일부라고 생각하지만, 당신 안에는 가장 광대한 우주가 들어있다.
>
> ─ 하즈랏 알리

우리의 의식(그리고 의식의 짝인 에너지)은 깨달음 또는 절대자로부터 신비스럽게 출현하고, 이내 주파수가 낮아지면서 안쪽으로 또는 아래쪽으로 소용돌이치며 물리적 현실을 향해 얽혀든다(involution).* 그로써 우리는 몸에 속박된 영혼으로서, 물리적 세계 속에 존재하는 채로 영적 본성을 찾아 헤매는 몰입(immersion) 상태를 경험하게 된다. 이 단계에서 우리는 덫에 빠지고 발목이 붙잡힌 느낌을 받을 수 있다. 하지만 결국 우리의 주파수는 다시 충분히 상승하게 되고, 우리의 의식은 방향을 바꿔 밖으로 또는 위로 뻗어가는(evolution) 확장 주기로 들어선다. 우리는 깨달음, 즉 완전한 하나에 이를 때까지 의식의 상위 차원들을 차례로 통합해가게 된다.

이제 우리는 확장된 인식으로 가는 길목에 놓인 이 세 단계에서 각각 어떤 일이 일어나는지를 살펴볼 것이다. 이 세 단계는 바로 얽힘(의식이 하강하거나 주파수가 깨달음의 수준에서 물질의 수준으로 떨어지는 것), 몰입(고차원의 의식이 물질을 채우는 것), 뻗어감(의식이 상승하거나 주파수가 물질의 수준에서 깨달음의 수준으로 올라가는 것)이다.

얽힘: 하늘에서 땅으로 가는 여정

얽힘(involution)은 의식-에너지의 주파수가 깨달음으로부터 물질 수준으로 하강하는 여정이다. 깨달음은 통합된 마음, 의식의 통일장보다도 상위의 것이다. 깨달음은 정체성도, 이원성도, 스스로에 대한 자각도 없다. 그런데 이 빛(shine)은 신비롭게도 이원성 ― 주체와 객체 ― 을 가진 의식을 탄생시켜 인식능력과 관점을 획득한다. 의식이 탄생할 때 '나'와 '현실'이라는 관념도 함께 등장한다. 우리는 이것을 '말씀'(the Word), 즉 태초의 창조를 일으킨 진동으로 묘사하곤 한다. 의식과 에너지는 하나이다. 그 둘은 한 몸으로서 이 우주의 본체인 통일장을 만들어낸다.

---

* 통상적으로 involution은 퇴화, evolution은 진화를 뜻하지만 여기서는 문맥상 '안으로(아래로) 얽힘', '밖으로(위로) 뻗어감' 등의 동적 표현으로 옮겼다. 역주.

이처럼 얽히는 과정에서, 인식작용도 마치 사다리를 내려가거나 겹겹의 양파껍질을 까듯이 점층적으로 느려지는 주기와 수준에 맞춰진다. 이 각각의 주파수 대역을 보통 '차원'(dimension)이라고 부른다. 주파수가 하강할수록 의식-에너지는 더욱 밀도가 높아지고 분화分化해간다. 주파수가 일정 수준 이상으로 하강하면, 의식은 아예 파편화·결정화되어 물리적 현실로 들어가고 시공간 속에서 물질적 경험을 하게 된다.

> 도道가 하나를 낳는다. 하나는 둘을 낳는다. 둘은 셋을 낳는다. 그리고 셋은 만 가지를 낳는다.
> — 노자

한 아기가 태어날 때마다 얽힘이 일어난다. 또한 머릿속에 별안간 떠오른 어떤 아이디어나 상상을 실제의 물리적 결과로서 완성시킬 때도 당신은 작은 '얽힘' 주기를 경험하는 것이다. 밤새 잠자리에서 꿈에 취해 있다가 아침에 깨어날 때도, 어떤 문장을 완성하거나 결정을 내릴 때도, 당신은 확장된 인식으로 가는 여정 가운데 첫 번째인 얽힘 단계를 목격한다.

몰입: 물리적 현실에서 잠시 쉬어가기

주파수가 하강하여 물리적 자아와 현실이 성공적으로 창조되면 이것은 확장된 인식으로 가는 여정의 두 번째 단계인 몰입(immersion)에 해당한다. 물질로 가는 여정은 일종의 모험과 같고, 상위 의식을 물리적 현실 속으로 온전히 가져가는 것이 우리의 도전과제이다. 말하자면 우리는 물질을 마음으로 채우고 인성을 영혼으로 채워야 한다. 이 단계는 아름다움과 경이로움이 넘치는 즐겁고 창조적이고 신성하고 사랑이 충만한 경험이 될 수도 있고, 아니면 저항과 고통의 경험이 될 수도 있다.

> 우리 모두는 둥둥 떠다니고 싶어하지만
> 터벅터벅 무거운 발걸음을 내딛는다.
> 그리고 중력에 취한 듯 모든 것 위로 우리의 무게를 올려놓는다.
> 사물들은 그토록 천진난만한 상태에서 번성하는데,
> 그에 비해 우리는 이 얼마나 피곤한 스승인가.
> — 라이너 마리아 릴케

이 단계에서 우리들 대부분은 스스로 창조해낸 높은 밀도와 느린 진동에 붙잡혀 오도 가도 못하는 신세가 된다. 견고해 보이는 세상의 겉모습에 동화되어 자신의 본성이 유동적인 의식-에너지임을 망각하는 것이다. 우리는 우리 자신이 지금 하강(얽힘)과 상승(뻗어감)의 과정 속에 있음을 잊어버린다. 우리는 물리적 현실만이 전부라고 여기고 심리적으로 갇혀 있다고 느끼기도 한다.

몰입 단계의 실상은 다음과 같다. 당신 자신이 이 과정과 감응할 수 있는지를 살펴보라. — 물리적 현실은 우리가 분리된 존재라는 생각을 낳고, 이 생각은 우리에게 두려움을 경험하게 하며, 두려움에서 기인한 저항감은 의식-에너지를 고착·수축시킨다. 수축 상태는 의식-에너지의 흐름을 더디게 하고 멈추게 하여 고통을 자아낸다. 시간이 흐르면서 두려움과 수축은 왜곡된, 부정적인 생각과 감정적 습관을 몰고 와서 우리의 인성을 무지와 혼란의 안개로 에워싼다. 이 때문에 영혼은 자욱한 안개를 뚫고 진실과 영감을 가져오는 데 어려움을 겪게 되고, 의식적인 마음 ― 영혼의 관점 또는 영혼의 인식 렌즈 ― 은 높은 주파수의 의식이 담겨 있지 않은 뒤죽박죽인 상황밖에 볼 줄 모른다. 이 시점에서 당신은 심지어 자신에게 영혼이 있다는 사실조차 잊어버린다.

이처럼 당신은 높은 주파수의 현실 또는 영혼의 경험을 일시적으로 잊어버릴 수 있다. 하지만 당신의 마음속 깊은 곳은 그것을 잊지 않는다. 당신은 물리적 세상을 자신과 분리된 것으로 인식하기 때문에 비물리적 세계도 당신과 분리되어 있다고 ― 저 위의 하늘나라에 있다고 ― 단정하곤 한다. 그러나 실제로 높은 주파수의 현실은 물질 '속에' 있다. 상위 의식은 기회가 있을 때마다 두꺼운 망상의 안개를 뚫고 이 진실을 얼핏이나마 당신에게 보여준다. '신비스러운 돌파구' 또는 '입문'의 순간들은 당신으로 하여금 비물리적 세계에 눈을 뜨게 하고, 상위 현실의 경험과 기억을 되찾길 간절히 열망하게 만든다. 그로써 당신은 '확장하고' 싶어진다. 이것은 이제 진화할 때가 됐음을 당신에게 알려주는 신호이다. 우리는 영혼으로서 이미 '깨어 있는' 상태다. 우리는 상위 차원의 현실들을 한 번도 벗어난 적이 없었고, 우리의 중심은 언제나 온전한 '깨달음' 그 자체이다. 몰입 단계의 끄트머리에서는 이 진실이 슬그머니 다시 기어들어온다.

영감은 초의식(super-consciousness) 또는 잠재의식(sub-consciousness)의 작용일 것이다. 어느 쪽인지는 나도 모른다. 내가 확실하게 아는 것은, 영감이 자의식(self-consciousness)의 반대라는 점이다.

― 아론 코플랜드

무력하고 고립되어 있고 수동적이고 저항하는 상태에 있을 때, 당신은 몰입 단계의 부정적인 측면을 경험하게 된다. 만약 당신이 불안하다면, 너무 힘이 넘치거나 축 처져 있다면, 의지처 혹은 권력이 절실하다면, 당신은 지금 몰입의 부정적인 측면에 사로잡혀 있는 것이다. 이와는 반대로 창조와 발견의 자연스러운 흐름을 만끽하고, 기분이 좋고, 살아 있음에 감사하고, 세상의 아름다움을 찬미하고, 다른 사람들을 깊이 사랑하고 있다면, 당신은 몰입의 긍정적인 측면을 느끼며 바깥으로(또는 위로) 방향을 바꾸고 있는 것이다. 당신의 발목을 몰입 단계에 묶어두는 것은 바로 고통과 저항이다.

뻗어감: 다시 땅에서 하늘로

당신이 더 이상 물리적 현실에 저항하지 않고 그것을 사랑한다면 심리적·영적 성장 또는 의식의 진화과정이 시작된다. 당신은 순차적으로 높아지는 주파수 대역에 조율되고, 그로써 당신의 지혜와 사랑도 커진다. 당신의 자아감이 확장됨에 따라, 높은 주파수의 인식은 우리가 서로 얼마나 깊이 연결되어 있는지를 보여주고 당신은 그만큼 점점 더 '큰' 존재가 되어간다. 당신은 자신이 비슷한 주파수의 존재들로 구성된 영혼집단(soul group)에 속해 있다는 사실을 깨닫는다. 그 영혼집단은 곧 더욱 상위의 집단으로 통합되어가고, 당신은 그렇게 전 지구적 의식에 가까워진다. 마침내 당신의 인식은 당신 자신이 모든 시공간에 존재하는 모든 개별적인 삶들을 포괄하는 '단 하나의' 거대한 의식임을 알아차릴 만큼 확장된다. 당신이 '깨달음' 가까이로 뻗어갈수록, 당신의 자아와 현실은 통일장 그 자체가 된다.

창조력과 예술은 몰입 단계에서 뻗어감의 단계로 흐름을 바꾸는 데 결정적인 역할을 한다. 의식의 주파수가 상승하면서 당신은 아름다움에 더욱 집중하고, 당신의 창조력도 생존의 문제가 아니라 영감어린 예술과 디자인에 초점을 맞춘다. 이 과정에서 당신은 다른 사람들과 이 지구에 도움이 되는 아이디어를 찾게 된다. 이런 창조적 상태는 그 자체로 영적인 경험이며 당신의 확장에 도움을 준다. 이처럼 희생이 강요되는 봉사가 아닌 즐겁고 자발적인 봉사는 진화를 돕는 또 다른 원동력이다.

> 마침내 경이로움의 법칙이 내 삶을 지배하네,
> 내 삶의 모든 순간은 사랑을 위해,
> 사랑 안에서 불타 사라지니,
> 그 도약의 순간마다 사랑은 다시 생명을 얻네.
> — 루미

주의력도 몰입 단계에서 뻗어감의 단계로 흐름을 바꾸는 데 도움을 준다. 당신은 생각을 정리하고, 이 세상과 감응하고, 물질 속에서 영혼과 상위 의식을 찾기 위해 인식을 훈련하는 법을 배운다. 직관력 또한 중요한데, 직관력은 상위 의식에 접속해서 그 수준의 경험을 촉발한다. 직관력은 동질성, 상호연결성, 확장된 사고방식에 초점을 맞추어 놀라운 가능성의 문을 열고, 신비스러운 돌파구를 마련하여 갇혔던 의식이 다시 자유롭게 흐를 수 있도록 해준다. 당신을 지고한 인식으로 이끌어 '하나됨'의 여정을 끝마치게 해주는 것도 바로 이 직관력이다.

당신은 날마다 소규모의 진화를 경험한다. 새로운 생각이나 미지의 세계에 눈을 뜰 때마다, 꿈을 꾸거나 상상력을 발휘할 때마다, 가

숨을 열고 타인을 관대하고 진실하게 대할 때마다, 당신은 작게나마 진화를 경험하고 있는 것이다. 그 어떤 방식이든 모든 배움과 사랑은 당신이 진화하고 있다는 신호다.

계속해서 움직이는 의식

얽힘, 몰입, 뻗어감의 과정은 쉼 없이 반복된다. 그중에는 긴 주기도 있고 짧은 주기도 있다. 의식은 천 분의 1초마다 깜빡이면서 물질계 안팎을 오간다. 양자역학에서 나온 다중세계 이론은 현실의 모든 잠재적 가능태가 지금 이 순간 의식-에너지의 통일장 속에 공존하고 있고, 하나의 생각은 곧 하나의 세계와 다를 바 없다고 말한다. 만약 당신이 어떤 생각에 집중하면, 수많은 세계가 그 특정한 현실에 맞춰 조율된다. 파동이 응축되어 입자가 되는 것이다. 이것이 바로 얽힘과 몰입의 단계이다. 당신이 물리적 현실로부터 관심을 거두면, 그것은 비물리적 세계 속으로 붕괴하여 사라지고 모든 것은 다시 잠재적 가능태로 돌아간다. 입자가 해체하여 파동이 되는 것이다. 이것이 바로 우리의 의식 여정 가운데 뻗어감의 단계이다.

당신 또한 탄생과 죽음, 즉 물질계로 나왔다가 본질로 되돌아가길 반복한다. 당신은 뭔가를 상상하고 그것을 현실로 만든다. 반면 따분한 현실로부터 관심을 거두어 그것이 사라지게 하기도 한다. 당신은 지금 이 순간에 온전히 집중하며 얽혀 있다가, 잠깐 사라졌다가, 새로운 생각들과 함께 다시 등장한다. 의식은 상위의 지혜와 계획에 따라 끊임없이 이편과 저편을 들락날락하거나 주파수의 상승과 하강을 겪는다.

그렇다면 우리가 살고 있는 지금 이 시대는 무엇이 특별한 걸까? 우리는 몰입 단계의 끄트머리, 즉 물질 안에 영혼이 꽉 들어차고 물리적 현실과 비물리적 현실이 통합되는 상태에 접근하고 있다. 우리 자신과 현실의 물질적 측면과 의식-에너지적 측면을 동시에 경험할 수 있을 만큼 우리의 인식이 확장되고 있다. 이것은 정말 대단한 일이다! 우리는 일종의 새로운 혼성(hybrid) 인간으로서 의식 진화의 시대로 들어서고 있다. 당신은 진화가 일어나길 기다릴 필요가 없다. 이미 그것이 당신을 이끌어가고 있기 때문이다. 당신은 그저 긴장을 풀고 도약하면 된다!

다음 장에서 우리는 인식이라는 주제를 좀더 깊이 파고들어 앎의 방식과 관련된 작용들을 살펴볼 것이다. 또한 뇌과학이 발견한 사실들을 알아보고, 낡은 선형적線形的 인식과 새로운 구球-홀로그램 인식 간의 기하학적 차이점도 확인할 것이다.

실재의 명쾌한 눈에는 모든 것이 통합된 하나로 보인다. 생명과 물질과 인간의 기나긴 진화, 단 하나의 세포였던 때부터 이어진 나의 모든 경험, 나 자신과 전 인류의 의식이 거쳐온 모든 단계, 그 전부가 빠짐없이 그리고 일목요연하게 여기에 있다. 나는 내가 만물과 하나이며, 시간 속에서 영원히 말해질 하나의 말씀임을 안다.

— 비드 그리피츠

요약

인식은 물리적 삶과 비물리적 삶으로부터 앎을 얻는 방식이다. 인식은 당신이 의도적으로 초점을 조절할 수 있는 망원-현미경과 같다. 당신이 얼마만큼 볼 수 있는지는 당신 의식의 주파수에 달려 있다. 높은 주파수의 의식-에너지를 갖게 되면 좀더 정밀한 인식작용으로써 비물리적 세계를 꿰뚫어볼 수 있고, 결국은 비물리적 세계와 물리적 세계가 얼마나 밀접한 관계인지도 알 수 있다. 만약 당신이 정체된다면 당신의 영혼(상위 의식)이 자발적으로 돌파구를 마련하여 당신에게 필요한 영감과 계시를 가져다준다.

우리는 의식의 여행길에 올라 있다. '깨달음'이라는 하나됨의 상태로부터 출현한 우리의 의식은 '얽힘'이라는 주파수의 하강 과정을 거쳐 물질계의 시공간 속에서 '결정화'되었다. 내가 '몰입'이라고 부르는 현 단계에서 우리가 할 일은, 우리의 물리적 자아와 현실을 상위 의식으로 가득 채워 물질계와 비물질계를 하나로 통합하는 것이다. 그러면 변성이 일어나고 우리는 우리 자신이 자유롭다는 사실을 깨닫는다. 바로 그 순간 '뻗어감'(진화)의 단계가 시작된다.

종종 우리는 저항감과 두려움 탓에 물리적 세계에서 오도 가도 못하고 발이 묶이지만, 지금은 몰입 단계가 막바지에 이르렀기 때문에 우리는 이미 의식적으로 진화를 시작한 상태다. 우리는 점점 더 의식-에너지의 상위 수준들을 경험하며 진화할 것이다. 마침내 집으로, 즉 '깨달음'으로 돌아갈 때까지.

3

당신은 어떻게 아는가?

높은 수준에 이른 사람들은 이성과 직관을 통합하는 데 굳이 신경 쓰지 않는다.
그들은 그저 가용한 모든 자원을 분별없이 받아들임으로써 저절로 그런 상태가 되기 때문이다.
그들에게 이성(머리)과 직관(가슴) 중에 하나만 선택하는 것은
한쪽 다리로 걷거나 한쪽 눈으로 보길 고집하는 것만큼이나 쓸모없는 짓이다.

— 피터 셍게

이번 장에서 우리는 두뇌의 성장과 변화과정을 다루는 과학 분야에서 나온 '신경가소성'이란 개념과 관련된 흥미로운 생각들을 살펴볼 것이다. 또한 우리의 두 가지 내적 청사진 또는 인식방법을 살펴볼 것이다. 그 둘을 기하학적 구조로 본다면, 하나는 선형線形이고 다른 하나는 구형球形이자 홀로그램이다. 이것은 변성과정에서 당신의 인식이 어떻게 변화해가는지를 이해하는 데 매우 중요한 요소다.

'앎의 방식'은 최근 뜨거운 관심사다. 마음과 두뇌는 과학자들 사이에서도, 심지어 IT 전문가들 사이에서도 의견이 분분한 주제다. 내게는 이것이 정보시대의 종말이 점점 가까워진다는 조짐으로 보인다. 지금 우리는 여전히 물리적, 이성적 세계관에 사로잡혀 있지만 동시에 미지의 영역으로 도약할 준비도 되어 있다. 나는 라디오에서 몇몇 젊은이들이 두뇌에서 읽어낸 3차원 정보를 이진코드로 축약하면 영화 〈매트릭스〉와 같은 가상현실 속의 삶이 가능하다고 말하는

것을 들은 적이 있다. 하지만 내 생각은 이렇다. '그보다는 지금의 현실을 더 깊이 파고들어 새로운 발견을 해나가는 게 낫지 않아? 왜 이 현실을 3차원이라고만 여기지?'

과학자와 신비주의자들이 의식을 인식하는 방식

많은 뇌과학자들이 마음을 만들어내는 것도, 심지어 영적 경험을 만들어내는 것도 전부 뇌라고 확신하고 있다. 신경생물학자들은 뇌의 신경계가 어떻게 '마음속 영화'를 가능케 하는 정신적 패턴으로서 작용하는지를 연구한다. 또한 그들은 '앎'이라는 행위의 주체인 자아감(a sense of self)을 뇌가 어떻게 만들어내는지도 연구한다. 이것은 정말 흥미로운 주제다!

신경전달물질, 신경조절물질, 신경펩티드 등 뇌의 다양한 화학적 균형상태가 우리의 기분 — 즐거움과 안락감부터 고통과 괴로움까지 — 에 영향을 미친다는 사실은 명확하다. 여기서 더 나아가 뇌과학자들은 임사체험, 꿈, 명상상태도 신경계의 작용으로 설명한다. 정말 그렇다면 '의식'도 신경계가 만들어내는 걸까?

반면에 신비주의자들은 직접적인 체험을 통해, 몸과 뇌는 영혼이라는 높은 주파수의 에너지장이 스스로 속도를 늦추며 — 형이상학에 따르면 원인(causal) 차원, 정신(mental) 차원, 감정/아스트랄 차원, 에테르 차원, 물질 차원의 순서를 거쳐 — 물질화한 것이라고 주장한다. 이 관점에서 보면 우리는 각 차원마다 그 주파수에 맞는 '몸'을 갖게 되고 현재 우리의 마음, 인격, 육체는 상위 차원들로부터 기억과 앎, 사랑과 두려움을 그대로 물려받은 일종의 복제품이라는 것이다.

영적 스승들은 대개 당신의 고유한 감정과 지식 패턴이 육체의 죽음 이후에도 살아남아 환생과 함께 되돌아온다고 말한다. 태어나는 순간부터 보이지 않는 패턴이 작용한다는 것이다. 당신의 재능, 개인사, 삶의 교훈 가운데 많은 부분은 카르마karma에 의해 결정되는데, 카르마란 당신이 전생들로부터 가져온 잘못된 생각과 불균형의 잔재들이다. 따라서 신비주의자들의 관점에서 뇌는 오히려 보이지 않는 의식-에너지 청사진의 부산물이다. 그런 다음 뇌는 외부 현실을 만들고, 외부 현실은 ― 다른 모든 사람과의 공동창조 방식으로 ― 다시 내적 청사진에 영향을 미친다.

신비주의자들은 편도체, 전두대상피질, 망양체, 두정엽, 해마, 시상하부와 같은 용어들로 뇌를 설명하지 않았다. 대신 그들은 의식-에너지 작용과 직접 합일함으로써 얻은 지식을 통해 뇌의 역할을 '활짝 핀 연꽃', '머리 중심에서 열리는 눈', '목과 머리를 통해 올라가면서 머리깃을 펼치는 코브라' 등으로 묘사했다. 비록 시적인 표현을 쓸 수밖에 없었지만, 그들은 이 과정을 상세하게 살폈고 의식의 변성도 충분히 이해하고 있었다. 칼 융은 이렇게 요약해 말한 바 있다. "집단 무의식은 인류 진화와 관련된 영적 유산을 전부 간직한 채로 각 개인의 두뇌 구조 안에서 재탄생한다."[1]

> 우리는 영적 경험을 하는 인간이 아니다.
> 우리는 인간이 된 경험을 하는 영적 존재다.
> ― 피에르 테야르 드 샤르댕

얽힘과 몰입의 관점

우리는 직관의 시대로 진입하면서 다음 두 관점 사이의 연관성을 살펴보고 있다. (1) 영적 현실이 정신(the mental)을 창조하고, 정신이 물질계를 창조한다. (2) 물질계가 정신을 창조하고, 정신이 영적 현실을 창조한다. 둘 다 맞는 얘기지만 이는 한 방향에서만 바라봤을 때의 이야기다. 첫 번째 관점은 '얽히는' 과정, 즉 의식의 주파수가 물리적 차원으로 하강할 때에 해당한다. 두 번째 관점은 '몰입' 상태, 즉 의식이 물질계에 사로잡혀 모든 것을 물리적 대상으로 볼 때의 이야기다. 지금은 주기의 방향이 바뀌어서 직관의 시대로 '뻗어나가기' 시작했지만 아직 우리의 상태가 완전히 변화된 것은 아니다. 진정으로 진화의 단계로 들어설 때, 우리는 두뇌와 마음 그리고 영혼에 관해 훨씬 더 통합적이고 새로운 관점을 갖게 될 것이다.

물질계에 있는 동안 당신은 당신 자신을 육체, 두뇌, 마음, 인격과 동일시하므로 자연히 물리적 자아야말로 주체이고 의식의 근원은 곧 뇌라고 생각한다. 하지만 오늘날은 물리학자, 뇌과학자, 신경심리학자들 중에도 영적인 내면의 삶을 적극적으로 추구하는 사람들이 점점 느는 추세다. 릭 핸슨, 댄 시걸, 데이비드 이글맨, 캔디스 퍼트, 질 볼트가 그 대표적 예다. 이들은 우리가 변성과 진화를 대비하는 이 시대에 물리적 세계와 비물리적 세계, 과학과 영성을 교통시키는 중요한 역할을 하고 있다. 이들은 두뇌가 의식에 영향을 미칠 뿐 아니라 의식도 두뇌에 영향을 미친다는 사실을 우리에게 알려준다.

신경학자이자 선불교 수행자인 제임스 H. 오스틴도 이런 전문가 중 한 사람이다. 그는 두뇌의 발달과정을 통해 자아감을 설명한다.

태아의 뇌에서 맨 처음 주름이 생기는 곳은 후두엽의 시각피질이다. 출생 후에 가장 먼저 미엘린 보호막이 둘러싸는 것도 바로 이 시각피질로 이어지는 신경섬유이다. 생후 8개월에 이 백질白質(미엘린 보호막에 둘러싸여 하얗게 보이는 신경섬유 조직, 역주)은 두뇌의 중심과 전면으로 뻗어가고 1년이 되면 측두엽에도 완전히 자리 잡는다. 이때는 신경회로들이 계속 연결돼가지만 아직 아이는 '나'라는 인식을 갖지 못한 상태이다.

중요한 전환점은 생후 18개월 즈음에 찾아온다. 피질하부의 기다란 연합신경들이 뇌엽들을 하나로 연결하여 비로소 나와 남의 구분이 가능해지는 것이다. 이제 아이는 자의식을 갖고 거울 속의 자신을 알아본다. 미운 세 살이 되면 말로써 ― "싫어!", "내 꺼야.", "나", "너" 등등 ― 자의식을 드러내기 시작한다. 두뇌의 이런 발달과정 ― 영혼이 시공간 속의 유한한 개체로 물질화하는 과정과 일치하는 ― 은 과연 두뇌만의 몫일까, 아니면 배후에 있는 의식-에너지의 청사진을 따르고 있는 것일까?

우리는 자라면서 신념, 경험, 소유물 등에 의한 겹겹의 정체성을 갖게 되고 그것들에 집착하게 된다. 지금 우리는 의식의 여정 가운데 바로 이 '몰입' 단계에 붙잡혀 있다. 숙련된 명상가인 오스틴은 이렇게 말한다. "만약 한순간에 모든 속박을 떨쳐버리는 것을 깨달음이라고 한다면, 거기엔 반드시 뇌 속 신경회로의 대대적인 구조변경이 전제되어야 한다."[2] 이런 거대한 변화가 일어날 가능성은 이전보다 훨씬 커졌다. 우리 자신과 이 세상이 가속화하고 있고 뇌의 가변성도 상세히 밝혀지고 있기 때문이다. 다시 말해, 변성·진화과정 배후의 청사진에 맞추어 능히 두뇌가 물리적 구조를 변경할 수 있다는 뜻이다.

놀라운 소식은, 뇌의 신경이 계속 확장될 수 있을 뿐만 아니라 아예 새로운 통합회로를 만들어낼 수도 있음을 뒷받침하는 증거가 있다는 것이다.

— 댄 시걸

진화의 신호: 신경가소성과 인간의 적응력

얼마 전까지만 해도 나이가 듦에 따라 두뇌의 세포들은 재생과정 없이 점차 죽어갈 뿐이라는 것이 보편적인 생각이었다. 불운하게도 모든 사람은 노년에 총기를 잃고, 건망증에 시달리며, 몸을 가누지 못하게 되리라는 것이다. 하지만 두뇌가 회복력을 갖춘 경이로운 조직임을 알려주는 충격적인 연구결과가 여럿 있다. 생물학자 페르난도 노테봄은 수컷 카나리아가 여름에 죽은 신경세포를 가을 동안 새로운 신경세포로 대체한다는 사실을 밝혀냈다. 이후로 학자들은 노테봄의 연구를 기반으로 하여 인간을 비롯한 여러 동물들이 (이미 다 성장한 상태에서도) 새로운 뇌세포를 만드는 능력을 갖고 있음을 발견했다.

1920년대에 신경외과의인 와일더 펜필드는 두뇌가 우리의 모든 경험을 — 충격적인 사건으로부터 일상의 소소한 관찰까지 — 저장한다고 주장했다. 그 후 심리학자 칼 레실리는 쥐의 두뇌에서 다양한 부분들을 외과적으로 제거해도 기억력에 아무런 영향력을 미치지 않는다는 사실을 발견하여 기억은 두뇌에 특정 부분에 저장되는 것이 아니라 두뇌 전체에 고루 걸쳐서 저장된다고 결론 내렸다. 레실리의 발표에 이어 1960년대에는 신경외과의이자 정신과의사인 칼 프리브램이 홀로그램에 대한 기사를 읽고 다각도로 추론한 결과 두뇌는 기억과 관련해 '부분이 전체를 담고 있는' 홀로그램 방식으로 작용하고 있음을 알게 되었다. 이후 그는 시각피질도 같은 방식으로 작용한다는 사실을 발견했다. 요컨대 아주 작은 시각피질 조각 하나에 담긴 정보만으로 지금 눈이 무엇을 보고 있는지를 전부 알아낼 수 있다는 것이다. 우리를 인식의 확장으로 기꺼이 나아가게 해주는 감동적인, 또한 실용적인 연구들이다.

신경가소성 덕분에 오늘날 우리는 물리적, 감정적 경험이 두뇌를 변화시킨다는 사실을 알게 되었다. 자극은 기존 뉴런을 적응시킬 뿐 아니라 단백질을 생성시켜 새로운 뉴런의 등장과 연결을 돕는다. 새로운 뉴런이 자라나면 지방질 보호막인 미엘린도 함께 자라나 신경전달 속도를 높여주고, 속도가 빨라지는 만큼 의식의 대역도 늘어난다. 새로운 신경회로와 함께 의식의 성장과 진화가 일어나는 것이다.

부정적인 삶의 경험은 두뇌의 기능을 축소시킨다. 두려움과 관련한 경험들이 반복되면 일련의 뉴런들이 그에 맞추어 '배선(wire)'됨으로써 건강하지 못한 인식습관을 만들어낸다. 그 결과 사람들은 두뇌의 부실한 화학작용을 만성적으로 겪고 부정적인 생각과 행동패턴 ― 절망감, 우울증, 약물중독, 공격성, 노이로제 등 ― 에 시달린다. 그러나 반대의 경우도 일어날 수 있다. 긍정적인 삶의 경험들은 두뇌가 활성화되고 젊어지도록 자극한다. 사실은 주의력만 길러도 이 같은 변화를 촉진할 수 있다.

실습과제
두뇌에 불을 밝혀 변화를 꾀하라

1. 눈을 감고 마음을 고요히 하라. 숨을 부드럽게, 천천히, 규칙적으로 들이마시고 내쉬라.

2. 자신의 두뇌를 마음속에 그려보라. 두뇌 속에 여러 공간이 서로 연결된 채로 존재한다고 상상하라. 어떤 곳은 마치 에너지가 없는 것처럼 어둡고 어슴푸레하거나 텅 비어 있는 듯 보인다. 이와는 반대로 빛이 나는 공간들도 있다.

3. 빛이 나는 공간에 집중하여 그 빛이 점점 강렬해지고 커지도록 하라. 그 빛이 어둡고 빈 공간들로 퍼져나가는 모습을 보라.

4. 빛이 점차 두뇌 전체로 퍼져나가 빠짐없이 어둠을 밝히며 건강하지 못한 패턴들을 변화시키게 하라. 당신의 두뇌가 마치 반짝반짝 빛나는 마법가루 수백만 알갱이로 이루어진 듯 보여도 좋다.

5. 그저 이 상태를 유지하며 느껴보라. 그 빛이 실제로 당신에게 작용하게 하라. 그 빛은 당신의 불균형을 어떻게 치유해야 할지 알고 있다. 평온함 속에 머물라.

신경심리학자 릭 핸슨은 "마음이 변하면 두뇌도 변한다"고 말한다.[3] 마음의 작동원리를 좀더 분명히 이해함으로써, 당신은 건강하지 못한 사고습관을 깨부수고 새로운 신경회로와 건강하고 진화된 인식을 자라나게 하는 '정신 활동'(mental behaviors)에 집중할 수 있다. 주의력을 어떻게 쓰느냐에 따라 두뇌의 구조가 달라지기 때문이다. 이것은 정말 기운을 북돋아주는 소식이다! 이제 당신은 더 이상 부정적인 의식패턴과 행동패턴이 만들어내는 꿈도 희망도 없는 괴로운 삶에 힘들어할 필요가 없다. 당신은 해가 되는 것을 바꿀 수 있다. 신비주의자들은 자아와 현실을 높은 주파수 상태에서 꿰뚫어봤기에 인식작용과 주의력이 우리 경험에 미치는 긍정적인 효과를 이미 잘 알고 있었다.

> 당신이 목격하는 사건들은 당신 자신의 자아상에 합당한 것이다. 만약 당신이 스스로 자아상을 바꾼다면 앞으로 당신에게 다가올 사건들도 바뀔 것이다. 당신은 조정능력을 가진 존재다. 당신은 의식을 바꿈으로써 사건의 방향을 바꾸고, 자신의 미래까지도 바꿀 수 있다.
>
> — 네빌 고다드

나는 신경가소성에 관한 연구들을 의식의 '몰입' 단계가 종국에 이르렀다는 징후로 바라본다. 우리는 주파수 상승에 따른 변화를 관찰할 수 있도록 물질계 속에서 온전히 깨어 있는 법을 배우고 있다. 지금 우리는 두뇌가 선형線形과 구형球形(홀로그램)의 처리방식을 함께 쓴다는 사실을 발견하는 중이다. 두뇌는 단순한 지적 기관을 넘어서는 일종의 진동체이고, 뇌의 각 부위는 한 곳도 빠짐없이 의식-에너지에 반응하며 제 역할을 한다. 따라서 우리가 물리적 세계와 비물리적 세계를 통합하고 의식이 '뻗어가는' 단계로 온전히 들어서면, 우리의 두뇌와 마음은 변성되고 다차원적으로 변하게 된다.

아마도 우리는 두뇌를 우주 공간에서 온 마법의 수정으로 경험하게 될 것이다. 영혼의 진동인 다이아몬드 빛으로 제 형체를 바꾸기도 하고, 공명하고 있는 의식 패턴을 홀로그램 영상처럼 펼쳐낼 수도 있는 ─ 영화 〈스타워즈〉에서 레아 공주가 보내는 메시지처럼 ─ 그런 수정 말이다. 우리는 두뇌의 신경전달 경로가 아주 작고 반짝이는 홀로그램들이 무수히 모인 빛줄기라는 사실과 그것이 통일장으로부터 방대한 양의 지식을 한순간에 전송받을 수 있다는 사실도 알게 될 것이다.

이제는 인식구조의 두 가지 기하학적 작동원리에 대해 소개하고자 한다. 당신은 당신이 의식-에너지의 흐름과 양상을 바라보는 방식이 당신의 인식구조 또는 내적 청사진과 일치한다는 사실을 모를 수도 있다. 하지만 당신의 인식구조는 당신의 정체성과 현실을 결정 짓는다. 첫 번째 유형은 선형적 인식인데, 이것은 기하학적 직선 구조에 토대를 두고 있고 물리적 현실과 관련이 있다. 두 번째 유형은 구-홀로그램 인식인데, 이것은 기하학적 구球의 구조와 홀로그램에 토대를 두고 있고 우리가 물리적 세계와 비물리적 세계를 똑같이 아우를 때 등장하는 인식이다. 이것은 또한 직관의 시대의 변성된 현실에서 주로 나타나는 유형이기도 하다. 이 두 가지 유형을 자세히 살펴보기 전에 두뇌의 영역에 관해 잠시 복습하는 시간을 갖도록 하자.

두뇌의 기본 영역

　당신의 두뇌는 시간이 지나면서 세 단계를 거쳐 진화해왔다. 각 단계를 거칠 때마다 당신의 인식은 좀더 정교해졌다. 따라서 당신은 하나처럼 포장되어 있지만 실은 서로 다른 세 개의 두뇌를 가지고 있는 셈이다. 각각의 두뇌는 고유의 주파수로 진동하고, 고유한 의식-에너지 경험을 보여준다.

　첫 번째 수준은 척추 바로 위에서 가장 초기에 형성되는 파충류 뇌인데, 이 안에는 뇌줄기와 대뇌변연계가 들어있다. 파충류 뇌의 주파수에 해당하는 인식은 쾌락/고통의 경험뿐 아니라 본능적인 생존 문제, 원초적인 끌어당기기/밀어내기 반응, 투쟁/도피 감정과 관련이 있다. 파충류 뇌는 자율신경계는 물론 내분비계와 호르몬에도 영향을 미친다.

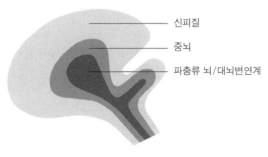

　　　　　　　　　　　　　　　　　신피질

　　　　　　　　　　　　　　　　　중뇌

　　　　　　　　　　　　　　　　　파충류 뇌/대뇌변연계

두뇌의 세 가지 수준

　다음 수준은 중뇌 또는 포유류 뇌인데, 감각적 인식(특히 시각과 청각)과 운동능력과 경계심에 해당한다. 중뇌는 당신이 동질감과 애정을 통해 세상과의 연결성을 느끼도록 해준다.

가장 높은 수준은 신피질이다. 신피질은 좌반구와 우반구로 이루어져 있고 언어와 추상적, 관념적 인식을 관장한다. 아기의 출생 후에 먼저 발달하는 우반구는 사물의 본질에 집중한다. 요컨대 (세부사항보다는 큰 그림을 보는) 비언어적이고 통합적인 패턴 인식, 공간 지각력, 주관적 상상력, 창의력 등이 여기에 해당한다. 직관 또는 직감은 우반구의 가장 중요한 인식방식이다. 반면에 좌반구는 이성적, 순차적, 논리적으로 사고하고 차이점을 분석하며 언어처리에 집중한다. 좌반구는 경험을 이해하며, 배운 것을 의식적으로 받아들인다.

신피질의 두 반구는 균형을 이룰 때 가장 이상적으로 협력한다. 우반구가 통찰과 고차원적 의식에 접근하고, 좌반구는 그 정보를 처리하고 수량화한 후에 주도권을 다시 우반구에 넘기는 방식으로 말이다. 하지만 의식이 좌뇌에서 오도 가도 못한 채 정체되는 경향이 있는 게 문제다. 좌뇌와 우뇌의 균형은 변성과정에서 무척 중요하기 때문에 나중에 이 주제를 좀더 상세하게 얘기해보도록 하자.

선형적 인식: 오래된 앎의 방식

단순하게 보면, 인식은 두뇌의 세 가지 수준을 따라 순차적으로 나아가는 것 같다. 에너지 정보는 척추를 따라 올라가면서 동물적 본능에서 논리적 사고, 직관적·신비적인 통찰력과 지혜로 변화해간다. 반대로 의식-에너지가 두뇌에서 몸으로 내려갈 때, 우리는 비전을 현실 속에서 구현할 방법을 찾게 된다. 내부현실은 외부현실에 영향을 미치고 외부현실은 내부현실에 영향을 미치기 때문에, 우리는 몸과 두뇌의 선형적 인식이 우리의 삶도 그렇게 보이도록 만드는 것인지 아니면 그 반대인지를 정확히 알지 못한다. 이것은 닭이 먼저냐 달걀이 먼저냐 하는 물음과도 비슷하다. 어쨌든 당분간은 당신의 몸과 두뇌를 오르락내리락하는 선형적 인식과 친숙해지도록 하자.

선형적 인식의 상승 흐름

몸의 정보 또는 신경자극 형태의 감각은 척추를 타고 올라온다. 이렇게 몸으로부터 올라오는 흐름은 자아와 현실의 작동원리를 아는 것, 삶을 항해하는 것, 그리고 뭔가를 배우는 것과 관련이 있다. 또한 의식-에너지의 내부세계에서도 요가 수행자들에게는 우주적 자아의 현묘한 에너지로 알려진 쿤달리니kundalini가 명상과 집중을 통해 활성화되면 척추를 타고 올라간다고 한다. 이처럼 물리적 에너지와 현묘한 에너지는 모두 당신의 꼬리뼈부터 정수리까지 걸쳐 있는 일곱 개의 주요한 의식-에너지 센터 또는 차크라를 차례로 활성화시키며 자아와 현실에 관련된 감정상태와 통찰력을 발전시킨다.

의식(정보)을 담고 있는 상승 에너지가 당신의 두뇌에 들어가면, 척추 바로 위에 있는 파충류 뇌가 기초적인 방식이나마 가장 먼저 그것을 인식한다. 이때 당신은 본능적으로 확장(끌어당기기) 또는 수축(밀어내기 또는 투쟁/도피) 반응을 보일 수 있다. 이것은 진실한 것과 불안한 것에 대한 신호다. 당신은 흥분과 동기, 욕구, 호기심을 경험할 수도 있고 권태나 지루함을 경험할 수도 있다. 파충류 뇌에는 언어중추가 없기 때문에 당신은 이런 상태를 신체적, 감정적, 반사적 반응으로서 경험한다. 당신은 당신 자신을 육체로 인식하고, 안전감과 성적 끌림에 관심을 두며, 자신의 후각과 미각을 알아차린다.

의식-에너지가 중뇌까지 이동하면 당신은 촉각, 청각, 시각을 통해 인식한다. 당신은 자신과 다른 사람들 사이의 연관성, 생각들 사이의 연관성, 심지어 내적 감각과 외적 감각의 연관성을 보게 된다.(내적 청각을 투청透聽, 내적 촉각을 투감透感, 내적 시각을 투시透視라고 한다.) 또한 연민, 애정, 공감을 경험하고 어떤 상황이나 대상과 감응하여 그것에 대해 알 수 있다. 그러나 여전히 이 단계의 정보는 경험에 의한 것으로 아직 언어로 표현되지 않은 상태다.

> 나는 예술가란 숨을 참고 물속으로 들어갔다가 몇 분 후 한참 떨어진 곳에서
> 반짝이는 물방울을 흩뿌리며 솟아오르는 심해의 잠수부와 같다고 생각한다.
> 예술가의 장점은 경험을 통해 배우고 성장하지만
> 거기에 사로잡히지는 않는다는 것이다.
>
> — 나탈리 골드버그

그런 다음 상승하는 에너지 정보가 중뇌에서 신피질로 이동하여 우뇌에 도달하면, 그것은 큰 그림의 일부 또는 다른 패턴들과 연결된 조각이 된다. 이것은 경험적이고 비언어적인 상태이며 확장된 느낌이다. 어떤 상징이나 상징적인 사건이 숨겨졌던 의미를 툭 드러내기도 한다. 우뇌는 상상력이 자리한 곳이다. 당신의 직관은 일련의 생각과 인상들을 한꺼번에 인식하고 연결지음으로써 당신을 고차원의 의식 수준으로 데려갈 수 있다. 우뇌의 인식은 당신에게 단순한 인격 이상의 존재 또는 영혼으로서의 자아감을 느끼게 한다.

에너지 정보가 좌뇌에 도달하면 — 아마도 우뇌에 도달함과 동시

에 ─ 그것은 의미를 띠고 언어로 표현된다. 당신은 그것을 정의내리고, 자신의 통찰을 기존의 사실들과 연관시켜보고, 그것을 지식체계에 맞춰보고 설명해보면서 '아하' 하고 깨닫는 순간을 경험하기도 한다. 당신은 좌뇌의 인식을 통해 자신을 개별적인 인격체로 느끼고 에고를 경험한다.

실습과제

파충류 뇌는 어떻게 진실과 거짓을 가려낼까?

1. 진실인 얘기를 듣거나 당신에게 적합한 뭔가를 접하게 될 때, 몸 안에서 느껴지는 미묘한 감각과 감각적 인상에 대해 적어보라. 몸의 어느 부분에서 그런 감각이 느껴지는가? 그 감각은 한 부분에서 다른 부분으로 이동하는? 이런 신호들은 당신의 파충류 뇌에 등록된다. 대표적으로 얼얼함이나 서늘함, 부글거리며 솟아오르는 따스함, 어딘가로 기울어지거나 확장되는 감각, 몸 안에서 에너지가 상승하는 느낌 등을 꼽을 수 있다. 뭔가가 딱 들어맞는다고 느껴지거나 '귀에 쏙 들어올' 수도 있다.

2. 거짓인 얘기를 듣거나 뭔가 당신에게 적합하지 않는 것을 접하게 될 때, 몸 안에서 느껴지는 미묘한 감각과 감각적 인상에 대해 적어보라. 몸의 어느 부분에서 그런 감각이 느껴지는가? 그 감각은 한 부분에서 다른 부분으로 이동하는가? 이런 신호들도 당신의 파충류 뇌에 등록된다. 불안감을 나타내는 신호로는 복강신경총(명치)이

조여드는 느낌, 가슴과 목이 답답한 느낌, 수족냉증, 딱딱함이나 중압감, 어딘가의 반대편으로 몸이 밀려나는 느낌, 뭔가 구린 느낌, 뒤끝이 개운치 않은 느낌 등을 꼽을 수 있다.

실습과제
당신은 모든 감각을 골고루 사용하고 있는가?

1. 당신이 가장 많이 사용하는 감각에 대해 적어보라. 대개 당신은 처음에 어떻게 사물에 주목하는가? 당신은 시각적인 사람인가? 불현듯 눈앞에 어떤 섬광이나 비전 또는 영화와 같은 영상이 보이는가? 당신은 청각적인 사람인가? 마음속에서 작은 목소리가 들리는가? 사람들의 목소리에서 에너지가 느껴지는가? 노랫말에서 중요한 메시지가 들리는가? 당신은 운동감각적인 사람인가? 어떤 낌새가 감지되는가? 사물이 뜨겁거나 따뜻하거나 시원하거나 차갑다고 느끼는가? 당신은 사물과 감응해서 그것에 대한 정보를 알 수 있는가? 아마도 당신은 미각과 후각이 뛰어난 사람일 수도 있다. 당신이 가장 많이 사용하는 감각의 순위를 매겨보라.

2. 가장 적게 사용하는 감각을 이용해서 삶에 좀더 주목할 수 있는 3~5가지 방법을 적어보라. 그리고 몇 주간 감각을 훈련하는 연습을 하라. 감각을 골고루 이용하면 두뇌가 에너지 정보를 처리하는 속도를 늘릴 수 있다.

선형적 인식의 하강 흐름

상위의 비물리적 차원에서 나온 의식-에너지는 물질화하기 위해 제 주파수를 떨어뜨리며 하강한다. 이런 하강 흐름은 뭔가를 창조하거나 자신의 영혼으로부터 안내와 지시를 받는 일과 관련이 있으며, 에너지 정보는 상상과 영감을 통해 하나의 패턴 또는 내적 청사진으로서 가장 먼저 당신의 우뇌에 각인된다. 직관적 통찰력은 개념적 인식을 위해 잠시 좌뇌로 이동하긴 하지만 근본적으로 경험에 의한 정보다. 이 하강 흐름은 다시 중뇌로 내려가서 시각을 작동시킨다. 그로써 머릿속이 번쩍하며 당신은 섬광과 같은 통찰과 비전을 얻는다. 이제 그 아이디어는 다소 현실적인 모습을 띠고, 계속 다른 감각들로 이동하는 '흐름'을 통해 살을 붙여간다. 그 결과 그것은 점점 더 생생한 실재처럼 느껴진다. 심지어 당신은 그것을 맛보거나 냄새 맡을 수도 있다.

의식-에너지가 계속해서 내려가 파충류 뇌에 도달하면, 당신의 몸은 짜릿하게 흥분되고 동기를 부여받는다. 욕구와 끌어당김이 시작되는 것이다. 창조과정이 — 때론 충동적으로 — 가동되고 그 아이디어는 곧 물질화된다. 하강 흐름의 창조과정 동안 당신의 몸은 중간보고를 위해 신호를 좌뇌로 다시 올려보내는데, 좌뇌는 그것을 과거 경험에 따라 분류·통제하고 상호작용하며 의미를 부여한다. 좌뇌는 무언가에 집중하고, 일관된 선택을 하고, 성패를 판단하기 위해 논리적이고 분석적인 능력을 발휘하는 데 결정적인 역할을 한다.

근본적으로 좌뇌는 우뇌에 의존하기 때문에 — 기생한다고까지 표현될 만큼 — 두 반구의 관계는 대칭적이지 않은데, 정작 좌뇌는 이런 사실을 알지 못하는 듯하다. 오히려 좌뇌는 자신감으로 가득 차 있다. 하지만 좌뇌는 그 본질상 우뇌의 경쟁상대가 되지 못한다.

— 레인 맥길크라이스트

인식의 선형적 구조는 충분히 이해가 된다. 그렇지 않은가? 심지어 친숙하게 느껴지기도 한다. 그것은 순차적이고 논리적이며, 우리가 삶을 이해하는 데 익숙한 방식과도 일치한다. 선형적 인식은 이미 생겨나고 있는 새로운 인식, 즉 구珠-홀로그램 인식의 전 단계에 해당한다. 하지만 우리가 새로운 인식을 얻게 되더라도 선형적 사고방식을 잃게 되지는 않을 것이다. 기존 방식은 새로운 방식에 흡수되고 그에 맞춰 적응할 것이다.

실습과제
새로운 생각이 어디에서 나오는가?

1. 지난 몇 주간을 뒤돌아보고, 어떤 생각이 떠오르거나 욕구를 느낀 적이 있으면 일지에 적어보라.

2. 그 생각이나 욕구는 끌어당김 또는 밀어내기 반응으로서 파충류 뇌로부터 왔는가? 당신의 몸은 그것을 아무런 생각 없이 곧장 행동으로 옮겼는가? 당신의 감각 중 하나를 통해 중뇌에서 나왔는가? 또는 다른 사람과의 공명을 통해 나왔는가? 신피질의 우뇌를 통해

나와서 어떤 패턴이나 개념을 시각적 형태로 각인시켰는가? '당위성'에 의해 좌뇌로부터 나왔는가?

3. 앞으로 몇 주 동안 당신은 자신의 어떤 뇌가 활성화되어 있는지, 당신이 새로 들어오는 정보를 습관적으로 알아차리는 지점이 어디인지 살펴보라. 그런 패턴을 일지에 적어보라.

구-홀로그램 인식: 새로운 앎의 방식

세상의 주파수가 상승하고 있기 때문에, 이미 당신은 한 번에 하나씩 처리하는 순차적·선형적 방식 대신 좀더 빠른 다차원 방식으로 현실을 경험하고 있을지도 모른다. 지금 이 순간 우리의 내면은 새로운 기하학적 인식구조로 전환하고 있고, 그것은 구와 홀로그램에 기반한다. 이 새로운 유형은 두 단계를 거쳐 발전한다. 첫 번째 단계는 구형球形의 인식이고, 두 번째 단계는 홀로그램 인식인데 이 둘은 서로 불가분의 관계이다.

구형의 인식을 하게 되면, 우리는 (모든 것이 지금 이 순간에 존재하는) 의식-에너지의 통일장을 더 많이 혹은 적게 포함하기 위해 관점을 구의 모양으로 확장·수축시킬 수 있다. 홀로그램 인식으로 보면 아주 작은 부분에도 — 뇌의 일부, 삶의 일부, 관점의 일부에도 — 나의 온전한 자아와 현실이 담겨 있다. 앞서 말했듯이, 과학은 당신의 두뇌와 우주가 모두 홀로그램과 같다는 사실을 발견해가는 중이다.

인식의 기하학적 구조가 어떻게 변화하는지를 살펴보기 전에 홀로그램이 무엇이고 어떻게 작용하는지부터 알아보자. 기본적으로 홀로그램은 레이저로 만들어진 3차원 이미지이다. 이것은 우리의 두 눈이 두뇌에서 3차원 이미지를 만들어내는 것과 같은 방식이다. 홀로그램 필름을 반으로 잘라도 그 반 토막 안에는 여전히 전체 이미지의 정보가 들어 있다. 필름을 계속 반으로 자르면서 레이저로 비춰도 계속 전체 이미지가 나타난다.* 홀로그램의 모든 부분은 그 전체의 정보를 담고 있다. 이처럼 '부분 속에 담긴 전체'라는 개념은 완전히 새로운 삶의 방식을 이해하는 데 도움을 준다.

물리학자 데이비드 봄은 공간적으로 분리된 아원자 입자들이 '동시에' 상호작용하는 모습을 보여주는 것은 그 '분리' 자체가 허상이기 때문이라고 설명했다. 실제로 그것들은 하나의 거대한 홀로그램에 속한 홀로그램 조각들이다. 좀더 논리적으로 설명하자면, 우주만물은 그 배후의 동질성에 의해 하나로 엮여 있으며 하나의 큰 질서를 따른다고 말할 수 있다. 심지어 시간과 공간도 별개가 아닌 하나의 기본 원리에 의해 존재한다. 홀로그램 우주에서는 모든 시간이 동시에 존재하고, 우리의 가장 깊은 의식은 모든 곳의 모든 것 안에 들어 있다. 이 말은 우리의 물리적 세계인 3차원 현실은 사실 이 거대한 의식, 질서 또는 홀로그램의 투영체일 뿐이라는 뜻이다.

우리는 일련의 의식 상승 또는 발달 과정을 거쳐서, 즉 차근차근 다음 단계로 나아감으로써 구-홀로그램 인식에 도달하게 된다. 그 첫 번째 단계의 토대는 선형적 인식이다. 아래에서 나는 이런 의식적

---

* 홀로그램 필름을 반으로 자른다고 해서 레이저가 만들어내는 3차원 이미지도 반으로 잘리는 것은 아니다. 필름을 어떻게 조각내든 입체상은 원래 형태를 유지한다. 다만 선명도가 낮아질 뿐이다. 역주.

경험과 당신이 두뇌와 몸을 통해 느끼는 에너지 이동을 연관시켜보려고 한다. 당신이 자신의 두뇌와 몸 안에서 일어나는 변화를 그려볼 수 있게 된다면 신경가소성의 원리를 활용하는 데 도움이 될 것이고, 그로써 좀더 수월하게 새로운 인식에 도달하게 될 것이다. 내가 일련의 단계들을 설명하는 동안, 당신은 그 각각의 단계와 감응하고 그로 인한 의식의 변화를 느낄 수 있는지를 살펴보라.

1단계: 두뇌의 수직적·수평적 통합

당신이 두뇌의 모든 부분을 의식적으로 골고루 이용하면 뭔가 흥미로운 일이 일어난다. 의식의 상승과 하강에 모두 주의를 기울이고 그것이 각 단계에서 어떻게 작용하는지를 완전히 — 조금의 틈, 사각지대, 빠트림조차 없이 — 알아차릴 때, 그것은 유동적이고 연속적인 흐름이 된다. 당신은 신속하게 배울 뿐만 아니라(상승 흐름) 상상한 바를 간단히 구체화시키며(하강 흐름), 이 두 가지 일이 동시에 일어난다고 느낀다. 이것이 바로 두뇌의 수직적 통합이다.

한편 당신은 좌뇌와 우뇌의 무게중심을 잡아 균형을 맞출 수도 있는데, 이것이 바로 두뇌의 수평적(쌍방적) 통합이다. 뇌량이라는 신경다발을 통한 좌뇌와 우뇌의 상호작용은 당신으로 하여금 엄격한 논리성과 세밀함을 추구하면서도 상상력과 독창성을 발휘할 수 있게 해주고, 개념과 증거를 추구하면서도 애매모호한 상황 그 자체를 있는 그대로 받아들이게 해준다. 당신은 직관력을 통해 비물리적 세계에 접속할 수도 있고, 물리적 세계의 기계적 원리도 제대로 다룰 수 있다. 신피질의 두 측면을 통합하면, 당신은 당신 몸 안의 영혼을 직접 경험할 수 있다.

의식의 수직적·수평적 흐름이 통합되면 급진적인 변화가 일어난다. 나는 이것을 상하좌우의 길이가 같은 켈트 십자가의 이미지로서 그려보곤 한다. 당신의 의식은 이런 흐름들의 교차점 또는 중심에 집중되고, 그때 당신은 제자리를 찾은 느낌을 받는다. 고요함, 충만함, 앎, 힘이 느껴진다. 당신의 세계관이 완전히 변화한다. 이것이 바로 구형球形 인식의 시작점이다. 이것은 삶을 변화시키는 깊은 통합의 경험이다. 이제 당신은 자신의 개성을 신성하게 여김과 동시에 만물로부터 신의 현존과 교통을 느끼며 자신이 통일장의 일부임을 여실히 깨닫는다.

2단계: 통합을 거쳐 중심점으로

이 단계에서 당신은 더 이상 선형적 방식으로 생각하지 않는다. 이를테면 당신의 영혼이 육체 '위에' 있다든지, 당신의 육체가 마음 '아래에' 있다든지, 다른 사람들이 당신의 '외부에' ─ 저기 저편에 ─ 있다는 식으로 표현하지 않는다. 당신은 이런 상대적인(relational) 존재가 아니다. 당신은 언제나 의식-에너지장의 중심에 있는 불변의 존재다. 의식-에너지장이 구의 형태로 당신을 둘러싸고 있다. 어떤 순간이든 인식의 대상은 그 구 안에 당신과 함께 있으며, 어떤 것도 그 구의 바깥에 존재하지 않는다.

많은 형이상학적, 영적 전통들이 두뇌 중심에 특별한 기관이 있다고 말한다. 송과선 또는 '제3의 눈'의 근원으로 알려진 이곳은 몸 안의 의식과 고차원적인 비전의 접점으로 설명된다. 이곳은 물리적 세계와 비물리적 세계의 연결고리로서 오랜 세월 동안 직관력 계발의 필수 요소로 여겨져 왔다. 송과선은 멜라토닌을 생성하고, 신체의 다양한 바이오리듬을 조절하며, 빛에 의해 활성화된다! 바로 이곳이 두뇌와 관련된 수직적, 수평적 흐름의 교차점일지도 모른다. 만약 적절한 방식으로 주의를 기울인다면 이 부위는 당신이 새로운 의식 수준으로 도약하는 데 도움을 줄 것이다.

두뇌가 통합될 때, 당신은 갑자기 이곳에서 에너지와 빛이 뿜어져 나오는 것을 — 마치 당신 영혼의 다이아몬드 빛이 이 작은 구멍을 통해 물리적 세계로 쏟아지는 것처럼 — 느끼게 될 수도 있다. 당신은 신경가소성의 원리를 활용하여 의도적으로 이 강력한 중심점에 주목함으로써 이곳을 활성화할 수 있다. 요컨대 명상의 일환으로 그런 연습을 규칙적으로 함으로써 당신은 의식 주파수를 높일 수 있고 두뇌 기능의 통합도 가속화할 수 있다.

초점(focus)은 에너지가 모인 중심을 가리키는 단어로 본래는 '난로(hearth)', '벽난로(fireplace)' 등을 뜻했으며 고대 이후에는 '불(fire)' 그 자체를 의미하기도 했다.

3단계: 하나의 중심점을 거쳐 여러 개의 중심점으로

두뇌 속 중심점 덕분에 당신은 당신 자신을 고차원 의식을 가진 영혼으로서 인식하게 된다. 그리고 시선을 돌리면 당신 자신이 사방으로 생각과 지혜를 발산하고 있음을 느끼게 된다. 이때 또 다른 변화가 자연스럽게 일어나는데, 바로 당신의 관점이 공명을 통해 다른 중요한 중심점으로 이동하는 것이다. 그곳은 가슴이다. 당신의 관점은 물리적 세계로 한 발 더 하강하지만, 이제 당신은 자신이 깨어 있는 감응력과 감각을 지닌 영혼임을 잘 안다. 당신은 이곳을 축으로 시선을 돌려 사방에서 꿈틀대는 의식-에너지를 느끼고, 사랑과 연민과 교감을 경험한다.

다음으로 당신의 관점은 공명을 통해 한 번 더 몸의 아래쪽으로 내려가서 꼬리뼈 하단을 중심점으로 삼는다. 신비주의자들은 이곳에 뱀이 똬리를 틀 듯 쿤달리니 에너지가 감겨 있다고 말한다. 이 중심점은 당신에게 물질적 경험을, 그리고 지구상의 모든 생명을 이해하는 경험을 제공해준다. 당신은 이곳을 축으로 시선을 돌려 사방에서 꿈틀대는 의식-에너지를 느끼고, 광활한 생명력 그 자체를 이해하기도 한다.

이제 깜짝 놀랄 만한 일이 벌어진다. 문득 당신은 모든 것의 중심에 당신 자신이 있음을 느끼게 된다. 이것이 홀로그램 인식의 시작단계다. 당신은 이전과는 다른 자아감을 얻는다. 당신은 의식-에너지 통일장의 중심이다. 당신이 어느 위치에 있든 어디를 가든, 당신은 늘 그 전체를 안다. 다른 말로 하자면, 세상에는 만물의 중심이 아닌 곳이 없다. 이제 당신은 실험 삼아 어떤 대상 속으로 들어가봄으로써 그것에게 비치는 세상의 모습을 알 수 있다. 당신은 하나의 중심점에 붙잡혀 있지 않다. 당신은 세상을 이해하기 위해 다양한 중심점을 드나들며 무수한 관점을 취할 수 있다.

당신의 영혼은 고차원의 비전을 담당하는 두뇌의 중심점에도, 사랑을 담당하는 가슴의 중심점에도, 생명력을 담당하는 꼬리뼈의 중심점에도, 어떤 신체 기관의 중심점에도, 어떤 차크라에도, 어떤 세포에도 응결될 수 있다. 그러므로 당신은 다양한 중심점을 넘나들더라도 늘 당신 자신을 영혼으로서 느낀다. 사실 그것들은 당신의 영혼을 위해 준비된 관점들이자 인식의 주파수들이다. 그리고 각각의 중심점은 저마다의 이해 수준을 드러낸다. 당신은 두뇌의 통합점에서

'육체'라는 정체성을 취할 수도 있고, 지구의 중심점에서 전 지구적 마음(집단의식)이라는 정체성을 취할 수도 있다.

> 눈에 보이는 육체는 그저 생명체의 파동작용이 가장 밀집해 있는 부분일 뿐이다. 우리는 눈에 보이지 않는 양자 파동을 내뿜어 다른 모든 생명체 속으로 침투시키고, 동시에 그것들로부터 온 파동도 우리 안으로 받아들인다.
>
> — 매완 호(홍콩의 유전학자)

하지만 인식의 진화는 여기서 멈추지 않는다. 당신은 소우주(가장 작은 홀로그램 조각)와 대우주(초거대 홀로그램)가 왜 하나인지, 그 둘이 어떻게 공명하는지를 이해하기 시작한다. 또한 당신은 구球가 한 점으로 붕괴할 수도 있고, 한 점이 태양처럼 확장될 수도 있음을 알게 된다. 구와 점은 동전의 양면으로서 물리적 현실과 비물리적 현실을 오가며 모습을 바꾼다. 모든 중심점에는 의식-에너지장으로서 펼쳐나갈 정보가 암호화되어 들어 있다. 그러니 모래 한 알이 지구 전체와 다르지 않고, 아이의 폭죽이 하늘의 별과 다르지 않다. 당신은 하나의 중심점과 에너지 구球가 어떻게 다른 모든 중심점과 에너지장을 포함하고 있는지를 느끼기 시작한다. 연못 속에 백만 개의 자갈돌을 던져보라. 각각의 파문은 다른 파문들과 겹쳐지고 합쳐지면서도 끝내 연못 크기만큼 커져서 모든 물결을 자기 안에 품는다.

실습과제
자신의 중심을 찾으라! 자신의 에너지장을 느끼라!

1. 눈을 감고 마음을 고요히 하라. 리듬에 맞춰 숨을 편안하게 들이마시고 내쉬라.

2. 당신의 머릿속 기하학적 중심점에 집중하라. 그곳에 다이아몬드 빛을 발하는, 완두콩만한 크기의 구멍이 나 있다고 상상하라. 그 빛은 사방을 밝힌다. 그 빛이 당신의 두뇌를 통해 구의 모양으로 확장되어 당신 주변의 공간에 퍼질 때까지 집중하라.

3. 당신의 가슴 차크라 안의 중심점 또는 심장이 느껴지는 곳의 정중앙에 집중하라. 그곳에 다이아몬드 빛을 발하는, 완두콩만한 크기의 구멍이 나 있다고 상상하라. 그 빛은 사방을 밝힌다. 그곳에서 빛이 사방으로 발산된다. 그 빛이 당신의 온몸을 통해 구의 모양으로 확장되어 당신 주변의 공간에 퍼질 때까지 집중하라.

4. 당신의 꼬리뼈 하단에 있는 제1차크라, 곧 뿌리 차크라에 집중하라. 그곳에 다이아몬드 빛을 발하는, 완두콩만한 크기의 구멍이 나 있다고 상상하라. 그 빛은 사방을 밝힌다. 그곳에서 빛이 사방으로 발산된다. 그 빛이 당신의 온몸을 통해 구의 모양으로 확장되어 당신 주변의 공간에 퍼질 때까지 집중하라.

5. 빛과 에너지로 된 세 개의 구를 하나로 통합시키라. 당신의 육

체를 이 오라 또는 의식-에너지장의 중심점으로 느껴보라. 편안함이 느껴지는 한, 계속해서 그 구가 더 넓은 공간으로 확장되게 하라. 당신이 인식하는 모든 것이 어떻게 그 에너지장 속으로 포함되는지를 살펴보라.

4단계: 여러 개의 중심점을 거쳐 하나의 장場으로

당신이 그 어떤 중심점 안으로도 들어갈 수 있음을 깨닫게 될 때, 또 다른 변화가 일어난다. 구형球形의 의식-에너지장 하나가 당신을 감싸서 언제든 온전한 통일장에 접속할 수 있게 되는 것이다. 이제 당신은 어떤 중심점에 있든 그로부터 투사된 구형의 의식-에너지장으로서 자신을 경험한다. 당신의 중심점은 커다랗고 생생한 현실이 되고, 아마도 당신은 처음으로 그것을 당신 자신의 의식-에너지장 또는 오라aura라고 느낄 것이다.

풍선이 당신을 감싸며 점점 부풀다가 다시 줄어들어 당신 안의 하나의 점이 되고, 또다시 부풀어오르길 반복한다고 상상해보라. 당신은 중심점, 중심핵에 있는 동시에 많은 것을 포함한 에너지장 그 자체가 될 수 있다. 당신은 구형의 에너지장 속에 포함된 모든 것을 알고, 그것을 원하는 만큼 크거나 작게 만들 수 있다. 숨을 내쉴 때 당신의 세계는 나타나고, 숨을 들이마시면 사라진다. 이 단계의 또 다른 흥미로운 측면은 의식-에너지장, 즉 당신의 새로운 자아는 모든 잠재적 중심점과 앎의 방식과 자아에 대한 경험을 담고 있다는 것이다. 당신은 그것들 중 어떤 것 안으로도 들어갈 수 있고, 그와 동시에 또한 모든 것을 알 수 있다.

이제 당신은 삶을 당신 밖에 있는 것이 아니라 당신 안에서 펼쳐지는 것으로 여긴다. 당신이 의식을 확장할수록 당신의 주파수는 상승하고, 당신의 구는 커지고, 당신의 에너지장 또는 현실은 더 많은 시공간과 정보를 포함한다. 당신은 자신이 통일장의 일부임을 이해하고, 원한다면 스스로 전체 통일장만큼 확장해갈 수 있다. 당신은 이 장이 어떻게 인식의 주체이자 근원이 될 수 있는지를 이해한다. 당신은 스스로를 하나의 장이자 그 안의 모든 점으로서 경험한다.

와우! 이것은 이제껏 신비주의적 경험으로만 여겨졌지만 지금은 평범한 삶의 경험이 되고 있다. 머리가 어질어질하게 느껴질 수도 있지만, 오늘날 당신은 똑같은 물리적 자아를 유지하면서도 이 모든 인식의 도약을 경험할 수 있다. 당신은 깨어난 세상에서 깨어난 삶을 창조하는 실험을 하는 중이다. 2부에서 우리는 변성과정을 좀더 수월하게, 빨리 통과하는 방법에 대해 논의할 것이다. 이제 옛 시대를 떠나 새 시대로 들어가자!

요약

　두뇌가 의식을 창조하는 것일까, 아니면 의식이 두뇌를 창조하는 것일까? 신경가소성은 신비주의자와 과학자들의 관점이 서로 다가갈 수 있게 해주고 있다. 신경가소성은 우리가 주의력을 활용함으로써 두뇌의 기능을 바꿀 수 있다는 개념을 제시하지만 먼저 우리는 두뇌의 다양한 부분들의 기능을 알아야 한다. 왜 우리가 선형적 인식을 당연하게 여겨왔는지를 이해하기 위해서.

　인식에는 두 가지 기하학적 구조가 있다. 하나는 선형적 인식이고, 다른 하나는 구-홀로그램 인식이다. 선형적 인식은 우리 자신과 삶의 원리에 대한 기존의 앎의 방식을 대변하고, 구-홀로그램 인식은 변성을 대변한다. 선형적 인식은 이해력의 네 가지 성숙 또는 변화 단계를 거쳐 구-홀로그램 인식으로 진화한다. 그 네 단계는 통합, 중심점, 여러 중심점, 에너지장이다. 이런 변화가 일어나면 자아와 현실에 대한 당신의 감각은 좀더 구형과 홀로그램에 가까워지고 선형으로부터는 멀어진다. 당신의 삶도 좀더 순환적, 상호적으로 바뀌고 선형으로부터는 멀어진다. 당신은 모든 중심점 안에서 새로운 방식으로 삶을 이해할 수 있으며, 어떤 중심점에 있든 통일장 전체에 관해 빠짐없이 알 수 있다.

2부 변성을 위해 깨어 있기

4

기존의 인식습관 깨기

분석에는 최소한 세 가지 주요한 단점이 있다.
첫째, 거대한 진실을 찾는 데 분석은 필요하지 않다.
둘째, 격동의 세상에서 분석적 방법은 한계가 있다.
셋째, 좋은 분석이라 해도 사람들의 마음을 움직이긴 어렵다.
분석은 생각을 바꾸게 하지만 그것 때문에 사람들이 문을 박차고 나가
사뭇 다른 방식으로 행동하는 경우가 과연 얼마나 될까?

— 존 P. 코터 & 댄 S. 코헌

선형적 인식은 낡은 인식이다. 그것은 우리 자신을 공간적으로 분리된 견고한 육체로서 경험하게 하고 인과관계식 사고방식을 만들어낸다. 그래서 우리는 현실에서 뭔가를 창조하는 일은 점진적이고 논리적이며 비교적 천천히 진행되는 과정이어야 한다고 믿게 된다. 선형적 인식은 우리들 사이에 — 당신과 당신의 목표 사이에, 당신과 다른 사람들 사이에, 당신과 당신의 영혼 사이에 — '간극'이 있다는 망상을 갖게 한다. 선형적 인식으로 보면 모든 것은 떨어져 있고, 그런 분리는 우리에게 고립감을 준다. 이런 경험은 우리가 두려움 속에 빠져서, 의식의 여정에서는 몰입 단계 속에 갇혀서 오도 가도 못한 채 붙들려 있게 만든다.

그렇기 때문에 낡은 선형적 인식의 증후를 알아차려서 거기에서 빠져나오고, 계속 변성과정을 이어나가는 것이 중요하다. 이번 장에

서는 우리를 붙잡고 있는 기존의 인식과 무의식적인 습관의 원인에 대해 알아볼 것이다. 이런 습관들은 약간의 주의력만으로도 바꿀 수 있다.

두려움에 기반한 행동의 폐해

기존의 인식은 두려움과 너무나 밀접하게 관련돼 있기에, 우리가 스스로를 보호하기 위해 갖게 된 무의식적이고 자동반응적인 습관과 연계되어 있는 경우가 많다. 생존에 집중할 때는 가슴으로 느끼기가 어렵다. 다시 말해, 자기 자신과 다른 사람들에게 공감하기가 어렵다는 뜻이다. 우리는 기존의 인식과 연계된 자동반응적 습관의 효과를 매일 경험하는데, 고되더라도 그것을 당연한 것으로 간주하고 마지못해 참아내고 있다.

다음의 두 가지 사례를 살펴보자. 첫 번째 사례에서, 사만타는 세금계산 프로그램을 사용한 후에 친구 피터에게 주었고 그는 그것을 흔쾌히 받았다. 이듬해 피터는 사만타에게 "혹시 너 프로그램 샀니?"라고 물었다. 그녀는 벌써 프로그램을 사서 사용을 끝낸 상황이었다. 피터가 자기도 사야 할 것 같다고 말하자 그녀는 또다시 피터에게 자신의 프로그램을 주겠다고 했고, 그도 받겠다고 했다. 그런데 이번에 사만타는 약간 불편한 감정이 들었다. 피터가 지난해에도 올해에도 전혀 비용을 분담하려 들지 않았기 때문이다. 피터가 돈이 없는 것도 아니었고 프로그램이 저렴한 것도 아니었다. 물론 피터가 돈을 준다고 해도 받지 않았겠지만, 그가 대놓고 공짜로 얻으려고 하자 그녀는 당혹스러웠다.

사만타는 이런 상황이 조금 불편한데 우정에 금이 가는 것은 원치 않는다고, 그러니 이번엔 비용을 분담하면 어떻겠냐는 내용의 글을 조심스럽게 적어 피터에게 전했다. 그 쪽지를 받은 피터는 "그냥 내 건 내가 살게"라고 퉁명스럽게 답변했다. 이후로 피터는 사만타를 피했고 둘의 우정은 끝이 났다. 파충류 뇌의 낡은 인식습관이 추한 얼굴을 내민 것이다. 기분이 상한 것은 둘 다 마찬가지였지만, 피터는 공격성(투쟁 반응)을 드러내고는 사만타를 포기(도피 반응)하기까지 했다. 누이 좋고 매부 좋은 상황을 혼자 망쳐버린 것이다.

두 번째 사례를 살펴보자. 한 여성단체 대표가 경험 많은 교사이자 강연가인 제인에게 '여성들이 변화할 권리'라는 주제로 강연을 해 달라고 부탁했다. 대표는 제인의 새로운 코칭 사업을 홍보할 기회가 될 것이라면서 무료 강연을 부탁했다. 하지만 제인이 강연을 훌륭하게 마친 후에 그 대표는 그녀에게 감사를 표하기는커녕 본체만체했다. 제인은 나중에 그 여성단체가 같은 주제의 심화 워크숍을 열면서 큰돈을 주고 유명 강사를 고용했다는 사실을 알게 되었다.

'왜 워크숍을 내게 맡기지 않은 걸까? 대표가 내 실력을 못 알아본 걸까?' 제인은 궁금했다. 제인은 자존감이 부족하진 않았지만 겸손한 사람이었다. 반면에 대표는 항상 거저먹으려 들면서도 공짜로 얻은 것에 가치를 두는 사람이 아니었다. 대표는 낡은 좌뇌적 인식습관에 빠져 있어서 상대방의 자아표현을 기준으로 사람을 평가했다. 말하자면, 몸값을 높게 부를수록 더 실력이 낫다고 본 것이다. 대표는 제인의 실력을 알아보지 못했다. 두 가지 사례에서 보듯, 낡은 무의식적 인식에 뿌리를 둔 행동은 거리낌 없이 다른 사람들에게 상처를 준다.

세상이 고통에 빠지는 것은 이상한 일이 아니다

뇌과학은 우리의 두뇌와 인식이 산업시대와 정보시대 이전까지 거슬러 올라가는 결핍, 트라우마, 고통, 위험에 의해 형성되었다고 말한다. 또한 태중기원(fetal origin)이라 불리는 상당히 새로운 학문은 우리가 자궁에서 접한 조건들이 우리에게 미치는 영향과 9개월의 임신기간 동안 우리 두뇌가 어떻게 생존본능을 갖추게 되는지를 연구한다. 좀더 구체적으로 말하면, 우리는 우리의 엄마가 이 세상을 안전하고 풍요롭고 사랑이 넘치고 창조적인 곳으로 보는지 위험하고 고통스러운 곳으로 보는지에 따라 태어나기도 전부터 감정적·화학적으로 확장되거나 수축된다는 것이다.

콜롬비아 대학의 캐서린 몽크 교수는 임산부의 정신상태와 기분이 아이의 성격에 어떠한 영향을 미치는가를 연구해오고 있다. 그녀는 우울하거나 불안한 임산부와 정상적인 임산부의 스트레스 반응 테스트를 진행하면서 그들의 기분이 태아에 미치는 영향을 연구했다. 피험자들은 모두 동일한 생리적 스트레스를 받았지만, 그 악영향은 우울하거나 불안한 여성들의 경우에만 태아에게 전달되었다. 몽크는 그 이유가 아마도 유전적 소인이거나 또는 태아의 신경체계가 실제로 엄마의 감정에 의해 형성되고 있기 때문이라고 말했다.

엄마와 태아의 교감이 에너지-정보 파동을 전달하는 통로가 되는 것은 사실 당연한 일이다. 그 파동은 사랑과 안전에 기반한 확장된 상태일 수도 있고 두려움과 결핍과 위험에 기반한 수축된 상태일 수도 있다. 그런데 우리 조상들이 동굴에 숨어 살던 혈거시대, 생존경쟁에서 이기기 위해 극도의 호전성을 띠었던 초기 부족시대, 가뭄과 홍수로 인한 흉년은 곧 죽음을 의미했던 농경시대를 돌이켜보라. 과연 당시의 임산부들이 안정감과 마음의 여유를 얼마나 태아에게 전해줄 수 있었을까? 오히려 결핍되고 탐욕스럽고 잔인한 상황이 반복해서 인류의 DNA에 영향을 미쳤고, 그로 인해 부정적 감정과 신체적 장애와 질병이 우리에게로 유전되었다고 보아야 옳다. 부모가 알코올중독, 폭력성향, 자살충동을 보이는 경우에 자녀도 그럴 가능성이 많다는 것은 다들 인정하는 사실 아닌가. 따라서 온 인류로 시야를 넓혀 봤을 때, 많은 사람들이 삶을 괴로움과 동일시하는 것은 그리 놀라운 일이 아니다. 우리는 그런 관념을 유전자를 통해 물려받았을 것이다.

> 앵무새처럼 배운 것만을 되풀이하는 한, 우리는 더 나은 방식이 있을 수도 있다는 사실을 이해하지 못한다. 자발적 참여가 세상을 살아 있게 한다. 그것의 좋고 나쁨은 나중문제다.
>
> — 조셉 칠턴 피어스

우리는 '안전'이란 개념이 아예 불필요한 사랑과 통합의 세계에서 태어난 영적 존재이지만 밀도가 높은 물리적 현실로 내려와서는 진실이 아닌 온갖 것들에 적응해야만 한다. 우리는 물리적 삶을 위협하는 생존, 체념, 불길함, 슬픔(co-miseration)* 이라는 낯선 관념들을 받아들이고 이해해야 한다. 자유롭고 무한한 삶만을 아는 영적 존재에게 이것은 대단히 이상한 일이다. 당연히 우리는 이곳의 삶이 당혹스럽

---

* 원래 commiseration은 슬픔, 비탄을 뜻하는 단어인데 여기서는 co-miseration으로 표기하여 모든 인간이 공통으로 짊어진 고통이라는 뜻도 더하고 있다. 역주.

고, 그럼에도 계속 몸을 갖고 이곳에 존재하기 위해서는 너무나 '현실적으로' 보이는 부정적 집단신념을 지향해야 한다. 직감으로써 아는 진실 — 안전하고 사랑스럽고 즐거운 것들 — 은 모두 포기한 채로 말이다. "다른 사람들 모두 인생이 힘들다고 생각해요. 그러니까 저도 그들에게 맞추려면 그렇게 믿어야 해요."

당신이 아무리 열심히 당신 자신을 영적 존재로서 이해하려 해도, 당신 두뇌의 심층은 여전히 이런 부정적 집단신념의 일부를 수용하고 그것을 무의식적 행동으로 표출할 것이다. 고통과 시련 속에서 살아온 엄청난 수의 선조들에 의해 형성된 DNA를 물려받았는데 어떻게 그 유전자 정보로부터 영향받지 않을 수 있겠는가. 이것은 인간이라면 공통으로 가질 수밖에 없는 정보다.

> 지진을 경험해본 사람이라면 몸속 에너지의 울렁거림이 며칠이나 지속되는 느낌을 알 것이다. 감정적 스트레스의 강한 파동은 이와 비슷한 방식으로 온 세상에 충격을 줄 수 있다. 의식의 수준에서 우리는 모두 하나로 연결돼 있다.
>
> — 닥 칠드리, 하워드 마틴

구닥다리 전술과 세계관

우리가 받아들인 '두려움에 기반한 현실'은 일정 부분 파충류 뇌의 생존본능과 좌뇌의 통제지향성 — 불편한 감정과 연계된 정보 또는 고통스런 기억을 억누르려 하는 — 에 의해 형성되었다. 싸우기, 도망가기, 거부하기, 지배하기 — 이 네 가지 전술로부터 다양한 형태의 두려움 대처법이 세월과 함께 발전해왔고, 각 문화권의 세계관들도 크게 다르지 않다.

전쟁은 한 번도 멈춘 적이 없었고 무력을 앞세워 위협하는 전술은 이제 정치, 사업, 인간관계에서도 널리 쓰이고 있다. 기계론적 과학사상은 무지막지한 권위를 앞세워 예술, 꿈, 영감, 구전口傳지혜, 내적 성장 등을 폄하하거나 제 논리를 뒷받침하는 수단으로 써먹는다. 통제할 수 없거나 위험하다고 생각되는 것 ― 여성, 자연, 신비주의, 우주, 진실, 독특한 사람들 ― 을 통제하려 드는 위계적 가부장제를 생각해보라. 이 모든 것은 두려움에 대한 해결책으로 시작됐지만 실제로는 오히려 두려움을 더욱 영속시켰다. 산업시대에 우리는 물질주의와 가부장제를 강화함으로써 두려움을 다스렸다. 정보시대에 우리는 미디어, 정보, 전자장비의 집중포화 속에서 우리의 주의를 복구가 불가능해 보일 만큼 조각조각 흩트리고 ― 담장에서 떨어진 험프티 덤프티*처럼 ― 있다.

그러나 우리가 직관의 시대로 들어서는 지금, 이런 전술과 세계관은 구닥다리로 느껴지고 실제로도 기대와는 다른 결과를 만들어내고 있다. 이전의 낮은 주파수 시대에는 쓸모 있었던 두려움 대처법들이 오늘날은 우리의 잠재력을 제약한다. 그럼 파충류 뇌와 좌뇌가 어떻게 우리의 인식습관을 형성했는지 살펴보고, 무엇이 우리의 잠재력에 족쇄로 작용하고 있는지 알아보자.

다음의 습관들은 두뇌의 작은 부분이 당신의 총체적 모습을 지배

---

* Humpty Dumpty: 영미권의 동요, 소설, 만화에 종종 등장하는 달걀 모양의 캐릭터로 고집불통에 잘난 척하는 사람을 표현하고 있다. 주로 높은 담장 위에서 위태로운 자세로 앉아 있다가 떨어져 깨져버리는 운명을 맞는다.

한 결과다. 그리고 이 습관들은 대체로 무의식적이고 자동반사적이다. 만약 이들 중 친숙하게 느껴지는 것이 있다고 해도 그것은 당신이 잘못됐거나 결함이 있다는 뜻이 아니다. 단지 당신은 자신이 다른 많은 사람들과 마찬가지로 기존의 전술에 의존하고 있으며 이제는 그것을 제거하고 싶어졌음을 알아차리고 있는 것일 뿐이다. 우리 모두는 다양한 시기에 이 모든 행동을 몸소 경험했을 것이고, 지금도 이런 행동을 하는 사람들을 쉽게 찾을 수 있다! 우리 모두는 사랑과 두려움을 함께 갖고 있으며 그 배합비율은 제각각 다르다.

> 본능으로부터 오는 지식은 거의 없다. 본능이란 말 자체가 배우는 것이 아니라 타고나는 것, 불변하고 고정된 것을 뜻한다. 본능은 누구나 확인하고 측정하고 증명할 수 있는 것이기에 인간을 그다지 잘 설명하지 못한다. 생물학자들은 예외 없이 외부자극에 대한 극소수의 반사반응만을 '본능적'이라고 정의한다.
>
> — 캐시 N. 데이비슨

기존의 파충류 뇌 인식습관

파충류 뇌는 가장 초기 단계에서 정보를 처리하며, 이 시기는 자연스럽게 생존본능이 요구되는 때다. 우리가 두려움을 다루기 위해 개발한 많은 전술들은 바로 이 파충류 뇌의 비언어적 반사반응에 뿌리를 두고 있다. 파충류 뇌는 안전한 상태에서는 확장하고, 위험한 상태에서는 움츠러든다. 이중 두렵거나 위험한 요소가 있을 때의 반응을 다시 둘로 나누자면, 하나는 싸우는(투쟁) 것이고 다른 하나는 도망치는(도피) 것이다.

이런 반응들을 확인하기 위해 직접 실제적인 위험상황에 처할 필요는 없다. 과거에 겪었던 어떤 위험을 아주 막연하게라도 떠올리게 하는 계기만 주어지면 ─ 그것이 사실상 전혀 위협적인 일이 아닐지라도 ─ 충분하다. 피터가 친구에게 쩨쩨하게 군 일로 지레 '비난받았다'고 느낀 이유가 이것 때문이다. 우리의 자아는 이런 파충류 뇌의 반응을 자연스러운 일로 여기기도 하지만 우리의 영혼은 결코 그렇게 느끼지 않는다. 다행히 우리는 파충류 뇌의 다양한 반응들이 사실은 그저 습관에 불과하다는 사실을 이해함으로써 그것을 초월하는 법을 배울 수 있다.

아드레날린 습관

파충류 뇌가 싸우거나 도망가야 하는 상황을 결정할 때, 편도체는 교감신경체계를 작동시키고 에피네프린 또는 아드레날린을 방출한다. 이것은 우리가 비상사태 모드로 들어가 즉각적인 행동을 취할 수 있도록 하기 위해서다. 아드레날린은 심박수를 증가시키고 기도를 확장시키는 강력한 호르몬이자 신경전달물질인데, 자칫 잘못하면 우리는 아드레날린 중독에 걸릴 수도 있다. 아드레날린 중독자에겐 계속해서 위기상황이 필요하다. 만약 우리가 두려운 상황에 계속해서 노출되어왔기에 그것을 정상적인 현상으로 여기기 시작했다면, 아드레날린을 분출하기 위해 위험과 스트레스를 오히려 갈구하게 될 수도 있다. 오늘날은 여러 가지 업무를 동시에 해야 하는 시대이므로 아드레날린 중독이 흔하다. 우리는 빠른 대처와 위험을 무릅쓰는 과잉행동에 대해 칭찬과 보상을 받는 때가 많다.

아드레날린 습관은 두려움에 이끌리는 양상으로 나타나기도 하는데, 이때 우리는 우리 자신을 보호해야만 하는 어떤 상황에 매료당하게 된다. 비행기에서 뛰어내리든, 빠른 속도로 차량들 사이를 누비며 질주하든, 감정적 또는 재정적으로 위협받는 상황을 무의식중에 창조하든, 그것들은 모두 우리가 아드레날린의 주문에 걸려 있다는 뜻이다. 이런 습관은 극적인 사건과 불안감을 위해 존재한다. 예컨대 우리는 어렸을 때 부모님이 행동했던 방식과 똑같이 폭력성을 보이거나 쉽게 떠나버릴 배우자를 만나는 패턴을 반복할 때가 많다.

> 공격성과 심리적 투사는 필연적으로 관련돼 있다. 왜냐하면 투사는 항상 공격성을 정당화하는 수단이 되어주기 때문이다. 투사 없이는 분노할 수 없다. 그것은 당신이 자신 안에 있는 그러나 원치 않는 무언가를 배척함으로써 시작되며, 이로 인해 당신은 형제들로부터 배척당하게 된다.
>
> — 헬렌 슈크만, 〈기적수업〉의 채널러

또한 아드레날린 습관은 두려움에 분노로써 반응하게 만들기도 한다. 원치 않은 자신의 감정을 왕따, 비난, 비판, 무시, 책임 전가, 처벌 등의 형태로 남에게 투사하고 폭력적으로 대하는 것은 자기 내면의 공포를 피하는 훌륭한 방법이다. 우리는 다음과 같은 경우를 자주 본다. 부모에게 버림받은 느낌을 간직한 채 성장하여 지배적인 성격을 띠게 된 남편이 아내가 섹스를 거부하거나 자신과 다른 의견을 제시할 때면 불같은 화를 낸다. 리얼리티 TV쇼에 나온 소녀들은 자신의 우월감에 위협을 주는 사람이면 누구에게든 신랄한 공격을 퍼부어댄다.

안전성 습관

아드레날린 습관보다 좀더 미묘한 반응은 난공불락의 요새를 쌓아 안전성을 획득하고자 하는 욕구이다. 동화 〈아기돼지 삼형제〉에서 못된 늑대는 첫째 돼지가 지푸라기로 지은 집과 둘째 돼지가 나무로 지은 집을 입김을 불어 무너뜨리지만 막내 돼지가 벽돌로 지은 집은 허물지 못한다. 우리는 모두 이 동화에 나오는 벽돌로 지은 집을 원하는데, 우리가 가장 흔히 사용하는 방법은 재정적, 물리적 수단을 통해 힘을 기르는 것이다. 정보를 수집하고, 전문가가 되고, 문화적 기준에서 봤을 때 다른 사람들이 부러워할 만한 아름다움을 갖추는 것 등도 이와 비슷한 맥락이다. 오늘날 우리가 유명인사의 일거수일투족을 따라 하는 것도 매력적인 사람이 됨으로써 위험을 피하려는 파충류 뇌의 욕구에 의한 것이다. 우리는 다른 사람들을 통제하거나 그들에게 중요한 인물이 됨으로써 안전을 도모하기도 한다. 늘 남을 즐겁게 해주려고, 도와주려고, 문제를 해결해주려고 나서는 사람들이 이런 유형에 속한다. 반대로 남들보다 우월한 척, 강한 척, 냉담한 척하는 사람들도 마찬가지다.

무기력 습관

삶이 우리에게 상처와 모욕을 주는 일련의 경험들을 제공할 때는, 마치 매의 그림자를 본 토끼처럼 그 맹공격 아래 얼어붙는 것이 당연하다. 이런 움츠림은 무력하고, 마비되고, 의지 없이 멍한 상태를 낳는다. 모든 것이 공허하고 우울함과 심드렁함이 커져간다. 이처럼 우리가 에너지 흐름을 멈추면 우리의 주파수도 떨어진다. 우리의 몸은 무겁고, 둔해지고, 병에 걸릴 수도 있다.

이런 무기력 습관 중에서도 좀더 골치 아픈 양상이 바로 교묘하게 남들을 조종하려 드는 것이다. 이것을 수동적 공격성이라고 하는데, 때로는 당사자도 자신이 그렇다는 사실을 알아차리지 못한다. 이 습관은 우리로 하여금 '무의식적으로' 스스로 나쁜 처지에 빠짐으로써 자신의 결백을 증명하고 남들을 조종하도록 만든다. 우울해지거나 무력감을 느낄 때는 항상 그것을 남탓으로 돌린다. 우리는 죄의식을 갖도록 부추기는 식으로 남들을 비난하고, 그들이 선의를 보여도 '방식이 잘못됐다면서' 거부한다. 남을 칭찬할 때도 빈정대고 깎아내리기를 잊지 않는다. 이처럼 우리는 공격성을 표출하면서 겉으로는 무기력한 듯이, 남에게 관심이 없는 듯이 행동할 수 있다.

회피 습관

우리가 가장 단도직입적으로 취하는 해결책 중 하나는 위협적인 상황들을 단순히 피하는 것이다. 결국 모르는 게 약이다. 그렇지 않은가? 우리는 불편한 상황들을 피해 다닐 수도 있고, 과거의 추억 속에 머물 수도 있고, 아예 지금 이 순간으로부터 격리되기 위해 '몸 밖으로' 나가서 멍한 상태가 될 수도 있다. 우리는 현실을 망각하거나, 공상의 세계로 도피하거나, 아예 못 보고 못 들은 척하기도 한다. 책임을 회피하고 다른 사람들에게 결정권을 떠넘기는 경우도 있다.

중독 행동들도 불편한 상황을 피하는 또 다른 방법이다. 술, 마약, 일, 운동, 돈, 섹스, 음식, 스포츠, 쇼핑, 사교, 텔레비전, 추리소설, 수집, 고양이, 스타트렉 컨벤션*, 그 밖의 모든 것이 우리가 선택하는 중독적인 행동이 될 수 있다. 이것들은 모두 회피 습관이다.

굴복 습관

마지막으로 파충류 뇌는 또 다른 대처방안을 내놓는다. 위압적이고 위협적이고 자기애적 성향을 가진 사람을 만나게 되면, 우리는 우리의 입장을 고수하는 와중에도 복종하고 비굴해질 수 있다. 자신의 취약한 부분을 드러내고 순진무구하게 웃어라. 잔뜩 웅크린 자세를 하고 위협적으로 보이지 않게 목소리를 낮춰라. 시선을 피하라. 이것은 모두 기본적으로 우리의 주파수를 그들의 주파수보다 조금 낮춤으로써 그들이 좋은 기분을 갖게끔 유도하는 것이다. 이런 습관을 통해 우리는 매력적이고, 협조적이고, 쓸모 있는 사람이 되어 그들에게 인정받을 수 있다. 그렇다면 이런 행동들에는 무슨 문제가 있을까? 아무 문제도 없다. 만약 그것이 기쁨과 사랑, 영혼이 자연스럽게 흐르는 상태에서 나온 것이라면 말이다. 그러나 사랑받기 위해서는 무조건 받아들여야 하고 생존하기 위해서는 무조건 남을 즐겁게 해줘야 한다고 착각한다면, 결국은 우리 자신을 희생하는 꼴밖에 되지 않는다.

---

* 매년 영화 〈스타트랙〉의 전 세계 팬들이 모여 교류하고 관련 상품들을 체험하는 큰 규모의 행사이다. 역주.

파충류 뇌의 낡은 인식습관 찾기

1. 당신이 아드레날린에 의해 자극받거나 움직이게 되는 방식을 일지에 적어보라. 당신은 특정한 종류의 황홀감을 갈구하는가? 특정한 것들에 대해서는 평소와 달리 극적으로 반응하는가? 살아 있음을 느끼려면, 또는 뭔가에 매료당하려면 강렬한 자극이 필요한가? 어떤 상황이 당신으로 하여금 다른 사람들에게 분노, 비난, 처벌을 퍼붓게 만드는가?

2. 당신이 안전감을 찾는 방법을 적어보라. 당신은 왜 특정 유명인사나 권력가들에게 끌리는가? 당신은 교묘한 방식으로 다른 사람들을 위협하는가? 당신은 어떻게 다른 사람들과 주변 상황들을 지배하고 통제하는가? 당신의 인생에서 스스로 통제하기 어렵다고 느끼는 부분들이 있는가? 당신이 어떨 때 다른 사람들을 방해하는가?

3. 당신이 무력감에 빠져드는 경우를 적어보라. 어떤 사람들과 상황들이 당신을 무력하게 만들거나 심한 좌절감에 빠지게 하는가? 언제 당신은 무기력하고, 의욕이 없고, 공허하고, 정체되었다고 느끼는가? 삶의 어떤 부분에서 부정적이고, 지치고, 심드렁한 기분을 느끼는가? 당신은 다른 사람들을 대할 때 수동적 공격성을 드러내는가?

4. 당신이 고통스럽거나 불편한 상황 또는 사람들을 피하는 방법

을 적어보라. 과거의 경험이 현재의 경험에 영향을 미쳤던 순간들을 적어보라. 위협 앞에서 멍한 상태에 빠지거나, 몸을 벗어나거나, 모르쇠로 일관했던 때가 있었는가? 당신은 마주하고 싶지 않은 것들로부터 어떻게 관심을 돌리는가? 당신의 중독적 패턴은 무엇인가?

5. 언제 당신은 남들의 말을 잘 따르고 그들의 기분을 좋게 만듦으로써 위협을 최소화하려고 하는가? 당신이 스스로 존재감을 낮추고 위협적으로 보이지 않기 위해 쓰는 방법은 무엇인가? 당신이 기꺼이 복종해온 '의무'에는 어떤 것들이 있으며, 그것은 정말로 당신에게 해당하는 사항인가?

기존의 좌뇌 인식습관

우리는 파충류 뇌가 기존의 인식습관에 어떻게 기여했는지를 조명했다. 그렇다면 당신의 좌뇌는 어떨까? 좌뇌는 이성적·순차적·논리적 사고, 분별력, 언어적 처리를 관장한다는 사실을 기억하라. 좌뇌 자체는 영감(inspiration)과 무관하다. 좌뇌의 인식은 세분화, 분리, 규제, 정의, 증명, 설명에 기반을 두고 있다. 똑똑하게 행동하고, 경계를 나누고, 삶의 문제를 잘 해결하고, 확고한 개체성을 갖고, 논쟁을 통해 옳고 그름을 따지고, 조직화·분류화하고, 언어적 표현을 할 때 당신은 좌뇌를 쓰고 있는 것이다.

당신이 두려움을 경험할 때는 파충류 뇌에서 나온 신호들이 좌뇌로 올라가고, 좌뇌는 이런 상황을 방지하기 위해 당신이 꼭 지켜야 할 규칙과 신념을 만들어내는 식으로 그 신호를 처리한다. 부정적인 감정에 절대로 압도당하지 않는 것이 좌뇌의 철칙 중 하나이기 때문에, 좌뇌는 잠재적으로 혼란을 일으킬 수 있는 모든 기억과 정보를 예방 차원에서 억누른다.

이제 좌뇌가 기존의 인식에 기여하는 방식을 살펴보자.

> 우리 중 많은 이들이 좌뇌로만 판단할 뿐 그것을 개선하기 위해 우뇌로 이동하려 들지 않는다. 게다가 한 번 판단을 내리면 영원히 그 판단에 매달린다. 나는 지배적인 성격의 좌뇌가 가장 하기 싫어하는 일이 바로 제한된 두개골 속 공간을 열린 마음의 우뇌와 나눠 쓰는 것임을 알게 되었다.
> — 질 볼트 테일러

논리 습관

논리는 중요한 위치를 차지하는 동시에 매우 유용한 도구이기도 하다. 하지만 논리에만 매달릴 때, 우리는 온전한 상태와는 거리가 멀어진다. 당신은 지식과 지적 능력에 의존하는 사람들을 만나본 적이 있을 것이다. 그들에겐 증명과 학문적 정밀함이 가장 중요하고, 정보는 곧 힘이다. 이런 좌뇌 모드에서는 어떠한 인식의 도약도, 직관적인 깨달음도 없으며 단지 객관적·연역적·귀납적 추론만이 있을 뿐이다. 당신이 내놓는 주장은 이전의 학자들이 내놓은 주장과 비슷해야 한다. 물론 소위 '상식'에는 그럴 만한 이유가 있는 법이지만, 너무 뻔하기 때문에 의미를 부여하기가 어렵다.

이런 인식습관은 두려움과 싸울 때 애매모호한 것들을 거부하는 전술을 쓴다. 그리고 논리를 지나치게 강조하다 보니, 통제가 어렵거나 어중간한 감정들은 아예 인식의 대상으로 삼지 않는다. 실수도 용납하지 않는다. 우리는 옳은 판단을 내리고 싶어하고, 그로써 결국엔 '옳긴 하지만 살아 있지 않은 상태'(dead right)*로 이끌리기도 한다. 이뿐만이 아니다. 논리적 생각의 세계 속에 살 때, 우리는 인생을 직접 체험하지도 못하고 비전을 효과적으로 구현해내지도 못한다. 가볍고 유연한 생각조차도 좌뇌에 갇히면 이내 무거운 믿음과 규칙으로 변질된다. 좌뇌가 만들어내는 모든 선택과 선언은 유효한 가능성의 절반을 싹둑 잘라내고, 세상을 건조하고 불안정하고 진부한 곳으로 퇴색시킨다. 이미 알려지고 증명된 것들은 세상을 변화, 혁신, 성장시키기에 역부족이다.

논리 습관은 우리로 하여금 선형적 인식 ― 진보는 순차적, 점진적으로 이뤄진다는 믿음 ― 에 매달리게 한다. 우리는 과거에 통했던 방식만을 떠올리고 보수적, 관습적으로 지금껏 옳았고 유효했던 것들만을 반복하게 된다. 이런 인식습관은 과거의 경험을 현재와 미래에 투사하게 만들고, 변성과정이 들어설 자리를 없앤다.

분리 습관

좌뇌는 직접적 체험을 기존의 의미에 꿰맞추기 때문에 우리가 현실로부터 많은 것을 배우지 못하게 한다. 이 말은 또한 우리 자신에 대한 우리의 경험도 제한된다는 뜻이다. 좌뇌가 지나치게 모든 것을 지배하면 우리는 자신을 외부 세상과 분리된 존재로서 경험한다. 우

---

* 원래 dead right는 '꼭 맞다, 딱 맞췄다'는 뜻의 관용구지만, 여기서는 그것과 무관하게 '의미 없는 (dead) 옳음(right)'이라는 뜻으로 풀이했다. 원문에 일부러 따옴표를 붙인 것으로 보아 저자가 재미삼아 중의적 표현을 사용한 듯하다. 역주.

리 자신을 보잘것없는 것으로, 세상을 거대하고 압도적인 것으로 보는 이런 분리 인식은 우리의 '개체적' 경험을 '고립된' 것으로 변질시킨다.

고립감은 세상을 위험의 근원지로 만든다. 좌뇌는 경비와 보호자 역할을 떠맡고 계속 주위를 살피면서 문제를 찾는다. 자신을 좌뇌와 동일시할 때, 우리는 불신 속에서 모든 것을 잠재적 위험인자로 여긴다. 고립될수록 우리는 더 큰 무력감에 빠진다. 위험에 집중할수록, 우리는 더욱 부정적 태도에 취해 '안 되는' 이유만을 찾아내게 된다. 그런 결과로 실제로 모든 일은 잘못되거나 실패할 것이다. 당연하지 않은가? 좌뇌는 "그렇긴 하지만…"이라고 토를 달면서 부정적인 확언을 끊임없이 뱉어낸다. 좌뇌는 에너지, 영향력, 힘의 위계가 명확히 정리된 상태에서 삶이 영위되고 그 안에서 자신의 역할에 혼동이 없길 바란다.

에고-자기애성自己愛性 습관

고립감으로부터 나온 좌뇌의 또 다른 낡은 의식 습관은 에고의 성장이다. 에고와 관련해서, 우리는 그저 자신의 개체성을 지나치게 강조하는 정도의 경미한 상태일 수도 있지만 훨씬 더 뿌리 깊고 심각한 문제를 겪기도 한다. 좌뇌는 본성상 자신이 세상과 분리돼 있다고 느끼는데, 우리는 그런 좌뇌의 작용에 완전히 동화되어 우리 자신 또한 그러하다고 생각할 수 있다. 이것은 일종의 구속상태이고, 우리의 의식은 마치 스톡홀름 증후군*처럼 (이 에너지 차원의) 인질범에게 감정을 이입하여 그것처럼 생각하고 말하고 행동한다. 우리는 극단적이고, 폐쇄적이고, 자기합리화에 빠진 에고 그 자체가 되어버린다.

이 세상 문제의 절반은 스스로 중요한 존재가 되길 원하는 사람들이 만든 것이다. 그들은 세상에 피해를 줄 의도가 없다. 하지만 그들은 자기 자신을 긍정적으로 평가하느라 온 힘을 다 쓰기 때문에, 세상일에는 무관심하거나 무감각하거나 책임을 회피한다.

— T. S. 엘리엇

에고는 창조적인 것보다는 신뢰할 수 있는 것을 추구하는 경향이 있다. 에고는 실패와 비난, 거절에 대한 두려움 때문에 새로운 시도를 좋아하지 않는다. 에고는 성장의 기회를 제 발로 걷어차고는 '경쟁자들'을 교묘히 따돌리기 위해 과거의 정보에 의존하는 이유를 스스로 합리화한다. 에고는 다른 누군가가 아니라 자기 자신에게만 초점을 맞추고, '가슴(heart)'의 실체를 제대로 이해하거나 느끼지 못한다. 나는 내담자들로부터 자기 자신을 이런 존재로 폄하하는 이야기를 많이 들었다. 하지만 이것은 에고의 특성일 뿐이지 우리 자신은 전혀 이런 존재가 아니다.

에고가 고립감 속에서 그 나약함을 더욱 공고히 하면 자기애(narcissism)가 나타나고, 이제 우리는 다른 사람들을 유혹하거나 조종하여 그들이 우리의 세계관에 맞는 행동을 할 때만 편안함을 느낀다. 만약 그들이 우리 생각에 동의하지 않거나 그에 맞게 행동하지 않으면, 우리는 그들이 다시 돌아와 우리 뜻에 맞게 행동할 때까지 그들을 공격하거나 아니면 배척한다. 이것이 바로 자신이 우주의 궁극적 주인이라고 생각하는 좌뇌의 실상이다. 그러므로 다른 사람들로부터 이런 인식과 행동 패턴을 알아차리고 그들에게 조종당하거나 그

---

* 인질이 인질범에게 동화되어 그들에게 동조하는 비이성적 현상을 가리키는 범죄심리학 용어. 역주.

들과 동화되지 않는 것이 중요하다. 이런 패턴을 보게 되면, 그런 식으로 행동하는 주체는 그 사람이 아니라 그 사람을 지배하고 있는 좌뇌임을 기억하라.

자기애성 인식습관과 행동은 다음과 같은 모습을 보인다. — 자신의 신체적, 정신적, 성적 매력을 강조하면서 다른 사람들에게 접근하고, 자신과 함께하면 그들 또한 특별한 지위를 갖게 되는 것처럼 사람들을 유혹한다. 사람들로 하여금 자신의 믿음과 습관을 지지하게 만들고 보상을 주어 그런 행동을 더욱 강화한다. 하지만 그들이 옆길로 새면 처벌로 겁을 주어 다시 따르게 만들거나 아예 관계를 끝장내겠다고 위협한다. 위의 방법들이 먹히지 않으면 주저 없이 그들을 떠나거나 배척하고, 다시 귀가 얇은 새로운 대상을 선정해서 처음부터 새로 시작한다. 그러나 이런 전술들이 더 이상 효과가 없을 때, 또한 우리가 모두 본질적으로 동등하다는 사실을 깨달을 때, 에고는 '죽기' 시작한다. 우리가 자신을 에고와 동일시하고 있다면, 우리는 죽음이 다가오고 있다고 느낄 수도 있다.

> 마녀도, 악도, 사탄도 없다. 오직 그런 인식만이 존재할 뿐이다.
> — 카를로스 카스타네다

의지력 습관

좌뇌는 우선권과 통제권을 유지하기 위해 우리의 의지력에 집중한다. 세상을 적대적이고 저항하기 힘든 곳으로 바라볼 때, 역경을 이겨내고 전진하는 유일한 방법은 철석같은 의지력을 길러 그것을 마체테(날이 넓고 무거운 칼, 역주)처럼 휘두르며 정글을 헤치는 것이다.

만약 아무도 우리를 도와주거나 보살펴주지 않는다고 생각한다면 우리는 생존하기 위해 수중에 있는 자원을 총동원할 것이다. 두려움에 대항할 때도 우리는 그 위협을 막아내고 극복할 '힘'을 기르는 선택을 할 수밖에 없다.

의지력은 방향성을 띤 힘이 가미된 선택이다. 보이지 않은 영역들이 우리를 지지하고 있다는 사실, 우리는 우리의 모든 상상을 현실로 구현해낼 수 있다는 ― 그저 그것을 선택하고 부드럽게 집중함으로써 ― 사실을 잊었을 때 의지력이 등장한다. 의지력은 종종 교묘한 속임수를 수반하기도 하는데, 특히 우리가 이기기 위해서는 어떤 식으로든 남을 속이고 힘으로 눌러 주물러야 한다고 믿을 때면 더욱 그렇다. 의지력으로 뭔가를 이루려는 시도는 결국 실패할 수밖에 없다. 왜냐하면 그 중심의 동기가 기쁨과는 전혀 거리가 멀고, 하나를 얻기 위해 다른 것들을 모두 포기하게 만들기 때문이다. 우리가 의지력을 사용할 때, 우리의 내면에는 부정적 현실이야말로 진짜 현실이고 그것을 결코 극복하지 못하리라는 믿음이 깔려 있는 것이다. 게다가 의지력은 다른 사람들의 저항을 불러일으켜서 우리의 길을 더욱 험난하게 만든다.

주의분산 습관

마지막으로, 좌뇌는 두려움과 부정적인 감정을 피하기 위해 우리의 주의를 분산시키기도 한다. 여러 가지 일을 동시에 벌이거나 이리저리로 주의를 쉴 새 없이 바꾸는 식으로 말이다. 세상이 빨리 바뀌고 복잡해질수록 신경 쓸 일은 많아지는 법이고, 지금 우리는 몇 년 전보다 열 배는 더 많은 일을 살펴야 한다. 이런 만성적 과부하 상태는 자기 자신의 어두운 측면, 또한 이 사회의 어두운 측면으로부터 도피처가 되어준다. 빠른 속도, 과잉활동, 짧은 주의집중 시간은 우리의 의식을 표면에만 머무르게 한다. 우리는 자신의 감정을 깊이 살필 기회조차 없다. 뉴로마케터Neuro-marketer(뇌과학을 활용한 접근법으로 제품 구매를 유도하는 사람, 역주)들은 광고효과를 높이기 위해서 특정 단어들에 대한 사람들의 뇌전도 반응을 테스트했는데, '빠르다(fast)'라는 단어가 사람들의 뇌를 크게 자극하며, '속도(speed)'라는 단어는 대단히 긍정적인 감정을 유발한다고 보고했다.

실습과제
좌뇌에서 나온 낡은 인식습관 찾기

1. 당신이 어떤 감정을 마주하지 않기 위해서 논리, 분석, 증명, 인과관계식 사고에 의존하는 방식을 일지에 적어보라. 당신은 어떤 주제, 어떤 조건에 대해 따지고 드는가? 이렇게 점진적 과정, 선형적 시간에 얽매임으로써 당신의 인식은 어떤 제약을 받게 되는가?

2. 당신이 세상으로부터, 다른 사람들로부터 고립되었거나 분리되었다고 느끼는 때가 언제인지를 일지에 적어보라. 당신은 누구를, 무엇을 믿지 못하는가? 그 불안감은 구체적으로 어떤 느낌인가? 당신은 어떤 고정관념을 갖고 있는가? 당신을 조금이라도 자기도취에 빠지게 하는 것은 무엇인가? 당신은 그때 어떻게 행동하는가? 당신은 어떤 부분에서 자신의 에고가 지나치게 강하다고 생각하는가?

136

3. 당신은 무엇을 얻기 위해 의지력을 발휘하는가? 만약 당신이 해이해지면 당신 인생에 무슨 일이 일어날 것이라고 생각하는가?

4. 당신은 주의를 어떻게 분산시키는가? 당신은 자신의 주의를 분산시키기 위해 주로 어떤 전략을 사용하는가? 그렇게 수박 겉핥기 식으로 사는 것은 어떤 느낌을 주는가?

건강하지 못한 수축과 확장상태 인식하기

내가 열거한 기존의 인식습관들은 한때 우리의 마음을 편하게 해 주었다. 그것들은 우리의 생존에 도움을 주었고, 부정하는 전략은 효과가 있었다. 그러나 이제 그것들은 우리를 제약하고 뒤처지게 ─ 특히 우리가 그것들에만 의존한다면 더더욱 ─ 만든다. 파충류 뇌와 좌뇌에 기반한 인식습관의 문제는 그것이 우리 안에 깊이 각인되어 결국은 무의식적, 자동방어적인 행동을 낳는다는 데 있다. 그것은 두려움에 계속 집중함으로써 오히려 두려움에 에너지를 공급한다. 그것은 두려움을 실재로 여기고 두려움에 대처하는 것을 자신의 존재 이유로 삼기 때문에, 두려움 그 자체는 변성될 기회를 전혀 얻지 못한다. 우리가 저항해야 할 대상이 끝없이 나타난다. 두려움에 집중할 때, 부정적 측면을 회피하고 억누를 때, 우리의 주파수는 낮은 수준에 머문다. 그러는 사이 이 세상의 주파수는 극적으로 상승하면서 우리에게 불협화음과 스트레스를 만들어낸다!

흐름(the Flow) 속에 있을 때 당신은 진화를 촉진하는 수축-확장 주기를 갖게 된다. 건강한 수축상태는 집중과 선택을 가능케 하고, 건강한 확장상태는 창조력, 성장, 내려놓기와 관련이 있다. 하지만 낡은 인식습관의 수축상태는 무기력함과, 확장상태는 과잉활동과 짝을 짓는 경향이 있다. 둘 다 우리의 진을 빼놓을 뿐이다. 낡은 인식습관은 삶의 쇄신을 거부하고 새로운 창조-성장 주기로의 진입을 가로막는다. 그것은 흐름을 더디게 하거나 아예 멈춰 세우고, 영적 현실을 부정하고, 우리를 지금 이 순간에 오롯이 머물지 못하게 만들고, 내면의 길잡이와의 소통을 가로막고, 두려움과 결핍을 영속시키고, 질병과 실수를 일으키고, 고통과 괴로움을 창조한다.

희망은 있는가?

이렇게 오랫동안 지속돼온 낡은 패턴을 우리는 과연 짧은 시간에 극복하고 변화시킬 수 있을까? 논리적인 관점에서는 불가능해 보인다. 하지만 나는 그것이 지금 당장 가능한 일이라고 생각한다. 세상의 주파수와 당신의 주파수가 함께 급상승하고 있기 때문에, 당신에게는 이 낡고 집단적이고 무의식적인 행동들을 깡그리 소멸시키고 본성의 기억을 회복한 '고통 없는 존재'로 다시 태어날 기회가 있다. 지금 이 순간 속에서 살 때, 당신은 오랜 시간에 걸쳐 형성된 습관을 신속하게 바꿀 수 있고 당신의 두뇌와 현실을 새롭게 단장할 수 있다. 이 시대가 당신을 돕고 있는 것이다.

앞으로 나아가기 위해서는, 일상화된 행동들 — 건강하지 않은 인식습관들 — 에 이의를 제기하고 그것들이 고개를 내밀 때마다 적극적으로 알아차리려는 노력을 기울여야 한다. 당신이 그동안 따르고 동의해왔던 것, 당신의 선택과 행동에 영향을 주어왔던 것이 지금 당신의 바람과는 맞지 않다는 사실을 안다면 이제는 다르게 생각하고 다르게 행동해야 한다. 당신은 언제든 어디서든 스스로 멈춰 서서 마음을 비우고, 가슴과 영혼의 응답을 따라 새롭게 선택할 수 있다. 다음 장에서 우리는 낡은 선형적 인식의 정반대편, 그 흥미로운 방식의 가능성을 살펴볼 것이다.

> 우리에게 절대적인 법칙은 무엇인가? 그것은 '성장'이다. 우리의 관념, 정신, 신체의 그 어떤 요소도 변화 없이 1년을 버티지 못한다. 가장 작은 원자조차도 성장한다. 아니, 성장해야만 한다. 그 어떤 것도 성장을 막을 순 없다.
> ― 마크 트웨인

요약

기존의 선형적 인식은 많은 무의식적, 반사적인 행동을 낳는다. 이런 행동들은 두려움에 지배당했던 먼 옛날의 산물로서 수천 년 이상 축적돼왔고, 어머니로부터 자궁 안의 태아에게로 전달되며 다음 세대로 이어진다. 기존의 인식습관들은 파충류 뇌의 생존본능, 그리고 불쾌한 감정과 연계된 기억과 정보를 억누르는 좌뇌의 활동에 의해 지속되고 있다.

온갖 종류의 낡은 인식습관들은 당신을 수축된 현실 속에 머물게 하고, 변성과정의 진행속도를 더디게 한다. 그것들은 우리로 하여금 아드레날린, 안전지향, 무기력, 회피, 굴복, 논리, 분리, 에고-자기애,

의지력, 주의분산과 관련된 방어적 행동들을 과용하고 과신하게 만든다. 변성과정을 좀더 쉽게 통과하기 위해서는 해로운 행동들을 알아차리는 것이 중요하다. 왜냐하면 그것들은 과잉활동을 통해서든 무기력감을 통해서든 결국 우리를 탈진시키고 말 것이기 때문이다. 이제 우리는 기존의 습관을 알아차려 바꾸고, 새로운 방식의 인식에 마음을 열어야 한다.

5

새로운 인식 발견하기

자기 자신에 대한 개념을 바꾸기 전에
세상부터 바꾸려고 하는 것은 사물의 본성을 역행하는 짓이다.
우리가 싫어하는 것을 향해 쏟는 감정만큼 좋아하는 것에도 관심을 둔다면,
싫은 것에 이끌려 하강했던 것처럼 좋은 것에 이끌려 간단히 상승할 수 있다.

— 네빌 고다드

새로운 인식이 문 밖에서 모든 준비를 마치고 우리를 기다리고 있다. 우리는 지금까지 머물러 있었던 퀴퀴한 곰팡내 나는 이 작은 방을 떠나야 한다. 습관이라는 관성과 기존 인식에 대한 맹신이 우리를 붙들고 있지만, 이제 우리는 저 밖에 대체 무엇이 있는지가 궁금하다. 너무나도 친숙해진 것들을 기꺼이 떠나보내려면 불타는 열정 — 기존의 것을 새로운 것으로, 더 이상 효과가 없는 방식을 더 적절하고 완벽한 방식으로 바꾸고야 말겠다는 — 이 필요하다. 우리는 낡은 방식이 불쾌하고, 지루하고, 넌덜머리나고, 하등의 이점도 없는 것이 되어버렸다는 사실을 분명히 알아야 한다.

우리가 지금 진정으로 원하는 것은 무엇인가? 우리는 우리가 창조하길 원하는 새로운, 더 나은 현실이 어떤 느낌인지를 알고자 한다. 또한 기존의 현실을 새로운 현실로 전환할 방법도 알고자 한다. 이번 장에서는 기존의 제한적이고 선형적인 인식을 초월해 직관의

시대에 맞는 새로운 구-홀로그램 인식으로 도약하는 과정을 살펴볼 예정이다. 구-홀로그램 인식을 통해 당신은 앞으로 당신이 어떤 경험을 하게 될지를 어렴풋이나마 알게 될 것이다. 우리는 이 새로운 인식습관을 당신의 삶에서 주된 앎의 방식으로 만드는 작업을 시작할 것이다.

내게 1분만 달라!

잉그리드는 자신의 일상이 너무나 바쁘고 불편하고 건강까지 해치고 있음을 잘 알면서도, 게다가 그런다고 다른 사람들의 기대를 충족시킬 순 없다는 사실도 알면서도 '의무감' 때문에 계속 견디며 살고 있다고 말했다. 그녀의 고용주는 모든 직원이 일주일에 50~60시간을 일하길 바라고, 그녀의 아이들은 스포츠 행사나 숙제를 할 때 엄마의 손길을 필요로 한다. 그 밖에도 그녀는 남편 뒷바라지, 집안일, 친구들 챙기기에 운동과 휴식까지 아무것도 포기하지 않는다. 지금 그녀는 기진맥진한 상태로 아드레날린에 의존하면서도 어쨌든 꾸역꾸역 해내고 있다. 그녀는 좀더 영적이고 직관적인 삶을 살고 싶고, 소질도 계발하고 명상도 하고 싶지만 언제쯤 가능할지는 확신이 없다. 그녀는 이렇게 말한다. "1분 만이라도 자유시간이 주어지면 그때 생각해볼게요."

바로 이것이 오늘날 우리가 살아가는 모습이다. 잉그리드는 다람쥐 쳇바퀴처럼 돌아가는 일상을 멈출 만한 딱 1분의 여유조차 없다. 외부의 문제에 너무 깊숙이 몰두하고 있는 탓에, 그녀는 현재의 정체상태로부터 빠져나와 문제의 핵심을 파헤치고 다른 선택지를 고민할 기회를 찾지 못하고 있다. 기업가인 한 친구는, '문제 속에서' 일하는(work in) 시간만큼이나 '문제에 대해' 일할(work on) 시간도 필요하다고 말했다. 즉, 당면한 문제를 꿰뚫어 보고 가장 효과적인 개선책을 찾기 위해서는 따로 고요한 시간을 내야 한다는 뜻이다. 잉그리드의 노력은 삶 속에서 소모되고 있을 뿐 삶을 위해서 쓰이고 있진 않다. 만약 그녀가 잠깐 시간을 내서 좌뇌의 '의무감'과 '부정적 태도'에 의문을 품을 수 있다면, 직관력 계발과 명상처럼 우뇌 습관을 기르는 작업이 그저 또 하나의 '할 일'이 아니라 그 이상의 의미가 있음을 깨닫게 될 것이다. 그것들은 그녀의 삶을 모두에게 만족스러운 상황으로 재창조시켜주는 변성의 기술이다.

> 비움이 극에 이르게 하고, 고요함을 굳게 지켜라.
> 만물은 이것과 저것이 항상 함께 일어나지만,
> 나는 이것들이 다시 제자리로 돌아감을 보노라.
> ― 노자

좌뇌에서 우뇌로 전환하기

당신도 잉그리드처럼 다람쥐 쳇바퀴 같은 일상을 감내하고 있는가? 순수한 기쁨을 훼손하고 창조력을 가로막는 상황을 견뎌내고 있는가? 만약 그렇다면, 아마도 좌뇌가 당신의 삶을 지배하고 있을 것이다. 한때는 생생했던 경험들이 분석, 묘사, 패턴화, 기억, 판단까지 거친 후에 마지막으로 도달하는 곳이 바로 좌뇌이다. 이 무덤과 같은 곳에서 당신의 경험은 더 이상 살아 있지 않고, 알맹이가 없고, 영혼과도 단절돼 있다.

좌뇌가 삶을 지배할 때, 당신은 좌뇌에 동화되어 그것이 시키는 대로 생각하고 그것이 가리키는 대로 살아가게 된다. 당신은 현실을 통제하고, 안정감과 친숙함을 유지하고, 변화를 저해하는 행동의 굴레에 빠져들 것이다. 잉그리드처럼 말이다. 이곳은 쾨쾨한 곰팡내가 나는 작은 방이다. 좌뇌에서 벗어나기 위해서는 이미 알고 있는 물리적 세계를 떠나서 의식-에너지가 자유롭게 흐르는 비물리적 세계로 들어가야 한다. 그것은 바로 문 밖에 있다. 이제껏 알지 못했던 우뇌의 인식으로 발걸음을 옮기는 일은 두려운 변화일 수도 있다. 고립되고 고정된 좌뇌의 세계관을 벗어나서 밝고 상호적이고 무엇이든 가능한 우뇌의 경험 속으로 첫발을 내디딜 때까지, 당신은 이 새로운 인식이 무엇인지를 온전히 이해하지 못할 것이다. 그럼에도 당신은 좌뇌만으로는 부족하다는 사실을 깨달아야 한다. 당신에게는 새로운 리더가 필요하다!

> 좌뇌는 이해되지 않는 것의 중요성은 폄하하고, 적응할 수 없는 것은 무시하고, 받아들일 수 없는 것은 비꼬고, 좌뇌의 한계 너머의 것을 기대하는 사람들에게는 딴죽을 건다.
>
> — 이언 맥길크리스트

일전에 나는 스마트폰 앱 디자인 소프트웨어 회사를 운영하고 있는 성공한 젊은 기업가와 얘기를 나눈 적이 있다. 그는 직관력과 치유력을 계발하고 싶어했지만 방법을 몰랐다. 나는 그에게 "당신의 감각을 사용하세요. 현실을 언어로 묘사하는 습관을 멈추세요. 그 대신 사물과 감응하세요. 그것과 결합하고, 그것과 하나가 되세요"라고 조언했다. 그는 펜을 들어 받아적을 준비를 하면서 "그건 또 어떻게 해야 하죠?"라고 되물었다. 그의 태도는 정중하고 진지했지만, 이것은 컴퓨터 조작법 같은 것이 아니라서 우리는 서로 웃을 수밖에 없었다. 그는 강력한 좌뇌 습관을 길러서 경쟁이 치열한 과학기술 분야에서 일찌감치 성공을 일궈냈지만, 그에게 있어 우뇌를 사용하는 것은 — 아니, 우뇌로 전환하는 법을 '이해하는' 것조차 — 키보드로 풍경화를 그리려는 시도만큼이나 막막한 일이었다.

우뇌의 세계로 들어가는 가장 좋은 방법은 좌뇌의 세계로부터 단계적으로 빠져나오는 것이다. 일단 언어와 관련된 활동을 잠시 멈추라. 다른 사람과의 대화, 자기 자신과의 대화를 모두 멈추라. 정의를 내리고 의미를 찾는 일에서 관심을 끊고, 감각을 풍성하게 만드는 데 집중하라. 순차적으로 뭔가를 하려 하지 말고 욕구가 솟아나면 그것을 믿고 따라가 보라. 깜짝 놀랄 만한 일이 일어날 여지를 두라. 새로 당신의 시선을 끌어당기는 것이 무엇인지 살펴보라. 당신은 지금 이 순간이 아닌 다른 어딘가에 머물 필요가 전혀 없다. 앞으로 무슨 일이 일어날지를 미리 알 필요도 없다. 그저 행동하고 지켜보라.

이처럼 흐름을 따라, 영감을 따라 일어나는 경험들을 있는 그대로 받아들이라. 당신의 좌뇌는 이런 당신의 외도에 반대하면서 분명히 싸움을 걸려고 들 것이다. 우뇌의 인식이 왜 어리석은지를, 우뇌에 대한 신뢰가 어떻게 실패와 낙오로 이어지는지를 줄줄이 읊어 댈 것이다. "어쨌든 방세는 내야 할 것 아냐!" "직장을 잃게 될지도 몰라!" "시간을 낭비하면 지금보다 훨씬 뒤처질 거야!" "넌 아직 모르는 게 많아!" "이렇게 아무것도 안 하고 있으면 어떡해?" 이런 논리의 맹공에 스멀스멀 두려움이 올라오면, 그저 좌뇌에게 이렇게 말하라. "조언은 고마운데, 나중에 내가 다시 부를게."

실습과제
좌뇌에서 우뇌로 전환하기

(좌뇌에서 우뇌로 전환하기 위해서는 다음의 방법을 실천한다.)

- 자신이 개나 고양이가 되었다고 상상하고, 이제 무엇을 하고 싶은지 살펴보라.

- 다섯 살 꼬마였던 때로 돌아가서 그때 어떻게 놀았는지를 생각해보라. 그림이 그리고 싶어질 때, 그것은 어떤 기분이었는가? 갈색 크레용 대신 빨간색 크레용에 끌렸을 때, 그것은 어떤 기분이었는가?

- 빵집의 진열대 앞에서, 또는 아이스크림 가게에서 먹을 차례를 기다리며 서 있을 때는 어떤 기분이었는가?

- 빨간 수탉을 상상해보라. 녹색 수탉을 상상해보라. 보라색 수탉을 상상해보라. 크롬 재질로 만들어져 반짝거리는 뱀을 상상하라. 보풀이 이는 앙고라 털실로 만들어진 뱀을 상상해보라. 스프링 장난감으로 만들어진 뱀을 상상해보라. 이런 식으로 상상을 계속 이어나가라!

- 음악을 틀고, 거실을 돌아다니며 춤을 춰보라. 음악을 틀고, 의자에 앉아서 두 손이 춤을 추게 해보라. 음악을 틀고, 두 발이 춤을 추게 해보라.

- 마음을 비우고, 우뇌에게 휴가를 갈 만한 장소 한 곳의 이미지를 보여달라고 요청하라. 그곳의 이름이나 그곳에 대한 묘사가 아니라 분명한 '영상'을 요청하라.

우뇌 인식 알아차리기

우뇌에 기반한 인식은 직관의 시대의 시작을 알리는 신호다. 우뇌의 인식은 밤에 꾸는 꿈처럼 당신을 새롭게 한다. 이것은 의식의 다른 차원들이 있다는 사실과 비물리적 세계에는 탐험해야 할 광대한 영역이 존재한다는 사실을 당신에게 상기시켜준다. 우뇌는 당신을 상상의 영역으로, 무엇이든 가능하다는 생각으로, 재미와 즐거움으로, 좀더 깊고 통합된 지혜로 되돌려 보낸다. 이런 우뇌의 기능을 비트bit와 바이트byte로 단위로 쪼개져 퇴색된 좌뇌의 데이터들과 비교해보라!

통찰과 충동(urges)은 우뇌로부터 나온다. 당신이 어떤 선택을 내리기 직전에 '사이 공간'(in-between space)을 경험한다면, 그때 당신은 우뇌 안으로 들어간 것이다. 당신은 잠깐 '사라지는'(space out) 틈 속에서 우뇌로부터 상위의 관점을 획득한다.* 뇌졸중으로 인해 얼마간 좌뇌의 지배를 벗어나는 경험을 했던 신경학자 질 볼트 테일러는 이

후 우뇌에 기반하게 된 자신의 새로운 삶을 저서 《긍정의 뇌》에서 이렇게 표현했다. "내 오른쪽 마음은 비언어적 의사소통과 교감능력이 뛰어나고, 감정을 정확히 해독한다. 내 오른쪽 마음은 영원한 흐름에 열려 있으며, 그로써 나는 우주와 하나되어 존재한다. 내 오른쪽 마음은 언제나 여기에, 시간이란 것 속에 감춰져 있다. 결과적으로, 내 오른쪽 마음은 뭐든 새로운 것을 시도하려고 하고 대단히 창의적이다. 내 오른쪽 마음은 혼돈이야말로 창조과정의 첫 단계임을 잘 알고 있다."[1]

파충류 뇌의 투쟁-도피 행동이나 분리적, 통제적인 좌뇌의 행동 방식에 빠져 허우적대지 말라. 미세한 진동의 에너지 정보와 감정을 감지하고 느끼고 알고 해독하는 일이 제2의 천성이 되는 '자율적 경험의 세계' 속에서만 당신은 자유롭다. 당신의 직관과 직감은 당신이 알아야 할 것을 알아야 할 때에 가져다준다. 당신은 쓸데없이 노력을 낭비할 필요 없이 그저 편안하게 긴장을 풀면 된다. 그러면 좀더 확장된 삶이 시작되고 신비한 경험, 교감과 일체감이 확대된다. 걱정 탓에 경직됐던 근육이 이완되고, 통제력과 의지력에 대한 갈망이 줄어들고, 자신이 모든 측면에서 지지받고 있다는 느낌이 든다.

> 지극한 도는 장애물이 없으니 가려서 택하지 않는다. 애착과 증오를 버리면 더없이 명백하니라. 털끝만큼이라도 분별이 있으면 곧 하늘과 땅처럼 벌어지리니.
>
> — 승찬대사僧璨大師

* 65쪽의 〈신비스런 돌파구〉 경험담 참고.

우뇌는 선형적 방식으로 인식하지 않기 때문에 과거-현재-미래에 대한 감각도 없고, 인과관계식 물질화 과정도 알지 못한다. 대신 우뇌는 지금 이 순간 속에, 당신이 원하는 만큼 광대하고 포괄적인 상태로 존재한다. 여기에서 당신은 당신 삶의 창조와 소멸을 이끄는 '흐름(the Flow)'과 합치된 온건한 정신상태를 경험한다. 흐름은 당신에게 필요한 것은 가져오고 필요치 않은 것은 치워버린다. 당신은 경외감 속에서 이것을 전적으로 신뢰하는 법을 배운다. 당신은 어떤 상황이든 애쓰지 않고도 모두를 만족시키며 제대로 풀어낼 방도가 있음을 깨닫게 된다. 또한 우뇌 속에서 당신은 자신이 이제 어떻게 해야 할지를 '기억해낸다.' 당신은 상상력을 되찾고, 당신이 물질화시킬 수 있는 무한한 가능성들과 다시 연결된다. 이 '가능성의 자각'은 긍정적인 태도로 이어진다.

우뇌는 허용한다. 우뇌는 흐름을, 익숙하지 않은 것들을, 놀라운 것들을, 터무니없는 것들을, 애매모호한 것들을, 인간의 온갖 경험과 감정들을, 모든 주파수의 의식을 허용한다. 심지어 파충류 뇌와 좌뇌의 건강치 못한 수축도 허용한다. 우뇌는 판단하지 않는다. 우뇌는 언어를 쓰지 않는다. 우뇌는 당신을 세상으로부터 고립시키는 대신에 다른 사람들과 통합시키고, 만물의 동질성을 발견하게 해준다. 이제 당신은 '느낌'에 의해서 무엇이 진실인지를 알아차린다. 당신이 영혼의 조화로움, 영혼의 사랑과 하나될수록 당신의 선택과 행동과 그 결과는 군더더기가 없어진다. 이렇게 영혼에 기반한 현실은 기존의 어떤 현실보다도 더 '실재적으로' 느껴진다. 우뇌의 인식을 깨닫고 만끽한 당신은 그것을 계속 원하게 되고, 당신의 의식을 변성시키고자 하는 마음을 더욱 굳게 다지게 된다.

뭔가를 사회적으로 확산시키려 한다면, 적절한 자극을 통해 대중의 행동과 신념을 변화시켜 능히 세상을 바꿔낼 수 있다는 굳건한 믿음이 꼭 필요하다.

— 말콤 글래드웰

좌뇌와 우뇌의 수평적 통합에 집중하라

우뇌의 인식은 당신의 현실을 재창조하는 새롭고도 거대한 배경이 된다. 당신은 어떻게 우뇌가 광범위한 지혜로부터 '꼭 맞는' 통찰을 가져오는지를 경험하고, 제한된 지식의 좌뇌가 아니라 우뇌 의식이야말로 당신 인생의 CEO로서 적임이라는 사실을 깨닫는다.

우뇌는 모두 옳고 좌뇌는 모두 틀렸다는 말이 아니다. 이런 생각은 세상에 대한 좌뇌의 전형적인 오해인 '이것 아니면 저것' 또는 '흑백논리'의 또 다른 표현일 뿐이다. 우뇌는 마치 은유법처럼 세상을 열린 관점으로 해석하며, 주인(우뇌)에게는 심부름꾼(좌뇌)이 필요하다는 사실을 잘 안다. 반면 이 심부름꾼은 자신에게 주인이 필요하다고 생각하지 않는다.

— 이언 맥길크리스트

이 단계에서 당신은 두 반구의 균형을 맞추는 과정으로 자연스럽게 들어간다. 우뇌라는 광대한 저수지의 물이 좌뇌로 밀려들고, 밀물과 썰물에 의해 두 측면이 서로 소통하기 시작한다. 실제로는 당신의 우뇌가 좌뇌를 가르치는 것에 가깝다. 임계점을 통과하여 두 반구가 서로 역할을 맞바꾼 것이다. 영국의 정신과 의사이자 《주인과 심부름꾼》(The Master and His Emissary)의 저자인 이언 맥길크리스트에 따르면, 우뇌는 리더가 본연의 역할이고 좌뇌는 심부름꾼 또는 하인이나 행동대원이 본연의 역할이다.

실습과제

좌뇌와 우뇌의 균형 맞추기

1. 등을 기대고 머리는 곧게 세운 채로 조용히 앉으라. 숨을 깊게, 천천히, 편안하게 들이마시고 내쉬라. 머릿속에 들어 있는 두뇌를 느껴보라.

2. 당신 두뇌의 두 반구를 상상하라. 한쪽이 다른 한쪽보다 큰지 살펴보라. 한쪽은 딱딱하고, 다른 한쪽은 말랑말랑하게 느껴질 수 있다. 또는 한쪽은 밝게, 다른 한쪽은 어둡게 느껴질 수 있다. 있는 그대로 느껴보라.

3. 두 반구 사이에 칸막이가 있다고 상상하라. 상상의 손을 머릿속에 집어넣어 그 칸막이를 빼내라. 이제 두 반구 사이를 가로막는 장애물은 없으며, 좌뇌와 우뇌는 서로 자유롭게 소통한다.

4. 좀더 크고, 밝고, 말랑말랑한 반구에서 나온 에너지가 좀더 작고, 어둡고, 딱딱한 반구로 흘러들어 그곳을 채우고 통합하고 어떤 식으로든 변화시킨다고 상상하라. 그런 다음에는 이 과정을 반대로 해보라. 좀더 작고, 어둡고, 딱딱한 반구에서 나온 에너지가 좀더 크

고, 밝고, 말랑말랑한 반구로 흘러든다고 상상하라. 이 연습을 할 때마다 두뇌의 양쪽이 대화하면서 서로 정보를 주고받게 하라. (그것이 무슨 정보인지 알 필요는 없다.) 양쪽이 똑같이, 균형 있게 느껴질 때까지 계속해서 에너지를 교환시키라.

5. 이제 양쪽 눈에 집중하라. 상상 속에서 두 눈의 감각이 똑같이 섬세하고 선명해질 때까지 양쪽의 에너지를 교환하라. 다음에는 양쪽 귀에 집중하라. 상상 속에서 두 귀가 똑같이 열리고 예민해질 때까지 두 귀의 에너지를 교환시키라.

6. 미소를 지으면서 입의 왼쪽과 오른쪽 근육을 느껴보라. 양쪽이 편안하고 미소가 고르게 느껴질 때까지 양쪽의 에너지를 교환시키라.

두뇌가 균형을 이루고 수평적으로 통합되면 여러 가지 일이 발생한다. 좌뇌는 천천히 경계태세를 풀면서 본연의 역할을 기억해내고 우뇌를 돕는다. 좌뇌는 삶의 새로운 목적, 더 건강한 목적을 발견하고는 비전과 지혜를 수신하고, 조직화하고, 실행하는 임무에 매진한다. 좌뇌가 우두머리 역할을 내려놓으면 에고도 약해진다. 두뇌의 수직적 통합과정도 바로 이 단계에서 일어난다. 상위 차원에서 통합된 양쪽 반구로부터 나온 흐름이 그 하부의 중간뇌와 파충류 뇌를 재조직하고 재교육시키는 것이다. 이제 의식의 상승과 하강이 조화를 이룬다. 이 내용은 이미 3장에서 다룬 바 있다. 이것은 물리적 세계와 비물리적 세계가 통합되기 시작했음을 뜻한다.

"마음에 달렸다"는 말은 실재하는, 중요한 무언가를 명백히 가리키는 표현이다. 원칙은 단순하다. 모든 상위 에너지는 하위 에너지를 조율할 수 있다는 것이다. … 의식은 우리의 기분을 조율할 수 있다.
— J. G. 베넷

좌뇌와 우뇌가 통합할 때, 당신은 가슴을 경험한다

두뇌가 통합될 때, 당신은 수평적 흐름과 수직적 흐름의 교차점 또는 중심점을 경험할 수 있다. 이 경험은 양극성을 뛰어넘는 위대한 발걸음이다. 당신의 머리 중심에 있는 이 지점은 사방에서 지식이 집합하는 곳으로서 당신에게 경이로운 이해력과 시야를 제공한다. 여기서 당신은 지혜 그 자체가 된다. 두뇌가 통합될 때, 당신은 그것을 즉각 알아차린다. 왜냐하면 당신의 의식이 영감 어리고, 실용적이고, 가감 없이 명백하고, 광범위하고, 가슴 뛰고, 평화롭고, 자연스럽고, 품격 있고, 현 상황에 완벽히 들어맞게 되기 때문이다. 이처럼 의식이 균형을 찾게 되면 당신은 어떤 대립도 없는 효율적이고 고요한 상태로 들어가게 된다. 당신은 다른 사람들의 공격에서 벗어나고, 조화롭고도 거침없는 흐름이 이어진다.

일단 당신이 균형을 찾고, 자신의 중심에서 머물고, 그 현존 속에서 육안보다 넓은 시야를 갖게 되면, 흥미롭게도 당신은 거의 즉각적으로 가슴의 중심으로 이동하게 된다. 가슴의 중심은 자아를 색다른 방식으로 경험하게 해준다. 신비주의자들은 가슴을 영적 통합과 사랑, 연민의 중심으로 여긴다. 이제 당신은 사랑과 연민 그 자체가 되어버린 당신 자신을 경험하게 된다. 머리 중심에서 가슴 중심으로 이동한 후에는 다른 중심들로의 자유로운 이동과 경험이 가능해진다. 이 결정적인 변화는 마치 거대한 종이나 징을 울리듯 강력한 진동을 촉발하고, 그로써 모든 공간(모든 중심점)이 현묘하게 서로 공명하기 시작한다.

당신은 이 공명을 타고 그 크기나 장소에 상관없이 어떤 중심점으로든 이동할 수 있고, 어떤 사람이든 어떤 사물이든 그것을 가슴으로 이해하고, 느끼고, 교감하고, 공감할 수 있다. 당신은 이 지구의 가슴 또는 이미 죽은 사람들의 가슴과 접촉할 수 있다. 당신은 당신 몸속 세포의 중심 혹은 독창적인 예술작품의 중심 속으로 들어갈 수 있다. 아마도 가슴은 우리가 시공간과 차원의 벽을 넘어 어디로든 갈수 있게 해주는 — 실제로는 한 발짝도 움직이지 않고도 — 일종의 마법 우주선인지도 모른다. 가슴은 두말할 것 없이 직관의 시대를 위한 인식의 핵심요소다.

당신의 심장이 곧 두뇌다!

우리는 흔히 이렇게 말한다. "나는 가슴으로 받아들였어." "네 가슴이 뭐라고 말하니?" "내 가슴이 알고 있어." 마치 가슴이 인생에서 중요한 결정을 내리는 역할을 맡고 있다는 사실을 우리가 직관적으로 알고 있는 것 같다. 현재 신경심장학자(neurocardiologist)들은 정말로 가슴 안에도 두뇌가 있다는 사실을 발견했다. 말뜻 그대로, 심장 그 자체가 또 하나의 두뇌라는 것이다! 그들은 심장세포의 무려 50~65 퍼센트가 두뇌세포와 마찬가지로 신경세포라는 사실을 발견했다. 심장세포는 두뇌의 신경과 마찬가지로 다발 또는 신경절로 이루어져 있으며, 같은 신경전달물질이 두뇌와 심장 양쪽에 작용한다. 이런 연결을 통해 머리와 심장 사이에는 직접적 대화 또는 공명이 끊임없이 일어나고 있다. 또한 심장의 신경절은 온몸에 퍼져 있는 다른 미세한 신경절들, 즉 '비국소적(nonlocalized) 두뇌들'과 연결돼 있다.

심장은 특히 우뇌와 공명하는 듯 보인다. 심장이라는 신체 기관으로부터 가슴이라는 비물리적 경험으로 주의를 옮길 때, 당신은 이곳의 인식이 확장성과 '느낌'에 기반하여 높은 주파수에서 작동하는 방식을 ― 이 느낌은 생존과 관련된 파충류 뇌의 감정, 애착과 관련된 중뇌의 감정보다 상위의 것이다 ― 이해하게 된다. 가슴은 영혼의 진동과 공명한다. 가슴은 내가 '근원 주파수'라고 말하는 것의 발생지로서 공감과 연민의 경험을 제공한다. 이타적이고, 무조건적이고, 아낌없는 ― 개인적 차원이든 보편적 차원이든 ― 사랑의 경험 말이다. 또한 가슴은 기쁨과 지복, 황홀경을 만들어내는데 이런 감정상태는 당신을 당신의 영혼, 통일장, 신성과 연결시켜준다.

> 신경절이 온몸에 퍼져 있는 우리의 두뇌는, 은유적으로 말하자면 심장의 도구다. 심장 또한 보편적인 생명활동의 발현물 또는 도구이다. … 두뇌와 육체는 심장의 주파수장에서 나온 정보를 갖고 각자의 고유한 내적 경험을 만들어내는 역할을 한다.
> ― 조셉 칠튼 피어스

비물리적인 가슴과 그 물리적 짝인 고동치는 심장은 당신 영혼의 정수가 드러나는 곳이다. 그 둘은 영적 사랑이 몸속에서 거하는 곳이며, 변성과 진화를 향한 영혼의 바람이 지상의 개아個我에게 전달되는 곳이다. 가슴은 변성의 공간이다. 나는 명상을 할 때마다 가슴을 철저히 중립적인 공간으로서 경험한다. 거기서 나는 타당한 것이 무엇인지를, 적절한 것이 무엇인지를, 우주의 법칙과 영혼의 바람과 완벽한 조화를 이루는 것이 무엇인지를 이해한다. 가슴은 낭만주의자들이 말하는 끈적끈적한 사랑과는 무관하다. 나는 가슴에 내맡겼을 때, 그것이 고통을 '먹어치우고' 괴로움을 투명한 다이아몬드 빛으로 바꾸는 것을 경험했다. 가슴은 진실로 고통이란 것을 알지 못한다. 다이아몬드 빛과 사랑이 지글지글 끓고 있는 가마솥인 가슴 속에 고통을 던져 넣어보라. 순식간에 흩어질 것이다! 어떤 사람들은 이것을 영적 치유 또는 용서라고 부른다. 가슴의 사랑은 주체적이고 조화롭다.

그렇다면 사람들이 흔히 경험하는 심장의 통증은 무엇일까? 내 직관에 의하면, 우리가 상심하거나(broken heart) 심장마비와 같은 문제를 겪는 것은 영혼의 흐름이 가로막히거나 사랑이라는 깊은 소망이 좌절됐기 때문이다. 기존의 인식은 "나는 사랑하는 사람을 잃었기 때문에 가슴이 아프다"라고 말한다. 하지만 진실은 당신의 좌뇌가 사라진 대상에만 집착하면서 당신의 영혼이 가슴을 통해 그 무한한 사랑을 계속 표현하고 경험하기를 방해하고 있는 것이다. 사랑하는 사람을 잃었다고 해서 당신이 그 사람 또는 다른 사람들에 대한 사랑을 멈춰야 할 필요는 없다. 의식-에너지가 좌뇌에 고착될 때, 당신은 영혼과 분리되고 가슴에 상처를 입는다. 심장의 고통은 영혼이 "안녕, 나 기억하니?"라고 말하면서 관심을 요청하는 단순한 신호에 불과한지도 모른다. 상실감에 붙들린 생각이 만들어낸 수축상태가 오랫동안 지속될 때, 슬픔과 분노와 억울함에만 계속 주의를 기울일 때, 심장은 심각한 질병을 일으킬 수 있다.

> 진정한 시인은 친절한 사람이다.
> 그는 차갑고 생명이 없는 것들까지
> 두 팔로 감싸 안으며 가슴으로 기뻐한다.
> — 윌리엄 워즈워스

가슴은 구-홀로그램 인식을 열어준다

가슴은 새로운 구-홀로그램 인식을 위한 매개체다. 가슴의 중심점에 머무는 경험이 동시에 다른 중심점들에 머무는 경험을 촉진한다는 사실을 기억하는가? 하나의 가슴을 아는 것은 다른 모든 가슴들을 아는 것이다. 어떤 가슴의 중심이든 다른 모든 가슴의 경험을 담고 있고 또한 온 우주의 경험을 담고 있다. 따라서 가슴의 인식은 통일장 전체로 당신을 확장시킬 수 있다. 당신은 특정한 입자, 행성, 사람, 사물, 과정, 의식, 에너지가 된다는 것이 어떤 경험인지를 알수 있다. 가슴의 구-홀로그램 인식이란 가슴의 중심에 머무는 사람은 곧 온 우주의 중심에 머물게 됨을 뜻한다.

이것은 또한 당신이 가슴의 진동을 간직한 채로 당신의 몸을 형성하고 있는 무수한 작은 중심들의 협동작용 — 즉 세포 차원의 의식 — 을 알게 된다는 의미이기도 하다. 질 볼트 테일러는 뇌졸중을 앓고 난 후에 자신의 변화된 의식을 묘사하면서 이렇게 말했다. "우리 몸의 모든 세포는 최초의 수정란 세포와 똑같은 분자 차원의 지성을 갖고 있다. 내 오른쪽 마음은 나라는 존재가 이 몸을 이루고 있는 50조 분자들의 생명력의 총합일 따름이라는 사실을 알고 있다!"[2]

당신 자신을 세포들의 의식과 동일시할 수 있다면 몸속 특정 장기의 의식과 하나되는 것도 충분히 가능하다. 이것은 스스로 진짜 몸이 되어보는, 또는 몸 안으로 들어가보는 경험이다. 이런 '몸-의식'은 물리적 현실에 대한 당신의 경험을 내적이고 친근한 것으로 완전히 변성시킨다. 이것은 새로운 인식으로 가는 중요한 열쇠다. 좌뇌로는 이런 경험을 이해할 수 없다. 이 진실을 알기 위해서 당신은 몸의 다양한 중심들과 하나가 되어야 한다.

게다가 모든 중심 또는 가슴 그 자체는 마치 씨앗과 같아서 그 안에 자신이 발산하고 물질화할 수 있는 것들에 대한 청사진이 들어 있다. 도토리는 참나무에 대한 청사진을 갖고 있다. 피에타(르네상스 시대의 이탈리아 조각가, 화가, 건축가인 미켈란젤로의 3대 조각품 중 하나, 역주) 석재의 가슴은 미켈란젤로에게 걸작을 만들어내는 방법을 알려주었으며, 당신의 가슴은 당신만의 위대한 성취를 위한 계획을 품고 있다. 당신의 가슴은 당신만의 상위 차원들로부터 이런 패턴을 받아서 그것을 정확히 물리적 세계로 전달한다. 그런데도 왜 우리는 가슴으로부터 오는 지혜의 흐름을 불신하거나 끊으려고 하는가?

가슴의 구-홀로그램 본성을 느끼라.

1. 마음을 고요하게 하라. 호흡을 편안하고 규칙적으로 하라. 당신의 몸과 지금 이 순간에 온전히 머물라. 그런 다음 당신의 가슴의 중심과 가슴 주변의 에너지 공간에 집중하라. 그것과 하나되어 머물면서, 그것의 관점으로부터 사방을 바라보고 느껴보라.

2. 당신의 가슴 안에 고요한 지혜가 들어 있음을 알아차리라. 여기에는 불안과 동요, 부정적 감정이 전혀 없다. 오직 당신의 영혼, 근원 주파수와의 선명한 교감만이 있을 뿐이다. 여기에는 대립극이 없다. 오직 공감 어린 이해만이 있을 뿐이다. 바로 여기에 당신의 운명이 암호화되어 있다. 이 이해의 공간에서 당신의 가장 조화로운 운명이 펼쳐지기 시작한다. 더욱 깊숙이 들어가라. 긴장을 풀고 당신을 위한 내적 청사진이 존재한다는 사실을 받아들이라.

3. 이제 다른 사람의 가슴의 중심에 대해서 생각해보라. 상상 속에서 그곳을 방문하고, 그것과 하나가 되어보라. 그것이 당신의 가슴과 얼마나 비슷한지를 느껴보라. 이제 나무의 가슴에 대해서 생각해보라. 나무의 가슴의 중심을 방문하고, 그것과 하나가 되어 느껴보라. 거기에는 나무의 패턴이 암호화되어 있고, 당신은 나무의 의식을 알 수 있다. 당신은 그 나무를 엄청나게 사랑하게 될 수도 있고, 그 나무가 이 세상을 사랑한다는 사실을 발견할 수도 있다. 이제 당신 몸속에 있는 장기들에서 하나의 세포를 골라 그것의 가슴의 중심

을 생각해보라. 그곳을 방문해서 그것과 하나가 되어보라. 완벽히 제 역할을 해내는 그것의 패턴과 생명력을 느껴보라. 그것이 생명작용을 통해 전달하고 있는 사랑을 느껴보라.

4. 모든 가슴의 중심점들을 창조하고, 살아 있게 하고, 움직이게 하는 가장 높은 주파수의 의식-에너지를 느껴보라. 모든 생명체가 공유하고 있는 보편적 사랑과 공감을 경험해보라.

조셉 칠튼 피어스는 저서 《초월적 생명작용》(The Biology of Transcendence)에서 심장과 심장 주위 에너지장의 기능에 관한 흥미로운 사실들을 많이 밝히고 있다. 나는 그중 일부를 여기에서 간략히 소개할 것이다. 그는 심장세포의 진동을 이렇게 설명한다. 하나의 심장세포를 홀로 떼어놓으면, 그 수축 주기가 규칙성을 잃고 잔떨림으로 변해가고 결국 세포는 죽게 된다. 하지만 두 개의 심장세포를 가까이에 두면, 그 둘의 수축력이 동시에 강해질 뿐 아니라 서로 공명하면서 수축 주기도 하나로 맞춰진다. 그로써 두 세포는 계속 생명을 이어간다. 이것이야말로 사랑의 본질이 아닌가. 여기서 끝이 아니다.

> 당신의 심장은 곧 모든 사람의 심장이다.
> 자연에는 잠금장치도, 벽도, 갈림길도 없으니
> 모든 사람에게는 똑같은 혈액이 끊임없이 순환하며 흐르고 있다.
> 마치 세상의 물이 결국은 하나의 바다이며, 그로써 모든 파도가 한몸인 것처럼.
> ― 랠프 월도 에머슨

심장세포들은 진동할 뿐 아니라 강력한 전자기 신호를 발산한다. 그것들은 마치 작은 발전기와 같으며, 서로 협동할 때 뇌파보다 40~60배 더 강한 전류를 생산한다. 심장의 주파수는 인체와 1미터 떨어진 곳에서도 측정될 만큼 강력하고 주변 4.5미터까지 전자기장을 형성한다. 이 전자기장도 구형이자 홀로그램이다. 그 전자기장의 어느 지점에서든 심장의 모든 진동 주파수를 발견할 수 있다. 신기하게도 지구의 전자기장도 이와 똑같이 작용한다. 그것은 심장 전자기장의 대우주판版인 셈이다. 지구의 어느 장소에서든 그것의 모든 작용을 측정할 수 있다.

에너지장을 느끼고 그것이 되어보라

심장이 발산하는 전자기장 덕분에, 당신은 손쉽게 새로운 인식통합의 다음 단계 ― 자신을 하나의 중심점이 아니라 확장된 의식-에너지장으로서 경험하는 것 ― 로 나아갈 수 있다. 이것은 새로운 의식인 구-홀로그램 인식에서 '구球'에 해당하는 부분이다. 왜냐하면 장場은 본질적으로 구형이기 때문이다. 당신의 몸을 둘러싸고 있는 에너지인 오라aura 또는 진동장에 집중해보라. 그러면 그것이 사방으로 고르게, 공의 형태로 펼쳐져 있음을 느끼게 될 것이다. 당신은 당신 가슴의 중심점이 풍선처럼 부풀어 그 의식-에너지장으로 확장되는 방식을 느낄 수 있다. 반대로 의식-에너지장이 당신 가슴의 중심점을 향해 응축되는 방식도 느낄 수 있다. 당신은 독특한 주파수를 가진 구형의 의식-에너지장이다. 그리고 그 음조(tone) 또는 근원 주파수가 당신의 삶을 지어낸다.

생물학자 루퍼트 셸드레이크는 유사한 종種들끼리 습관과 삶의 패턴을 공유하게 하는 형태장(morphic fields)이 존재한다고 주장한다. 이 정보장은 기억의 저장고 역할을 한다. 예컨대 특정한 종의 식물이 멸종되더라도, 그것이 공명 현상을 통해 남긴 기억은 새로운 종의 식물이 좀더 쉽게 형태를 갖추고 적응하도록 도움으로써 진화에 기여한다는 것이다. 형태장은 칼 융이 언급한 집단무의식(collective unconscious) 또는 고대 인도의 성전 〈베다〉에서 말하는 아카샤의 기록(Akashic Records)과 비슷하다. 말하자면, 이것들은 개인 또는 개별 종이 경험한 모든 정보가 축적된 도서관 또는 기억 저장소다. 형태장은 미세한 진동을 통해 지식을 전파하는 내적 청사진으로 여겨지기도 하는데, 셸드레이크는 이것을 형태공명(morphic resonance)이라고 부른다.

어떤 에너지장의 의식과 합일하여 그것 자체가 되어봄으로써 우리는 그것이 가지각색의 수많은 의식들이 모여 이뤄낸 것임을 알게 된다. 많은 개체들이 모여 하나의 장을 형성한다는 사실을 경험함으로써 당신은 모든 생명과 모든 존재의 집단무의식, 상호적 포괄성, 공동창조 같은 개념들을 이해하기 시작한다. 이것은 당신이 자신만의 에너지장에 집중하든, 어떤 인류, 국가, 또는 지구의 에너지장에 집중하든 마찬가지다. 당신은 자신이 개별의식인 동시에 집단의식임을 이해한다. 당신은 조상들에 의해 태어났고, 선생들에 의해 교육받았고, 많은 종류의 음식들로부터 영양을 공급받아 신체를 유지해왔으며, 당신의 영혼이 거쳐 온 무수한 생애의 결과물이기도 하다. 모든 식물은 식물계의 진화과정과 다양한 기후조건이 낳은 산물이다. 모든 국가는 내부구성원들의 총합인 동시에 그 자체로 단일한 개체이기도 하다. 이 지구는 지상의 모든 생명, 그리고 우주의 모든 천체와 연결되어 있다.

이런 경험이 주는 새롭고도 확장된 인식을 통해, 당신은 왜 황금률 같은 원칙이 세상의 모든 종교에 보편적으로 존재하고 그것이 '직관의 시대'의 인식을 대변하는지를 몸소 느끼게 된다. 당신은 모든 것이 서로 연결되어 있기 때문에 그 통일장의 일부분을 부인하거나 상하게 하는 것은 당신을 포함하여 거기에 속한 전부를 상하게 하는 것과 다름없음을 잘 안다. 그로써 새로운 윤리체계가 생겨나고, 이제 너와 내가 따로 없는 완전한 협동이 일상화된다.

> 우주는 완벽히 균형 잡힌 계획에 의해 존재한다. 인간의 지적 구조에도 바로 그 계획이 발현되어 있다.
>
> — 폴 발레리

새로운 직관의 시대에는 인식의 단계가 가장 수축된 의식에서부터 가장 확장된 의식으로 순차적으로 발전한다. 이 과정은 좌뇌 및 좌뇌의 잘못된 패권주의에서 시작해서 우뇌의 열린 마음으로 움직이다가, 좌뇌와 우뇌가 통합하면서 진정한 중심과 가슴의 의식으로 옮겨간다. 그런 다음 당신의 의식은 성장하여 여러 개의 중심점과 다양한 의식-에너지장이 되는 경험을 보여준다. 결국 당신은 통일장 의식을 경험할 수 있다. 이런 전 과정은 당신의 생애 내에 일어날 수 있다. 그 이유는 현재 세계가 가속화되고 주파수가 상승하고 있기 때문이다. 다음 장에서 우리는 새롭고도 숙련된 인식을 이용해서 변성과정의 좀더 어려운 단계를 통과하는 방법을 살펴볼 예정이다.

세계 종교의 황금률

불교 내게 해로운 것으로 남에게 상처를 주지 말라.

기독교 무엇이든지 남에게 대접을 받고자 하는 대로 너희도 남을 대접하라.

힌두교 이것이 의무의 전부이니, 내게 고통스러운 것을 남에게 강요하지 말라.

이슬람 나를 위하는 만큼 남을 위하지 않는 자는 신앙인이 아니다.

유대교 네가 싫어하는 것은 남에게도 하지 말라. 이것이 전부이며, 나머지는 이에 대한 주석일 뿐이다.

북미 원주민 모든 생명에 대해 존중심을 갖는 것이 기본이다.

시크교 누구와도 적을 만들지 마라. 모든 사람 안에는 신이 있다.

요약

새로운 직관의 시대의 인식을 깨닫고 그에 맞춰 변화하려면, 자신이 기존의 인식에 의해 얼마나 제약받고 있는지를 느껴야 하고 이제껏 친숙하던 것을 초월하여 확장해가겠다는 의식적인 결정을 내려야 한다. 이처럼 새로운 영역으로 들어가기 위해서는 우선 좌뇌에서 우뇌로 전환해야 한다. 만일 두 반구가 만들어내는 서로 다른 종류의 경험을 이해한다면 그 전환과정은 좀더 쉬워질 것이다. 좌뇌는 분석적이고, 명확하며, 범주에 따라 분류된 의미에 경험을 꿰맞춘다. 반면에 우뇌는 흐름이 자유롭고, 비언어적이고, 직관적이며, 통합적이다. 일단 우뇌로 전환해서 두 반구를 통합하여 균형을 이루면, 당신은 지금보다 명확하게 사고하고 안정감을 갖게 된다. 그 후에는 좀더 많이 느끼고 감지할 수 있으며, 결국 마음의 문을 열어 영혼이 느끼는 연민의 감정을 경험하게 된다.

사실 심장은 일종의 두뇌이며, 본성상 구형인 전자기장을 발산한다. 당신은 자신의 가슴을 느끼게 될 때야 비로소 구-홀로그램 인식을 이해하기 시작한다. 당신의 가슴은 다른 모든 가슴, 다른 모든 영혼, 다른 모든 중심점과 공명한다. 당신이 자신의 가슴 안에 머물 때, 다른 존재나 현실의 핵심적 경험을 알 수 있고 전체 통일장으로서 자신을 경험하게 된다.

당신이 구-홀로그램 인식을 하게 되면, 그와 동시에 가슴은 확장되어 당신 주변의 의식-에너지장이 된다. 또한 당신은 집단의식의 작용원리에 대한 통찰력을 갖게 되고, 세상의 모든 문화에 황금률이 존재하는 이유를 이해하게 된다.

6

변성의 좁은 수로水路 항해하기

배우고, 잊고, 다시 배우려면 능숙하게 주의를 분산시킬 줄 알아야 한다.
그 이유는 이미 아는 대상에만 집중하고 있는 한,
우리는 봐야 할 새로운 대상을 놓치게 되기 때문이다.
다시 배우기 위해 기존의 것을 잊을 때는 지식을 하나의 대상이 아닌 하나의 과정으로 보고,
명사가 아닌 동사로 보는 새로운 개념이 요구된다. 당신은 정신적 접근법을 새롭게 해야 한다.

— 캐시 N. 데이비슨

가끔씩 커다란 쓰나미가 몰려와 자신에게 부딪히고 있다는 기분
이 들지 않는가? 나무토막이며, 자동차며, 부서진 집의 잔해 따위가
둥둥 떠다니는 강물에 휩쓸려가고 있다는 느낌이 들지 않는가? 이
묘사는 가속화의 파동이 격렬해질 때 변성과정이 얼마나 위험하게
느껴질 수 있는지를 알려준다. 이번 장에서는 변성과정의 좀더 어려
운 단계를 통과하는 방법을 살펴볼 것이다. 그리고 이 단계에서 흔히
발생하는 문제점과 장애요인을 알아보고, 흐름을 다시 재건하는 방
법도 알아볼 것이다.

잊고 다시 배우기

변성과정은 영혼이 당신의 몸과 삶 속에 들어오는 것을 방해하는 잡동사니를 제거하는 일과 주로 관련이 있다. 이 과정에서 가장 중요한 부분은 기존에 각인된 인식습관을 버리고 잊어버리는 것이다. 그런데 기존의 습관을 잊고 새로운 습관을 기르는 것은 처음 배우는 것만큼이나 쉽다. 다음은 기존의 인식습관에서 벗어나는 데 필요한 가이드라인이다.

• 자신이 원하거나 원치 않는 것이 무엇인지 정하라. 그리고 원하는 것을 가질 수 있도록 허용하라. 바로 지금! 자신이 뭘 원하는지를 알려면 기존의 인식습관이 왜 쓸모없었는지를 살펴보라. 불만족은 훌륭한 동기다! 실현 가능한 모든 세상들 중에 가장 좋은 세상에서 산다는 것은 어떤 기분일까? 그것을 꿈꿀 수 있고 사랑할 수 있다면, 그것은 당신에게 올 것이다.

• 도움을 요청하라. 비물리적 세계에서 모든 것은 본성상 협동적이고, 헌신적이고, 모두에게 유익하도록 작용한다. 당신이 새로운 인식을 갖고 자신의 현실을 개선할 때, 다른 사람들의 현실도 개선될 뿐 아니라 그들도 기꺼이 당신을 돕는다. 게다가 당신에게 도움을 주기 위해 대기하고 있는 비물리적 존재들도 많다. 우리는 통일장을 통해 모든 존재, 모든 사건과 연결돼 있기 때문에 어떤 일도 혼자서 하는 것이 아니다. 도움을 받기 위해선 요청만 하면 된다.

• 어떠한 부담감도 갖지 말고 원하는 바에 집중하라. 마음속에서 또한 온 사방에서 이상적인 현실을 ― 아직 결말이 정해지지 않은 영화를 보고 있는 듯이 ― 생생하게 떠올리고 느껴보라. 그것을 사랑하고, 찬찬히 바라보면서 어루만져라. 너무 애쓰지 마라. 당신의 내적 청사진이 당신의 물리적 현실을 창조한다. 이상적 현실을 지금 이 순간에 오래 머물게 할수록, 그리고 그것을 생생하게 느낄수록, 그것은 더 빨리 실현된다.

• 선택에 관한 새로운 기준을 마련하라. 당신이 가지고 있는 기존의 선택 기준은 파충류 뇌와 좌뇌의 인식습관과 연결되어 있다는 사실에 주목하라. 이 기존 습관들은 '~해야 한다', '~할 수 없다', '절대', '항상'과 같은 단어를 포함하는 경우가 많고 자기희생, 자기보호, 생존을 중심으로 돌아간다. 자동반사적으로 결정을 내리지 말고 모든 선택을 꼼꼼히 따져보라. 이 선택이 나로 하여금 근원 주파수를 경험하게 하는가? 이 선택이 내 직관을 열려 있게 하는가? 이 선택이 나로 하여금 좀더 사랑의 마음을 갖게 하는가? 이 선택이 모두에게 유익한 상황을 이끌어내는가? 이런 새로운 선택 기준은 황금률의 효용성을, 그리고 영혼의 진실이 당신을 자유롭게 한다는 생각을 뒷받침해준다.

당신의 선택은?

기존 인식 (두려움에 기반)	새로운 인식 (사랑에 기반)
반사	대응
방어	탐험
대립, 회피	의사소통, 참여
악의	호의
부정, 심판	수용, 열림
걱정, 의심	기대, 낙관
스트레스, 우울	설렘, 평화로움
불안, 지루함	인내, 관심
한계를 느낌, 탐냄	풍요를 느낌, 관대함
분리감	연결감
부분적, 불완전함	전체적, 완전함
무의식적, 방황함	기민함, 주의 깊음
집착	초월
이러지도 저러지도 못하는 교착 상태, 융통성 없음	유동성, 적응을 잘함
비난, 처벌	이해, 용서
순교자, 독재자	도움을 주고받음
과거 또는 미래에 집중	지금 이 순간에 집중
"이런 식으로 돼야 하는데"	"지금의 모습도 괜찮고, 앞으로 변해도 괜찮아."
"나는 못해, 나는 ~가 없어."	"나는 뭐든 할 수 있고, 가질 수 있어."
시간도 없고 공간도 없음	시간과 공간을 필요한 만큼 활용함
복종시키거나 순종하거나 둘 중 하나	모든 의견이 존중받음

자발적인 단순함(한 번에 한 가지 일에 온전히 집중하는 것) 덕분에 나는 진정 중요한 것에 대해, 그리고 모든 것이 서로 연결되어 있고 모든 선택이 사방팔방 영향을 끼치는 마음-몸-세계의 생태계에 대해 깨어 있게 되었다.

— 존 카밧진

• 행동 중인 자신의 모습을 보기로 결심하라. 자신이 기존의 부정적인 습관을 따를 때, 현재 순간을 통찰하여 대응하기보다 과거 경험에 의존해 반사적으로 행동할 때, 그것을 스스로 알아차리겠다고 다짐하라. 자신을 관찰함으로써 — 그 관찰이 의식적이든 무의식적이든 — 우리는 바람직하지 못한 자신의 행동들을 발견하게 된다. 자신에게 솔직할 때 자유로워진다.

• 당신이 느끼길 원하는 방식을 선택하라. 그리고 또 선택하고 선택하라. 마음은 움직인다. 마음은 길을 잃고 방황하다가 소용돌이에 갇힐 수 있다. 하지만 이제 당신은 자가교정이 가능한 유기체이다. 당신은 근원 주파수로 되돌아감으로써 간단히 교착상태를 피할 수 있다. 당신이 주의를 기울이는 대로 실현된다. 선택이란 뭔가에 주의를 기울이는 것이다. 그러므로 당신을 맥빠지게 하는 것 대신에 당신이 사랑하는 것에 집중하라. 헤드폰을 잘못된 출력단자에 꽂았다고 상상해보라. 이럴 땐 그냥 플러그를 뽑아서 당신의 근원 주파수를 발산하는 단자에 다시 꽂으면 된다. 여기에 필요한 것은 자신이 진정 원하는 바가 무엇인지를 기억해낼 약간의 시간 — 멈춤과 기분 전환 — 을 자신에게 허락해주는 일뿐이다.

- 입 밖으로 나온 말과 마음속의 말을 관찰하라. 당신이 하는 혼 잣말의 분위기를 파악해보라. 그것은 부정적인가, 긍정적인가? 당신 은 불평하고 있는가, 아니면 지금 하는 일이 얼마나 흥미로운지를 표 현하고 있는가? 당신이 힘주어 말하고 있는 것은 무엇인가? 당신은 "난 이제 그거 절대로 안 할 거야!"처럼 부정적인 확언을 내뱉고 있 는가? 당신이 생각하거나 입 밖으로 표현하는 말은 고착된 패턴으로 자리 잡을 수 있다. 좌뇌의 기능 중 하나인 언어는 기존의 습관을 잊 고 다시 배우는 과정을 방해할 수도 있고 효율적으로 도울 수도 있 다. 당신의 말이 당신의 세계를 지배한다는 사실을 기억하라.

- 자신이 잘했을 때 인정해주라. 자신이 생각과 행동을 성공적 으로 바꾸는 순간을 포착하라. 자신의 어깨를 두드리면서 몸에게 감 사하라. 그리고 "축하해, 우리가 해냈어!"라고 큰 소리로 말해보라. 기분이 좋아질 것이다. 자신과 긍정적인 대화를 나눠보라. "나 스스 로 기분을 바꿨어!" "나는 마음에 앙심을 품고선 어떤 좋은 결과도 얻 을 수 없다는 사실을 깨달았어. 그래서 그 감정을 흘려보냈지." "내가 하고 싶은 게 뭔지를 아는 건 참 쉬운 일이야." 구체적인 행동으로써 자신을 인정해주면 그 새로운 습관이 몸에 배게 된다.

- 잊고 다시 배우는 과정을 최대한 자주 반복하라. 인내심을 가 지라. 다시 배우는 것은 어려운 일이 아니다. 새로운 습관을 기르려 면 반복해서 연습만 하면 된다. 《주역周易》의 풀이에는 '인내하는 자 가 멀리 간다'는 문구가 자주 나온다. 뭔가를 몸에 배게 하기 위해서 는 세 번 이상 반복해야 할 때가 많다. 이 과정을 의식적으로 행할수

록 그것은 더 빨리 정착된다.

• 기존의 습관을 버리고 새로운 습관을 기르는 주체가 누구인지를 잊지 말라. 그것은 당신, 바로 당신의 영혼이다! 당신의 성격, 마음, 현실을 책임지는 사람은 당신이다. 너 자신을 알라!

충분히 마음을 고요하게 하는 것, 그리고 스스로 드러나려 하는 '말씀(Word)'에 충분히 마음을 열어두는 것이 관건이다. 왜냐하면 모든 아름다운 것들은 그 배후에 있는 말씀에 의해 탄생하기 때문이다.

— 스리 오로빈도

잊고 다시 배우기 가이드라인 요약정리

- 당신이 원하지 않는 것이 무엇인지를 느껴봄으로써 진정으로 원하는 것을 찾으라. 그런 다음 최상의 시나리오를 상상하라. 그것을 생각하면서 온몸이 짜릿해짐을 느끼고, 지금 그것을 가지도록 허용하라. 그것이 현실이 되도록 허용하라.

- 물리적 세계와 비물리적 세계 양편의 다른 존재들에게 도움을 요청하라.

- 당신의 이상적 비전에 집중하고 그것이 살아 있게 하라. 지금 이 순간 속에, 당신의 상상 속에, 그것이 살아 있게 하라.

- 당신의 근원 주파수와 일치하는 새로운 선택 기준을 마련하라.

- 행동 중에 있는 자신의 모습을 포착하라. 기존의 습관대로 행동하는 자신을 발견해내는 게임을 한다고 생각하라. 그런 자신을 발견하더라도 다그치지 말라. 그저 기존의 인식습관으로부터 주의를 거두고, 잠시 휴식하며 중간지대에 머물라. 당신이 진정으로 원하는 것이 무엇인지를 기억해내라.

잊고 다시 배우기 가이드라인 요약정리

• 당신이 진정으로 원하는 것을 다시 선택하라. 근원 주파수의 감정 상태와 다시 합일하라. 지금 당신은 원하는 바에 주의를 기울이고 있다. 지금 당신의 헤드폰은 올바른 출력단자에 꽂혀 있다.

• 당신이 입 밖으로 내뱉거나 속으로 되뇌는 말들이 당신의 소망과 일치하는지 대립하는지를 살펴보라.

• 올바른 선택을 하고 있는 ─ 기존의 인식습관을 거부하고, 새롭고 확장된 인식을 선택해서 그에 따라 행동하는 ─ 자신을 인정해주라.

• 인내심을 갖고 실천하라. 새로운 현실이 제2의 본성이 될 때까지 반복하라.

• 당신이 곧 영혼임을 기억하라! 당신의 성격, 파충류뇌, 좌뇌, 물리적 현실과 같은 당신의 일부분들이 온전한 당신 자신이라고 생각함으로써 힘을 빼앗기지 않도록 하라.

변성과정 쉽게 헤쳐나가기

나는 1장에서 변성과정의 단계와 현상들을 간략하게 다루었다. 지금부터는 변성과정 중에서 어려운 부분을 좀더 수월하게 통과하는 방법을 알아보려고 한다.

당신은 극도로 예민해질 것이다

변성과정의 초반에는 짜증이 나거나 찌릿찌릿한 충격을 느끼거나 몸에서 열이 날 수도 있다. 당신은 부정적인 환경요소와 감정에 극도로 예민해지고, 상황이 완전히 통제불능이라고 혹은 자신이 이 스트레스를 벗어날 수 없다고 느끼게 된다. 계속해서 상황에 압도당하면서 진이 빠질 수도 있고, 신체적 아픔과 고통이 커지거나 평소보다 더 병에 잘 걸리고 잠을 못 이루게 될 수도 있다.

하지만 진짜 문제는 이런 '주파수의 상승' 현상을 낯설다는 이유로 위험하거나 위협적인 것으로 정의 내릴 때 발생한다. 중심을 잃고 기계적으로 반응할 때, 당신은 이 흐름 ─ 에너지의 가속화 ─ 에 저항하기 쉽다. 이런 현상에 대한 기존 인식습관의 반응은 그 불편함을 피하거나 통제하려 노력하는 것이다. 하지만 기억하라. 당신이 밀어내면, 그것은 두 배의 힘으로 되돌아온다.

조앤은 뉴스에서 들려오는 부정적인 소식 때문에, 시장과 주유소의 불친절한 서비스 때문에, 가는 곳마다 시끄러운 소음공해 때문에 극도로 예민해지고 스트레스를 받았다. 뿐만 아니라 가벼운 알레르기 증상과 운전 공포증도 겪게 되었다. 많은 사람들과 마주쳐야 할 때면 화가 머리끝까지 치밀어오르고 완전히 기진맥진한 채 집에 돌아오는 일이 반복되었다. 그녀는 자신이 변성과정의 초기 단계를 경험하고 있다는 사실을 깨닫지 못했다.

> 나의 눈에도 다른 사람의 눈에도, 우리 자신이 좋아 보이지 않을 때가 많을 것이다. 우리는 좋아 보여야 한다는 생각을 멈춰야 한다. 좀더 발전해가는 동시에 좋아 보이기까지 하기는 불가능하기 때문이다.
> — 줄리아 캐머런

이와는 반대로 저항하지 않는다면, 당신은 고주파의 에너지와 고도의 감응력을 통해 새로운 수준의 삶으로 도약할 수 있다. 제이크가 좋은 예다. 그는 최악의 업무상황에 시달리고 있었다. 많은 사람들이 정리해고를 당했기 때문에 그는 평소보다 두 배의 일을 하고 있었다. 그는 엄청난 스트레스를 받았고 주변 사람들도 모두 불평하고 병들어가는 것만 같았다. 그러던 어느 날, 그도 해고를 당했다. 하지만 걱정 대신 커다란 안도감이 찾아왔다. 왜냐하면 그는 해고를 자신이 이 직업에 맞지 않는다는, 그래서 자신과 비슷한 주파수의 사람들과 어울릴 필요가 있다는 신호로 받아들였기 때문이다. 그는 자신이 진정으로 원하는 것이 무엇인지 생각했고, 독자적으로 기업 컨설팅 일을 시작해서 성공을 이뤄냈다.

실습과제
분노와 우울 에너지 날려 보내기

1. 자신이 불안하고 초조하고 우울한 상태 또는 몸을 '벗어나고' 싶다고 느낄 만큼 버거운 에너지 속에 있다고 생각되면, 서둘러 뭔가를 하기 전에 잠시 멈춰 서라. 가만히 앉아서 그 진동을 느끼면서 숨을 열 번 이상 깊게 천천히 들이마시고 내쉬라. 들숨과 날숨 사이에 약간의 공백을 두라.

2. 눈을 감고 당신의 피부 속으로, 몸속으로 주의를 이동시키라. 당신의 몸속에 작용하고 있는 윙윙거림 혹은 약한 떨림을 느껴보라. 그 진동이 특정한 신체 부위에 집중되어 있는지를 살펴보라.

3. 그 진동에 주의를 기울여 그것과 하나가 되라. 스스로 그 진동이 되어 그것의 역할을 대신 맡아보라. 그것이 가고 싶은 곳으로 가고, 하고 싶은 것을 하도록 허용하라. 그것이 몸속의 다른 부위로 퍼져 나가는 듯 느껴질 수도 있고, 한곳으로 모여들어 망치처럼 막힌 부분을 부수는 것처럼 느껴질 수도 있다. 그 진동이 무슨 말을 하고 있지는 않은가 살펴보라. 그것이 당신에게 전하는 메시지가 있는가?

4. 여전히 그 진동과 하나된 상태에서, 그것을 좀더 높은 옥타브의 주파수로 끌어올린다고 상상하라. 그것을 좀더 정제되고 부드럽게 만든다고 상상하라. 또는 불투명한 것을 투명하게, 어두운 것을 빛나게 만든다고 상상하라. 더없이 편안하고 고요하게 느껴질 때까

지 주파수를 끌어올리라. 당신의 몸과 감정과 마음이 이상적인 진동에 적응하고 필요한 만큼 좋은 에너지를 흡수하게 하라.

잠재의식 속 두려움이 수면으로 떠오를 것이다

주파수가 상승함에 따라 당신이 성공적으로 제거했다고 생각했던 것들 — 부정적인 기억, 오래된 두려움, 자기제약적 믿음 — 이 갑자기 의식과 일상 속에 도로 튀어나올 수도 있다. 그것들은 당신에게 최악의 시나리오인 사건과 트라우마를 제공하며 되살아나려 할 것이다. 당신은 극단적인 감정을 경험하거나 균형을 이루고 있던 것들이 와해되는 모습을 목격하게 된다. 또한 추문, 금기, 학대, 감추고 싶은 비밀이 남들 앞에 까발려질 수도 있다. 당신은 지금 느껴지는 감정이 나의 문제인지 다른 사람의 문제인지를 구별할 수 없게 된다.

> 당신 삶 속의 모든 것은 당신을 변성시키기 위한 수단으로서 존재한다. 그것을 이용하라!
> — 람 다스

만약 이 같은 상황에서 기존의 인식습관으로 반응한다면 무기력해지거나 감정이 폭발하기 쉽다. 갈등과 대립이 심해지고, 참을성과 인내심이 바닥나며, 비판하려는 마음이 최고조에 이른다. 그레이엄의 행동은 이런 상태를 잘 보여준다. 그가 어렸을 때, 어머니가 다른 남자와 바람이 나서 아들과 남편을 버리고 떠났다. 이후로 그는 버림받은 고통을 억누른 채 살았고, 훗날 어른이 되고 나서 그의 아내도 비슷한 이유로 그를 떠났다. 그는 다시 새로운 사랑을 찾았지만 이 여성도 여섯 달 만에 다른 남자에게 가버렸다. 그때부터 그는 친구와 동료에게 여성들에 대한 험담을 늘어놓기 시작했고 그 강도는 점점 심해졌다. 부정적인 기억이 그를 만성적인 패턴에 가둬놓은 것처럼 보였다.

> 우리는 두려움을 벗어날 수 없다. 단지 그것을 우리가 경험하는 모든 흥미진진한 모험의 동반자로 변모시킬 수 있을 뿐이다. 작든 크든 하루에 한 가지 위험을 감수해보라. 그것을 뛰어넘는 순간에 기분이 정말 좋아질 것이다.
> — 수잔 제퍼스

　당신이 이처럼 판도라의 상자를 여는 것을 부정적 패턴을 제거할 기회로 삼는다면 상황이 다르게 해석될 것이다. 켈리가 한 친구에 대해서 험담을 했고 그것이 그 친구의 귀에 들어가자 일이 터졌다. 친구는 켈리에게 다시는 보고 싶지 않다는 쪽지를 보냈다. 켈리는 벌을 받은 것 같아서 부끄러웠지만 계속 움츠러든 상태에 머물고 싶지 않았다. 그녀는 이 사건을 성장의 기회로 바라보면서 자신에게 물었다. '내가 그 친구에게서 어떤 위협을 느꼈기에 그렇게 안 좋은 말을 했던 걸까?' 그녀의 마음속에서 답이 들려왔다. 그 친구는 세련되고 아름다웠고 켈리는 그런 친구가 부러웠다. 하지만 진실을 말하자면, 그 친구가 켈리의 말에 도통 귀를 기울여주지 않은 것이 문제였다. 켈리는 자신이 그렇게 상처받고 무시당했다고 느꼈기 때문에 화가 났던 것이다. 켈리는 이 절교의 시나리오를 처음부터 진정한 우정이 아니었던 관계를 정리하는 계기로 변모시켰다. 친구와의 일방적인 관계는 오랫동안 켈리를 맥 빠지게 했었다. 켈리는 친구에게 사과의

편지를 보내며 행운을 빌어주었다. 그리고 그 관계를 내려놓았다.

변성의 이 단계에서는 대립이 심화된다. 이런 난국을 통과하기 위해서는 '네 안에 있는 것이 어떤 식으로든 내 안에도 있다'는 사실을 깨달아야 한다. 당신이 비판하거나 거부하는 사람과 당신 사이에 공통으로 존재하는 배후의 문제를 찾으라. 예컨대 당신은 뭔가를 통제하려 하고 상대방은 그것을 회피하려 하더라도, 어쨌든 둘 다 같은 문제를 두고 씨름하는 것이다. 켈리와 친구의 공통된 문제는 자신감 부족이었다. 켈리는 관심을 받지 못한 탓에 자신의 역량을 믿지 못하고 수동적인 역할을 도맡았다. 반면에 친구는 켈리의 이견을 무시하면서 과장된 행동으로 늘 주목받길 원했다. 이렇게 배후의 공통된 문제를 발견하면 갈등이 해소되고 정체된 에너지가 다시 흐른다. 모든 난관은 좀더 나은 생각과 사랑을 창조할 수 있는 기회이다.

> 두 인격체의 만남은 두 화학물질이 섞이는 것과 같다. 화학반응이 일어나면 둘 다 변하게 된다.
> — 칼 융

기존의 방식들은 제 역할을 못하고 실패할 것이다

기존의 인식습관을 제거하는 막바지 과정에 이르면 당신은 새로운 인식과 일치하지 않는, 자신의 세계관 중심에 자리한 커다란 믿음과 집착을 발견하게 된다. 그것은 사회가 어떤 역할을 해주어야 한다는 생각일 수도 있고, 이것은 옳고 좋으며 저것은 그르고 나쁘다는 생각일 수도 있고, 생존을 위해서는 뭔가를 꼭 해내야 한다는 생각일 수도 있다. 그러나 지금껏 중요하고 의미 있다고 여겨졌던 많은 것들이 좀더 고차원적인 수준에서 '실제적인' 것들에 비해 쓸모없거나 고리타분하게 느껴지고, 당신은 그것들을 내려놓게 된다. 기존의 방식들은 성과를 내지 못한다. 기존의 관습들이 무너지고, 당신은 거짓말과 헛된 얘기들을 알아차리거나 환상에서 깨어난다. 당신은 자신이 누군지, 왜 이곳에 있는지, 무엇에 의존할 수 있는지에 대해 혼란을 느낀다. 뭔가에 실패하거나, 뭔가를 잃거나 상처를 받으면서 '멈출' 수밖에 없는 상황에 처하기도 한다.

> 변성은 우리를 놀라게 하기 때문에 우리가 그것을 못 알아차릴 수는 없다. 기존의 한계 너머의 질문을 던짐으로써, 기존의 예상을 뛰어넘는 존재가 되고자 의도함으로써 자신을 확장할 때, 당신은 당신 내면의 깊이에 깜짝 놀라게 된다. 그것은 대단히 강렬한 경험이다. 마치 자유낙하를 하는 것과 같다.
>
> — 마이클 버나드 벡윗

마리나의 예는 변성과정의 이 단계에서 얼마나 많은 사람들이 부정적인 생각으로 인해 나선형으로 하강하게 되는지를 잘 보여준다. 주식중개인인 그녀는 과도한 업무로 인해 숨이 막힐 지경에 이르렀다. 그녀는 일을 그만두고 다른 직장으로 옮기는 계획과 관련해 장단점을 분석했다. 하지만 불황인 주택시장을 감안할 때 집을 팔면 큰돈을 손해 볼 것이 뻔했고, 그나마 팔린다는 보장도 없었다. 게다가 그녀는 어디로 이직해야 할지도 몰랐고, 염두에 둔 곳마다 이런저런 단점이 있었다. 그렇다고 나이도 있는데 이제 와서 새로운 분야에서 새로운 일을 시작하는 것도 어려운 일이었다.

마리나의 세상은 좁아졌고, 그녀는 지쳐버렸다. 그녀는 자신이 점점 악화일로로 치닫고 있다고 생각했다. 그녀는 현재 상황에서 어떤 변수도 자발적으로 바꾸려고 하지 않았기 때문에, 삶의 토대 가운데 적어도 하나 이상 ― 일, 재정적 안정, 가정, 건강 ― 이 무너져 부득이하게 변화를 경험할 수밖에 없는 처지가 되었다.

이럴 때 당신에게 더 이상 필요치 않은 것들이 사라지도록 허용한다면, 당신은 자신에게 외부의 보호처와 의지처, 규칙이 그다지 필요 없음을 깨닫게 된다. 내면의 지혜가 더 나은 길을 향해 인도해주기 때문이다. 당신은 자연스럽게 좌뇌에서 우뇌로 옮겨가고, 뜻하지 않은 일들이 교착상태에 빠진 당신을 마법처럼 구조해줄 것이다. 그리고 확장된 존재상태를 실감하게 해주는 새로운 삶의 방식이 자리잡을 것이다.

클레어의 상황도 마리나와 비슷했지만, 그녀는 변화를 수용함으로써 어려움을 해결했다. 그녀는 자신이 종사해오던 광고업에 진력이 났는데, 자신의 이런 감정을 그 일을 그만둬야 한다는 신호로 이해했다. 그녀는 배울 것은 다 배웠고 이젠 앞으로 나아갈 때라고 느꼈지만 뭘 어떻게 해야 할지를 확신하지 못했다. 하지만 그녀는 불황임에도 집을 팔았고, 비슷한 집을 좀더 싼 값에 살 수 있는 지역으로 이사해서 여윳돈을 마련했다. 그녀는 자신에게 얼마간의 자유시간을 허락했고, 미술수업을 들었으며, 큰 변화의 시기에 놓인 50대 여성들을 위한 책도 써냈다. 그리고 장래성 있는 세미나 사업을 시작했다. 그녀는 새로운 에너지를 따라가기로 결정했기에 어떤 마찰이나 투쟁 없이 변화의 과정을 잘 통과할 수 있었다.

멈추고, 마음을 고요히 하고, 자신의 영혼을 찾으라!

아무것도 효과가 없는 듯 보이면, 당신은 결국 밑바닥을 치거나 신비로운 깨달음의 순간을 맞이하게 된다. 이 두 가지 경우 모두 진실을 드러낸다. 성취할 것이 없기 때문에 뭔가를 더 하는 것은 해답이 아니다. 이제 당신은 지금 이 순간 속에서 단순함, 여유로움, 고요함, 자유, 평화를 경험한다. 물론 처음 이 상태에 들어가게 되면 공허함을 느낄 수도 있다. 그러나 모든 것을 있는 그대로 허용할 때, 당신은 자신의 존재상태 ─ 영혼의 진동에 대한 생생한 감각 ─ 를 경험하고 충만함을 느끼게 된다. 문득 당신은 온몸의 감각을 통해 진짜 자신을 '알게' 된다!

> 내가 진정 강해지고자 할 때, 진정 꿈을 위해 내 능력을 발휘하고자 할 때, 나의 두려움은 더 이상 중요한 문제가 아니게 된다.
> ─ 오드리 로드

이 상태에 머무는 동안 당신의 두뇌는 통합된다. 당신은 수용하고 신뢰하면서 무슨 일이 일어나든 있는 그대로의 상황을 기분 좋게, 심지어 환상적이라고 느낀다. 곧 당신은 자신이 두뇌와 심장의 중심으로 이동했음을 알게 된다. 지금 당신은 영혼의 주파수로 채워져 있고, 중심에서 나오는 미세하지만 분명한 신호를 받는다. 당신은 세상과 연결되어 있다고 느끼면서 살아 있는 모든 존재에 대해 연민의 마음을 가진다. 당신은 자신의 본성을 기억해내고 위대한 깨달음을 얻는다. 이 모든 것이 한 번에 이뤄지는 때도 많다. '중심에 편안히 머무는' 경험은 이제 일상이 되고, 당신은 새로운 자아와 현실을 선호

184

하게 된다. 이것은 당신 자신이 실은 영혼이라는 사실을 깨닫게 되는 중요한 전환점이다. 당신은 새로운 정체성을, 당신이 살고 싶은 세상을 의도적으로 선택한다. 당신은 당신의 근원 주파수가 현실의 필터 역할을 한다는 사실을 이해한다. 판세가 바뀌면서 당신의 삶과 건강, 행복이 개선된다.

믿기 어렵겠지만, 이 막바지 단계에서도 우리는 흐름에 저항하고 진실의 직접적 체험으로부터 달아날 수 있다! 당신의 좌뇌는 회의적인 — '그렇지만'을 되뇌는 — 상태로 퇴보할 수 있다. 그것은 당신이 지금 막연한 희망에 빠져 있다고, 이 세상은 당신 생각보다 훨씬 무시무시하고 부정적인 곳이라고, 당신의 직관이 틀렸음을 입증할 중요한 정보들을 놓치고 있는 거라고 오만 가지 이유를 댈 것이다. 당신은 이런 탈선의 조짐을 유심히 관찰해야 한다.

라임병(진드기가 옮기는 세균에 의한 전염병, 역주)이 릴리언에게 지금 이 순간에 머물며 심층의 문제를 마주하고 내면의 자아와 합일할 기회를 주었지만, 그녀는 그 메시지를 알아차리지 못했다. 결국 그녀는 근력을 잃었고 판단력도 극도로 흐려졌다. 일도 제대로 할 수 없었으며 친구관계도 유지할 수 없었다. 그녀는 의사의 처방에 따라 항생제를 복용했지만 처음에만 증상이 호전되는가 싶더니 이내 악화되었다. 의사들은 더 이상의 치료책이 없다고 말했다. 그녀는 제한된 현실에 자신을 내맡겼고, 자신의 근원 주파수와 영혼을 발견하는 데 실패하고 말았다.

반면에 똑같이 라임병을 앓고 있었던 크레이그는 이 병이 어린 시절 억압받고 학대당한 상처를 치유할 좋은 기회임을 깨달았다. 그는 이 전염병이 언제라도 적대적인 세력에게 공격받을 수 있다는 자신의 잠재의식적 신념을 드러내주는 상징이라고 생각했다. 그는 부지런히 중심을 찾고, 근원 주파수를 느끼고, 에너지 차원에서 세균을 몰아내고, 자신의 주파수를 질병의 주파수보다 높이는 데 집중했다. 그리고 추가로 현대의학과 식단조절, 기타 요법의 도움을 받은 결과 그의 건강은 시간은 걸렸지만 엄청나게 호전되었다. 그는 현재에 머물면서 자신의 영혼과 교감했고, 에너지를 부정적으로 해석하며 밀어내는 대신 그것이 온전히 자신을 통해 흐르도록 했기에 릴리안과는 전혀 다른 결과를 얻었다.

일단 이와 같은 변성과정의 어려운 단계들을 통과하면, 당신은 흐름이 가져다주는 것들을 환영하고 수용하는 긍정적인 습관을 구축하게 될 것이다. 설령 처음엔 부정적으로 보이더라도 그 안에 당신에게 딱 맞는 선물을 들어 있다는 사실, 모든 사건이 당신 의식의 진화를 극대화하기 위해 일어난다는 사실을 당신 스스로 납득하게 될 것이다.

그 외의 몇 가지 참고사항

다음은 인식습관을 바꾸는 과정에서 저지르기 쉬운 실수들이다. 이것을 미리 숙지해두면 불필요한 문제들을 사전에 방지할 수 있다.

- 원인과 해결책을 지나치게 피상적으로 해석한다. 당신은 당신 마음의 전면에 머물러 있는 생각이 지금 느껴지는 불편함의 원인 혹은 해결책이라고 여기기 쉽다. 그러나 더 깊이 감응해보려는 자세가

중요하다. 예컨대 당신은 돈을 많이 벌면 지금의 불안함이 해소될 것이라고 생각하지만, 진짜 문제는 혼자되는 것에 대한 두려움이고 진짜 해결책은 명상을 배우는 것일 수 있다.

- 성급하게 판단한다. 조용히 앉아서 문제상황을 충분히 숙고하지 않으면, 감정적으로 반응하며 잠재의식 속 기억 — 과거에 유효했던 방식 — 으로 되돌아가기 쉽다. 좌뇌는 이전의 경험과 교훈들을 범주화해서 저장해놓았고, 비슷한 상황이 발생하면 이 기억들을 꺼내서 논리적으로 적용할 준비가 되어 있다. 하지만 매 순간 벌어지는 상황들은 각각 고유한 것이고, 진정 무엇을 해야 할지를 아는 것은 바로 우뇌다. 정신적 과정에서 너무 빨리 앞서나가면 전혀 적절하지 않은 과거의 지식을 다시 적용하는 우를 범할 수 있다.

- 다른 사람을 비난하거나 혼자 뒤집어쓴다. 두려움이 수면으로 떠올라서 움츠러들고 상처받고 불안함을 느끼게 되면, 그 원인을 다른 사람에게 전가함으로써 해소하려는 경향이 생겨난다. "너 때문에 내 기분이 이 모양이야. 너 때문에 고통스러워." 또는 정반대로 그 고통과 자신을 동일시하면서 다음과 같이 말하는 경우도 많다. "이렇게 인정머리가 없다니 나는 정말 형편없는 사람이야." 두 경우 모두 당신은 새롭게 드러나고 있는 패턴과 교감하지 못하고 흐름을 막고 있는 것이다.

- 인생이 한 방향으로만 흐르기를 바란다. 당신은 의식이 본래 진동한다는 사실을 잊어버리곤 한다. 명쾌할 때가 있으면 혼란스러

울 때도 있고, 사랑이 넘쳐흐를 때가 있으면 두려움이 솟아날 때도 있는 것이 당연하다. 예전 상태로 퇴보하거나 부정적인 경험을 할 때, 당신은 그 상황을 비난하고 판단하고 의식-에너지를 수축시켜 부정적인 확언과 함께 굳혀버린다. 그러나 이처럼 방어적이고 제약적인 기존의 인식습관에 빠져 있는 것은 당신의 좌뇌일 뿐이다. 당신 자신이 보석처럼 다른 많은 면을 갖고 있으며 더러운 것부터 고상한 것까지 모든 범주의 행동이 가능한 존재임을 기억하라. 좌뇌가 독재자가 되도록 내버려두지 말라.

• 두려움이 홍수처럼 밀려와 당신을 무력하게 한다. 당신의 잠재의식이 판도라의 상자처럼 열리면서 당신 안의 '작은 악마들'을 풀어주고 있다. 또한 모든 인간의 잠재의식이 열리고 있는 것과 동시에 국가, 정부, 교회, 기업, 은행, 군대, 그 외 비슷한 경험과 형태장을 공유하는 사람들(예를 들면 학대받은 여성들과 아이들, 군인, 존중받지 못하고 학대당하는 노인들 등)의 집단적 잠재의식도 열리고 있다. 지금 당신은 부정적 감정들로 가득 찬 거대한 시궁창에서 헤엄치고 있다. 이럴 때 깨어서 중심에 머물지 못하면 다른 사람들의 부정적 감정을 자신의 것으로 착각하게 된다.

• 에고가 당신을 속이도록 내버려둔다. 좌뇌와 우뇌가 균형을 이루면서 통합하는 과정에서, 당신은 통제권을 내려놓지 않으려고 발버둥치는 좌뇌의 에고에 의해 휘둘리게 된다. 에고는 유혹하고, 따지고, 통제하고, 위협하고, 공격하고, 배척하다가 다시 의도를 숨기고 꼬드기는 식의 소위 '영리한' 행동들을 통해 원하는 바를 얻어내는

모습을 머릿속에서 실감 나게 상영할 수 있다. 이것은 당신과 당신의 주변 사람들 모두에게서 자기애성(narcissistic) 행동들을 이끌어내려는 시도이다. 이런 에고의 말을 믿거나 그 관점을 받아들이는 실수를 저지르지 말라.

• 에고를 '죽게' 내버려두지 않는다. 에고가 지배력을 잃을 때 당신은 모든 것이 멈춘 듯한 묘한 시기를 경험하기도 한다. 당신은 자신이 이도 저도 아닌 어정쩡한 상태에 있으며 곧 죽음을 맞이하게 되리라고 느낄 수도 있다. 그래도 괜찮다. 당신은 우울하거나 슬픈 것이 아니라 그저 평이한 상태에 있을 뿐이다. 이것은 무감각과는 다르다. 지금 당신은 의지력에 의존했던 삶을 벗어나는, 혹은 '해독'하는 중이다. 의지력이 없다면 나는 대체 뭔가? 우월함과 특별함이 없다면 나는 대체 뭔가? 영리하게 타인의 감정을 조종하는 일을 멈춘다면 나는 대체 뭔가? — 이것은 에고의 또 다른 속임수다. 그저 존재하라. 그리고 매 순간 어떤 일이 일어나는지를 보라. 우뇌가 당신의 주인이 되고 좌뇌는 우뇌의 조수가 되게 하라. 그러면 당신의 세상은 새로운 방식으로 빛을 발할 것이다.

> 날카로운 통찰과 흔들림 없는 고요가 괴로움을 뿌리 뽑는다.
> — 산티데바

당신은 빛나는 태양이 될 수 있다!

우리의 감응력은 고도로 향상되고 있고 텔레파시 수준도 높아지고 있다. 그 사실을 이해하지 못하면, 당신은 비물리적 세계의 얕은 곳에 있는 느린 진동들과 골치 아픈 생각들에 주파수를 맞추고 왜 자신의 기분이 갑자기 축 처졌는지를 의아해하게 된다. 당신은 다른 사람의 마음을 전보다 더 잘 읽을 뿐 아니라 그들의 감정까지도 내 것처럼 느낄 수 있다. 말하자면, 길거리에서 스쳐 지나가는 사람의 우울함과 걱정, 불안함에 당신이 동요될 수 있다는 뜻이다. 당신은 곧 부정적인 사건이 일어나거나 누군가가 삶의 위기를 맞을 것임을 — 막연한 느낌일 때가 많지만 — 예감하게 된다. 또한 당신은 '가장 확실한 길'을 감지해내고, 모든 사람과 사물 안에 숨겨진 가능성과도 연결될 수 있다. 좋은 기분은 전파력이 강하다. 당신은 자신을 어떤 주파수에 맞출지를 언제든 선택할 수 있다.

종일 중심에 머무는 연습을 하면서 틈이 날 때마다 근원 주파수로 돌아가고 최상의 자아 상태를 확인하는 습관은 큰 도움이 된다. 당신의 새로운 선택 기준은 미래의 경험을 걸러내기 위한 것이다. — 당신은 어떤 느낌을 원하는가? 어떤 행동과 감정이 당신의 에너지를 최적의 방향으로 흐르게 하는가? 세상에 부정적 사건들이 넘쳐나는 와중에도, 당신은 존재의 중심에 머묾으로써 자신을 찬란하게 빛나는 태양으로 변화시킬 수 있다. 당신은 고통과 싸우지 않음으로써 오히려 그것을 제거하는 에너지장 또는 선행의 원천 그 자체가 될 수 있다.

의식의 변성에 의한 감정적 혼란을 제대로 이해하고 기존 인식습관의 까다로운 덫을 피하는 데 전문가가 되었다면, 이제 당신은 새로운 '직관의 시대'를 현실에 안착시킬 준비가 된 것이다. 3부에서는 이런 변성된 현실 속에서 일상적으로 활용될 멋진 주의력 기술들을 살펴볼 것이다. 그것들은 당신이 새로운 존재방식에 완전히 녹아들도록 도와줄 것이다.

> 커다란 압력과 깊은 의구심이 마침내 의식의 전환을 이뤄낸다. 이제 당신은 밖에서 안을 들여다보는 것이 아니라 그 안에 존재한다. 당신이 안에 머무는 순간 모든 것이 절대적으로, 완전히 변화한다.
>
> — 스리 오로빈도

요약

기존의 인식습관을 잊는 것은 그 습관을 처음 들였을 때와 마찬가지로 쉬운 일이다. 의욕을 잃지 않도록, 긍정적으로 말하고 상상하도록, 진정으로 원하는 바에 집중하도록 도움을 주는 가이드라인이 있으니 활용하라. 변성과정의 험난한 단계마다 당신에게는 두 가지 선택지가 있다. 하나는 기존의 현실을 유지하기 위해 기존의 인식습관을 이용하여 흐름에 저항하는 것이고, 다른 하나는 흐름을 받아들이고 더 이상 필요치 않은 잡동사니를 치우면서 영혼의 길잡이를 따르는 것이다. 당신이 명쾌하고도 사랑이 넘치는 존재가 될 때, 새롭게 변성된 인식이 당신 안에서 자연스레 꽃을 피워 나갈 것이다.

3부 직관의 시대를 위한
새로운 주의력 조절기법

7

직접적인 앎 연습하기

놀랍게도 지식은 머릿속의 생각과도 무관하고 눈에 보이는 것과도 거리가 먼,
즉 새로운 고차원적 인식에 의해 대체된다. 당신은 그냥 '알게' 된다.
이것이 바로 포괄적인 인식이다. 이것은 지식인 동시에 시각이며 청각이기도 하다.
이것이 기존의 지식을 대체한다.
이 인식은 훨씬 더 진실에 가깝지만 또한 너무나 새로워서
당신은 이것을 어떻게 표현해야 할지 알지 못한다.

— 미라 알파사(스리 오로빈도의 영적 동반자)

지금 당신은 출입구를 통과하고 있다! 직관의 시대가 새로운 세계관과 새로운 삶의 방식을 제안하며 당신을 환영하고 있다. 문을 열고 나서면 고도의 감응력과 직관력을 즉각 체험할 수 있는 세상이 펼쳐진다. 당신은 우뇌가 앞을 이끌고 좌뇌가 그 뒤를 따르게 하는 방법을 배우는 중이어서 에고와 집착에 붙들리지 않게 된다. 당신은 말하지 않고도 더 잘 소통하고, 주변 환경으로부터 에너지 차원의 정보를 더 잘 읽어내게 된다. 직관의 시대에 필요한 첫 번째 새로운 주의력 조절기법은 직관의 확장판인 '직접적인 앎'(direct knowing)을 이용하는 방법이다.

새로운 속도의 인식으로 부상하기

의식이 변성된다고 해서 당신이 섬광과 함께 하늘로 휙 사라지는 것은 아니다! 당신은 여전히 이 세계에 머물지만, 이곳은 지금까지와는 다른 물리적 세계가 되었고 당신 또한 새로운 종류의 인간이 되었다. 이제 당신은 모든 물리적 대상이 의식-에너지로 충만하고 '생각'에 반응한다는 사실을 안다. 당신은 주의를 기울이고 감응함으로써 무엇이든 알 수 있게 되었다.

직관의 시대의 앎은 직접적이고 순간적이다. 당신은 눈 깜짝할 새에 의미를 발견하고 배우게 된다. 통일장 안의 무수한 중심들의 정보가 텔레파시를 통해 당신 자아 안의 무수한 중심들로 전송되기 때문이다. 당신은 자신의 모든 입자(particles)를 동원하여 단박에 '알아차린다.' 그리고 그 고도로 세련된 방식으로써 ― 즉 감응력과 느낌으로써 ― 무엇이 가능하고 무엇이 불가능한지를, 혹은 임박한 사건이 어떤 복잡한 결과와 반작용을 불러올지를 예감한다.

당신은 현실 배후의 청사진을 알고 그것의 물질화-소멸 원리를 이해하기 때문에, 필요에 따라 당신 마음속의 조건들을 바꿈으로써 현실을 입맛대로 변화시킬 수 있다. 당신은 친구가 당신을 떠올릴 때 혹은 누군가가 도움을 필요로 할 때 그것을 감지하고, 자신의 역할을 깨닫고, 구체적인 행동을 취한다. 당신이 뭔가를 알아야 할 때면 필요한 지식이 저절로 찾아든다. 당신은 삶이 '사랑'과 '열정'에 가장 빠르고 정확하게 반응한다는 사실을 발견한다. 이상은 '직접적인 앎'이 작동하는 방식의 극히 일부에 불과하다. 당신이 진화할수록 더 많은 진실이 드러날 것이다!

보통의 의식 안에는 중심축이 있고, 모든 것이 그 축을 기준으로 돈다. ··· 그 축이 조금만 움직여도 우리는 방향감을 상실한다. ··· 하지만 지금 내게는 중심축이 존재하지 않는다. ··· 내 의식은 이곳이든 저곳이든, 앞이든 뒤든, 그 어디로든 움직일 수 있다. 중심축이 사라져버렸다.

— 미라 알파사

주의력 기르기: 직관에서 시작한다

본능(instinct)과 직관(intuition)은 '직접적인 앎'의 첫 번째 수준이라 할 수 있다. 둘 다 당신이 의식-에너지 세계를 인식할 수 있도록 돕는다. 본능은 물리적 생존에 관여하는 데 비해 직관은 영혼의 길잡이에 해당한다. (혹은 본능을 파충류 뇌에 집중된, 낮은 주파수 수준의 직관으로 봐도 된다.) 직관은 한 번에 한 가지 감각양식 — 청각, 시각, 촉각 등 — 을 통해서 자각된다. 이에 반해 '직접적인 앎'은 상위의 직관으로서 당신의 모든 통로와 중심을 통해 등장하며 영감, 영혼의 길잡이, 지혜까지 포함한다. 따라서 '직접적인 앎'은 별도의 해석이 필요치 않은 즉각적인 앎이다. 우리는 먼저 직관의 역할과 가능성을 이해한 후에 확장된 주의력 조절기법인 '직접적인 앎'에 대해 알아볼 것이다.

직관은 비선형적이고, 일체적이고, 쉬지 않고 변화한다. 직관은 당신이 주의를 좌뇌에서 우뇌로 옮기는 순간 자연스럽게 열린다. 당신의 뇌가 통합되고 당신이 당신 자신을 통일장 전체의 무수한 (이름 없는) 중심들과 공명하는 존재로서 인식할 때, 직관은 자연스럽고 우선시되는 앎의 방식이 된다. 이것은 내가 앞서 언급했듯이, 퀴퀴한 곰팡내 나는 좁은 방의 문을 박차고 나와 광대하고 멋진 풍경 속을 자유로이 거니는 것과 같다.

당신은 직관 또는 우뇌의 인식을 매일 이용하지만 그것을 알아차리지 못할 때가 많다. '나는 왜 오늘 빨간 옷을 입었지?' '이유 없이 평소보다 집에서 일찍 나왔는데, 그 덕분에 차가 막혔는데도 모임에 늦지 않고 도착할 수 있게 되었네.' '왜 갑자기 금주를 해야겠다는 생각이 들었을까?' '그냥 엄마한테 전화를 걸었는데 그게 엄마가 심하게 넘어지신 직후였다니….' 이런 선택들은 무작위로 내려진 것이 아니다. 이것들은 당신의 내면, 즉 비물리적 세계로부터 받은 정보에서 비롯된 것이다. 당신이 직관을 처음 알아차리게 되면 그것은 주로 평범한 일상에 관한 정보일 것이다. 직관은 일상의 바퀴가 잘 돌아가도록 기름칠을 해준다. 문제를 해결하고, 창조적으로 생각하고, 삶의 심층과 영적인 측면을 느끼도록 도와준다. 그리고 당신이 주의를 기울여 직관을 의식적으로 활용해갈 때, 직관은 자연스럽게 좀더 복잡하고 큰 문제들로 제 범위를 넓혀가게 된다. 자신이 직관적인 사람인지 아닌지를 알려면 직관이 부재한 상태란 어떤 모습인지를 살펴보는 편이 도움이 될 것이다.

- 당신 스스로 직관적인 사람이 아니라고 생각한다면, 그것은 맞는 말이다! 지금 당신은 좌뇌 속에 있고, 느끼기보다는 생각하고 분석하고 있다. 직관의 근원인 우뇌는 지금 여기에 없는 것들은 신경조차 쓰지 않는다.

- 당신이 "난 모르겠어", "생각 좀 해봐야겠어", "너부터 말해봐"라고 말하고 있다면, 지금 당신은 좌뇌 안에 있는 것이다. 우뇌 안에

있다면 당신은 이미 답을 알고 있어야 한다.

- 당신이 다른 사람들과의 대화 혹은 당신 마음속의 대화를 알아차리고 있다면, 지금 당신은 좌뇌 안에 있는 것이다. 직관은 멈춤과 고요, 텅 빔 속에서 기능한다.

- 만약 '빨간 옷을 입자', '모임에 일찍 출발하자' 하는 식으로 속으로 자기 자신에게 명령을 내렸다면, 그때 당신은 좌뇌 안에 있는 것이다. 직관이 작용할 때는 흐름(the Flow)이 당신의 선택과 행동을 이끌기 때문에 당신은 자신에게 어떤 명령도 내릴 필요가 없다.

- 앎의 기회를 나중으로 미루거나, 알아야 할 이유와 필요성을 먼저 찾거나, 알면서도 모르는 척하는 것은 지금 당신이 좌뇌 안에 있으며 직관과는 멀어진 상태임을 알려주는 신호이다. 직관은 두려움을 일으키지 않는다.

- 안정감은 있는데 재미, 즐거움, 진정한 창조력이 없다면 그것은 직관이 아니다. 직관이라면 어딘가 탁월하고, 전적으로 긍정적이며, 성장을 도모하는 느낌이 있어야 한다.

> 직관이란 영혼이 불현듯 삶의 우주적 흐름에 발을 맞추는 것임을 소년은 깨닫기 시작했다. 그 흐름 안에서 모든 사람의 경험은 하나로 연결되고 우리는 모든 것을 알 수 있다. 왜냐하면 여기에 기록되지 않는 것은 하나도 없기 때문이다.
>
> — 파울로 코엘료

직관적 인식은 유연하고 풍족하다

직관은 어떤 의도나 목표가 없고 뭔가를 변화시키거나 개선하려고 들지도 않는다. 이미 모든 것은 순조롭고 부족함이 없기 때문이다. 모두에게 최선의 결과를 가져다주는 완벽한 조화 속에서 삶은 잘 굴러가고 있고 당신도 제 역할을 잘 해내고 있다. 당신은 집단의식의 흐름에, 즉 느낌과 감각에 제대로 감응하고 있다. 당신은 전보다 더 광대하고 조화롭고 평화로운 세상에 살고 있다. 당신은 상위의 차원들이 어떻게 작용하는지를 이해한다.

직관의 세계에서는 묻는 즉시 해답이 나타나고, 모든 것은 공짜로 주어진다. 어떤 것도 방해받지 않는다. 두려움도 없고, 장애물도 없다. 당신이 필요하거나 원한다고 느끼면 곧장 완벽한 길잡이가 등장한다. 당신은 무한한 창조력과 상상력에 주파수를 맞춘다. 당신은 다음 문장들에 담긴 진실을 되새기고 느껴봄으로써 좌뇌로부터 직관의 영역으로 이동할 수 있다.

- 내가 알고 싶거나 갖고 싶은 것은 구하는 순간 내게 다가온다.
- 나는 내 물음의 해답과 관련하여 이미 뭔가를 알고 있다.
- 나는 어떤 것도 고치거나 바꿀 필요가 없다.
- 흐름은 앞으로 내게 필요한 모든 것을 가져다준다.
- 나는 무엇이 찾아오든 그것을 신뢰한다. 왜냐하면 그것은 '정말로 맞는' 것이기 때문이다.
- 나는 긴장을 풀고 즐길 수 있다. 나는 웃으면서 재미와 즐거움을 느낄 수 있다.
- 나는 내 주의를 끄는 것에 관심을 기울이고, 흐름을 따라 행동한다.

직관적 인식은 지금 바로 이 순간에 존재한다

목표와 행동에 집중하는 '딱딱한' 좌뇌 의식 속에 있을 때, 당신은 자신만의 기억과 목표에 사로잡혀 과거와 미래에 묶이게 된다. 하지만 존재 그 자체에 집중하는 '부드러운' 우뇌 의식을 여는 즉시, 당신은 지금 이 순간에 머물게 된다. 그러면 모든 것이 당신 곁에 있기 때문에 당신은 모든 기억, 모든 가능성, 모든 지혜에 접근할 수 있다.

좌뇌 속에 머물 때는 문제를 푸는 것이 복잡하고 어렵게 느껴질 수 있다. 문제의 배경을 조사하고, 모든 선택지를 분석하고, 다른 사람들의 의도를 살피고, 손익을 따져보려면 시간이 오래 걸릴 것이다. 이런 종류의 앎에는 명쾌한 구석이 하나도 없다! 그러나 직관의 세계에서는 이 모든 과정이 거대한 컴퓨터 — 지금 이 순간의 통일장 — 에 의해 한순간에 끝나버린다. 질문을 던지면, 딩동! 바로 답이 나온다. 질문과 답이 언제나 서로를 끌어당기며 함께 존재한다. 더 많이 알고자 한다면 그저 또 다른 질문을 던지면 된다. 심지어 그다음의 질문조차도 직관을 통해 온다. 이것이 바로 당신의 영혼이 당신의 마음을 인도하는 방식이다.

실습과제

당신이 이미 알고 있는 것은 무엇인가?

1. 당신이 한동안 고민해온 문제, 질문, 사안을 생각하라. 눈을 감고 당신의 중심에 머물면서 깊고 편안하게 호흡하라.

2. 그 상황이나 문제를 마음의 전면으로 가져와서 그것의 해답, 통찰, 이해를 바라는 당신의 욕구를 느껴보라. 그런 다음 자신에게 질문을 던져보라. '이 상황에 대해 이미 내가 알고 있는 것은 무엇일까?' 질문과 해답은 동시에 존재하며 서로 연결되어 있음을 기억하라.

3. 마음속에 떠오르는 생각을 숙고하거나 살펴보지 말고 곧장 일지에 적어보라. 다 적고 나면 그것에 대해 다시 물어보라. '이것과 관련해서 나는 또 무엇을 이미 알고 있는가? 모두에게 이득이 되기 위해서 어떤 일이 우리 앞에 대기하고 있는가? 그 최적의 타이밍은 언제인가? 여기에 추가로 동참해야 할 사람은 누구인가? 일이 더 진행되기 전에 내가 알아둬야 할 것은 무엇인가? 이 경험을 통해 나는 어떤 교훈을 얻고 있는가?'

직관적 인식은 고요히 즐긴다

좌뇌 속은 시끄럽다. 좌뇌 속에서는 마치 여러 개의 라디오 채널이 동시에 켜진 것처럼 다수의 대화가 오가는데 그것들은 서로 갈등을 빚는 경우가 많다. 또한 그렇게 마음속 전문가들이 주도권을 쥐려고 경쟁하는 배후에는 '치이~' 하는 잡음 ― 빈 채널에 맞춰진 TV에서 나오는 ― 도 흐르고 있다.

한밤의 짙은 어둠이야말로 궁극적인 실재였다.
밤은 모든 것을 삼키고 태양과 별 너머까지 손을 뻗어갔다.
― D. H. 로렌스

그러나 직관은 평화롭고 고요하다. 벨벳처럼 부드러운 그 침묵은 당신을 한없이 확장시켜주고, 휴식하게 하고, 자신의 본성 — 높은 주파수의 존재 — 에 흠뻑 젖게 해준다. 직관은 한 번에 한 가지의 분명한 인식만을 제공한다. 그럼에도 그것은 당신의 다른 감각들, 다른 사람의 현실들, 이로운 결과를 위한 다양한 선택지들을 마법처럼 포괄하고 있다. 우뇌 속으로, 직관 속으로 들어가려면 침묵이 필수적이다. 원숭이처럼 말 많고 흥분된 좌뇌를 고요히 가라앉히라. 그저 즐거운 마음으로 지금 이 순간에 머물면서 있는 그대로의 자기 존재에, 흐르는 그대로의 삶의 경험에 주의를 기울이라. 이런 상태를 유지하는 것은 곧 만물을 축복하는 것과 같다. 그러면 당신은 알아야 할 것들을 애쓰지 않아도 부족함 없이 알게 될 것이다.

직관적 인식은 교감으로 이어진다

직관은 통합과 연결성, 교감에 기반한 인식이다. 직관을 연 상태에서 뭔가에 주의를 기울이면 — 그 대상은 한 그루의 나무나 몸속 폐세포일 수도 있고 어떤 문제일 수도 있다 — 당신은 즉시 그것과 하나가 되어 그것 내부로부터의 앎을 얻을 수 있다. 그저 주의를 기울임으로써 당신은 대상과 하나가 되고 그것의 패턴과 잠재력을 직접 '경험'할 수 있다. 이런 방식으로 당신은 당신의 몸, 세포, 심장은 물론이고 당신 현실 속 모든 대상과 공간의 생명력과도 감응할 수 있다. 당신은 당신의 의식이 초점을 맞춘 바로 그것이 된다. 어떤 세포에 초점을 맞추면 당신은 그 세포의 관점에서 인식하게 된다.

'마더Mother'라는 별칭으로 더 잘 알려진 미라 알파사Mirra Alfassa는 스리 오로빈도의 영적 파트너이다. 그녀는 만년에 스스로 '세포들의 요가'(yoga of the cells)라고 칭한 놀라운 내적 여정을 통해 자신의 몸속을 돌아다녔다. 이 여정을 통해 그녀는 새로운 종의 인간이 된다는 것이 무슨 뜻인지 알아낼 수 있었고, 자신의 이 경험을 '위대한 항해'(the great of passage)라고 표현했다. 알파사의 비서였던 삿프렘이 쓴 《세포의 마음》(The Mind of the Cells)은 내가 가장 좋아하는 책 중 하나인데, 알파사가 세포 수준의 인식 속에서 ─ 그녀 자신은 '또 다른 상태'(the Other State)나 '그것(That)'이라고 불렀던 인식 속에서 ─ 사는 법을 직접 경험하며 배웠던 기록을 담고 있다. 그녀는 만물을 관통하여 흐르는 상위의 파동(마음)과 합일하기 위해 좌뇌의 통제권과 두려움을 몸속 세포 수준에서까지 해소하고자 했다.

그녀는 우리가 '직접적인 앎'이라고 부르는 '또 다른 상태'를 다음과 같이 묘사한다. "그 의식은 무한한 평화를 느끼며 파도 위를 떠가는 것과 같다. 그것은 광활한 '공간'이 아니다. 그것은 고요하고 광대하고 조화로운 리듬의 끝없는 '움직임'이다. 그 움직임이 곧 생명이다. 내가 방 안을 걸어 다닐 때, 사실은 그것이 걸어 다니는 것이다. 그것은 고요하고, 파도처럼 오르내리고, 시작도 없고 끝도 없다. 상하로 뭉치기도 하고, 좌우로 뭉치기도 하고, 물결처럼 퍼져 나가기도 한다. 다시 말해 그것은 수축과 팽창, 집중과 발산을 반복한다."[1]

실습과제
세포 수준의 직접적인 앎

1. 당신의 몸속 세포들에 집중하고 그것을 하나의 공동체 또는 집단의식이라고 상상하라. 그것들은 모두 힘을 합쳐 일을 하고, 진동을 통해 소통한다. 그것들은 당당하고 건강하게 자기 역할을 하면서도 자유롭게 주고받으며 서로를 돕는다. 그것들이 곧 당신이다.

2. 뇌세포, 심장세포, 근육세포, 뼈세포, 혈액세포 등 몸속의 다양한 세포 덩어리를 찾아가서 그것들과 결합한다고 상상하라. 당신이 그 다양한 덩어리들의 일부가 되어 그것들과 함께 살면서 일하고 있다고 느껴보라. 당신은 이 세포들의 의식장 또는 집단의식 속에 있다. 그 덩어리 안에서 어떤 응집력, 기능, 흐름, 성장이 느껴지는가? 한 세포 덩어리와 다른 세포 덩어리들 사이의 차이점이 보이는가?

3. 세포의식 내부의 관점에서 볼 때, a) 세포들은 어떤 식으로 건강을 유지하는가? b) 특정한 세포들이 암에 걸리는 이유는 무엇인가? c) 세포들은 제대로 기능하는 법을 어떤 방식으로 기억하는가? 당신의 직관적 통찰을 일인칭 복수의 시점으로 일지에 적어보라. 세포의 관점에서 적으라. 예) 우리는 _____ 하면서 건강을 유지한다.

미라 알파사가 실험용 쥐처럼 직접 자기 내면을 파고들어 얻어낸 결과 가운데 특히 내 마음에 든 점은, 그녀가 좁은 틈을 비집고 나아가 높은 주파수의 의식을 끌어들여 몸속 세포의 의식과 물질적 속성까지 변화시켰다는 사실이다. 그녀는 의식의 몰입단계가 진화단계로 바뀌면서 일어나는 변성과정에 대해 설명했다. 또 우뇌의 직관 속에 머물면서 좌뇌와 함께 의식의 수준을 높여가는 다양한 발전과정을 명확하게 설명했다. 그녀는 두뇌 전체, 심장, 몸, 에너지장을 동시에 이용하면서 완전히 자각된 방식으로 일을 진행했다. 그녀는 '직접적인 앎'을 향해 나아가려는 사람들에게 훌륭한 본보기이다.

당신의 직관과 직접적인 앎을 열라

• 생각하던 것을 잠시 접어두고, 좌뇌에서 우뇌로 전환하라.

• 하던 일을 멈추고, 초점을 머리에서 몸으로 바꾸어 스스로 몸이 '되어보라'. 동물이 본능을 따르는 것처럼 당신의 몸을 통해서 앎을 얻으라.

• 지금 이 순간에 오롯이 집중하라. 그리고 "나는 지금 여기에 100퍼센트 온전히 존재한다"고 말해보라.

• 내면의 대화를 멈추고 그 고요함을 생생히 느껴보라. 그것을 하나의 질감으로 상상해보라. 그것에 빠져들고 그것과 하나가 되어라.

• 그 고요함 속에서 무엇이 자신의 주의를 끄는지를 지켜보라. 지금 이 순간의 나 자신, 지금 이 순간의 주변 만물을 있는 그대로 지켜보라.

• 어떤 행동을 하거나 뭔가를 변화시켜야겠다는 의도 없이, 그저 당신의 환경을 이루는 모든 것과 함께 머물라. 모든 것은 제자리에 있다.

당신의 직관과 직접적인 앎을 열라

- 모든 것을 동등하게 존중하라. 그것들 각각의 고유한 형태와 정보에 고마움을 느끼라.

- 당신의 주의를 끄는 사물/사람과 당신 자신 사이의 공통점을 찾으라. 사물, 사람, 장소 등과 감응하여 그것의 에너지와 내적 청사진을 인식하라. 당신 안에도 이미 그것과 똑같은 의식과 정보가 있음을 알아차리라.

- 당신의 가슴 속으로 들어가서 존재의 중심으로부터 이 세상을 직접 경험해보라. 당신의 근원 주파수를 느끼라. 다른 사람들의 가슴과도 공명해보라. 당신이 뭔가를 사랑하면 그것도 당신을 사랑으로써 대한다. 이 교감을 직접적인 앎의 수단으로 활용하라.

내면의 주시자를 신뢰하라

나 자신이 지금 무엇이 집중하고 있는지를 '알아차리는' 의식의 한 부분이 있는데, 그 의식은 오직 지금 여기에만 존재한다. 그 '내면의 목소리'는 당신 마음속의 계시자이자 선생, 메신저이다. 당신은 그것을 성령, 상위 자아, 수석교사, 영적 가이드라고 부를 수도 있다. 하지만 나는 그것을 내면의 주시자(Inner Perceiver)라고 부른다. 아마도 이 내면의 주시자는 당신의 우뇌와 좌뇌를 잇는 다리(腦梁) 위에 살고 있을 것이다. 이것의 역할은 영혼의 의도, 지시, 계획을 전달하는 것이다. 하지만 이것은 당신이 그 메시지와 교훈을 제대로 깨닫고 소화할 수 있도록 적절한 순서에 맞춰 적절한 분량의 인식 내용만을 전달한다.

당신과 친구는 숲 속에서 같은 길을 걷더라도 사물들을 제각각 다른 순서로 바라보게 된다. 둘은 이 산보의 의미를 각자의 방식으로 이해하고, 이 경험으로부터 각자 필요한 바를 얻을 것이다. 그러므로 당신은 그 어떤 순간이든 다음과 같이 자문해볼 수 있다. '지금 내면의 주시자가 내게 가르치려고 하는 것은 무엇일까? 그것은 지금 내가 무엇에 주의를 기울이기를 원하는가? 그리고 그 이유는 무엇인가?'

1년 전에 나는 내면의 주시자와 좀더 친해지겠다고 결심했다. 이후로 나는 마치 내면의 주시자를 현자(賢者)처럼 대하며 말을 걸고, 질문을 던지고, 통찰을 얻는다. 나는 나의 알아차림 — 삶의 대상들이 등장한 순서와 조합, 유사성에 대한 자각 — 을 절대적으로 신뢰하고 마치 해몽을 하듯 그 의미를 해석한다. 예를 들어보겠다. 간만에 형형색색의 새들이 우리 집 뜰로 날아들었고, 곧 외국에서 온 상담객들이 줄줄이 방문했고, 또 몇몇 사람들은 우편으로 내게 작은 선물을 보내왔다. 순차적으로 발생한 이 사건들 덕분에 나는 기분이 좋아졌고, 내가 풍요와 호의가 흘러넘치는 통일장을 통해 전 세계와 하나로 연결돼 있다는 사실을 깨달았다. 마치 내 영혼이 "봤지? 모든 것은 순조로워. 모든 것은 연결돼 있고, 모든 일은 적절한 순간에 찾아오며, 인생은 참으로 즐겁다는 사실만 기억해"라고 말하는 것 같았다.

내면의 주시자와 함께 작업하는 것은 직관력을 깨워 적극적으로 이용하기 위한 간단한 방법이다. 만약 아침에 일어나서 잠자리에 들 때까지 계속해서 내면의 주시자를 확인하는 연습을 한다면, 우뇌로 내면의 주시자가 전하는 메시지가 무엇인지 느낀 다음 좌뇌로 전환해서 그것을 의식적으로 통찰하고 다시 현재 상황으로 돌아와 직관력을 가동하는 습관이 길러질 것이다. 그리고 갈수록 이 과정의 속도가 빨라지면서 이것은 곧 당신에게 제2의 천성이 될 것이다. 이것은 또한 마음챙김(mindfulness) — 지금 이 순간 당신 자신의 모든 행위를 온전히 알아차리는 과정 — 을 연습하는 방법이기도 하다.

내면의 주시자와 대화를 하게 되면 주변에서 일어나는 사건들을 더 깊이 이해하게 된다. 예컨대 '이 식당의 음악소리가 왜 이렇게 시끄럽게 느껴지지?'라는 생각을 품는 즉시, 당신은 너무 많은 외부자극에 노출된 탓에 자신의 마음이 요동치고 혼란스럽다는 — 중심과의 연결이 끊어졌다는 — 사실을 알아차리게 된다. 그것은 명상을 하거나 자연을 벗 삼아 산책을 하라는 메시지일 수 있다. 일단 당신은 식당 속 상황에 다시 주의를 기울이면서 옆 테이블에 앉은 여자애 둘이서 재잘재잘 수다를 떠는 모습을 본다. 이번에 당신은 '내가 왜 저

내면의 주시자에게 물어볼 질문

- 이 느낌은 나에게 무엇을 말하려, 혹은 보여주려 하고 있는가?

- 이 느낌을 통해서 내 영혼은 내가 (그동안 놓쳐온) 어떤 경험을 하기를 바라고 있는가?

- 이 느낌이 나의 에너지가 흐르지 않는 어떤 지점 혹은 방식을 내게 알려주고 있는 것은 아닐까?

- 이 생각, 이 상황, 이 사람에 대해 내가 이미 알고 있는 것은 무엇인가?

- 이 느낌이 내가 취해야 할 어떤 행동에 관해 힌트를 주고 있는 것은 아닐까?

- 이 상황이 내 운명을 다음 단계로 전진시키기 위해 존재하는 것은 아닐까?

- 이 느낌은 내 안에서 어떤 감각 또는 에너지 상태를 만들어내는가?

- 나는 이 느낌을 나의 창조적 작업에 반영하고 있는가? 아직 아니라면, 그래야 하는가?

- 내가 감응하고 있는 이 상황과 관련하여 어떤 상위의 가르침이 주어지고 있는가?

소녀들에게 관심을 기울이고 있지?' 하는 의문을 품고, 그 느낌에 몰입하여 통찰을 얻는다. 친구와의 끈끈한 애정, 사람들 사이의 상호존중과 생각-에너지의 생생한 교류… 이것들은 바로 지금 당신이 당신 삶에 채우길 원하는 것들이다. 이처럼 당신은 느낌에 주목할수록 더 많은 것을 배우게 된다.

> 마음챙김 훈련에서는 자신의 능력에 대한 믿음을 기르는 것이 대단히 중요하다. 자신이 뭔가를 관찰하고, 받아들이고, 주의를 기울이고, 반응하고, 관찰과 알아차림을 통해 배우고, 깊이 이해해가는 과정을 신뢰하지 않는다면, 우리의 인내심 부족 탓에 그 능력은 시들거나 잠들어버릴 것이다.
> — 존 카밧진

직관에서 직접적인 앎으로

몸의 주파수가 높아지면 주변에서 일어나는 사건에 대해, 그리고 자신의 영혼이 하고자 하는 일에 대해 좀더 많은 정보를 수집할 수 있다. 이런 통찰은 파동을 통해 곧장 에너지 정보의 형태로 온다. 영혼의 길잡이는 더 이상 말로 전해지지 않는다. 당신은 고도의 감응력을 통해 지금 이 순간의 영혼의 길잡이를 이해할 수 있다. 에너지 정보는 당신 두뇌와 몸의 모든 구성요소 — 세포, 장기, 조직 — 는 물론이고 에너지장 또는 오라에도 전달된다. 이미 그 자체로도 속도가 빠른 직관력은 이제 거의 '즉각적인 앎'이 된다.

'직접적인 앎'은 고도의 감응력을 인식의 수단으로 이용한다. 이 때 당신은 자신을 주파수 바다 속의 의식-진동체로 인식하게 되는데,

이 세계에는 경계가 없다. 모든 앎은 이러한 몰입과 교감의 경험 속에서 가능해진다. 이제 중요한 문제는 어떻게 불필요한 정보에 휘말리지 않으면서 알아야 할 정보를 선별할 수 있는가다. 최대한 빠른 시점에 적절한 에너지 정보를 획득하여 흐름을 유지한 채로 그것을 행동에 반영하려면 어떻게 해야 할까?

다행히도 내면의 주시자는 적절한 정보가 거대한 통일장으로부터 당신의 에너지장으로 옮겨지고 당신의 몸과 우뇌, 좌뇌를 거쳐 의식적으로 처리되는 일련의 흐름을 조절한다. 따라서 당신이 중심에 머물면서 내면의 주시자와 대화하는 연습을 하면, 당신은 뭔가를 알아야 할 때 바로 그것을 알게 될 것이다. 에너지 정보를 가장 빠른 시점에 획득하는 일은 좌뇌와 우뇌의 균형과 수평적 통합으로써 가능해진다. 그때 양 뇌는 조화 속에서 모든 정보를 한번에 수신하고, 처리하고, 해석한다.

이 모든 요소가 당신의 인식과정을 좀더 명료하고 빠르게 만든다. 직관의 시대를 사는 법을 배울 때는 당신 자신을 '직접적인 앎'이 제공하는 모든 정보를 꽃 피우는 직관적(intuitive) 존재로서 바라보는 것이 중요하다. 지금 당신의 의식은 진화하고 있다. '직접적인 앎'은 지금 당신을 가로막는 것이 무엇인지, 당신의 에너지가 잘 흐르고 있는지, 당신이 뭔가를 왜 그리고 어떻게 알게 되는지, 매 순간 가장 자연스러운 상황은 어떤 것인지를 알려줌으로써 당신의 진화과정에 대한 통찰을 제공해준다.

에너지 정보 이해하기

에너지 정보를 이해하기 위한 첫 번째 열쇠는 의식의 수면으로 떠오른, 혹은 수신된 흐름을 '느낌'으로써 알아차리는 것이다. '여기에 내가 알아야 할 뭔가가 있는가?' 당신은 그 답을 찾기 위해 점점 향상되는 감응력을 통해 몸의 미묘한 상태에 주의를 기울인다. 긴장이 풀어지고, 마음이 열리고, 여유롭고 평온한 느낌이 드는가? 그렇다면 지금 당장 당신이 알아야 할 긴급한 사항은 없을지도 모른다. 반대로 뭔가 안달이 나고, 혼란스럽고, 압박이 느껴지는가? 그렇다면 이것은 어떤 통찰이 등장하고자 문을 두드리고 있다는 신호일 경우가 많다. 에너지 정보의 수신은 마치 뭔가가 당신을 부드럽게 미는 것처럼 가벼운 촉각으로 느껴지기도 하고 그 외의 다른 감각들을 자극하기도 한다. 당신은 어떤 목소리나 노크 소리, 딸랑거리는 소리를 들을 수도 있고 뜨겁거나 차가운 느낌, 활기찬 느낌을 받을 수도 있다. 어떤 빛이나 유령 같은 이미지를 볼 수도 있다. 심지어 주변에 있지 않은 뭔가의 냄새를 맡을 수도 있다.

당신이 에너지 정보의 흐름을 알아차리지 못하면 압력이 쌓이고 좀더 많은 정보가 그 흐름에 보태져 마치 착륙대기 중인 비행기들로 뒤덮인 상공과 같은 상태가 된다. 이럴 때는 뭔가가 억눌리거나 짜증스럽거나 심지어 슬픈 느낌에 곧잘 빠질 수도 있다. 간혹 당신이 받고 있는 에너지 정보가 감정과 관련된 것이어서 그것이 감응 중인 당신으로 하여금 그 실망감, 좌절감, 혹은 열정 등을 자신의 것으로 오해하게 만들기도 한다. 이뿐만이 아니다. 조카의 팔이 부러지거나, 친구가 임신을 하거나, 할아버지가 돌아가실 때, 당신은 그와 관련된 정보를 '신체적인' 방식으로 수신하기도 한다. 그 의미를 이해할 때까지 당신은 이유도 모른 채 유사한 증상들에 — 점점 더 명확한 상징성을 띠고 등장할 것이다 — 시달릴 수 있다. 예컨대 팔이나 배가 아프기 시작하거나 곧 위험한 사고를 당할 것만 같은 예감이 든다.

이런 비언어적 에너지 정보를 해독하지 못하고 그 흐름의 압력에 직면할 때, 당신은 점점 커져가는 공감능력에 저항하면서 자신만의 동굴 속으로 도피할지도 모른다. "더 이상은 못 견디겠어." 당신은 무의식적으로 아무것도 알고 싶지 않다는 결정을 내릴 수도 있다. 하지만 현실로부터 눈을 돌리는 것은 전혀 도움이 되지 않는다. 에너지 정보는 계속해서 들어오기 때문이다. 그러므로 그 메시지를 받아들이고 내면의 주시자가 무엇을 보여주려 하는지를 찾는 것이 최선의 방법이다. 만약 원치 않는 느낌에 휘말릴까봐 무의식중에 두려워하고 있다면, 당신에게 필요 없는 것들은 당신의 주의를 사로잡지 않는다는 사실을 이해하라. 감응력을 좀더 '똑똑해지는' 수단으로 이해하라. 저항은 당신의 배움을 방해할 뿐이다.

> 의식 조절이 삶의 질을 결정한다.
> ― 미하이 칙센트미하이

다음으로 고려할 생각은 다음과 같다. 나쁜 에너지 정보 같은 건 없다. 에너지 정보는 모두 당신의 변성과 진화에 도움이 된다. 당신은 내면의 주시자를 통해 자신이 주목하는 현상들 안에 숨겨진 메시지와 의미를 찾아야 한다. 비록 자신이 주목하는 것들이 끔찍하고 보기 힘든 것일지라도 그래야 한다. 당신의 내면 주시자는 그런 정보의 긍정적인 목적과 당신이 지금 그것에 주목하는 이유를 밝혀줄 수 있다. 내적 의미를 수면 위로 드러내는 연습을 하면 할수록 당신은 좀 더 깨어 있게 되고, 심사숙고하고 재고하는 데 시간을 낭비하는 일 없이 지금 이 순간 신속하게 에너지를 해독할 수 있다.

기분 좋게 시장을 보고 있는데 갑자기 불안감이 밀려든다고 하자. 이 기분은 대체 무엇일까? 차 문 잠그는 것을 깜빡 잊었는가? 아는 누군가가 다쳤는가? 주위 환경을 둘러보니 어머니와 아이가 서 있다. 어머니는 아이가 선반 위에서 예쁜 물건을 집어든 데에 화가 나서 아이를 다그치고 있다. 당신은 자신이 그들의 감정을 느끼고 있다는 사실을 깨닫는다. 그리고 자신이 어떤 행동도 취할 필요가 없다는 걸 아는 순간 긴장감이 풀어진다.

좀더 연습할수록 세밀한 통찰력을 얻게 될 것이다. 그것은 과거나 앞으로 다가올 사건에 대한 파동에서 온 정보일 수도 있고, 다른 사람의 감정체(emotional body)에 숨겨진 패턴 — 일을 망치거나 위험하게 만들 수 있는 — 에 대한 경고일 수도 있다. 또는 특정한 선택과 행동의 결과를 미리 아는 것일 수도 있고, 자신의 성장을 위해 필요한 사람이나 사건을 접하기 위해 해야 할 일 또는 하지 말아야 할 일이 무엇인지를 아는 것일 수도 있다.

> 새로운 의식은 더 이상의 분열이 없기를 원한다. 영성의 극단과 물성物性의 극단을 함께 이해하고 그 양극의 접점을 찾을 때, 그 둘은 하나의 실체가 된다.
> ― 미라 알파사

의도적으로 '직접적인 앎'을 활용할 때, 당신은 내면의 주시자가 주목하는 여러 대상들로부터 복합적이고 동시다발적인 의미와 통찰을 얻고 이해하게 된다. 당신의 인식이 다양한 관점을 통합해내는 것이다. '직접적인 앎'의 가장 고차원적인 형태는 계시 또는 영감이다. 계시와 영감을 통해 당신은 이전에는 상상도 하지 못했던 성숙하고 전일全—한 수준으로 올라가게 된다. 요컨대 어떤 통찰이 불현듯 — 아무런 계기도 없는데 — 떠오르는 식이다. 이와 관련된 예를 살펴보자.

- 전생의 기억이 떠올라서 내가 오래 지속해온 행동의 배경과 이유를 명확히 알게 해준다
- 미래에 어떤 현실이 등장하여 어떻게 흘러갈 것인지를 보게 된다.
- 어떤 복잡한 에너지 작용의 원리를 이해하고 그것을 어떻게 과학기술의 혁신에 응용해야 할지를 알게 된다.
- 어떤 사회현상이 경제와 정치에 미치게 될 영향을 알게 된다.
- 신체를 신속히 치유하기 위해서 어떤 조치를, 어떤 순서로 취해야 할지를 알게 된다.
- 내가 그동안 어떻게 성장해왔는지를, 그리고 내 현생의 목적과 교훈이 무엇인지를 이해하게 된다.

사람은 자신의 인생을 다른 사람의 인생과는 별개인 것으로 경험한다. 이것은 의식이 지어내는 일종의 시각적 망상이다. 우리가 할 일은 스스로 만든 감옥에서 나와 연민(compassion)을 통해 일체(Oneness)로서의 현실을 발견하는 것이다.

— 알버트 아인슈타인

공감능력 조절하기

당신의 직관력과 초감각(ultrasensitivity)은 결국 공감(empathy)을 낳게 되는데, 공감이란 누군가 또는 무언가가 직접 '되어봄'으로써 그(그것)의 느낌을 공유하는 능력을 말한다. 당신은 자신의 가슴 중심에 온전히 머물면서 공감을 통해 다른 사람들의 가슴도 경험하게 된다. 공감은 영혼의 앎의 방식인 연민으로 당신을 이끌지만 결코 당신을 몰아붙이진 않는다. 공감을 통해 당신은 분열과 혼돈 대신 더 통합적이고 단순명료한 경험을 하게 된다.

어려움, 고통, 괴로움에 주목하는 한, 당신은 그런 상태에 영양분을 보태줌으로써 오히려 그것이 실재가 되게 만든다. 물론 우리는 상처를 받을 때도 있지만 이것은 영혼으로서 우리의 자연스러운 상태가 아니다. 우리는 고통을 피하기 위해 온갖 노력을 기울일 필요가 없다. 그 대신 열린 마음으로 근원 주파수 상태를 유지하는 데 집중하는 편이 훨씬 효율적이다. 우리가 무의식중에 고통과 괴로움 등의 끔찍한 감정을 내면화하거나 단순히 물리적 현실의 거죽만을 느낀다면 자칫 공감이라는 것이 심신을 쇠약하게 한다고 오해하기 쉽다. 그러나 우리가 '몸 안의 영혼'을 긍정하고 사람, 사물, 상황의 중심과 감응하려고 노력한다면 공감은 '직접적인 앎'의 고차원적 형태가 된다.

공감을 통해 에너지 정보를 해독하는 일은 간단하다. 우선 진동을 느끼는 데 집중하라. 그런 다음 일시적으로 그 진동과 결합하고, 내면 주시자가 당신에게 무엇을 전하고 있는지 물어보라. 직관의 상태에 조용히 머물면서 어떤 인상이 당신의 장기, 몸, 심장, 통합된 두뇌에 떠오르는지를 보라. 희뿌연 안개가 걷히면서 아름다운 광경이

드러나듯 어떤 의미가 형태를 갖추기 시작하면, 좌뇌로 하여금 그 의미를 설명하게 하라. 그러는 동안 직감의 상태를 계속 유지하라.

사람들은 종종 "그래도 경계선을 설정해놔야 하지 않나요?"라고 묻는다. 자신의 중심과 근원 주파수에 머무는 습관이 자리 잡을 때까지, 당신은 개인과 집단의 잠재의식에서 쏟아져 나오는 두려운 내용물에 휩쓸려버리기 쉽다. 당신은 대립과 갈등을 일으키는 다양한 메시지에 의해 혼란스러워지고, 다른 사람들이 겪는 극적인 사건들에 의해 정신이 산만해질 것이다. 이때 담벼락을 세워서 스스로를 보호하면 좋을 것 같지만, 그것은 단지 현실을 더욱 분리시키고 바깥세상은 당신보다 더 크고 위험하다는 생각만 강화시킬 뿐이다. 이런 세계관은 당신을 좌뇌 인식으로 되돌아가게 만들면서 그 즉시 '직접적인 앎'의 흐름을 차단한다.

다음은 직접적인 앎, 교감능력, 초감각을 조절할 수 있는 방법이다.

• 직접적인 앎은 지금 여기에서만 작동하며, 우리가 매 순간에 알아야 것은 오직 한 가지뿐이다. 매 순간은 스스로 '조절하는' 역할을 한다. 즉, 당신이 온전히 처리할 수 있도록 한 번에 하나씩, 한입 크기의 통찰만을 제공한다. "인생은 우리가 감당할 만큼의 시련만 준다"는 말은 바로 이런 뜻이다.

• 내면 주시자는 자신이 무엇을 하고 있는지 알고 있다. 당신은 뭔가 불쾌하거나 속상하게 느껴지는 상황 속에서 기존의 인식습관대로 반응하고 싶은 충동을 느끼고 중립을 잃기 쉽다. 당신이 그렇게

행동한다면 영혼이 당신에게 주고자 하는 교훈을 알지 못하게 될 것이다. 그러나 중심에 머물면서 내면 주시자가 보여주고 싶은 것이 무엇인지를 묻는다면, 당신은 올바른 관점에서 상황을 인식하게 된다. 비록 당신이 부정적으로 반응하더라도 거기에는 언제나 귀중한 교훈이 들어 있다.

• 당신은 다른 중심점들을 방문할 수 있고, 다른 관점들도 얻을 수 있다. 하지만 방문 후에는 다시 자신의 중심으로 되돌아와야 한다. 당신은 누군가 또는 무언가에 집중함으로써 ― 사물, 생각, 장소, 장場과 감응해봄으로써 ― 그들과 하나가 되고, 그들의 관점에서 그들을 알 수 있다. 하지만 이것은 당신이 자기 중심으로 되돌아가서 좌뇌가 이 정보를 처리하게 할 때만이 귀중한 정보가 된다. '이 정보는 내게 얼마나 유용한 것일까?' '이 통찰로 인해 나는 무엇이 하고 싶어졌는가?' 만약 당신이 지금 탐험 중인 대상과 얽히고설켜서 자기 중심으로 되돌아오는 일을 잊어버린다면, 영혼의 길잡이와의 끈이 끊어지면서 맥이 빠지는 느낌이 들 것이다.

• 당신이 온전히 존재할 때는 어떤 사람이나 사물도 당신의 공간을 차지할 수 없다. 당신이 자신의 몸과 에너지장의 중심에 온전히 머물면서 모든 것을 근원 주파수로 채울 때, 그 어떤 것도 당신과 영혼의 연결을 방해할 수 없다. 당신에게는 자신을 보호하기 위한 방패막이 필요하지 않다. 당신은 그 자체로 안전하다.

• 공감은 연민을 수반하지만, 그것은 일반적인 감정과는 다를 수

있다. '직접적인 앎'을 얻는 과정에서 자신의 가슴 중심에 머물 때, 당신은 자신이 주목하는 모든 것에 대해 좀더 고차원적인 관점을 얻게 된다. 당신은 자신이 주목하고 있는 그것이 전체의 계획과 맞아떨어지는지, 그것이 어떻게 의식-에너지를 주고받는지, 이 과정에서 어떤 식으로 진화가 일어나는지를 알게 된다. 여기에 좋거나 나쁜 것은 없으며, 그것들 모두는 단순히 제 모습 그대로 의미를 지닌다.

> 세상을 가리는 연막은 걷혔다. 모든 것은 거대하고 즐거운 진동 안에서 연결돼 있다. 삶은 더욱 광대해지고, 진실해지고, 생기 있어졌다. 작은 진실들이 모든 곳에서 말없이 반짝인다. 마치 제각각 비밀, 특별한 감각, 특별한 생명을 담고 있는 것처럼. 사람들은 형언할 수 없는 진실 속에 몸을 담근 채 생각을 멈춘다. 진실은 그저 존재한다. 불가사의하게도 그렇다. 그것은 빛이고, 생명이고, 사랑이다.
>
> — 스리 오로빈도

이제 이렇게 해보라. — 이번 장을 마치고 나면 읽기를 잠시 멈추고, 당신의 몸이 이전에 처리하고 있던 것과 지금 주목하고 있는 것이 무엇인지를 살펴보라. 당신의 모든 감각을 살펴보라. 당신의 직관을 살펴보라. 이번 장의 내용이 당신 안에서 철벅거리며 맴도는 것을 느끼면서 그것과 자연스럽게 연결돼라. 잠시 멈추고 그것을 느껴보라. 그리고 언제 다음 장으로 넘어가면 좋을지를 직접 느껴보라.

요약

직접적인 앎은 당신의 두뇌가 인식의 여러 중심점과 통합할 때 나오는 심화된 형태의 직관이다. 직접적인 앎은 진동을 통해 쏟아져 들어오는 에너지 정보로부터 통찰을 얻어내기 위한 인식 수단으로서 당신의 커져가는 초감각을 이용한다. 처음에는 작은 일부터 시작해서 점점 더 복잡한 문제에 직관을 적용해보는 것이 도움이 된다. 직관은 유동적이고, 열려 있고, 지금 여기에 머물고, 고요하고, 존중하고, 연결한다. 직관을 활용하는 연습을 많이 할수록 직접적인 앎도 확장된다.

당신의 의식 속에는 내가 '내면의 주시자'라고 부르는 기능이 있다. 어떤 이들은 이를 두고 '내면의 목소리'라고 부르기도 한다. 내면의 주시자는 당신이 주목하는 것이 무엇인지와 그것에 주목하게 된 이유가 무엇인지를 깨닫게 해준다. 당신은 내면의 주시자와 대화함으로써 자신의 직관적 통찰을 더 쉽게 이해할 수 있고, 주변에서 곧장 전달되는 에너지 정보를 더 잘 해독할 수 있다.

변성과정은 당신의 직관을 직접적인 앎의 수준으로 심화시키고 당신은 온몸을 통해서 모든 대상을 한꺼번에 신속히 인식하게 된다. 당신의 좌뇌와 우뇌는 동업자로서 서로 협력한다. 하지만 수면에 떠오른 일련의 정보들을 알아차리지 못하거나 특정한 통찰 ― 당신의 좌뇌가 '나쁜 것'으로 분류해버린 ― 을 받아들이지 않고 저항한다면, 에너지 정보를 수신하는 일 자체가 감당할 수 없을 만큼 버겁게 느껴질 수 있다. 초감각은 당신에게서 공감능력과 연민의 마음을 이끌어낸다. 이것이 바로 영혼이 앎을 얻는 방식이다. 공감은 결코 부정적인 경험이 아니며, 당신으로 하여금 위대한 사랑과 일체성을 경험하게 해주는 심화된 수준의 '직접적인 앎'이다.

8

구球-홀로그램 인식 연습하기

나는 커다란 구의 모양을 한 채 영혼을 기다리고 있는
천국 — 온전하고 완전한 행복 — 을 꿈꿔왔다.
그렇게 위만 바라보다가,
바로 이곳에서 그 황홀한 비전을 충분히 실현할 수 있다는 사실을 깨달았다.

— 앨리스 케리

　　직관의 시대에 우리가 적응해야 할 가장 중요한 일 중 하나는 인식의 기하학적 구조를 바꾸는 일이다. 우리가 인식은 특정한 기하학적 구조에 기반한 내적 청사진이나 패턴을 따른다. 이런 근본적인 구조는 의식-에너지가 흐르는 방식을 결정하고, 이렇게 결정된 방식은 다시 우리가 현실을 보는 방식에 영향을 미친다. 지금까지 우리의 인식 구조는 선형적이었다. 선형적 인식구조를 가질 때, 우리는 두뇌의 작용도 선형적으로 — 의식의 상승 또는 하강으로 — 이해하고 외부의 현실도 선형적으로 바라본다. 다시 말해, 시간과 공간을 직선형으로 구조화한다. 우리는 '생각의 순서'나 '시간의 순서'에 따라 인식하고, 공간상에서는 두 점 사이의 가장 짧은 거리를 찾아 이동한다. 이 관점은 차원의 개수와 가능성을 제한한다.

　　이번 장에서 우리는 직관의 시대의 두 번째 주의력 조절기법에 대해 살펴볼 예정이다. 그것은 바로 구球-홀로그램 인식이 창조한 현실 속에서 인식하고 살아갈 수 있는 능력이다. 나는 구-홀로그램 인식이 서로 엮인 두 가지 경험으로 구성되어 있다고 본다. 첫 번째 경험은 구형적球形的(spherical) 인식이다. 이 인식은 당신이 자신을 공 모양의 의식-에너지장의 중심점으로서 경험하고, 자신이 그 중심점인 동시에 장 전체이기도 하다는 느낌을 가질 때 시작된다. 당신이 구형적 인식을 하게 되면 중심에서 벗어나는 일은 결코 생기지 않는다. 이제 당신의 현실인 구는 당신을 둘러싸고 확장과 수축을 반복한다. 이것은 마치 당신의 주파수, 초점, 소망에 따라 부풀거나 수축하는 풍선과 같다.

당신의 구가 확장하면 더 많은 지식을, 즉 더 많은 통일장을 품게 된다. 그 결과 당신은 좀더 높은 주파수에서 진동하게 되는데, 이것이 반드시 더 나은 것은 아니다. 반대로 당신의 구가 수축하면 당신은 에너지장에 덜 집중하게 되거나 좀더 낮은 주파수에서 진동하게 되는데, 이것이 반드시 더 안 좋은 것도 아니다. 당신의 현실은 언제나 구 안에 있고, 당신은 구 밖으로 나갈 수 없다. 우리는 이런 종류의 인식을 직관적으로 이미 알고 있다. 그래서 누군가의 '세력권'(sphere of influence) 또는 '관심권'(sphere of interest)이라는 말을 흔하게 쓴다.

두 번째 경험은 새로운 인식의 홀로그램적 측면이다. 이것은 당신 자신이 구의 중심점 또는 가슴으로서 공명을 통해 우주에 있는 다른 모든 중심점과 자연스럽게 연결돼 있다는 사실을 깨달을 때 시작된다. 모든 중심점이 당신의 구 안에 존재하고, 당신은 이 점들에 접근할 수 있다. 이 말은 당신이 그것들에 주의를 기울임으로써 마치 그것의 현실을 당신의 것처럼 알 수 있다는 뜻이다. 또한 당신은 어떤 중심점에 있든 간에 자신을 의식-에너지의 전체 통일장으로서 인식할 수 있다. 왜냐하면 아주 작은 조각 안에도 전체상이 담겨 있는 것이 홀로그램이 특징이기 때문이다. 따라서 구와 홀로그램은 약간 다른 경험이지만 서로 이음새 없이 매끄럽게 통합된다.

5장에서 나는 당신이 기존의 선형적 인식에서 새로운 구-홀로그램 인식으로 전환할 수 있도록 도와주는 일련의 변화들 — 두뇌와 몸 양편의 — 에 대해 간략하게 설명했다. 또한 두 종류의 인식이 불러오는 많은 영향에 대해서도 설명했다. 이번 장에서는 이런 인식의 전환과정을 좀더 깊숙이 살펴보고자 한다. 당신은 구-홀로그램 현실에 적응하고 그 안에서 살아가는 방법을 배우게 될 것이다.

선형적 사고의 과정과 현실

기존의 인식방식과 새로운 인식방식을 분명하게 비교해보기 위해서, 선형적 인식이 우리 자신과 우리의 현실에 미치는 영향에 대해 잠시 기억을 떠올릴 시간을 갖도록 하자. 선형적 인식은 많은 문제점을 갖고 있다. 선형적 인식은 상당히 낮은 주파수에서 가동되기 때문이다. 이것은 두려움을 발생시키고, 삶이 슬로모션처럼 느리게 흘러가도록 만들고, 비물리적 현실을 경험하는 것을 훼방한다. 우리는 이미 변성의 발걸음을 뗐기 때문에, 당신은 왜 선형적 인식이 이제는 구시대적이고 느려 보이는지를 확실히 이해할 수 있다. 다음은 선형적 세계에 속한 사고방식이다.

• 나와 삶 사이에는 경계가 있다. 나는 외롭고, '저기' 외부에 있는 커다란 세상의 영향을 받는다. 나는 내 주위를 둘러싸고 있는 가상의 경계를 항상 느낀다. 그 경계에서 나의 존재는 끝이 나고, 그 너머엔 빈 공간이 있다. 나는 삶의 일부만을 경험하며, 나머지와는 공간적·시간적으로 분리되어 있다. 세상은 모든 면에서 나에게 너무도 크고, 무정하고, 위험하고, 적대적으로 보인다. 그래서 나는 그 광대함에 압도당하거나 삼켜질까 두려움을 느낀다. 나는 작고 보잘것없는 존재이며, 나만의 정체성을 잃을까봐 두렵다. 나는 나의 참모습을 기억하지 못한다. 왜냐하면 내 영혼은 '천국'이라고 불리는 저 높은 곳에 있기 때문이다.

• 나는 뭔가를 원하지만, 지금 당장은 그것을 가질 수(혹은 알 수) 없다. 나는 여기에 있고, 당신은 '저기'에 있다. 내가 꿈꿀 수 있는 최상의 현실 시나리오도 당신처럼 '저쪽'에 있다. 문제에 대한 해결책이 미래에 있기 때문에 나는 지금 그것을 알 수 없다. 내가 만나고 싶은 사람들, 가고 싶은 장소와 갖고 싶은 물건들, 알고 싶은 생각들이 다른 곳에 있기에 나는 늘 만족스럽지 않다. 당나귀가 제 눈앞에 고정되어 매달린 당근을 무슨 수를 써도 먹을 수 없듯이.

• 원하는 것을 얻고 유지하기 위해서는 반드시 내 의지력을 활용해야 한다. 원하는 것을 얻기 위해서는 나의 영역 밖으로 나가서 그것이 있는 곳까지 도달해야 한다. 그러려면 반드시 의지력과 영리함, 계획이 필요하다. 나의 행동(원인)이 결과를 얻으려면 일련의 단계를 거쳐야만 한다. 이것은 많은 시간이 걸리는 과정이다. 나는 계

속해서 동기를 부여받아야 하고, 에너지를 유지해야 하며, 긍정적인 태도와 야망을 가져야 한다. 그것은 모두 내게 달려 있다! 삶은 힘든 것이고, 어느 누구도 진정으로 나를 도우려 하지 않는다. 만일 내가 긴장을 풀면 모든 것이 산산조각 날 것이다. 그리고 결과를 얻었더라도 그것을 간직하려면 또 애를 써야 한다.

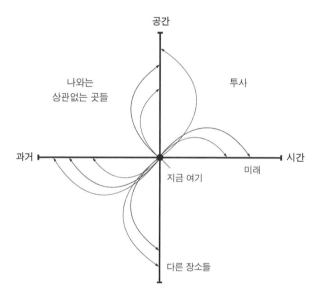

선형적 인식을 할 때,
당신의 마음은 선을 따라 미래나 과거로 또는 다른 장소들로 보내진다.
이때 당신은 자신과 목표 사이에 상상의 간극을 만들어낸다.

• 내가 인식한 간극이 내 속도를 제한한다. 내가 따라야 하는 선들이 내 경험의 차원과 가능성을 제한한다. 나는 시간과 공간의 일직선 위에서 내 마음을 앞뒤로 움직이는 데 익숙하다. 그러면서 무심코

'지금의 나'와 '내가 원하는 것' 사이에 틈을 만들어낸다. 내 마음은 언제나 그 두 점 사이의 공간을 바라본다. 나는 이 틈이 비어 있다고 단정하기 때문에 그 속에 담긴 정보를 경험하지도, 그 속에 존재하고 있는 나의 일부를 경험하지도 못한다. 따라서 이런 틈들은 내 의식-에너지의 흐름 속에 커다란 구멍들을 만들어내고, 나와 내 삶을 정체시킨다.

나는 과거-현재-미래의 시간선 위에 머물러야 하고 순서에 맞게 일을 처리해야 한다. 그리고 논리에 맞게 움직여야 한다. 뭔가를 해내려면 중간단계를 뛰어넘어서는 안 된다. 삶은 철저하게 물리적이다! 통제되지 않은 채 불쑥 튀어나오는 영감과 한없이 펼쳐지는 상상의 나래는 비난받아 마땅하다. 나는 일어날 일들을 미리 계산해둔다. 상황을 살피고, 과거의 경험과 비교하고, 미래에 투영한다. 나는 '지금 이 순간'이 왜 내게 특정한 삶의 주제를 제시하는지를, 그리고 왜 내 마음과 의지력으로 내 삶을 통제할 수 없는지를 이해하지 못한다.

> 분노 속에서 과거를 돌아보지 말고, 두려움 속에서 미래를 내다보지 말라. 그저 온전히 자각한 채 주위를 둘러보라.
> — 제임스 서버

• 나는 부정적인 생각에 쉽게 빠진다. 삶의 정체, 텅 빈 틈새들, 탈진(의지력의 과다 사용에서 비롯됨), 외로움(모든 것을 홀로 해내야 한다는 생각에서 비롯됨)은 인생에 대해, 나 자신에 대해 잘못된 생각을 하게 만든다. 나는 부정적인 감정상태를 인정해버린다. 나는 내가 더 나은 삶을 살

기에는 결점이 너무 많고, 무가치하고, 사랑스럽지 않고, 무지하고, 무능하고, 나약하고, 제대로 훈련돼 있지 않다고 여긴다. 나는 쉽게 좌절하고, 분노하고, 억울해하고, 압도당하고, 진이 빠지고, 우울해지고, 무기력해지고, 운명론적인 생각에 빠지고, 기분이 침체된다. 이렇게 나는 '나 아닌 것'들을 내 정체성으로 삼는다.

이런 사고의 흐름을 보면 선형적 인식이 어떻게 고립, 공포, 의지력, 곤경, 고통의 경험에 기반한 세상을 창조하는지를 확연히 알 수 있다. 이것은 아름다운 그림이 아니다! 다음 내용에서 나는 당신이 '직관의 시대'의 의식으로 전환되는 과정을 상상하고 느끼는 데 도움이 되는 모형을 보여줄 것이다.

선형적 현실은 가운데 구멍이 난 도넛과 같다

선형적 인식을 하면 중심(지금 여기 혹은 몸)으로부터 멀어져서 다른 시간대나 장소 ― 또는 다른 사람들의 현실 ― 를 보거나 느끼는 데 몰두하기 쉽다. 즉 우리의 중심을 무시하게 되는 것이다. 5장에서 말했듯이, 구-홀로그램 인식으로의 변성은 '중심에 머무는 경험'으로부터 시작된다. 하지만 선형적 인식을 할 때, 우리는 중심과 근원 주파수에 편안히 머물지 못하고 그 외의 다른 곳에 존재한다. 삶은 우리 밖에, 우리를 둘러싸고 있는 듯 보이며 우리가 원하는 것은 손에 닿지 않거나 기다려야 한다. 많은 면에서 선형적 현실은 가운데 구멍이 난 도넛과 닮아가기 시작한다.

다음에 나오는 그림에서 시간과 공간의 축 중심에 있는 도넛과 가운데 구멍이 보일 것이다. '지금 여기'의 교차점 또는 중심점은 당신이 자신의 몸과 개성을 느낄 수 있는 곳이자 자신의 영혼과 비물리적 세계에 접근할 수 있는 곳이다. 이 중심점은 좀더 높은 주파수의 의식 차원으로 갈 수 있는 출입구다.

도넛은 당신의 시선이 대부분 머무는 범위 — 다른 어떤 곳 또는 과거나 미래 — 를 나타낸다. 이 도넛에 집중하는 한, 당신은 중심의 구멍 안에서 무슨 일이 벌어지고 있는지를 인식할 수 없다. 당연히 영혼, 비물리적 세계, 직관의 시대의 현실로 가는 문을 열어주는 마법의 중심점에 접근할 수도 없다.

당신은 자신이 원하는 것, 자신의 참모습, 삶의 의미를 어딘가 다른 데서 찾고 있기 때문에 중심에 있는 진정한 자아를 경험하지 못한다. 당신은 아무 생각도 안 나거나 넋이 나간 것처럼 느낄 수도 있다. 당신의 의식은 시공간 상의 다른 지점들을 차지하기 위해 '당신의 몸'을 떠나버렸다. 쉽게 말해, 집이 비어 있는 것이다. 당신은 스스로 공백이 되어버렸다! 이때는 자신의 몸, 감정, 진정한 동기를 느끼는 일도, 무엇이 진짜인지를 아는 일도, 자신이 무얼 원하거나 필요로 하는지를 알아차리는 일도 쉽지 않다. 당신의 의식이 '지금 여기'에 존재하지 않으면, 당신은 주목할 필요가 있는 것에 집중하지 못하거나 내면의 주시자를 통해 현실로 계속해서 쏟아져 들어오고 있는 직관의 길잡이를 알아차리지 못한다. 당신의 영혼, 진실, 운명과 연결되기 위해서 당신의 의식-에너지는 반드시 지금 이 순간에, 그리고 당신의 몸속 중심에 온전히 머물러야 한다.

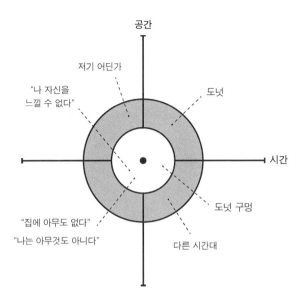

당신의 마음을 다른 시간과 공간으로 보내고 세상을 당신과 분리된 것으로 볼 때,
삶은 도넛과 같이 변하고 손에 닿을 수 없게 된다.
당신의 몸, 인격, 영혼은 도넛의 텅 빈 구멍에 존재한다.
당신은 자신을 느낄 수 없기 때문에 스스로를 아무것도 아닌 존재로 생각하기 쉽다.

실습과제

당신이 계획하는 것 또는 미루는 것은 무엇인가?

(마음을 차분히 한 후 다음의 질문에 관한 답을 일지에다 적어보라.
각 질문에 대한 답은 다음번 실습과제에서 좀더 상세히 살펴보도록 하자.)

1. 그동안 내가 미뤄왔던 행동은 무엇인가? 미뤄왔던 생각은 무엇인가? 가지고 싶었던 것은 무엇인가? 미뤄왔던 경험은 무엇인가?

2. 내가 미래에 이루겠다고 생각한 목표는 무엇인가?

3. 과거로부터 온 어떤 생각들이 오늘날 나의 행동이나 배움의 방식에 제약을 주는가?

4. 나는 무엇에 대해 향수를 느끼는가?

5. 나는 어떤 곳을 방문하는 것을 상상하는가?

6. 내가 그들의 삶이 어떤지 느낄 수 있을 정도로 강하게 집중하는 대상은 누구인가?

7. 해결책이 너무 멀게만 느껴져 내가 풀 수 없다고 생각되는 문제들은 무엇인가?

8. 인생의 어떤 부분에서 의지력을 이용해야 한다고 생각하는가? 내가 멈추면 모든 것이 무너져 내린다고 생각되는 부분은 어디인가?

도넛의 텅 비어버린 중심 속에 살면, 공허감이나 부정적 성향을 진정한 자신의 모습과 관련짓고 스스로를 무가치하거나 선량하지 않은 존재라고 생각하기 쉽다. 내 고객들 중 어렸을 때 학대를 받은 상당수는 몸 한가운데 '정신적' 구멍이 나 있는 것을 느낀다고 말한다. 그들은 다양한 방법, 이를테면 음식, 섹스, 명예, 폭발적 감정 등으로 그 구멍을 메우려고 노력하지만 그것은 언제나 다시 비게 된다고 말한다. 당신이 두려워서 꼼짝도 못하거나 정신을 못 차릴 때, 특히 반복적으로 그런 상태를 경험할 때, 이 빈 구멍 현상은 더욱 자주 발생한다. 많은 심리학자들이 "자존감이 낮다"고 말하는 경우의 대부분은 이처럼 자아에 대한 경험이 부재한 것이다. 당신의 주의력이 당신 외부에 있는, 당신과 분리된 현실을 창조하고 있는데 어떻게 당신이 진정한 자아를 경험할 수 있겠는가?

> 문을 나서지 않아도 천하를 알고, 창밖을 내다보지 않아도 하늘의 이치를 안다. 밖으로 멀리 나갈수록 아는 것은 적어진다.
> — 노자

도넛을 구球로 전환하기

변성해서 '직관의 시대'의 인식을 찾기 위해서는 지금 여기의 중심에 제대로 자리를 잡고 자신의 몸속에 머물러야 한다. 이 과정의 시작점은 바로 당신의 두뇌와 심장의 중심점들이다. 당신은 근원 주파수 ― 당신의 몸과 개성 안에 들어 있는 영혼 ― 를 정상적인 존재 상태로 느껴야 하고, 지금 이 순간에 발생하고 있는 모든 일과 깊이 연결되어야 한다. 이런 조건들이 갖춰지면 당신은 살아 움직이는 자신의 에너지장을 있는 그대로 인식하게 된다. 그것은 구의 형태로 사방으로 확산되고, 지금 이 순간 당신의 현실은 그 구 안에 존재한다.

당신이 자기 자신을 열심히 들여다보면, 당신은 눈부시게 빛나는 공이 될 것이다.

　다음 그림은 당신이 변성을 위해 도넛에 있던 모든 계획을 거두고 중심으로 되돌아온 후, 고요히 침묵하면서 지금 이 순간의 통합을 경험하는 과정을 보여준다.

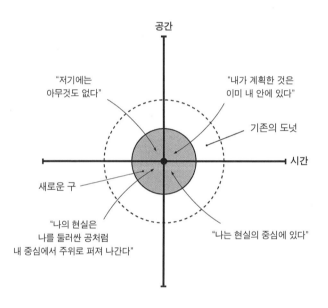

당신은 도넛 안에 있던 모든 계획과 예상을 거두고, 모든 것을 자신의 안쪽으로 끌어당긴다.
이제 당신의 모든 꿈, 목표, 해결책은 지금 이 순간에 머물고 외부세계란 것은 따로 없다!
이 구가 곧 당신의 현실이다.

　이것은 마치 바깥세상에 던져놓았던 수천 개의 낚싯줄을 다시 당신의 중심으로 끌어당기는 것과 같다. 지금은 잠시 휴식하며 생기를 되찾는 순간이고, 과정의 끝에 도달하는 순간이고, 의지력을 내려놓는 순간이며, 있는 그대로의 자기 자신 및 현실과 함께하는 순간이다. 하지만 기억해둘 점이 있다. 그것은 바로 당신이 최초로 멈추어 자신의 중심에 머물 때, 인생이 매우 공허하게 느껴질 수도 있다는 점이다. 좀이 쑤실 수도 있다. 하지만 그저 '존재하는' 상태에 머물수록, 당신의 경험은 기적처럼 변하고 그로 인해 충만함을 느끼게 된다.

도넛으로 다시 돌아가서, 당신이 도넛으로부터 관심을 떼면 그것은 에너지가 고갈되어 무너지고 사라진다. 당신이 밖으로 투사했던 것들을 끌어당겨 빈 구멍을 채우면 이 중심점의 경험이 당신의 진정한 자아를 점차 현실로, 의식의 초점으로 되돌아오게 한다. 한때 비어 있던 구멍은 의식-에너지로 채워진 살아 있는 중심이 되고 밝게 빛나는 구로 전환된다.

이제 당신은 마치 익어가는 동그란 과일처럼 천천히 확장한다. 한때 도넛이 차지하고 있던 공간을 초월해서 확장한다. 당신은 자신의 지식, 목표, 다른 사람들, 다른 장소들, 다른 시간대, 심지어 다른 차원들이 모두 자신의 구 안에 포함돼 있음을 깨닫는다. 그것은 또한 지금 이 순간의 거대한 확장이기도 하다. 이제 당신은 여기에 많은 생각들, 사물들, 진동들이 담겨 있음을 인식하고, 그와 동시에 자신의 커다란 현실인 구의 중심에서 평화롭게 머문다.

실습과제
도넛에 있던 것들 다시 흡수하기

1. 마음을 고요히 하고, 몸속의 느낌에 집중하라. 그런 다음 심장의 중심에 집중하라. 당신의 심장으로부터 빛나는 공이 발산되고 커져서 온몸을 둘러싸도록 하라.

2. 가슴의 에너지장이 근원 주파수 또는 당신이 선호하는 상태 — 당신이 느끼고 싶은 방식 — 의 진동과 공명하게 하라. 당신이 인식하는 모든 것이 이 구 안에 들어갈 수 있을 때까지 구를 확장하라.

3. 일지를 살펴보고, 이전 실습과제인 '당신이 계획했던 것 또는 미루는 것은 무엇인가?' 편에 나왔던 질문에 대한 답을 다시 검토하라. 각각의 질문을 당신의 구 안으로 가지고 들어와서 그것을 당신의 지금 이 순간과 생생한 현실의 일부분으로 느껴보라. 그리고 기존의 답에 대한 당신의 인식이 어떻게 변하는지, 그로 인해 지금은 어떻게 하고 싶은지를 적어보라.

당신이 구일 때 현실은 어떻게 작동하는가?

선형적 인식에서 구형적 인식으로 전환한 후의 현실은 예전과는 다른 방식으로 작동한다. 우선 외부의 세상이란 없다! 모든 것은 당신과 함께 당신의 구 안에 존재하고, 서로를 분리하는 경계선 없이 의식-에너지장에 의해 연결돼 있다. 그리고 모든 것은 동등하고, 고도로 효율적이며, 사랑으로써 서로를 돕는다. 여기에는 이전의 당신 삶에서 중요했던 것들도 여전히 존재하지만, 그것들의 속성은 이전과 차원이 다르다.

당신은 근원 주파수를 결코 벗어나지 않는 다면적·다차원적 자아를 경험한다. 당신은 자신이 원하는 것을 알거나 가지기 위해 어떤 곳에 갈 필요가 없다. 오직 한 가지 생각에 오롯이 집중하면, 그것은 당신의 에너지장에 모습을 드러내고 다른 것들의 아낌없는 도움을 받아 기적적으로 구현된다. 이 과정은 번개처럼 빠르다. 모든 것은 지금 이 순간에 존재하기 때문이다. 당신은 공허하기는커녕 즐겁고 충만해진다. 이제 당신은 모든 것을 알 수 있다. 모든 답은 바로 지금 당신 안에 있다. 당신은 새로 태어나서 하늘로 솟아오른 불사조와 같다!

> 창조성을 재발견할 때, 우리는 지금까지 알아왔던 삶으로부터 벗어나게 된다. … 너무 멀리 혹은 잘못된 곳으로 보내진 창조적 에너지를 중심으로 되돌리려면 우리는 다름 아닌 우리 자신에게로 되돌아가야 한다.
> — 줄리아 캐머런

당신의 구-에너지장이 곧 당신의 현실이다

당신은 구 그 자체로서 언제나 그 자신 안에서 현실을 경험한다. 당신은 당신 밖으로 나갈 수 없다. 당신의 구-에너지장은 당신의 지금 이 순간이자 의식적인 마음이며, 당신의 현실이자 자아감이다. 하지만 그것은 정적이지 않다. 그것은 당신이 집중하는 범위에 따라 주파수를 오르락내리락하면서 통일장에 접속하는 범위를 늘렸다 줄였다 한다. 당신은 의식의 작고 좁은 초점이 될 수도 있고, 크고 광대한 초점이 될 수도 있다. 또한 당신은 한 입자의 현실을 알 수도 있고, 통일장 전체의 현실을 알 수도 있다. 물리적 세계에 집중할 때, 당신은 시간과 공간을 당신 안에 많이 혹은 적게 품을 수 있다. 비물리적 세계에 집중할 때, 당신은 높거나 낮은 주파수/차원의 의식-에너지에 당신 자신을 맞출 수 있다. 당신은 통일장 안에서 어디든지 갈 수 있고 무엇이든 경험할 수 있는 자유가 있다. 하지만 당신의 구 바깥에는 아무것도 없다. 아직 선형적 인식을 사용하고 있는 사람들에게는 참으로 이해시키기 어려운 사실이다.

이 부분이 특히 까다롭다 ― 구형적 인식하에서 당신이 새로운 생각을 하게 되면, 그것은 당신의 구 밖에서 오는 것이 아니라 구 안의 새로운 주파수로부터 오는 것이다. 구 안에서 주파수의 활성화와 의식-에너지의 움직임은 흐름(the Flow), 당신의 영혼, 내면 주시자의 역할이다. 높은 주파수의 생각들은 좀더 크고 확장된 구 안에서 사는 경험을 낳는다. 당신이 좀더 알아야 하는 것, 좀더 해야 하는 것, 좀더 가져야 할 것이 있다고 생각한다면, 당신의 구는 특정한 주파수에 있는 새로운 생각들에 이미 집중하고 있고, 이 상태에서 당신은 그것들에 접근할 수 있다. 만약 당신이 존재하는 시공간 또는 차원 '너머로' 좀더 많은 것을 보고 싶은 마음이 생긴다면, 당신은 선형적 인식으로 다시 퇴행해버린 것이다.

당신의 구 안에는 무한한 주파수가 있다

구의 중심에서 살게 되면 당신 안에 수많은 주파수가 공존하고 있음을 알게 된다. 각각의 주파수는 서로 다른 현실에 대응하고, 따라서 당신은 수많은 차원을 경험할 수 있다. 당신은 자신의 진동을 바꿈으로써 '현실 바꾸기 놀이'를 하고, 동시에 그 진동에 맞춰 자신의 구가 확장하거나 수축한다는 사실도 알게 된다.

주파수를 바꾸는 것은 당신의 초점을 다른 데로 옮기는 것만큼 쉬운 일이다. 만약 당신이 시계 배터리를 바꾸는 데 집중하고 있다면, 당신의 구는 상대적으로 작아진다. 하지만 같은 행동을 하더라도 꿈에 그리던 휴가지를 생각하고 그곳에 있다면 얼마나 좋을지를 느껴보고 있다면, 당신의 주파수는 상승한다. 이때 당신의 구는 확장해서 그 비전을 포함하게 되고, 당신으로 하여금 그것을 인식하게 만든다. 만약 당신이 연민에 대해 명상하면서 자신의 심장과 다른 모든 심장들이 연결돼 있음을 느낀다면, 주파수는 이전보다 훨씬 크게 상승하고 당신의 구도 그만큼 확장할 것이다.

구 안에 있을 때, 당신의 삶은 더없이 안전하다

당신이 인식하는 것이 당신 안에 있으면 그것은 친숙하게 느껴진다. 당신은 그것을 상세하게 알고, 그것도 당신을 안다. 당신 안에 있는 모든 것은 서로 협력한다. 왜냐하면 그것들은 모두 한 가지 목표 ― 진화 ― 를 가진 '똑같은' 자아이기 때문이다. 여기에는 반대극이 없다. 반대극은 외부세계가 해체되면서 함께 붕괴되고 말았다. 당신이 소망을 갖게 되면, 그것은 쉽게 구현된다. 그 소망도 구현되길 원하기 때문이다. 그 소망은 다른 형태를 하고 있는 '당신'이다. 당신의 세계가 친숙하게 느껴질 때, 당신이 근원 주파수에 집중할 때, 당신의 현실은 당신을 지지하고, 돕고, 모두가 유익함을 얻는 곳이 된다. 이때 당신의 의식-에너지는 두려움과 위험 대신 안전함, 사랑, 기쁨을 낳는다.

이에 대해 당신은 반문한다. "하지만 그건 너무 순진한 생각 아닌가요? 만일 제가 즐겁게 길을 가고 있는데 누군가가 제게 강도짓을 한다면요? 사장이 절 해고하면요? 거미를 보고 공포증이 생기거나면요?" 일단 뭔가가 대립적이고 외부적으로 보인다면 당신은 선형적 인식에 다시 빠진 것이다. 당신은 거미를 동족으로 여기고 거미의 눈으로 세상을 보는 대신 그것을 당신의 적으로 만들었다. 당신은 도넛의 빈 구멍으로 되돌아왔고 무력감과 고립감을 느끼고 있다. 순간적으로 이런 일이 생기더라도 당신은 중심으로 돌아옴으로써 즉시 교정할 수 있다. 그러면 사장이 당신에게 적대적으로 행동하는 것이 아니라 당신에게 필요한, 당신에게 중요한 통찰을 제공하고 있음을 깨닫게 될지도 모른다. 거미 또한 당신 내면의 주시자가 보낸 메신저일 수 있다.

이내 당신은 자신을 도넛의 텅 빈 구멍으로 툭 던져버린 미묘한 수축상태를 깨닫게 되고, 결국은 그런 식으로 반응하는 것을 멈추게 된다. 왜냐하면 자신이 이처럼 번거롭게 수고할 필요가 없다는 사실과 좀더 기분 좋게 느끼길 원한다는 사실을 확실히 알기 때문이다. 당신이 새로운 세계관을 안정화시킬 때, 당신은 안전해질 것이다. 당신은 강도를 당할 수 있는 시간과 공간 속으로 끌어당겨지지 않을 것이다. 또한 두려움에 기반한 교훈을 얻을 필요도 없을 것이고, 자신의 직관과 내면의 주시자를 신뢰하여 더 큰 창조력과 성장의 길로 나아가게 될 것이다.

당신은 확장되는 구 안에서 많은 차원을 방문할 수 있다

구형적 인식을 할 때, 당신은 당신의 물리적, 감정적, 정신적, 영적 현실이 하나의 연속체로서 어떻게 연결되어 있는지를 이해하게 된다. 마치 음악을 연주하듯이 당신은 자아의 서로 다른 '주파수'들로 이뤄진 일종의 '음계'를 오르내릴 수 있다. 그것들은 서로 변화무쌍하게 공명하고 있어서 거기에는 더 이상 경계선이 존재하지 않는다. 따라서 주파수를 바꾸면, 주의력을 달리 쓰면 현실의 차원도 즉각 바뀐다.

당신이 명상을 하거나 밤에 꿈을 꿀 때, 당신의 구는 확장해서 좀 더 고차원의 의식 ─ 에테르ether 차원, 감정/아스트랄(emotion/astral) 차원, 정신(mental) 차원, 원인(causal) 차원 ─ 을 포함하게 된다. 의식이 확장될수록 당신은 자신을 더욱 통합적으로 알게 된다. 반면 당신이 일상적 현실로 되돌아가면 당신의 구도 수축하고, 어떤 일에 집중하면 더욱 수축한다. 재미있는 사실은, 당신에게는 언제든 원하는 주파수나 영역을 즉각 활성화시킬 자유가 있다는 것이다. 당신은 지구, 태양계, 또는 은하계가 당신의 구 안에 존재한다고 느낄 수도 있다. 예컨대 당신의 구의 크기와 진동을 지구와 동조시키면, 당신은 지구를 곧 당신 자신으로서 느낄 수 있다. 마찬가지로 구를 축소시켜 하나의 원자와 크기와 진동을 맞추면, 당신은 그 원자를 당신 자신으로서 느낄 수 있다. 영적 지도자인 네빌 고다드는 이렇게 말했다. "우리는 우리가 공명하고 있는 바로 그것이 된다."[1]

구를 확장시키면, 당신은 지금보다 훨씬 많은 시간을 경험하게

되다. 당신 자신이 더 많은 과거와 미래를 포함하게 되기 때문이다. '과거'와 '미래'로 여겨졌던 것들이 '현재' 속으로 삼켜지고 '기억'이나 '예지적 통찰'로 여겨졌던 정보들이 개방되는 독특한 느낌이 주어진다. 또한 시간이 넉넉하다는 기분이 들면서 여유로운 마음이 생기고, 이전에는 시간이 오래 걸렸던 일들이 순식간에 달성되는 모습을 보게 된다. 미래에 속했던 것들이 지금 여기에서 당신의 잠재적 자아로서 존재한다.

당신은 자신의 운명에 대한 시각적 정보를 수신할 수도 있다. 예전이라면 그것이 먼 미래의 일로 여겨지고 내용도 흐릿했겠지만, 지금은 당신의 구가 당신의 운명을 품고 있으므로 그것이 한결 가깝고 선명하게 ─ 손을 뻗으면 닿을 수 있는 당신의 잠재적인 모습으로 ─ 보인다. 당신의 운명은 당신 안에 있다. 그것은 지금 이 현실의 상위 주파수에 존재한다. 운명을 실현하려면 당신의 내적 진동을 운명의 주파수 수준으로 높이고 당신의 구를 그 새로운 주파수에 맞게 조율하기만 하면 된다. 요컨대, 주파수를 능숙하게 전환할 수만 있으면 새로운 현실을 즉각 물질화할 수 있다. 결국 당신은 자신의 진동을 능숙하게 전환하여 새로운 현실을 즉각적으로 구현할 수 있다. 여기에는 원인과 결과의 고리, 점진적인 창조과정 같은 건 필요하지 않다! 당신도 알게 되겠지만 '미래'는 점차 유통기한이 지난 개념이 되어가고 있다.

실습과제

당신의 구를 50퍼센트 확장하라!

1. 마음을 고요히 하고, 현재 당신의 삶의 범위를 느껴보라. 당신이 알고 있는 모든 것이 하나의 구 안에 들어 있다고 상상하라. 당신의 구 안에 시간과 공간이 포함돼 있다는 사실에 주목하라. 그 안에는 일상생활도 있고, 진행 중인 프로젝트도 있고, 인간관계도 있으며, 움직임과 흐름도 있고, 반복적인 사고패턴도 있다.

2. 이제 당신의 구에 50퍼센트의 에너지를 추가한다고 상상하라. 그래서 당신 현실의 주파수가 50퍼센트 상승하고, 삶의 범위도 50퍼센트 확장된다고 상상하라. 이 새로운 의식 수준, 새로운 활동 영역이 편안해지고 자연스럽게 느껴질 때까지 상상을 지속하라.

3. 확장된 구 안에서 어떤 새로운 양상이 생겨나고 있는가? 이전에는 몰랐는데 지금은 알게 된 것은 무엇인가? 지금 당신은 당신 자신에 대해, 다른 사람들에 대해, 삶의 가능성에 대해 어떻게 느끼는가?

4. 관찰한 바를 일지에 기록하라.

당신이 홀로그램일 때 현실이 작용하는 방식

이제 당신은 구형球形 인식에 대해 감을 잡았다. 다음으로 새로운 인식의 두 번째 기하학적 구조인 홀로그램 인식을 알아보자. 그러고 나면 당신은 두 가지 새로운 인식구조가 자연스럽게 결합하여 변성된 현실을 창조한다는 사실을 이해할 수 있게 된다.

홀로그램에서는 모든 부분이 제각기 전체를 담고 있다는 사실을 기억하라. 소우주는 대우주를 완벽하게 함축하고 있다. 이 오래된 형이상학적 진실을 다른 말로는 이렇게 표현할 수도 있다. "위와 같이 아래도 그러하나니." 당신의 의식-에너지의 구가 확장하거나 수축할 때, 당신은 아무리 작은 초점(현실)이라도 하나의 홀로그램으로서 작용하는 모습을 목격하게 된다. 또한 당신은 이 우주를 하나의 거대 홀로그램으로 경험하게 된다.

《홀로그램 우주》의 저자 마이클 탤봇은 이렇게 말한다. "홀로그램의 모든 부분들이 전체상을 담고 있는 것과 똑같이 우주의 모든 부분이 전체를 품고 있다. 이것은 우리가 접근할 방법만 안다면 왼손 엄지손톱 밑에서 안드로메다 은하계를 발견할 수도 있다는 뜻이다. 또 우리는 클레오파트라가 카이사르를 처음 만나는 장면도 찾아낼 수 있으리라. 왜냐하면 원리상으로는 모든 과거와, 미래를 시사하는 모든 내용들이 시공간의 미세한 영역 구석구석에도 깃들어 있기 때문이다. 우리 몸의 낱낱의 세포들도 그 속에 우주를 품고 있다."[2] 당신의 구도 우주심(the universal mind)과 통일장 전체를 포함한다. 구-홀로그램 인식을 하게 되면 당신은 뭔가를 알기 위해 다른 데로 갈 필요가 없다. 실로 모든 것이 당신의 가슴을 비롯한 몸속의 모든 중심점에 (암호화되어) 깃들어 있기 때문이다.

당신은 모든 중심점, 모든 현실에 접근할 수 있다

삶을 홀로그램으로서 경험하기 시작하면 당신은 통일장 내의 모든 곳에서 우주의 지혜에 접근할 수 있게 된다. 모든 중심점이 당신에게 개방된다. 왜냐하면 다중세계 이론이 말하듯이, 그것들은 당신 '안에' 있기 때문이다. 당신은 공명을 통해 여러 중심점들을 미끄러지듯 오갈 수 있다. 그것들은 서로 주파수가 다를 뿐이지 공간적으로 분리되어 있지 않다. 당신은 다른 중심점에 가기 위해 자신의 중심점을 떠나지 않는다. 이미 그것이 여기에 있다고 상상하면서 자신의 주파수만 바꾸면 된다.

아주 나이 많은 나무의 가슴을 찬찬히 떠올리면서 당신이 그 안에 있다고 상상해보라. 나이테가 하나씩 늘어갈 때마다 차곡차곡 쌓여온 경험들을 느껴보면서 그 관점에서 세상을 바라보라. 이번에는 한 영적 스승의 가슴에 초점을 맞추고, 그 안에서 그의 경험을 느껴보고 그의 밝은 눈을 통해 세상을 바라보라. 다시 이번에는 잠재적 현실을 생각해보라. 이를테면, 월급이 지금보다 두 배인 새 직장을 구했다고 상상해보라. 당신 자신을 새로운 사람으로서 느껴보라. 이렇듯 당신은 당신의 더 큰 자아를 경험하기 위해 다양한 중심점들과 결합해볼 수 있고, 이 '형태 바꾸기' 게임을 얼마든지 즐길 수 있다.

모든 중심점은 하나의 고유한 현실의 씨앗이고, 모든 현실은 의식-에너지 통일장 전체의 경험을 포함한다. 모든 중심점 또는 관점은 일체(oneness)로 이어지는 공식 통로이다. 나는 우주의 중심이고, 당신도 마찬가지다. 각각의 중심점에는 내적 청사진이 있으므로, 당신은 어떤 중심점에 집중하든 그것의 완전한 잠재성 — 그것이 최적의 방식으로 완벽하게 표현된 상태 — 을 파악할 수 있다. 당신은 어떤 것과도 하나가 될 수 있고, 내부로부터 그것을 알 수 있다. 이런 경험을 통해 당신은 깊은 존중심과 연민의 마음을 키울 수 있다. 왜냐하면 이런 방식의 앎은 모든 생명체가 가진 중요성, 위대함, 아름다움을 보게 해주기 때문이다. 뭔가를 존중과 연민의 감정으로써 인식할 때, 마법처럼 당신은 우주적인 거대 홀로그램의 경험 속으로 들어갈 수 있다. 그 대상이 무엇이든 말이다.

> 우리가 다양한 관점에서 우주를 바라볼 수 있는 것은 우리의 미세한 에너지 매개물들 — 아스트랄체, 정신체, 원인체 등 — 이 저마다 독자적인 시야를 갖고 있기 때문일 것이다.
> — 리차드 거버

각각의 구 안에는 그것만의 기억과 비전이 살아 숨 쉰다

구-홀로그램 현실에서는 모든 기억, 생애, 상상, 비전이 — 시간 안에서 누군가가 상상했거나 겪었던 모든 것이 — 고유한 주파수의 형태로 존재하고 있고 당신은 그것을 엄연한 현실로서 직접 경험할 수 있다. 나는 종종 꿈속에서 이런 현실들을 본다. 그것들은 각각 어떤 생생한 영상을 담고 있는 투명한 비눗방울로서 허공을 떠다니는데, 내가 몰입할수록 그 영상들은 더욱 커지고 선명해진다. 이 구형의 비눗방울 중 하나에 집중해보면, 당신은 그 안에 어떤 중심이 있음을 알게 된다. 그 중심과 하나가 되어보라. 당신 자신을 그 구의 주파수에 일치시켜보라. 그러면 당신은 그것의 현실 안에서 그것의 기억과 비전을 '지금 이 순간'의 일로서 경험하게 될 것이다.

이것은 구와 홀로그램이 어떻게 통합되는지를 보여주는 예다. 하나의 중심점은 다른 중심점과 쉽게 교감할 수 있다. 당신은 다른 사람의 경험이나 에너지장을 자신의 것으로 만들 수 있고, 그 반대도 마찬가지다. 당신은 직접 그(그것)가 되어서 그의 자아를, 이 세상을, 그리고 일체성을 '알' 수 있다.

나는 지금까지 구-홀로그램 인식이 당신의 내면세계에서 어떻게 작용하는지에 대해 설명했다. 여기서 기억해야 할 사항이 하나 있다. 그것은 바로 변성에는 비물리적 현실과 물리적 현실의 통합이 필요하다는 점이다. 직관의 시대에는 이 두 가지 현실이 오늘날처럼 분리되어 있지 않다. 따라서 당신이 비물리적 세계 안에서 자신의 주파수, 중심점, 구를 능숙하게 바꿀 수 있다면 결국엔 물리적 현실에서도 똑같은 일을 해내게 될 것이다. 예컨대 변성 후에는 시간여행, 순간이동, 동시에 두 장소에 존재하는 일 따위가 좀더 자연스러운 현상이 될 수 있다. 이 주제에 대해서는 14장에서 다시 얘기해보자.

당신은 어떤 집단의식이나 지식창고와도 하나가 될 수 있다

당신은 구-홀로그램 현실 속에서 다른 영혼들, 영혼의 무리들, 또는 거대한 '세계영혼'(soul of the world)과 교감하여 그것의 집단의식이 가진 정보를 알아낼 수 있다. 나는 직관력을 계발하던 처음 몇 년간 '원탁에 둘러앉은 자문위원회'가 내 머리 약간 위쪽에 ― 거리 또는 주파수상으로 ― 존재하고 있음을 자주 느꼈다. 나는 명상 중에 그들의 모습을 구체적으로 떠올려 느껴봄으로써 나의 주파수를 그 현실에 맞추었고, 그들과 같은 방 안에서 같은 원탁에 자리를 차지하고 앉았다. 이 회의에서는 모든 지식이 텔레파시를 통해 모든 구성원에게 '직접' 전송되었다. 나는 지식의 전송이 다 끝난 후에 다시 내 물리적 현실을 떠올리고 주파수를 떨어뜨림으로써 여기로 되돌아왔다. 이처럼 '주파수 동조'를 통해 당신이 합류할 수 있는 집단의식의 종류는 무수히 많고, 그것들 각각은 하나의 구球로서 내부적으로 지식을 철저히 공유한다.

당신은 당신의 삶을 하나의 구-홀로그램으로서 경험하기 시작하고 있다. 지구의 주파수가 당신을 이런 높은 주파수의 방식으로 이끌고 있기 때문이다. 흥미롭게도 우리의 기하학적 인식구조가 변화해감과 동시에 과학계에서도 두뇌와 인체의 활동에서 홀로그램의 성질을 발견해내고 있다. 앞으로 우리가 뭔가를 배우고 창조하는 속도는 놀랍도록 빨라질 것이다.구-홀로그램 인식 속에서는 사진을 찍듯이 기억하는 능력이 보편적인 능력이 될 것이다. 우리는 오늘날의 그 어떤 인터넷 검색엔진보다도 빠르고 정확한 '통일장'을 통해서 쉼 없이 갱신되는 살아 있는 정보들에 접속하게 될 것이다. 머지않아 우리는 지금의 기술을 뛰어넘어 훨씬 효율적인, 그리고 우리의 본성에 꼭 들어맞는 '신인류'의 과학기술 시대로 도약하게 될 것이다.

한 줌의 모래 속에서 세상을 보고
들에 핀 야생화 속에서 천국을 보기 위해선,
당신의 손바닥 안에 무한을 붙잡고
한 시간 속에 영원을 가두라.

―윌리엄 블레이크

요약

우리는 지금 기하학적 인식구조를 선형적 인식에서 구-홀로그램 인식으로 바꾸고 있고, 이것은 우리의 현실을 변화시키고 있다. 우리에게 너무나도 친숙한 선형적 인식은 많은 형태의 제약을 낳고, 고통과 괴로움을 존재하게 만든다. 새로운 구-홀로그램 인식으로의 전환, 그리고 그 결과인 새롭게 변성된 현실로의 전환이 가능해지면 일단 구형의 인식부터 배우고 그다음에 홀로그램 인식을 익혀야 한다.

구형의 인식은 중심에 머무는 것, 지금 여기 당신의 몸 안에 존재하는 것으로부터 시작한다. 선형적 현실을 가운데에 구멍이 난 도넛으로 상상해보면 이 원리를 쉽게 이해할 수 있다. 거기서 마음은 중심을 벗어나서 과거나 미래의 시간들로, 또는 바깥의 어떤 장소들로 향한다. 그 결과 중심은 무시되고, 그로 인해 당신은 공허감을 느끼게 된다. 현실이 당신의 밖에 있는, 당신과 분리되어 있는 도넛처럼 보인다. 당신은 자신의 몸과 영혼을 느끼기 어렵다.

그러므로 당신은 도넛을 향했던 투사와 주의력을 거둬들이고, 당신의 중심에 머물면서 마치 익어가는 과일처럼 빈 구멍을 채워야 한다. 그러면 진실을 다시 '느낄' 수 있다. 도넛은 사라지고, 현실은 빛나는 구가 되어 언제나 당신을 제 중심에 품는다. 이런 변화를 이뤄내고 나면, 당신은 주파수 전환을 통해 구를 확장하거나 수축시켜서 통일장의 일부 또는 전체를 자유롭게 수용할 수 있다. 이제 당신의 현실은 더없이 유동적인 것이 된다.

홀로그램 인식은 당신이 자신의 장 안에 있는 어떤 중심이나 가슴과도 공명할 수 있음을 깨달을 때 시작된다. 당신의 구는 이제껏 있어왔던, 그리고 앞으로 있을 모든 존재의 심장을 포함하고 있고 그 것들은 전부 '지금 이 순간' 속에 있기 때문이다. 당신은 그 어떤 중심을 통해서든 우주의 전체성을 경험할 수 있다. 이제 당신은 무한한 자유와 지혜를 얻고, 이 새로운 구-홀로그램 현실 속에 있는 모든 형태의 생명을 존중한다.

9

온전한 주의력 연습하기

나는 내가 주의를 기울이는 대로 경험한다.

—윌리엄 제임스

직관의 시대에 발을 내딛으면 삶이 두려움과 혼란, 설렘이 뒤엉킨 파도로 넘실거리게 된다. 지금 우리는 산더미 같은 자료를 처리하고, 급증하는 삶의 요소들을 조율하고, 에테르체로 침투하는 부정적 인식을 피하는 와중에 기꺼이 새로운 과학기술을 받아들이고 있다. 새로운 유형의 자극들이 계속해서 우리의 주의를 현실의 표층에 붙잡아두고 있다. 지금이야말로 새로운 주의력 조절기법 ─ 주의력을 의식적으로 사용하는 법 ─ 을 계발해야 할 때다. 이번 장에서 우리는 통합된(undivided) 주의력이 어떤 결과를 만들어낼 수 있는지를 살펴볼 것이다.

주의력: 귀중한 자산

우리가 주의력(attention)에 관해 얘기할 때 쓰는 표현들의 기원을 살펴보면 매우 흥미롭다. 상당히 많은 표현들이 '주의력'을 '돈'과 똑같은 방식으로 다루기 때문이다.

- Pay attention, please! (주목해 − 주의를 지불해 − 주세요!)
- I'm investing attention in this idea. (나는 이 생각에 관심을 쏟고 − 투자하고 − 있다.)
- I'm withdrawing attention from this idea. (나는 이 생각에서 관심을 떼고 − 회수하고 − 있다.)
- He just wants to get attention. (그는 단지 주목받고 − 주의를 얻고 − 싶을 뿐이다.)
- Can I have your attention? (잠시 주목해주시겠어요? − 당신의 주의를 가져도 될까요?)

국가 예산에서 적자가 나듯 오늘날 우리는 주의력 부족 현상을 겪고 있다. 주의력이 귀중한 '자원'임은 틀림없는 사실이다! 실제로 이 단어(attention)는 의식과 에너지를 '뭔가를 향해 뻗는다'는 개념으로부터 비롯되었다. '참석하다(attend)'는 어떤 행사의 장소로 당신 자신을 데려간다는 뜻이고, 정원을 '가꾸다(tend)'도 당신의 의식을 정원으로 가져가서 그곳을 돌보게 한다는 뜻이다.

주의력이 귀중한 이유는 그것이 단순히 당신의 마음을 어느 한 점에 맞추는 행동이 아니기 때문이다. 주의력은 명확한 인식을 얻기 위해 당신의 본질이자 당신이 가진 가장 귀중한 자산인 당신의 영혼을 지금 이 순간으로 데려오는 것이다. 군대에서 '차렷(At-ten-tion)!'이라는 명령은 안전을 위해 완전히 깬 상태로 현존하라는 뜻이다. 마음챙김 수행 − 흐트러짐 없는 주의력을 계발하기 위한 핵심기법 − 의지도자인 존 카밧진은 이렇게 말한다. "마음챙김은 특정한 방식으로 주의를 기울이는 것이다. 그것은 아무것도 판단하지 않는 채로 지금 이 순간에 계속 현존하면서, 지금 이 순간에 감사하고 지금 이 순간과 깊이 교감하는 것이다. 마음챙김은 삶을 당연하게 생각하는 것과는 정반대의 자세다."[1] 주의력을 올바르게 사용하면 삶이 확장되며 영혼이 드러나고 이는 결국 의식의 진화로 이어진다.

주의력은 지금 여기에서만 작동한다

존재(presence, being present)와 현재(the present moment)라는 말에서 같은 개념이 공유되고 있음에 주의하라. 주의력은 오직 지금 이 순간 속에서만 작동한다. 바꿔 말하면, 주의력을 작동시키면 그 결과로 당신은 지금 이 순간에 머물게 된다. 지금 여기에 있을 때 당신은 현존하게 된다. 현존은 곧 영혼의 경험이다. 당신은 주의력을 무의식적이고 피상적으로 투입(invest)할 수도 있고, 의식적이고 심층적으로 투입할 수도 있다. 당신은 그 차이에 따라 다른 결과를 얻게 될 것이다. 당신이 좌뇌에 의존하여 주의력을 쓸 때는 영혼(현존)의 아주 작은 일부만이 필터를 통과할 것이고, 좌뇌의 제한된 이해 수준에 적당한 정보들만이 발견될 것이다. 하지만 영혼에 의해 온전한 주의력이 발휘될 때는 그 초점이 어디에 머물든, 어디를 향하든, 당신은 늘 순수한 의식-에너지를 발견하게 될 것이다. 이런 통합된 주의력은 세상과의 생생한 연결고리를 창조하고 삶의 겉모습 너머 비물리적 세계를 보게 해준다.

당신이 영혼의 눈으로 볼 때, 당신이 주목하는 모든 것은 진화와 영감 어린 창조를 촉진한다. 주의력을 깊게 사용할수록 당신은 더 많은 진실과 영성을 찾게 된다. 주의력의 주체가 당신의 본성, 즉 영혼이라는 사실을 깨닫고 당신은 더 큰 목적의식과 힘을 경험하게 된다. 심지어 당신은 이런 질문까지 던질 수 있다. '내 인식이 곧 내 삶을 창조하는 것은 아닐까?' 흥미롭게도 영혼은 무엇에 주의를 기울이면 그 자신의 모습만 보게 된다. 왜냐하면 영혼은 분리가 불가능한 (undivided) 무엇이므로 '영혼이 아닌 것'이라는 개념이 성립할 수 없기 때문이다. 따라서 당신이 영혼으로서 주의력을 사용할 때, 당신은 당신 자신과 그 대상 사이에서 동질감을 느끼게 된다.

종종 당신 자신에게 물어보기 바란다. '지금 누가 주의력을 사용하고 있는 거지? 내 좌뇌인가, 아니면 내 영혼인가?' 영혼의 눈으로 볼 때 당신은 '현존'하게 되는데 이것은 돈보다 훨씬 가치가 있다. 왜냐하면 당신이 현존하면 만물도 현존하게 되고, 그 주파수를 통해 지혜가 전송되고 삶의 비밀이 밝혀지기 때문이다. 관찰자와 관찰대상이 하나가 되면 거기에는 어떤 비밀도 있을 수 없다. 이제 당신은 삶 속에서 빛을 보고, 삶은 성스러워진다.

현존하는 사람 또는 장소는 당신을 좀더 '의식적이게끔' 만드는 에너지를 갖고 있다. 확신하건대 당신은 이미 알아차렸을 것이다. 사람이든 사물이든 진정으로 현존하는 것은 분명 어딘가 진실하고, 믿을 만하고, 설득력 있고, 활기차고, 매력적이고, 보편적으로 보이며 우리는 자연스럽게 그 대상과 관심을 주고받게 된다는 사실을. 달라이 라마와 같은 인물, 피라미드와 타지마할 같은 건축물, 그랜드캐니언과 에베레스트 같은 대자연, 지구에서 가장 오래된 나무와 같은 생명들을 떠올려보라. 그(그것)의 현존 안에 머무는 것은 우리에게 얼마나 유익한가!

실습과제

주의력을 통해 현존하기

1. 지인이 한 명 옆에 있는 상황에서, 당신의 몸과 지금 이 순간에 모든 주의를 기울여보라. 당신은 영혼이며, 영혼은 ─ 육안을 빌려 쓰긴 하지만 ─ 어떤 편견이나 판단도 없이 상대방을 인식한다는 사실을 기억하라. 그러려면 먼저 당신 안에서 고요함을 찾아야 한다. 중립적인 동시에 따뜻한 관찰자가 되는 것이 현존의 첫걸음이다.

2. 당신의 주의를 옆 사람에게, 그 존재의 안팎에 두루 기울여보라. 마치 금빛 또는 다이아몬드 빛을 바라보는 것처럼 부드럽고 친절하게 접근하라. 그가 말하고 행동하는 방식에, 그의 주파수에, 그 외 당신이 직감적으로 발견한 실마리들에 충분히 주의를 기울이라. 그렇다고 그의 주파수에 동조되지는 말라. 계속해서 당신 자신의 근원 주파수에 머물라.

3. 그의 말에 주목하고 그것이 왜 그에게 중요한 일인지를 알아보라. 당신의 감을 믿고 그의 심정을 파악해보라. 그에게 주의를 기울이는 동안에는 마음을 열고 그를 있는 그대로의 모습으로 받아들이라. 그의 안에 있는 영혼을 느끼라.

4. 이런 공감 속에서 뭔가 그에게 해줄 말이 떠올랐다면, 있는 그대로 전해주라. 이것은 당신이 그에게 강한 인상을 남기거나 칭찬을 받는 것과는 전혀 별개의 일이다. 이것은 지금 여기에서 영혼을 발견하는 일이고, 그도 당신도 똑같이 그 영혼의 주인이다.

5. 여기까지 진행하는 동안 상대방에게 뭔가 미묘한 변화가 있었는가? 예컨대 그가 좀더 마음의 문을 열거나, 긴장을 풀거나, 미소를 띠었는가? 당신이 그를 존중했듯이 그도 어떤 식으로든 화답을 해왔는가?

6. 이 연습을 동물, 나무, 자동차 등을 대상으로도 해보고 당신이 느낀 바를 일지에 적어보라.

주의력의 지속시간

우리는 흔히 주의력을 '시간'이라는 잣대로 평가한다. 당신은 관심대상에 얼마나 오랫동안 초점을 맞추거나 집중할 수 있는가? 당신 주의력의 지속시간은 어느 정도인가? 하지만 이런 '선형적' 태도는 주의력을 좌뇌의 기능으로서 경험하게 만든다. 선형적 주의력을 쓸때, 당신은 초점을 유지한 시간에 비례하는 양의 정보만 얻게 된다. 당신이 오랫동안 초점을 유지하고 집중할수록 '현존'하게 될 가능성도 커지지만, 대개 우리의 주의력은 오래 지속되지 못하고 쉽게 흩어지고 만다.

찰나의 가벼운 주의력은 딱 그런 인식을 얻는 데 적합하다. "내 안경을 저기에 놔뒀었네!" 좀더 긴 시간의 주의력은 당신으로 하여금 뭔가를 이해하게 해준다. "이 화초를 여기에 두니 생기가 없네. 이 것은 더 많은 빛을 필요로 하는구나." 하지만 여기서 한 발 더 나가서 그 대상과 합일하는 수준의 주의력을 발휘하라. 그러면 당신은 그것과 깊은 교감과 애정을 나누게 될 것이다. '내가 입양한 유기견이 왜 이렇게 불안해하는지 이제 알겠어. 이 개는 전 주인에게 학대받고 방치됐었구나. 나는 이 개가 어떨 때 공포에 떨고 어떨 때 편안해하는지를 느낄 수 있어.' 짧은 시간의 주의력은 삶을 서로 분리된 단편적 인식들의 연속체로서 경험하게 만들고, 그때 당신은 무심코 선형적 현실과 분리감을 실재라고 받아들이게 된다.

내면의 주시자가 주의력을 이끈다

당신은 당신에게 의미가 있다고 생각되는 것에만 주의를 기울인다. 당신이 흥미를 느끼는 대상은 당신의 '내면 주시자'에 의해 선택된 것이며, 당신은 뭔가를 배우거나 창조하기 위해 그것에 집중한다. 하지만 당신이 흥미를 느끼지 않는 대상에 애써 집중하려 한다면 현존을 경험할 만큼 깊은 주의력을 유지하기가 결코 쉽지 않을 것이다.

내가 처음 명상에 입문했을 때, 우리는 천천히 "하나, 둘"을 세며 숨을 들이마신 후에 천천히 "셋, 넷"을 세며 숨을 내쉬는 과정을 반복해야 했다. 세상에 이보다 더 쉬운 일이 어디 있겠냐고? 천만의 말씀! 참가자들 중에서 누구도 그것을 오랫동안 지속하지 못했다. 그

때 우리는 명상가들이 말하는 '들뜬 마음'(rising mind)과 '가라앉은 마음'(sinking mind)이 어떤 것인지를 몸소 경험했다. '들뜬 마음'은 온갖 생각들이 종잡을 수 없이 이리저리 계속 널뛰기를 하는 상태를 뜻한다. '가라앉은 마음'은 초점을 잃고 멍하게 잠속으로 빠져 들어가는 ― 몸이 저절로 움찔거릴 때라야 우리는 겨우 정신을 차린다 ― 상태를 뜻한다. 나는 이것이 "하나, 둘, 셋, 넷"을 계속 세는 것이 너무나 지루한 일이었기 때문이라고 생각한다. 그때 우리는 마음이 고요해지고 균형 잡히고 깊어졌을 때 찾아오는 흥미로운 전환의 순간을 아직 경험하지 못한 처지였기 때문에 이 지루함을 이겨낼 동기가 부족했던 것이다.

봄날의 정원에 화초를 심어보라. 소셜 네트워킹 사이트에서 놀아보라. 살인사건을 다룬 추리소설을 읽어보라. 그때 당신은 시간을 재는 일을 잊게 된다. 그렇게 지금 이 순간 속에 ― '흐름'(the Flow) 속에 ― 머물다가 다시 일상의 자아-의식으로 되돌아오면 깜짝 놀랄 만큼 많이 시간이 흘러 있다. 이것이 바로 살아 있는 대상과 합일할 때의 느낌이다.

이처럼 지금 이 순간에 몰입하는 것이야말로 구-홀로그램의 관점에서 주의력을 발휘하는 첫걸음이다. 흥미, 호기심, 그리고 근원 주파수와의 조화는 당신의 주의력을 변성시켜서 물리적 세계를 대신하는 뭔가를 경험하게끔 이끈다. 그때 당신은 자신의 에너지장을 온전히 인식하는 데서 오는 더욱 신비로운 체험 속으로 빠져들게 된다. 이 체험에 대해서는 나중에 좀더 살펴보기로 하자.

나는 집중력을 잃은 것이 아니라 집중하는 일 자체에 싫증을 냈던 것이다. 내가 집중하던 대상들이 더 이상 흥미롭고, 새롭고, 흥분되는 것이 아니라 기계적으로 반복되는 일상이 되어버렸으니까.

—피카보 스트리트

주의력 맹증과 결핍

선형적 인식에 사로잡힌 두뇌학자들은 두뇌 구조의 기본 원리가 주의력 맹증(attention blindness)*이라고 불리는 배타성이라는 데 의견을 함께한다. 주의력 맹증은 하나의 대상에 집중할 때 그 외의 다른 대상들을 놓치게 되는 현상이다. 의식의 렌즈 또는 섬광의 초점을 특정 대상에 맞추는 능력은 물리적 세계에서 매우 유용하다. 이 세상은 셀 수 없이 많은 사물, 자극, 의미, 행동이 바글거리는 곳이기 때문이다. 따라서 초점을 좁히지 않는다면 당신은 감각의 홍수에 휘말리고 마비되어 뭔가를 결정하고 실행할 수 없고, 심지어 당신 자신을 한 인간으로서 이해할 수조차 없다. 이 지상의 삶에 관한 한, 선택적인 집중은 긍정적인 능력이다.

하지만 한 곳에만 초점을 맞추는 것은 자칫 위험하거나 일을 그르치게 할 수도 있다. 특히 오늘날처럼 날마다 늘어나는 자극들이 서로 당신의 시선을 잡아끌려고 전쟁을 벌이는 시대에는 더욱 그렇다. 예컨대 주변의 잡음을 제거해주는 이어폰을 귀에 꽂고 음악을 듣다가 달려오는 소방차의 사이렌 소리도 듣지 못할 수 있다. 마찬가지로 하나의 신념체계나 방법론을 지나치게 오랫동안 붙들고 있다 보면

---

* 인지심리학의 전문용어로는 부주의 맹시(inattentional blindness)라고 한다. 역주.

점점 틀에 박힌 인간이 되고 이해력과 창의력이 감퇴할 수 있다. 하나의 대상에만 너무 오랫동안 집중하면 좌뇌 의존도가 커지고 흐름이 끊긴다. 선불교에서는 다음과 같은 격언이 있다. "이것이 바로 그것이다. 하지만 당신이 '이것이 바로 그것이다'라는 생각에 연연하는 순간, 이것은 더 이상 그것이 아니게 된다." 이 말은 편향된 주의력이 구-홀로그램 현실의 주춧돌인 직접적인 앎과 경험을 훼방할 수 있다는 뜻이다.

> 마음의 주인은 영혼이다. 안에 있는 영혼이 바깥에 있는 마음을 사용하고 있다. 한편 마음은 기氣를 사용한다. 즉 마음은 영혼에 의해서, 그리고 기를 통해서 움직인다. 마음이 한 곳에만 오래 머물면 효율성을 잃게 된다. 마음을 한 곳에만 머물지 않게 하는 것이 중요하다.
>
> —야규 무네노리柳生宗矩

좌뇌는 한계가 있다

현재 정보의 시대 속에서 우리가 받는 스트레스의 대부분은 선형적 인식에서 비롯된 증상이다. 전문가들은 일반적으로 주의력을 좌뇌의 한 기능으로 본다. 좌뇌의 관점에서 보면, 우리의 현실과 시간은 제한적이고, 주의력이 유지되는 시간 동안 담을 수 있는 정보의 양도 한정돼 있으며, 감각 또한 한 개인의 인식 범위를 넘어서지 못한다. 반면 오늘날 우리가 처리해야 할 자료의 양은 도저히 감당할 수 없을 만큼 많다. 그래서 우리는 커다란 중압감을 느낀다. 한 번에 하나씩 처리하는 방식으로는 턱도 없어 보인다.

점점 더 많은 일들이 벌어지고 정보가 급증하는 데 대한 좌뇌의 논리적 해결방법 — "속도를 높이라!", "동시에 여러 가지 일을 처리하라!" ─ 은 그 한계가 명확하다. 또한 좌뇌의 부정적 경향성에 의해 붙은 자기제약적 '꼬리표'들도 진화의 흐름을 가로막는 역할을 하고 있다. 주의력 맹증, 주의력 결핍장애, 주의력 결핍 과잉행동장애 등의 명칭이 그 대표적 예다. 현재 심리학과 교육 분야에서는 무질서한 주의력을 '장애'로 규정하고 이를 치료하는 일에 점점 더 많은 역량을 투입하고 있다. 왜냐하면 행동을 선별하고, 실행하고, 유지하고, 기억하고, 계획하고, 체계화하고, 점검하는 등의 소위 '실행기능'(executive functions)의 관건이 바로 주의력에 있다고 보기 때문이다. 그러나 정작 혁신적인 돌파구는 우리가 긍정적이고 전일론적인 (holistic) 관점을 갖고 이것들을 '장애'가 아니라 좀더 새롭게 확장된 '우뇌의 패턴'으로 이해하는 데서부터 생겨날지도 모른다.

속도와 멀티태스킹은 수박 겉핥기식 태도와 실수를 양산한다

한 번에 하나씩 인식하는 방식으로 정보를 처리하는 와중에 속도를 내게 되면 자연히 각각의 대상에 대한 이해가 부족해진다. 왜냐하면 주의력을 좀더 짧은 시간 동안 얕게 투입할 수밖에 없기 때문이다. 또한 동시에 많은 일을 하는 것은 주의력을 분산시키고 진짜 '맹증'(blindness)이라고 할 수 있는 인식의 공백을 초래한다. 이럴 때 우리는 정보가 부족한 상태에서 잘못된 결론을 내리기 십상이다. 엎친데 덮친 격으로, 지금은 '앱App'이라는 것의 시장이 생겨날 만큼 수백 가지 기능을 담고 있는 스마트폰 같은 중독성 높은 기기가 가뜩이나 분산된 우리의 주의력을 더 많은 자극과 반응으로 내몰고 있는 시대이다.

나는 지금의 과학기술이 나쁘다고 말하는 것이 아니다. 과학기술은 확실히 우리에게 많은 가능성의 문을 열어주고 있다. 내가 말하려는 바는, 과학기술에만 관심을 두고 의존하다 보면 인간의 자연스러운 능력들 — 우리가 변성하기 위해 꼭 필요한 능력들 — 이 위축된다는 것이다. '속도'와 '파편화'가 우리의 현존감과 주의력 활용능력을 약화시키고 있다. 텔레비전에서 프로그램을 방영하는 도중에 광고를 끼워 넣기 시작했던 때를 기억해보라. 그저 글자뿐인 광고였지만 얼마나 신경에 거슬렸는가? 하지만 지금은 움직이는 글자 뒤에서 뭔가가 펑펑 터지고 화면 하단에서는 작은 사람들이 걸어 다니는 지경이다. 배우의 훌륭한 연기에 취할라치면 화면 위로 싸구려 리얼리티 쇼 광고가 튀어나온다. 이런 주의력의 분산은 무의식중에 스트레스를, 심지어 분노를 일으킨다. "좀 전까지 내가 뭐에 집중하고 있었더라? 근데 왜 이렇게 자꾸 몰입상태가 깨지지?"

> 신경체계에 가해진 공격은 우리를 중심에 머물며 차분해지게 만드는 것이 아니라 계속 자극하고 충동질한다. 교감하기보다는 반응하도록, 화합하기보다는 불화하도록, 있는 그대로 충족감과 온전함을 느끼기보다는 욕심을 내도록 유도한다. … 우리는 그것들의 실체를 '느끼는' 대신 통제하고 계산하려 듦으로써 점점 더 머릿속에 갇힌 존재가 되어간다.
> —존 카밧진

상호존중과 교감이 약화되고 있다

최근 한 식당에서 나는 여섯 명의 사람들이 저녁식사를 하는 모습을 보았다. 그들은 꼭 그래야만 한다는 듯이 스마트폰을 냅킨처럼 식기 옆에 놓아두고 있었다. 그것이 내게는 공과 사의 경계가 흐려지면서 각자의 내면세계도, 서로 간의 친밀한 소통도 약화돼버린 모습으로 보였다. 바로 옆에 있는 친구들보다 더 중요해 보이는 '낯선 이들'로부터 전화를 받으면서 대체 무슨 애정 어린 대화를 나눈단 말인가? 아마도 많은 사람들이 내면의 비물리적 세계에 대한 강력하고도 분명한 경험을 가지지 못하는 것은 바로 이런 이유 때문일 것이다. 그들은 내면의 비물리적 세계의 진본이 아니라 복사본 — 컴퓨터, 텔레비전, 그 외 다양한 크기의 화면에 투영된 — 을 찾는 듯 보인다. 마치 그것이 영혼과 통하는 열쇠인 양, 우리는 그런 식의 간접 경험을 추구한다.

문자, 채팅, 비디오 화상회의 덕분에 이제는 우리의 친구들과 가족들조차 화면 속의 존재가 되어버렸다. 물론 그로써 집단의식의 상호연결성을 깊이 이해하게 되는 측면도 있지만, 우리의 인간관계는 점점 더 길을 잃고 있다. 어쩌면 이런 '화면중독' 증상은 우리가 실은 자신의 내면세계를 지키고 싶어하고 서로 간의 친밀한 소통을 갈구한다는 방증일지도 모른다. 그러나 좌뇌는 늘 기계장치를 탐닉하고 신뢰하고, 방송 프로그램들이 진짜 인간관계 기술들을 대체해가고 있다. 우리의 깊은 현존 경험이 설 곳은 대체 어디에 있는가? 당신이 자신의 영혼을 느낄 수 있는 시간은 대체 언제인가?

실습과제
수레바퀴의 바퀴살 되기

1. 마음을 고요히 한 채로 지금 이 순간 당신의 몸속에 머물라.

2. 지금 당신이 관여하고 있는 프로젝트나 성장의 주제에 집중하라. 이 창조적 모험들이 가진 추진력과 지성의 흐름을 느껴보라.

3. 당신을 둘러싼 의식-에너지장의 사방팔방으로 마음을 확장하라. 당신 자신이 여러 개의 바퀴살이 달린 수레바퀴의 중심이라고 상상해보라. 그 바퀴살은 상위의 현실로부터 나와서 당신을 향해 집중되고 있다.

4. 각각의 바퀴살은 당신의 창조, 표현, 배움의 일부가 되고 싶어 하는 아이디어 혹은 자원들이다. 당신의 우뇌, 가슴, 몸, 에너지장에 집중하면서 그 속으로 들어오는 아이디어와 자원들을 인식하라. 당신이 인식할 수 있는 범위 안에서 무엇이 가장 눈에 띄는가? 무엇이 전면으로 나서는가?

5. 당신이 수신한 아이디어들을 일지에 적어보라.

주의력 분산: 장점과 단점

당신이 중심에 머물 때면, 주의력 분산도 흐름의 한 부분이 될 수 있다. 주의력 분산을 통해 갑자기 당신은 필요로 하던 통찰력을 얻기도 하고 그동안 놓쳐왔던 것을 알게 될 수도 있다. 하지만 멀티태스킹과 과잉자극의 결과로 생겨난 주의력 분산은 기존의 인식습관을 벗어나지 못한 일종의 중독증으로서 무의식중에 당신을 조종한다. 예컨대 일을 끝마치지 못한 데서 오는 불안감은 마음은 산만하게 만들고, 그런 과잉흥분 상태가 너무 오래 지속되면 우리의 몸은 건강하지 못한 행동을 영속시키는 특정 신경전달물질 또는 전자기적 상태에 중독되어버린다.

오늘날 우리는 온갖 자극들에 취해 있지만 그중 대부분은 주목할 가치가 없는 것들이다. 우리는 한꺼번에 지나치게 많은 일을 하려 들고, 무엇을 우선으로 해야 할지를 딱히 정해놓지도 않는다. 10대들은 길을 건널 때도 문자를 주고받느라 달려오는 차를 보지 못한다. 고속도로를 달리는 와중에 운전대를 무릎으로 조종하며 화장을 하고, 커피를 마시고, 스피커폰으로 통화까지 하는 여성도 있다. 중요한 고객과 만날 때조차 계속 걸려오는 전화를 받느라 회의의 흐름을 끊어버리는 회사 임원도 있다.

집중, 이것이야말로 우리가 끝까지 제대로 해내야 할 일이다.
— 매리 올리버

이런 멀티태스킹과 주의력이 분산된 행동들은 당신이 왜 특정한 일에만 주의를 두고 나머지에는 무관심한지를 뒤로 가려버린다. 반대로 당신이 자기 안의 우선순위와 근본동기를 살펴볼 때, 당신은 비정상적인 주의력의 원인과 감정적 장애물을 찾아 제거할 수 있다. 예컨대 문자를 주고받던 10대들은 외톨이가 되고 싶지 않기에 무리에 소속되는 일에 가장 큰 관심을 두고 있다. 생명의 위협까지 감수할 만큼이나 말이다. 시속 110킬로미터로 운전하면서 화장하는 여성은 외모로 인정받고 싶은 마음이 앞서서 자신이 다른 이에게 끼칠 수 있는 위험에 대해서는 신경 쓰지 않는다. 전화를 받느라고 정신이 없는 회사 임원은 '사람들이 찾는 중요한 인물'이 되는 데 집중한 나머지 자신과 한 방에 있던 고객과의 관계를 위태롭게 하고 있다. 만약 이 세 사람이 두려움에서 비롯된 내면의 동기를 제대로 인식한다면, 진정 자신이 원하는 바를 이뤄줄 좀더 생산적인 방법을 찾는 데 주의력을 사용할 수도 있을 것이다. 그들이 진정 원하는 바는 이런 것이니까. 1) 가까우면서도 경계선이 분명한 건강한 우정. 2) 내면의 아름다움과 평정심. 3) 상호존중에서 비롯된 건전한 비즈니스 관계와 높은 자존감.

실습과제

당신의 주의력 분산 습관 이해하기

1. 당신의 주의가 분산되는 경우를 일지에다 적어보라. 특히 그 결과로 당신이 끝마치고 싶은 일이 지장을 받는 경우를 적어보라.

2. 당신이 흔히 하고 있는 멀티태스킹 방식을 적어보라. 그것들 중에 자신이나 다른 사람들에게 위험할 수도 있는 행동은 무엇인가? 다른 사람들에 대한 존중심이 결여된 행동은 무엇인가? 당신으로 하여금 중요한 정보를 놓치게 하는 행동은 무엇인가? 수동적 태도를 강화하고 창의력을 저해하는 행동은 무엇인가? 당신의 건강, 안녕, 행복, 성공을 전반적으로 해칠 수 있는 그 외의 주의력 분산 행동을 모두 적어보라.

3. 각각의 주의력 분산 행동과 멀티태스킹 행동에 대한 내면의 깊은 동기는 무엇인가? 왜 그런 행동을 다른 행동들보다 선호하는가? 당신이 놓치고 있는 느낌이나 통찰력은 무엇인가?

4. 당신의 모든 일상적 행동 중에서 온전히 집중함으로써 가장 유용한 결과를 얻는 것은 무엇인가? 안전과 건강을 염두에 둘 때, 당신이 다른 것들보다 우선시하게 될 행동은 무엇인가?

긍정적 해석

《지금 당신은 보고 있다》(Now You See It)의 저자 캐시 N. 데이비슨은 가속화되는 '직관의 시대'의 의식과 주의력에 대해 연구해오고 있다. 그녀는 주의력 맹증, 멀티태스킹, 주의력 분산이 그렇게 큰 문제가 아니라고 생각한다. 예컨대 주의력 맹증은 우리가 공동 작업을 종합적으로 인식하는 능력을 계발할 기회를 준다고 말한다. 즉 우리가 각자 선택적인 인식을 한 다음에 그것들을 하나로 모으면 좀더 정확한 그림을 볼 수 있다는 것이다. 그녀는 기존의 인식습관은 다른 일을 시작하기 전에 앞서 하던 일을 먼저 끝내라고 가르치기 때문에 그 자체로 주의력 맹증을 영속시킨다는 점을 지적한다. 그러나 지금 우리는 새로운 패턴의 주의력을 발견하고 있다.

데이비슨은 이렇게 말한다. "멀티태스킹은 21세기에 가장 적절한 작업방식이다. 그것은 단지 정보가 너무나 많기 때문이 아니다. 지금의 디지털 시대는 우리가 특정한 시간에 특정한 중심매체로부터 한 방향으로 전달되는 정보를 수신하는 식으로 조직화되어 있지 않기 때문이다. 인터넷상에서 모든 정보는 서로 연결되어 있고, 시간에 관계없이 항상 개방되어 있다."[2] 이것은 직관의 시대에서 우리가 어떤 방식으로 인식할지에 대해 힌트를 주는 흥미로운 통찰이다. 직관의 시대에서 우리의 중심은 홀로그램 우주의 다른 중심에서도 동시에 존재할 수 있다.

나는 데이비슨의 생각이 옳은 방향을 가리키고 있다고 생각한다. 그녀의 생각은 우리의 정신적 능력과 두뇌의 잠재성에 대해 새롭고도 좀더 포괄적인 비전을 보여준다. 물론 멀티태스킹과 주의력 분산은 우리가 영혼을 경험하고, 확장된 '새로운 인간' 능력을 계발하고, 좀더 깊은 감정을 느끼는 일을 방해할 수 있다. 하지만 이런 새로운 경향들은 기존의 인식습관을 깨트릴 수 있게 도와줄 수도 있다. 데이비슨은 이렇게 말한다. "결과적으로 주의력 분산은 우리가 혁신을 위해 마음대로 사용할 수 있는 최고의 도구가 된다. 주의력이 분산됨으로써 우리는 또 다른 인식이 가능하다는 자각을 하게 된다. 그런 계기가 없다면, 우리는 우리 자신이 지금 한 가지 방식으로만 주의를 기울이고 있다는 사실을 알아차리지 못할 것이다."[3]

오늘날 우리는 갈피를 못 잡고 방황하고 있다. 많은 기술적 혁신이 우리가 선형적 인식의 최면에서 깨어나도록 돕고 있지만 한편으로는 우리의 변성을 방해하고 있다. 여기서 열쇠는 과학기술을 깎아내리는 것이 아니라 우리가 인간으로서 타고난 능력들도 그만큼 발견하고 계발하는 것이다. 그래야 우리가 과학기술의 노예가 아니라 주인이 될 수 있다.

실습과제
한 번에 하나씩 온전히 집중하기

1. 앞으로 30분 동안, 한 번에 하나의 일에만 집중하라. 라디오를 들으면서 양치질을 하지 말라. 친구랑 점심을 먹으면서 다른 사람과 통화하지 말라. 운전하면서 커피를 마시지 말라. 걸으면서 문자를 주고받지 마라. 오직 한 가지 일에만 집중하고, 그런 뒤에 다음 일을 하라.

2. 일의 시작과 끝에 주목하라. 또한 그 일에 속한 세부과정들이 중단되지 않고 매끄럽게 이어지는 방식도 살펴보라.

3. 일의 진행과정이 너무 느리거나 지루하다는 생각, 또는 해야 할 다른 일이나 하고 싶은 다른 일에 대한 생각이 어떤 식으로 지금 하고 있는 일을 방해하는지를 살펴보라. 잡다한 생각들은 가슴 한켠에 접어두고 온전히 집중하라.

4. 한 가지 일에만 집중하는 동시에, 살짝 그 집중의 강도를 떨어뜨려 그 배후에서는 어떤 일들이 동시에 발생하고 있는지를 살펴보라. 시계는 째깍거리고, 차는 도로 위를 지나다니고, 태양은 구름에 살짝 가려져 있고, 당신의 심장은 뛰고 있고, 당신은 숨을 쉬고 있다. 초점을 흐리지 않으면서도 이런 배후의 일들이 자연스럽게 스며들도록 하라. 당신의 몸이 이런 배후의 일들에 감응함과 동시에 지금 하고 있는 일에도 온전히 집중하도록 하라.

구-홀로그램 인식과 주의력

나는 '정보시대'의 막바지인 지금 이 시점에서 우리가 의존하고 있는 주의력 관련 습관들 — 멀티태스킹, 과잉활동, 주의력 맹증, 주의력 분산, 잠재의식 수준의 이목 끌기 전략, 규칙적인 기분전환 활동 등 — 이 (조금 정신없긴 하지만) 전환의 계기가 되고 있다고 생각한다. 그것들은 우리가 느슨해지도록, 좀더 새롭고 차분하고 고상한 구-홀로그램 방식으로 인식과 주의력을 활용할 수 있도록 우리를 준비시키고 있다. 우리가 갈수록 더 국제적인 규모로 변성되어가고 있기 때문에, 이 기존의 습관들은 곧 구닥다리 취급을 받고 대체되거나 적절하게 수정될 것이다.

선형적 인식은 강하게 집중하는 방식이다. 이것은 '외부에' 있는 단 하나의 대상을 향해 모든 주의를 쏟아붓는 식으로 작용한다. 반면에 구-홀로그램 인식은 부드럽게 집중하는 방식이다. 후자의 주의력은 태양이 사방으로 빛을 뿜어 동시에 수많은 대상에 빛을 밝혀주는 것과 같은 식으로 작용한다. 왜냐하면 만물이 지금 이 순간 당신의 에너지장 '안에' 있기 때문이다. 구-홀로그램의 방식으로 인식할 때, 당신은 그 대상에 대한 '직접적인 앎'을 얻는다. 그때 당신은 좌뇌와 우뇌가 통합되고, 온전한 자아로서 인식하며, '흐름'과 '내면 주시자'가 당신의 주의력을 인도하여 알아야 할 것들을 알게 해준다는 사실을 신뢰한다. 그때 당신은 얼마든지 그 대상과 함께 ─ 필요한 만큼 장시간 ─ 현존할 수 있다. 이런 주의력은 힘이 들지도, 맥이 끊기지도 않으며 또한 아무것도 놓치지 않는다.

만약 마음을 특정한 곳에 매어두지 않는다면 그것은 당신의 온몸으로, 온 존재로 퍼져 나갈 것이다. 그래서 당신이 손이 필요하다면 손을 움직여주고, 발이 필요하다면 발을 움직여주고, 눈이 필요하다면 눈을 움직여줄 것이다. 그것은 당신이 필요로 할 때 당신이 필요로 하는 역할을 해줄 것이다. 그러나 당신이 마음을 한 곳에만 매어두면, 마음은 그곳을 벗어나지 못하고 무용지물이 되어버린다.

─ 다쿠안 소호 澤庵宗彭

느리고 좁은 주의력과 빠르고 넓은 주의력

'직관의 시대'의 주의력을 당신의 구를 완전히 둘러싸는 무언가로, 또한 지금 이 순간을 꽉 채우는 무언가로 상상해보라. 그것은 당신이 모든 시공간을, 모든 주파수와 차원들을, 모든 심층을 인식하도록 해준다. 이 주의력은 당신 구의 크기에 맞춰져 있고, 당신이 '직접적인 앎'으로써 복잡하면서도 전일한(holistic) 정보의 패턴을 단번에 이해하도록 돕는다.

구-홀로그램 인식을 할 때, 당신이 알아야 할 필요가 있는 모든 것은 이미 당신과 함께 ― 당신 안의 주파수로서 ― 존재한다. 당신은 그저 긴장을 풀고, 신뢰하고, 꽃이 피는 모습을 즐기기만 하면 된다. 서두를 필요도 없다. 가닿아야 할 미래, 더 많은 것이 밝혀질 미래가 따로 없기 때문이다. 따라서 더 많은 것을 더 빨리 알기 위해서 동시에 여러 작업을 분주히 처리하는 것은 어리석은 시도로, 차원이 낮은 시대의 산물로 보인다. 하나의 대상에만 집착하고 다른 것들에는 눈을 감는 대신, 당신은 매 순간 가장 실재적이고 유용한 대상들을 선택하며 자연스럽고 능숙하게 주의를 옮겨 다닌다. 우리가 힘든 일로 여기는 종류의 집중 ― 의지력과 정신력에 의한 ― 은 이제 과거의 방식이 되었다. 소위 '몰빵'은 불필요하다. 그러지 않아도 앎이 저절로 생겨난다. 물론, 여전히 우리는 원한다면 얼마든지 집중의 범위를 조절할 수 있다.

나는 속독速讀을 배운 적이 있는데 일정 속도 이상이 되면 아무리 노력해도 글의 내용이 이해가 되지 않았다. 그때 누가 말해주길, 내 머리 뒤편 약간 위쪽에 감귤 크기의 공이 있다고 생각하고 내 시각이 그 공의 위치로 옮겨가 있다고 상상하라고 했다. 정말 그 말대로 하

274

고 나서 책을 읽어보니 펼친 페이지의 내용을 한 번에 더 많이 흡수할 수 있었다. 그로써 나는 의지력을 사용해서 선형적 방식으로 좀더 빨리 읽으려고 하는 것은 단순히 머릿속 회로만 혼잡하게 만든다는 사실을 알게 되었다. '감귤'로부터의 시각은 내 구의 크기를 확장시켰고, 내 주의력의 범위도 그만큼 넓어졌다. 이렇게 확장된 주의력은 더 많은 내용을 이해하게 해주긴 하지만 그럴수록 독서라는 경험의 농도와 깊이가 점점 약화되는 것은 어쩔 수 없는 결과이다. 구의 크기를 어느 정도로 할 것인가를 정하는 주체는 바로 당신이다. 속도를 느리게, 초점을 좁게 할수록 그 대상으로부터 생생한 감각을 얻게 될 것이고 속도를 빠르게, 초점을 넓게 할수록 복잡한 구조를 단번에 이해하는 데 유리할 것이다.

> 가슴과 마음으로 보는 것이 근본이다.
> 가슴과 마음으로 볼 때라야 눈도 제 역할을 한다.
> 가슴과 마음으로 보는 것이 먼저요, 눈으로 보는 것은 그다음이다.
> ─야규 무네노리柳生宗矩

부드러운 주의력 vs. 의도

구-홀로그램 인식에서 주의력의 강도는 중요치 않다. 당신은 온전한 현존의 경험 속에서 흐름에 반응하는 일에, 그리고 자연스러운 초점의 변화를 허용하는 일에 관심을 기울인다. 매 순간 온전한 앎이 생겨나기 때문에 오랫동안 집중할 필요가 없고, 따라서 의도(intention)를 사용할 필요도 없다. 의도는 의지력(willpower)을 포함하는 주의력으로, 좌뇌의 방식이므로 이제 우리에겐 불필요하다. 구-홀로그램 인식을 하면 당신은 이해하고 싶거나 구현하고 싶은 바로 그 아이디어를 찾아내게 된다. 특별한 힘을 발휘하지 않더라도 말이다. 의도를 갖고 힘들게 집중하는 대신, 당신은 그저 가만히 그 생각과 함께하게 된다. 그것을 포용한다. 그것의 곁에서 그것을 만끽한다.

당신의 파장과 일치하는 아이디어는 당신이 그것을 손안에 움켜쥐고 간직하려 하지 않아도 당신의 장 안에서 살아 있게 된다. 그것 스스로 변화를 원할 때는 변할 수도 있다. 당신이 부드럽고 상냥하게 계속 주의를 기울이면 그 아이디어는 자신의 지식 패턴을 드러내거나 물리적 현실 속에서 구현될 것이다. 당신 자신이나 그것 자체가 무슨 일을 '하도록' 애쓸 필요가 없다. 당신의 초점이 부드러워지고 확장될수록, 당신은 당신의 에너지장과 당신의 영혼이 알아서 당신의 현실을 최상의 것으로 창조하는 데 주의를 기울인다는 사실을 알게 될 것이다.

당신의 주의력을 좀더 부드럽고 원만하게 만들어서 사방으로 고르게 퍼져나갈 수 있도록 하라. 당신의 중심 의식이 당신의 몸, 감정, 마음, 에너지장을 통해 퍼져나감을 느껴보라. 그 의식이 광대하고, 직접적이고, 청명하고, 열려 있게 하라. 그 의식이 긴장하거나 나태하지도, 지나치게 활발하거나 무기력하지도 않게 하라. 당신은 여러 대상 또는 방향을 향해 끌려가기도 하고 밀려나기도 한다. 그 흐름을 느껴보라. 그 움직임은 어디로 가고 싶어하는가? 자아 수준의 의식은 내려놓으라. 선불교에서 말하듯이, "당신의 불빛을 은은하게 해서 세상과 조화를 이루라." 감각을 섬세하게 사용할수록 당신의 주의력은 직접적인 체험과 직접적인 앎을 가져다준다. 당신은 당신의 부드러운 구球/장場 안을 돌아다닌다. 그것은 당신이 어딜 가든 거기에 있다. 그것 안에 있는 모든 것은 스스로 의식을 갖고 있는 동시에 당신의 의식 범위 안에 있다.

당신의 주의력으로 지금 이 순간을 가득 채우면 마치 시간이 멈춘 듯 느껴질 것이다. 이때 속도는 마법처럼 무無의 상태가 되고, 모든 것은 순간적으로 조율되고 동기화된다. 무사武士들은 유연한 대처와 생생한 감각이 승패를 좌우한다는 사실을 알고 있다. 이것은 '속도'에 관한 이야기가 아니다. 그들은 주의력을 생생하게 하고, 마음을 자유롭게 한다. 왜냐하면 주의력이 어느 한 군데 멈춰서 머무르면 흐름에 틈이 생기고, 바로 거기가 약점이 되기 때문이다.

정보시대의 스트레스를 변성시키기

시간의 가속화와 정보시대의 종말로 인한 사회적 스트레스를 치유하는 방법은 구-홀로그램 인식에서 찾을 수 있다. 그것은 바로 지금 이 순간에, 우리 몸에, 우리 내부에 주의력을 집중하는 것이다. 당신은 자신의 구에 집중함으로써 하나의 연속적이고 영감 어린 활동을 경험함과 동시에 수많은 일들이 한순간에 발생하는 모습도 알아차리게 된다.

선형적 방식으로 집중하면 하나의 짧은 순간에 하나의 작은 행동만 경험하게 된다. 그것이 일련의 과정으로 발전할 때, 당신의 좌뇌는 그것을 조각조각 나눠서 목표달성을 위해 '반드시 해야 할' 별개의 행동들로 이름표를 붙이고 그런 다음에 의지력과 아드레날린을 동원한다. 좌뇌는 목표를 미래로 투사하기 때문에 현재 당신이 취하는 작은 행동과 최종결과 사이에 존재하는 간극은 당신을 조급하게 만든다.

반면에 당신이 구 안에서 주의력을 고르게 유지하고, 당신의 목
표가 높은 주파수 상태로 당신 안에서 잘 머물게 하면, 당신은 흐름
을 타고 덩실덩실 춤을 출 수 있다. 당신은 차례대로 떠오르는 아이
디어와 충동을 신뢰하고 완벽한 타이밍에 자연스럽게 반응한다. 당
신은 결과가 이미 존재함을 느낄 수 있다. 당신은 자신이 할 일을 즐
겁게 하고 있는 동안 결과가 어떻게 스스로 창조되어 나오는지를 느
낄 수 있다. 당신은 그 결과가 관련된 모든 사람이 혜택을 얻는(win-
win-win) 완벽한 순간에 실현되리라는 것을 안다.

실습과제
다수의 일들을 하나의 흐름의 일부로서 돌보라

(메모: 이 연습을 한 장소에서 해도 좋고 걸어 다니면서 해도 좋다.)

1. 편안하게 긴장을 풀고 마음속에서 흐르는 대화를 중단시키라.
대신 한 가지 대상에 집중하거나 어떤 소리, 질감, 또는 신체감각에
집중하라. 예컨대 탁자에 집중한다고 하자. 그 탁자와 온전히 연결
되라. 그 탁자가 당신의 구 안에 있다고 상상하라. 탁자가 텔레파시
로 당신에게 말을 전달한다고 상상하라. 10~20초 동안 탁자의 특성
에 대해 찬찬히 의식적으로 생각해보라.

2. 이제 주의를 다른 대상으로 자연스럽게 옮겨가라. 예컨대 밖
에서 들리는 새소리에 집중해보라. 10~20초 동안 청각에만 온전히

집중하고 그것을 감상하라. 그런 다음 스스로 알려지기를 바라는(즉 당신의 눈에 띄는) 다른 대상으로 주의를 옮기라. 이처럼 주의를 전환하는 '경험' 그 자체도 당신이 집중해볼 만한 대상이다.

3. 사물에서 사물로, 경험에서 경험으로 계속해서 대상을 옮겨가면서 주목하라. 각 대상에 주목할 때마다 그 생생한 연결 속으로 푹 젖어들라. 관찰되는 모든 것이 철저히 당신의 구 안에 머물게 하고 '나 자신'으로서 그것을 느끼라.

4. 당신의 좌뇌가 그 대상들 사이에 간극이나 틈새를 집어넣으려고 할 때는 연속적인 흐름에 좀더 집중함으로써 간극을 메우라. 집중이 흐트러져 흐름이 끊기지 않도록 주의하라. 한 대상에서 다음 대상으로 옮겨가는 '움직임'도 집중의 대상으로 삼으라.

5. 흐름 그 자체와 흐름 안에 있는 대상들에 신경 쓰고 있는 주체는 바로 당신의 몸, 당신의 심장, 당신의 우뇌라는 사실을 알아차리라. 이 연습을 10분 이상 지속하라.

만약 내가 집필하는 중에 아주 잠깐의 섬광 같은 초점을 향해 주의력을 발휘한다면, 내 손가락이 키보드의 키를 누르고 그에 따라 컴퓨터 화면에 낱글자 하나가 나타나는 장면을 알아차리게 될 것이다. 심지어 그런 찰나의 행동도 더 세분화된 별개의 행동들로 나뉘고 제각각의 이름이 붙여질 수도 있다. 만약 내가 주의력의 초점을 좀더 확장한다면, 그때는 하나의 단어를 알아차리게 될 것이다. 그것을 한 번 더 확장하면, 여러 개가 단어가 조합되며 하나의 문장을 이룰 것이다. 그런데 내가 불현듯 원고의 데드라인('dead-line'이라는 좌뇌식 용어가 참 의미심장하지 않은가?)을 떠올리고 좌뇌가 앞으로 뛰어나오게 만든다면, 나는 글을 쓰는 일과 완성된 책을 출판하는 일 사이에 간극을 만들어낸 것이다. 갑자기 해야 할 일이 산더미처럼 느껴지고, 나는 압박감 속에서 여러 가지 일을 동시에 처리하게 된다. 나의 좌뇌가 불길한 미래를 그럴듯하게 펼쳐 보이고 있기 때문에 나는 흐름을 만끽하지 못한다.

대안은 이렇다. 나의 초점을 부드럽게 열린 상태로 놔둠으로써 모든 것을 현재에 머물게 하고 하나의 연속적인 흐름을 느끼는 것이다. 낱글자를 쳐서 단어를 만들고, 문장을 만들고, 단락 안에서 주장을 정리하고, 한 가지 주제를 중심으로 관련 장들을 모으고, 원고를 제출하고, 출판팀과 협업한 후 완성된 작품을 손에 쥐는 것은 모두 하나의 움직임이다. 여기엔 간극이 없다. 각각의 행동이 자연스럽게 다음 행동으로 이어지기 때문이다. 여기엔 스트레스도 없다. 모든 것이 지금 이 순간 안에 존재하고, 의지력을 사용하는 일 없이도 마법처럼 신속하게 실현되기 때문이다. 나는 주의력과 에너지를 충분히 가지고 있기에 결핍되지 않는다. 나의 구는 의식-에너지로 이루어져 있다!

영혼의 자연스럽고 이음새 없는 주의력에 좌뇌가 끼어들어 그것을 분산시킬수록 당신은 더 많은 어려움, 중압감, 한계, 부족, 과도한 자극을 경험하게 된다. 반면에 우뇌, 심장, 에너지장이 당신의 주의력을 더 많이 이끌게 되면 존재하고, 살고, 생각하고, 행동하고, 창조하고, 사라지는 과정이 부드럽게 연결되면서 당신은 더욱 충만한 마음을 갖게 된다. 당신은 주의를 기울이는 대신에 자연스럽게 주의력을 가지고 놀게 된다. 그리고 덜 행동하면서 더 많이 즐기게 되고, 매 순간의 놀라움과 충만함을 사랑하게 된다. 그런데 아이러니한 점은, 전보다 덜 행동하고도 더 많은 것을 성취하게 된다는 것이다.

눈에 보이지 않는 요소들이 중압감을 해소한다

새롭고 온전한 주의력을 갖게 되면 당신은 다른 사람들이 당신의 일부라는 사실을 좀더 강렬하게 경험하면서 상호지지, 협력, 협동을 당연한 것으로 생각하게 된다. 따라서 당신과 다른 사람들은 서로를 더 많이 도울 것이고, 각자 자신이 좋아하는 일을 하는 것 자체가 자발적인 봉사가 될 것이다. 구하라. 그러면 받을 것이다. 이처럼 서로가 돕기 때문에 결과와 해결책이 더 빨리 나타나게 된다.

물리적 세계와 비물리적 세계가 통합되면, 당신은 이전엔 혼자서 해야 한다고 생각했던 일 — 목표 달성을 위한 전략 혹은 일련의 학습계획 — 의 상당 부분을 통일장이 대신 해주고 있음을 깨닫게 된다. 그 이유는 통일장이 '의식체'들로 가득 차 있기 때문이다. 당신은 비물리적으로 일을 할 때도 물리적으로 일을 할 때와 마찬가지로 여러 존재들을 경험하게 된다. 지구상의 존재들은 밀도가 높은 육체를 가지고 있는 반면, 비물리적 세계의 존재들은 밀도가 낮은 '에너지체'다.

중음계中陰界(생과 생 사이)의 영혼에서부터 천사들, 은하계 차원의 존재들, 동물의 정령들에 이르기까지 비물리적 존재의 종류는 무수히 많다. 당신과 다른 사람들 사이에 상호지지의 감정이 커갈수록 당신과 비물리적 존재들 사이의 공동창조 경험도 늘어난다. 우리는 종종 성인, 마스터, 천사들에게 도움을 요청하는데 그 이유는 이 존재들이 실제로 존재하기 때문이다. 그들은 창조, 배움, 영적 성장의 과정이 매끄럽게 진행될 수 있도록 많은 도움을 준다. 하지만 지금까지 그들의 도움은 별로 인정받지 못했다. 당신이 비물리적 현실을 경험하게 되면, 삶 속에서 우연히 얻었다고 생각했던 것들이 사실은 배후에서 당신을 은밀히 돕고 있는 많은 존재들의 작품임을 알게 될 것이다.

동시성 현상이 잦아짐에 따라 많은 일을 동시에 처리해야 한다는 부담감도 줄어든다. 일들이 순탄하게 정돈되고 실현되기 때문이다. 명확히 초점 맞춰진 내적 청사진이 에테르 차원에 각인되자마자 그 결과들이 현실로 나타난다. 마음속 깊은 곳에 숨어 있던 두려움이 해소되어 영혼이 제 운명을 구현하는 것을 더 이상 방해하지 않기에, 만사가 더욱 평탄하고 신속하게 이뤄진다. 또한 당신은 알려고 '애쓰지' 않기에 주의력 맹증도 더 이상 문제가 되지 않는다. 당신은 광대한 양의 지식을 단번에 알게 된다. 물질화되고자 하는 것들은 점진적으로 진동을 낮추면서 당신의 구 안에 제 모습을 드러내기 시작한다.

내 시야에는 사각지대가 없다.
내 머리 자체가 하나의 거대한 눈으로서
동시에 모든 곳을 바라본다.
— 찰스 린드버그

하나의 거대한 눈

친구 한 명이 오랫동안 병을 앓아오다가 얼마 전 세상을 떠났다. 그로부터 며칠 후 나는 텔레파시 능력을 가진 한 친구와 이야기를 나눴다. 그는 내가 원한다면 죽은 친구에게 메시지를 전해줄 수 있다고 했고 나는 그의 제안을 받아들였다. 그는 진부한 이야기 몇 마디를 전한 후에 이렇게 말했다. "그녀는 지금 초의식(superconsciousness)으로 이동했기 때문에 무엇이든 한 번에 볼 수 있게 돼서 놀랍다고 말하네." 그의 말이 사실인 것 같아서 온몸이 부르르 떨렸다. 내 몸속 어딘가는 이런 의식의 상태를 알고 있다. 우리 모두 알고 있다. 하지만 우리는 일시적으로 그것을 잊어버린 상태다. 지금 우리는 물리적 현실에 몰두하고 있기 때문에 그렇다.

비슷한 시기에 나는 어린 찰스 린드버그가 1927년에 겪었던 일에 관한 이야기를 읽었다. 당시 그는 파리까지 5,000킬로미터에 이르는 거리를 혼자서 비행했다. 중간지점에 이르렀을 때, 그는 잠이 부족한 상태여서 자신도 모르게 평소와는 다른 의식의 상태로 들어가기 시작했다. 그는 자신이 실제 현실과 꿈의 현실을 구별할 수 없다는 사실을 깨달았다. 두 현실 사이에 놓여 있던 장벽이 허물어졌기 때문이다. 하지만 그는 경계태세로 있어야 했기에 눈을 뜬 채로 꾸벅꾸벅 졸기 시작했다. 그는 이렇게 말했다. "내가 이런 식으로 잠이 들었을 때, 내 시각은 마치 눈을 감고 있는 상태인 것처럼 평소의 내 마음으로부터 떨어져 나와서는 곧장 이 새롭고 놀라운 마음으로 연결되었다. 이 마음은 자신이 받아들이는 인상들을 점점 더 능숙하게 처리해 갔다…"4)

린드버그는 자신을 따라다니는 '유령 같은 존재들'을 보았고 놀라기보다는 그들을 친근하게 느끼기 시작했다. 그는 고개를 뒤로 돌리지 않고서도 비행기 뒤편에 있는 그들을 볼 수 있었고, 그들이 비행기 기체의 벽을 통과해 안과 밖을 자유자재로 들락날락하는 모습도 볼 수 있었다. 그는 이렇게 말한다. "나는 시간이 흘러가는 방향을 인식하지 못한다… 물질에 대한 모든 감각이 사라진다. 내 몸에는 무게감이 없고, 조종간도 딱딱한 느낌이 들지 않는다. 몸이라는 느낌 자체가 사라져버렸다… 나는 과거와 현재와 미래에, 그리고 이곳과 저곳에 동시에 존재한다. 나는 지금 비행기를 타고 대서양을 건너고 있지만 몇 년 후의 미래 속에서도 살고 있다."[5]

구-홀로그램 인식으로의 전환에 대해 언급한 사람은 린드버그뿐이 아니다. 랠프 월도 에머슨도 이와 비슷한 체험을 했다. "나는 투명한 눈알이 되었다. 나는 아무것도 아니지만 모든 것을 본다."[6] 시인 보들레르는 음악을 듣다가 중력으로부터 벗어나는 느낌을 받으며 긴 백일몽에 빠져들었다. 그에 따르면, 그곳은 "광활한 수평선이 보이는 고독한 공간이었고, 빛이 넓게 퍼져 있었다. 다시 말해, 다른 어떤 요소도 없는 광대함 그 자체였다."[7] 신경학자이자 선불교 신자인 제임스 H. 오스틴은 이런 새로운 종류의 주의력에 대해 다음과 같이 말한다. "우리는 많은 작업을 빠른 속도로 처리해야 할 때마다 정신의 '끈끈한 거미줄'이 없는, 커다란 텅 빈 공간이 필요한 듯 보인다. 그렇게 정신 공간이 확장될 때… 그 텅 빔 속의 의식은 곧 채워질 감각경험들을 맞이하기 위한 준비로 들썩거린다. 그 결과, 그것은 가능성으로 반짝이고 극도의 황홀감으로 충만한 공간의 모습으로 '보여지곤' 한다."[8]

실습과제
다이아몬드 빛이 나는 반구형의 거대한 눈

1. 자연 속에 있는 탁 트인 공간을 상상하라. 그 한가운데에 수정으로 만들어진 돔(반구)이 투명하게 빛나고 있다. 걸어가서 당신의 손을 그 수정돔의 벽에 올려두라. 수정의 진동을 느끼면서 당신의 주파수를 그것과 일치시키라. 당신의 주파수가 그것과 같아지면 당신의 손과 팔, 몸은 마치 거기에 아무것도 없다는 듯이 벽을 통과하게 될 것이다. 수정돔 안으로 들어가라.

2. 그 안에서 신선한 공기와 청청한 에너지를 느껴보라. 그리고 순수한 다이아몬드 빛에 주목하라. 이 안에 있는 모든 것은 당신 영혼의 진동인 근원 주파수와 일치한다. 돔의 중심으로 이동해서 의자에 앉거나 서 있으라. 긴장을 풀라. 다이아몬드 빛이 당신의 몸속으로 들어와 당신을 가득 채우면서 모든 집착과 장애물을 제거하게 하라. 하늘과 땅, 그리고 당신 주변의 모든 것과 연결되라. 땅속에 들어 있는 반구의 다른 반쪽도 느끼면서 다이아몬드 빛의 주파수로 진동하라.

3. 이 수정구의 진동과 일치하지 않는다면 어느 누구도 당신의 공간 속으로 들어올 수 없다. 당신이 알아야 할 모든 것은 당신이 의식하기도 전에 이 강력한 진동에 의해 정화될 것이다. 당신이 받게 될 모든 비전은 당신의 가장 높은 주파수 및 진실과 조화를 이룰 것이다.

4. 수정구 안에서 당신이 눈을 감고 있는 모습을 상상하라. 당신과 당신 주변의 둥근 공간을 채우고 있는 다이아몬드 빛 안에서 섬세한 의식을 느껴보라. 그것이 무엇에 주목하려 하는지를, 고정된 초점이 아니라 구의 초점으로서 느껴보라. 그 빛이 당신에게 필요한 통찰력을 가져다줄 것이라고 믿으라. 여기까지 편안하게 진행됐다면, 당신의 몸이 흩어져 없어지면서 수정구의 진동과 일치하는 '에너지체'로 완전히 바뀌고, 수정구 자체의 경계도 사라진다고 상상해보라.

5. 영혼의 다이아몬드 빛으로만 이뤄진 당신 자신의 상태를 계속 경험하면서 그 빛으로 이뤄진 장을 발산하라. 당신은 모든 방향을 동시에 볼 수 있는 하나의 거대한 눈이 되었다.

이제 당신은 낮에는 자신이 다이아몬드 빛을 발하는 고차원의 의식장 속을 거닌다고 믿고, 밤에 꿈꿀 때는 완벽히 현존하며 백 퍼센트의 주의력을 발휘할 수 있다고 다짐한다. 당신은 온전한 존재로서 의식적으로 정보를 수신하는 연습을 시작한다.

무언가에 마음을 집중하는 것은 선불교의 목적이 아니다.
진정한 목적은 사물을 있는 그대로 보고, 있는 그대로 관찰하며,
있는 그대로 놔두는 것이다.
— 스즈끼 순류 선사

요약

우리는 선형적 인식의 관점에서 사물에 집중할 수도 있고, 구-홀로그램 인식의 관점에서 집중할 수도 있다. 선형적 관점에서는 시간이 주의력의 척도가 되고, 한 번에 하나의 대상을 보므로 우리의 주의력은 분산된다. 반면에 구-홀로그램 인식은 동시에 많은 것들을 보게 하고, 노력 없이도 대상들 간의 상호연결성을 이해하게 한다. 정보시대가 막바지에 이른 오늘날, 우리는 선형적 인식을 이용하여 증가하는 자료의 양을 처리하려고 애쓰고 있고, 그 와중에 스트레스와 실수를 유발하는 주의력 관련 문제들을 일으키고 있다. 멀티태스킹, 주의력 분산, 속도 지향의 습관들 속에는 정화돼야만 할 우리 안의 근본적 감정패턴이 감춰져 있다.

구-홀로그램 인식을 하면 우리의 주의력은 정교해지고, 만물 안에서 의식-에너지와 영혼을 보게 된다. 그것은 정보시대의 중압감을 해소시켜주는 방식으로 통합된다. 우리는 통일장과 비물리적 존재들이 이전엔 우리가 개인적으로 해왔던 일들을 상당 부분 도와주고 있다는 사실을 알게 된다. 온전한 주의력은 과학기술을 통해 제공받으려 했던 능력들을 우리가 스스로 계발하기 시작하도록 돕고, 우리는 결국 우리 자신의 능력이 기계보다 훨씬 뛰어나다는 사실을 깨닫는다.

10

흐름에 주목하기

나를 알려면 나를 잊어야 한다.
의식과 무의식은 모두 내 삶의 한 측면이다. 그 둘은 공존한다.
세상을 알기 위해서는 나를 잊어야 하고,
나를 알기 위해서는 세상을 잊어야 한다…
어떤 것도 홀로는 존재할 수 없다.
모든 것은 스스로 비워질 줄 알아야 한다.

— 스리 니사르가다타

    샌디는 가까스로 현상유지만 하고 있었다. 그녀는 10년 동안 보험회사에서 일하면서 짜증이 목까지 차오른 상태였다. 삶은 권태로웠고, 똑같은 나날이 이어졌다. 그녀는 대학 때 포토저널리즘을 전공했지만 성인으로서 많은 책임을 감당해야 했기 때문에 자신이 좋아하던 사진과 글쓰기를 포기해야 했다. 그녀는 자신이 그 분야에 재능이 있는지도 모르겠고 그 일로 돈을 벌어본 적도 없고 어디서 시작해야 할지도 막막하지만, 그것이 자신에게는 새로운 가능성이자 지금 하고 있는 사무업무의 대안으로 떠올릴 수 있는 유일한 길이다. 그녀는 자신이 잃어버린 부분 중 일부라도 되찾길 원하지만, 지금 다니고 있는 직장을 그만두고 나면 그동안 저축한 돈으로는 오래 버티지 못할 것임을 안다. 그녀는 계속 걱정만 하고 왜 되는 일이 하나도 없냐고 투덜대면서, 덫에 빠진 느낌과 자신이 무능하다는 생각에 젖어 허송세월만 했다. 보험회사에서 일하기로 한 것은 확실히 잘못된 선택이었다.

샌디는 그동안 일하면서 거의 전적으로 좌뇌만을 사용해온, 탁월한 분석가였다. 하지만 좌뇌의 능력만이 지나치게 강조되었기에 그녀는 변화를 일궈내고 흐름에 머물 수 있는 능력이 제약받는 지경이이르렀다. 그녀의 좌뇌는 과거의 생각들을 미래로 투영하고 있었고, 자신에게 친숙한 분석적 문제해결방식만을 이용해 진로를 모색하려고 했다. 그녀의 기하학적 인식구조는 분명히 선형적이다. 그녀는 미래를 직선상에서 멀리 떨어져 있는 점으로, 세우고 성취해야 할 목표로 본다. 그녀에게 흐름은 늘 앞으로 가는 것이었기에 흐름을 유지하기 위해서는 영리함, 의지력, 많은 에너지가 필요하다. 하지만 그녀는 자신에게 과연 이런 것들이 있는지를 확신할 수 없다.

우리 중 많은 이들은 샌디와 같이 전환점에 도달하고 있다. 우리는 바로 이 지점에서 직관의 시대에 어울리는 주의력 조절기법을 훈련해야 할 필요성을 느끼게 된다. 그것은 바로 '흐름'의 원칙들을 이해하고, 그 흐름과 어우러짐으로써 변화와 전환이 자연스럽게 일어나게 하는 능력이다. 뭔가에 발이 묶이는 경험은 우리가 과녁을 벗어났고 좀더 주의력을 깊이 활용해야 할 필요가 있다는 신호다.

삶을 훌륭하게 만드는 것은 행복이 아니라
흐름과 온전히 함께하는 것이다.
— 미하이 칙센트미하이

흐름은 실제로 어디에도 가지 않는다

선형적으로 인식할 때, 당신은 흐름이란 공간을 통과해서 나아가는 사인파와 같이 어딘가를 향하는 것이라고 느낄 것이다. 당신은 미래 혹은 어떤 다른 지점으로의 움직임을 흐름으로서 경험한다. 그러나 구-홀로그램 인식으로 전환하면 흐름에 대한 경험이 바뀌게 된다. 이제 당신은 의식-에너지 구의 중심에 있고, 그 구는 쉼 없이 요동친다. 때로는 오그라들어 하나의 점이 되기도 하고, 넓게 퍼져 정신(mental)의 속성을 띠기도 한다. 때로는 단단히 뭉쳐 물질(physical)의 형태를 갖추었다가 다시 엄청나게 확장되어 집단적(collective)이고 보편적인(universal) 상태가 되기도 한다. 당신은 수많은 주파수와 차원들, 현실들 사이로 특별한 순서 없이 왔다 갔다 한다. 그러는 와중에 더욱 다양한 의식상태에 접근하는 방법을 배운다. 흐름 자체가 통일장 안에서 '숨을 쉬고' 있다고 생각하라. 그것이 광각廣角의 시야를 들이마시고, 집중된 초점의 시야를 내뱉는다고 상상해보라.

당신이 새로운 인식을 연습할 때, 흐름은 당신을 그 어디로도 데려가지 않는다. 당신은 어떤 현실에 맞추고 있든지 상관없이 언제나 자신의 구의 중심인 가슴에 머문다. 구-홀로그램 인식 속에서 흐름은 중심점과 구(에너지장) 사이를, 입자와 파동 사이를, 물리적 현실과 비물리적 현실 사이를 오갈 뿐이다.

흐름은 물리학자 데이비드 봄이 말한 내재된(숨겨진/비물리적) 질서와 외현된(드러난/물리적) 질서 사이의 움직임이다. 그는 물질과 의식은 모두 홀로그램이라고 주장했다. 그 이유는 둘 다 각 부분 안에 전체의 구조를 포함하고 있고, 둘 다 계속해서 접고 펼치는 과정에 관여하고 있기 때문이다. 그는 다음과 같이 말했다. "질서에 대한 새로운 개념이 싹트고 있다. … 시간의 매 순간은 전체의 내재된 질서로부터 투영된 것이다."[1] 그는 의식이란 하나의 과정이고, 매 순간은 이전에 숨겨진(비물리적) 내용이 현재 드러난(물리적) 상태이며, 드러난 내용은 또 곧 숨겨진 상태로 바뀐다고 말했다.

이렇게 왔다 갔다 움직이는 흐름에는 두 가지 중요한 주파수가 있다는 사실을 이해해야 한다. 당신의 성장과 창조의 과정과 관련된 긴 주기들도 있고, 물질 그 자체의 짧은 진동 주기도 있다. 우리의 삶에는 다양한 길이의 창조 주기가 있다. 심호흡이나 저녁 만들기부터 스웨터 짜기, 외국 여행가기, 의사가 되기 위해 공부하기, 보험회사에서 10년 일하기, 심지어 한평생 살아가기까지, 짧은 주기도 있고 긴 주기도 있다. 그리고 그 모든 순간에 우리는 엄청나게 짧은 주기로, 결코 멈추는 법이 없는 대단히 빠른 스트로보 섬광처럼 눈 깜짝할 새에 물리적 세계의 안팎을 들락날락한다. 지금 이 순간에만 존재하는 우리의 현실은 우리와 '함께' 등장하는 것이다. 마치 지금 이 순간이 스스로 숨을 쉬고 있는 것처럼!

흐름은 전적으로 지금 이 순간에 머문다

흐름이 주는 경험은 결코 이 순간을 떠나지 않는다. 그것은 미래나 다른 지점들을 향하지 않는다. 미래와 다른 지점들이 이제 더 이상 '저기 바깥에' 있지 않기 때문이다. 그 대신 당신과 당신의 현실은 비물리적 세계 속으로 녹아들어가고, 그곳에서 당신은 집단의식과 조화를 이루기 위해 자신을 재정렬하고 재정돈한다. 그런 다음 당신은 지금과는 다르게 설정된 환경변수들과 함께 물리적 세계에 다시 등장하거나 투영됨으로써 '수정된 현실'을 창조해낸다. 당신은 어떤 주파수라도 선택할 수 있다. 만약 당신이 스웨터를 짜는 일에 집중한다면, 그 과정이 매 순간 순조롭게 펼쳐질 수 있도록 일관된 방식으로 자신의 현실을 펼쳐내게 될 것이다. 만약 당신이 인생에서 큰 변화를 일궈내고 있다면, 자신을 전혀 새로운 사람으로 느껴지게 하는 진동으로부터 자신의 현실을 다시 투영해내게 될 것이다.

흐름의 움직임은 하나의 거대한, 그리고 잘 조율된 힘이다. 그것은 당신을 포함한 우리 모두의 지고한 정체성인 '집단의식'의 지혜 그 자체이다. 이 힘은 쉴 새 없이 순서와 주파수를 바꿔가며 어떤 '현실'들을 우리 앞에 꺼내놨다가, 없앴다가, 다시 또 꺼내놓는다. 임의적으로 보일 수도 있지만, 사실 이 움직임은 모든 사람이 가장 효율적인 방식으로 진화할 수 있도록 완벽하게 조율된 것이다. 이 힘은 너무나도 지혜롭다!

아마도 당신은 급속도로 변화하는 이 유동적인 의식이 어떤 느낌인지를 이미 알고 있을 것이다. 이와 비슷한 변화를 꿈의 세계에서 늘 체험하고 있기 때문이다. 꿈에서는 현실이 순식간에 바뀌고 당신도 그걸 예사로 여긴다. 예컨대 당신은 죽은 고모를 만나고 있다가 다음 순간에는 제트기를 몰면서 좁은 활주로에 비상착륙을 하고 있다. 그런데 또 어느 틈엔가 거실에서 바짝 마른 화초에 물을 주고 있다. 그러다 잠시 후 침실에서 깨어난다. 장면이 바뀔 때마다 눈 깜짝할 새에 비물리적 세계 속으로 들어가고, 또다시 새로운 현실이 펼쳐진다. 꿈속에서 당신은 현실들이 백만 분의 1초 만에 극적으로 변할 수 있다는 사실을 당연하게 받아들인다.

흐름이 당신의 현실을 바꿀 때, 당신은 그 틈새의 점멸을 인식하지 못할 수 있다. 생각들을 좇아가느라 흐름의 전환을 눈치채지 못할 수 있다. 하지만 흐름에 집중하고 지금 이 순간에 온전히 머문다면 당신은 자신이 어떻게 현실들 사이를 왔다 갔다 하는지를 느낄 수 있을 것이다.

실습과제

흐름의 전환을 느끼라

1. 당신이 지금 한창 하고 있는 일에 집중하라. 언제 집중력이 떨어지면서, 다음으로 하고 싶은 일에 대한 생각이 머릿속에 떠오르는지 살펴보라. 지금 하고 있는 일을 마치고 다음 활동을 시작하려는 자신의 모습에 주목하라.

2. 새로운 활동을 시작하기 전에 기존의 활동과 새로운 활동 사이의 간극을 살펴보라. 당신은 끝냈다는 기분을 느끼는 시간을 자신에게 허용하고 있는가? 진짜로 기존의 활동을 다 마친 것이 확실한가? 새로운 활동을 어떤 마음으로, 어떤 방식으로 해나가길 원하는지 스스로 알아차리는 시간을 자신에게 허용하고 있는가? 다시 중심에 머물며 고요함을 찾는 멈춤의 시간을 의식적으로 갖고 있는가?

3. 당신은 두 활동 사이 시간에 무엇을 하고 있는가? 이 방과 저

방을 왔다 갔다 하는가? 컴퓨터를 켜는가? 커피 한 잔을 마시는가? 누군가에게 말을 거는가? 각각의 활동에 온전히 집중하면서 이전의 활동이 다음 활동으로, 또다시 그다음 활동으로 어떻게 흘러가는지를 느껴보라.

4. 이전 활동에서 다음 활동으로 넘어가는 시점에 당신이 의식하지 못하는 부분이 있는가? 당신의 의식은 그때 어디에 있었는가? 다음 활동을 시작하기 전에 이 연습을 반복하고, 당신 자신이 흐름 속에 계속 머물 수 있는지를 살펴보라.

인생은 스웨터를 짜는 일이나 보험회사를 그만두는 일처럼 한 단계의 끝에서 단순히 멈추고 닫히는 것이 아니다. 입을 쫙 벌리고 당신을 기다리는 공백은 없다. 당신은 흐름의 단계들 사이에서 지그재그로 난 선을 따라서 급격하게 방향을 바꾸지도 않는다. 그러므로 장면이 바뀌는 것을 두려워할 필요가 없다. 주의를 기울여보면, 각 장면이 끝나고 다음 장면으로 넘어가는 중간 상태가 경험할 거리로 가득 채워져 있다는 사실을 알게 될 것이다. 극단적인 결말이 아니라 편안한 커브길이 당신의 의식을 물리적 세계로부터 의식-에너지의 세계로 이끌고, 그런 다음 다시 물리적 세계로 돌려보내거나 꿈속에서처럼 다른 차원을 향해 부드럽게 초점을 맞추도록 안내한다. 이 커브길을 '전환점'(turning point)라고 부르는 데는 이유가 있다. 커브길을 돌려면 (꺾이는 것이 아니라) 흘러가야 한다. 이 모든 과정이 의식으로 넘쳐나며, 여기에는 조금의 빈 공간도 없다!

생명망(web of life)은 아름답고 이해불가한 춤이다. 생명망은 변화하는 목표를 가진 하나의 과정이다. 내가 어디에 있든, 생명망은 이미 그곳에 완벽한 예술작품으로서 완성되어 있다.

― 로버트 앤톤 윌슨

흐름의 느낌

흐름의 느낌에 좀더 집중하기 위해서는, 왔다 갔다 하는 흐름의 리듬과 하나되어 삶의 창조 주기의 각 단계들을 만끽해야 한다. 흐름의 경험은 저항을 최소화하는 길을 받아들이는 것과 관련이 있다. 지금 나는 나태해져도 된다고 말하는 것이 아니다. 당신을 위해 준비된 길, 당신과 어울리는 주파수와 추진력이 느껴지는 길에 대해 얘기하는 것이다. 당신의 내면의 주시자에게 다음과 같이 물으면 도움이 될 것이다. '이번엔 무엇이 올 차례지?' '무엇이 달라졌지?' '무엇이 더 진실한 것일까?' '무엇이 가장 솔직한 것일까?' '바로 지금 의식 속에 무엇이 떠오르고 있지?' '내가 가장 필요로 하는 것은 무엇이지?' 당신은 다시 중심에 머물기 위한 시간과 공간이 필요할 때도 있고, 행동과 근면한 창의력이 필요할 때도 있다. 그런 다음에는 당신 자신이 창조한 것을 만끽하기 위해 또다시 공간이 필요해지기도 한다.

창조와 성장의 주기는 이 형태에서 곧장 저 형태로 흘러가는 것이 아니다. 형태가 있는 상태에서 형태가 없는 상태로 흘러간다. 당신은 거기서 의식-에너지를 경험하고 당신 자신을 적절하게 재정돈한 후에 다시 행동의 단계로 넘어오면서 형태를 갖춘다. 이 주기는 계속 이어지고, 당신은 내려놓기와 사라지기를 통해 또다시 무형의 상태로 돌아간다. 당신의 삶 속에 존재하는 여러 가지 생각들과 활동들을 생각해보라. 지금 당신은 평화와 고요함 속에서 휴식을 취하면서 언제 어떻게 시작할지를 심사숙고하고 있는가? 아니면 지금 당신은 행동을 하는 중인가? 아니면 성공적으로 어떤 결과를 구현하는 일을 막 마쳤는가? 그렇다면 잠시 멈추고 다시 고요함 속으로 들어갈 필요가 있겠는가?

> 현자와 나는 비밀스런 대화를 나누었다.
> 내가 그에게 "세상의 비밀을 가르쳐 주십시오"라고 묻자,
> 그는 "쉿! 고요함이 세상의 비밀을 말하도록 하게"라고 대답했다.
> ― 루미

정체된 상태를 풀고 흘러가기

샌디와 그녀의 정체된 현실로 다시 돌아가 보자. 샌디의 의식은 물리적 현실의 '외현된 질서'에 고정돼 있었다. 그녀는 자신이 가지고 있던 형태를 대신할 다른 형태를 찾는 과정에서 문제 ― 자신의 목표와 연결고리가 끊어져 있는 상태 ― 에 대한 해결책을 보았지만 실제적인 흐름이 발생하도록 허용하지 않았다. 다시 말해, 무형의 경험이 다가오는 것을 허용하지 않았다. 커다란 공백이 자신을 파괴해 버릴까봐 두려웠기 때문이다. 그녀의 좌뇌는 의지력을 이용해서 그녀의 현실을 물리적인 차원에 한정시켰고, 형태가 있는 것들만을 고려함으로써 '안정감'을 얻고자 했다. 샌디는 전환점에 서 있었지만 그 전환점이 실제로 어떤 느낌인지 경험할 수 있는 기회를 자신에게

허용하지 않았다.

흐름의 '모든 전환점'은 당신이 그리로 들어가서 주의를 기울이기만 하면 그 즉시 충만해진다. 한 창조 주기의 끄트머리에서 그 전환점에 온전히 집중하면 당신은 진실과 평화의 기억을 되찾고, 근원 주파수와 영혼의 차원으로 기쁘게 귀환하게 된다. 당신은 집단의식이라는 '든든한 가족'과 합일하고 엄청난 놀라움과 새로운 생각들 속에서 아이처럼 행복해진다. 이와 동시에 새로운 일들을 창조하고 싶은 마음이 가슴 깊은 곳에서 솟아남을 느낀다.

샌디는 비선형적, 감각적, 예술적, 비언어적 자아로 전환함으로써, 즉 우뇌로 전환함으로써 정체된 상태를 해결할 수 있다. 그 안에서 그녀는 '직접적인 앎'을 훈련할 수 있다. 해결책이 나오는 곳은 미지의 텅 빈 공간, 다시 말해 상상력과 무한한 의식-에너지의 내적 영역이다. 샌디가 해야 할 일은 당장 해답을 찾는 것이 아니라 자기 자신을 '느껴보는' 것이다. 직관과 공감의 세계로 들어감으로써 그녀는 내면의 원동력과 지금껏 살아온 현실이 주는 교훈을 이해하고 그것에 감사한 후에 자신의 중심과 내면의 고요함 속으로 다시금 빠져들 수 있다. 그때 그녀는 깊은 휴식을 취하고 신선한 활기를 되찾을 것이다. 이제 그녀의 좌뇌는 낮잠을 잘 것이다.

이렇게 중심에서 머물며 휴식을 취하고 나면, 그녀에게는 어린아이와 같은 순수한 욕구가 나타날 것이다. 그녀는 자신의 가슴에서 우러나온 소명과 운명에 좀더 가까워진 새로운 현실의 새로운 순간이 펼쳐지도록 허용할 것이다. 그녀는 사진에 관한 재교육 과정을 밟거나 창작문예 워크샵에 등록하고 싶어질지도 모른다. 그녀의 좌뇌가 그것을 전략적으로 '좋은 생각'이라고 판단해서가 아니라 그냥 그것이 재미있을 것 같고 하고 '싶어졌기' 때문에! 어쩌면 카메라와 노트북 컴퓨터를 들고 전국을 돌면서 캠핑카에서 작업하면 어떨까 하는 생각과 함께 그녀의 새로운 순간이 시작될 수도 있다. 그녀가 한 번 더 긴장을 푼다면 다음 순간에는 바로 그런 작업을 하고 있는 누군가가 등장할 것이고, 그로써 그녀는 더욱 구체적인 그림을 그려갈 것이다. 가속도와 동기는 이런 식으로 점점 커져간다.

샌디가 '미지의' 상태를 허용하고 기존의 것을 내려놓는다면, 또 기존의 현실에 저항함으로써 오히려 그것을 움켜쥐게 되는 상황을 멈출 수 있다면, 마지막으로 자신의 몸과 지금 이 순간에 몰입하여 내면의 주시자가 보여주려고 하는 것을 '느껴본다면', 그녀는 충격이나 희생 없이 현실을 바꾸기 위해 해야 할 일들을 하나씩 하나씩 해낼 수 있다. 그녀는 여러 번 확장하고 수축하며 물리적 세계와 비물리적 세계 사이를 오가야 할지도 모른다. 그럴 때마다 그녀의 운명을 한 차원 높게 구현해내는 데 적합한 느낌과 주파수를 얻을 것이다. 만약 그녀가 흐름이 자신에게 새로운 순간들을 알려주도록 허용한다면, 분석적인 사무직을 떠나 더욱 창조적인 삶으로 가는 과정이 우연한 만남과 실마리, 기회, 예상치 못한 성공으로 채워지는 모습을 발견하게 될 것이다. 어쩌면 굳이 새로운 직업을 생각해낼 필요조차 없을지 모른다. 난데없이 누군가가 새로운 일자리를 제안할 수도 있으니까.

투명해지면 흐름이 강화된다

흐름이 당신과 함께, 당신을 위해 하고 싶은 일이 무엇인지 알고자 한다면 늘 평정을 유지함과 동시에 언제든 발걸음을 바꿀 수 있어야 한다. 이 말은 집착을 제거하고, '에고의 죽음'으로 인한 결과를 받아들이고, 너무 정적이고 마비돼버린 또는 소중해 보이고 지키고 싶은 당신 삶의 일부분을 포기할 수 있어야 한다는 뜻이다. 이렇듯 평정을 유지하고 마음의 잡동사니를 제거하는 것이 바로 '투명해지는' 과정이다.

투명함이란 사람들이 당신을 꿰뚫어볼 수 있거나 반대로 당신이 다른 사람들을 꿰뚫어볼 수 있다는 뜻이 아니다. 그것은 우리가 서로의 진정한 본성을 쉽게 인식할 수 있다는 뜻이다. 여기에는 감추는 것도 가리는 것도 없고, 중간에 방해하는 것도 없다. 투명해지기 위해서는 낡은 인식, 부정적 생각, 살아가기 위해 당신이 무의식중에 받아들였던 다른 사람들의 생각들을 흘려보내야 한다. 당신은 자제하고 견뎌내고 고집하고 버텨냄으로써 의식-에너지를 고정하고 수축시키는 짓을 그만두고 흐름이 어디로든 자유롭게 갈 수 있도록 허용해야 한다. 흐름을 통제하려 들지 말고, 흐름이 당신에게 어디로 가야할지를 보여주게 하라. 경직된 생각과 감정 ― 애착 ― 은 흐름을 방해한다. 애착을 갖더라도 당신은 순간적으로 비물리적 세계에 들어갈 수 있다. 하지만 다시 현실로 돌아왔을 때, 당신의 좌뇌는 기존의 현실 구조를 재확인하고 당신은 이전에 떠났던 바로 그곳에 다시 서 있게 된다. 이런 식으로는 당신의 현실이 변화할 가능성이 별로 없다.

정체 vs. 흐름

정체	흐름
걱정, 불신	긴장 해소, 신뢰
좌절, 분노, 비난	평화, 행복, 열정
집착, 중압감	다른 사람들과 지지를 주고받음
변화에 대한 저항	새로운 생각에 열린 마음, 놀라움
불평, 걱정, 비난	탐험, 실험
경직됨, 판단	긍정적인 내적·외적 대화
잘못된 선택, 망상	유연성, 허용성
의지력, 노력	창의력, 명확한 사고
상상력과 비전 부족	매 순간에 대한 믿음과 참여
물리적 세계와 안전에 집중	고도의 예지 능력
분열, 고립	결과에 치중하지 않음, 쉽게 받음
과거, 미래 또는	시너지 효과와 협동성
어딘가 다른 곳에 집중	현재, 에너지, 의식에 집중
한계와 결핍에 대한 생각	풍요와 자유에 대한 생각
실망과 어려움	우연의 일치, 행운, 용이성
논리적, 이미 증명된 해결책	근원 주파수에 맞춘 해결책

이번 연구를 통해 나는 감정을 표현할 때 — 즉 감정을 일으키는 기초물질들이 자유롭게 흐를 때 — 모든 신체조직이 통합되고 온전해진다는 사실을 알게 되었다. 감정이 억눌리고 부정되고, 있는 그대로 허용되지 않을 때, 우리 안의 네트워크 통로가 막히면서 우리의 생명활동과 행동을 일으키는 활기차고 기분 좋은 화학물질의 흐름도 막히게 된다.

— 캔디스 퍼트

일전에 명상을 하다가 다음과 같은 목소리를 들었다. "움직이지 않는 생각으로 삶을 방해하지 않도록 하라." 얼마 전까지만 해도 우리는 이런저런 종류의 현실을 창조하는 생각의 힘을 크게 믿지 않았다. 하지만 이제 삶의 주파수가 의식-에너지 수준에 좀더 가까워짐에 따라 생각의 힘이 새삼 주목받게 되었고 우리는 "생각이 곧 사물"이라는 옛 격언의 뜻을 이해하기 시작했다. 생각은 콘크리트벽처럼 단단하게 차단하는 역할을 할 수도 있고, 햇빛처럼 열려 있고 유연한 성질을 띨 수도 있다. 언젠가 우리는 생각의 속도가 너무나 느려진 나머지 딱히 '생각'이라고 칭할 것이 아예 없는 상태에 도달할지도 모른다. 어쨌든 지금 우리는 의식의 진화를 향해 나아가고 있기 때문에 생각이 어떤 힘을 갖고 있고, 물질화 과정에서 어떤 역할을 하며, 어떻게 흐름을 가로막거나 풀어놓는지를 '느끼는' 법을 배우게 될 것이다.

내게는 생각만 하면 웃음이 절로 나는 좋은 친구가 한 명 있는데, 그 친구는 이따금 격렬한 감정이 섞인 생각들을 이상한 배열로 늘어놓는다. "난 벨벳이 싫어! 난 새우가 싫어! 난 잭 러셀 테리어 견종犬種이 싫어! 난 십자말풀이가 좋아! 난 쥬니키 호박 렐리시*가 좋아! 난 해리포터가 좋아!" 이런 모습은 무해하게 보이지만 사실은 다소 성장을 저해하는 습관이다. 내 친구는 눈 깜짝하는 순간에 비물리적 현실 속으로 들어갔다가 다시 물리적 현실로 돌아오는 과정에서 벨벳과 부정적인 관계를 유지하게 되고, 이것은 그녀가 벨벳의 감촉과 관련된 인생의 어떤 부분들을 경험하지 못하게 만든다. 당신이 마음을 열고 정신적으로 감정적으로 차분한 마음을 가진다면, 이런 유연한 태도 덕분에 흐름은 당신에게 '딱 맞는' 다음번 경험을 가져다준다. 이 상태에선 당신의 운명을 구현하고자 하는 영혼의 계획이 뒤틀릴 가능성이 적어진다.

투명하다는 것은 또한 당신 내면의 주시자에 대해 강한 신뢰감을 갖게 된다는 뜻이다. 내면의 주시자는 당신 의식의 일부로서 흐름이 다음에 어디로 가고 싶어하는지를 알려준다. 당신은 주어지는 모든 자극을, 또는 위험요소를 갖고 있는 모든 충동을 일일이 살펴볼 필요가 없다. 당신이 진정으로 투명해진다면, 영혼의 소망들이 비물리적 세계에서 물리적 세계로 순식간에 수월하게 미끄러져 들어오기 때문에 좌뇌는 자신이 여기에 끼어들 필요가 있다는 생각을 눈곱만치도 떠올리지 못한다.

당신이 투명해지면 어떤 규칙이나 공식도 기억할 필요가 없다. 당신은 창조적인 선택으로써 흐름을 이끌고, 동시에 흐름도 당신의 선택을 이끈다. 기어가 서로 동시에 맞물린다! 한 가지 사실이 더 있다. 삶이 계속해서 가속화하는 와중에 당신이 어떤 예상, 형태, 정의, 생각에 지나치게 오랫동안 매달리면 기운이 점점 쇠할 것이다. 결국 흐름은 당신을 어떤 식으로든 변화하게 만들 텐데, 그때는 더 많은

---

* 과일이나 채소에 양념을 해서 걸쭉하게 끓인 뒤에 차게 식혀 고기나 치즈 등에 얹어 먹는 소스. 역주

극적인 사건과 트라우마를 겪어야 할 것이다. 그러므로 다가오는 것들을 포용하고 떠나는 것들을 흘려보내라! 흐름이 당신을 위해 실행 계획의 나머지 부분을 맡아서 해줄 것이다.

실습과제
투명해지기

1. 마음을 고요히 하고, 당신의 중심에 머물라. 당신을 둘러싸고 있고 당신의 현재 인생 경험 속의 모든 것을 담고 있는 구의 현실을 느껴보라. 그것의 움직임과 부동함을 동시에 느껴보라.

2. 당신의 인생 영역에서 변화가 많고 흐름이 규칙과 법칙에 의해 구속받지 않는다고 느껴지는 부분들에 집중하라. 이 리듬이 당신의 기분을 어떻게 만드는지 살펴보고, 그 영역들을 일지에 적어보라.

3. 당신의 인생 영역에서 정체된 부분에 집중하라. 반복되는 행동과 줄거리는 무엇인가? 어떤 습관이 깨뜨리기 어렵다고 생각되는가? 어떤 문제가 회피, 저항, 거부, 적대적인 태도를 낳고 있는가? 그것을 잃어버리는 것이 위협적으로 느껴질 정도로 당신 자신과 거의 동일시하는 역할, 믿음, 생활양식, 소유물은 무엇인가? 단호하게 싫어하거나 좋아하는 것은 무엇인가? 이것들을 일지에다 적어보라.

4. 당신이 저항하거나 특별한 의미를 부여하는 것이 있을 때, 당

신의 에너지는 흐름의 속도를 늦추거나 막는다. 이런 경직된 생각을 부드럽게 분해하여 당신 주변에 깨끗한 빈 공간이 생기는 모습을 상상하라.

5. 2번과 3번에 적은 각각의 대상들을 생각하면서 흐름이 다음번에 하고 싶은 일이 무엇인지 느껴보라. 흐름이 결과, 과정, 그리고 당신이 겪는 경험의 깊이를 바꾸고 싶어하는가? 흐름이 하고 싶은 일을 할 수 있도록 완전히 허용했다고 상상하고, 다음에 올 것을 신뢰해보라. 각각의 길을 따르라. 멈추고, 흘러보내고, 그런 다음 영혼의 관점에서 현실이 재창조되도록 하라. 느낀 점을 일지에다 적어보라.

흐름은 그 자체로 진화한다

흐름은 다양한 인생 교훈과 상황들을 통해 당신에게 완벽한 경로를 조율해주고 있다. 이런 교훈과 상황들은 당신이 진정한 당신 본성의 의식 속으로 진화할 수 있도록 돕기 위해 설계된 것들이다. 흐름은 다른 모든 사람에게도 똑같은 일을 한다. 어떤 특정한 순간에도 우리는 모두 생각을 하고, 선택을 하고, 행동을 취한다. 우리 각자에겐 자유의지가 있지만, 우리가 생각하고 행동하는 방식은 다른 사람들이 생각하고 행동하는 방식에 영향을 미친다. 이런 모든 선택과 움직임은 백만 분의 1초마다 전체 패턴을 변화시키고, 당신이 다음번에 경험해야 할 것을 바꾼다.

어떤 순간에 당신은 소수의 여성 기업가들을 돕기 위한 비영리단체를 세우고 싶다고 생각했는데 누군가가 이미 그 일을 하고 있다면, 당신의 행동은 전체(the whole)가 필요로 하는 행동이 아닐 것이다. 그러면 당신은 이내 '비영리'라는 목적이 진부하게 느껴져서 마음을 바꿀 것이다. 대신 다시 학교로 돌아가 석사학위를 따는 생각이 좀더 흥미롭게 느껴진다. 그 이유는 모든 존재가 공유하는 집단의식이 당신이 석사학위를 따기를 원하고, 당신은 그 일을 '하고 싶다고' 느낌으로써 집단의식에 반응하기 때문이다. 집단의식 속에 있는 개개인이 진화함에 따라 그 전체도 진화하고, 전체는 흐름이 각 개인에게 영향을 미치는 방식에 영향을 준다.

지구의 진화 계획인 아카샤의 기록과 그 결과로 나타나는 흐름은 스스로 끊임없이 적응하고 진화해간다. 그러므로 목표와 결과에 고정되는 것은 좋은 생각이 아니다. 지구와 인류의 내적 청사진은 고정돼 있지 않다. 모든 이에게 좀더 낫고 적절한 것이 당신에게 주어질 수 있는데도 불구하고 왜 특정한 생각과 그 생각의 실현에만 집착하려고 드는가?

흐름이 눈 깜짝할 새에 당신을 비물리적 세계로 데려갔다가 다시 적절한 현실 속으로 되돌려놓을 수 있도록 신뢰하고 내맡길 때, 당신은 집단의식과 정렬된 상태에 있게 되고 지금 이 순간의 지고한 진리로부터 새로운 생각과 욕구들이 흘러나오게 된다. 당신은 점점 쉽게 성취하게 된다. 당신이 품는 선하고 자애로운 모든 생각과 당신이 취하는 모든 현명한 행동, 그리고 당신이 능숙하고 아름답고 의식적인 방식으로 실현해내는 모든 일은 흐름에 속도를 더하고 수많은 다른 이들의 길까지 평탄하게 만든다. 당신은 당신 자신이 지금 이 순간에도 흐름에 영향을 미치고 도움을 주고 있음을 더 확실히 자각하게 된다. 자세히 관찰해보면, '아무도 모르는' 당신의 생각과 행동이 다른 사람들의 삶은 물론 당신의 진화에도 영향을 미치고 있음을 직접 목격할 수 있다.

> 흐름 속에 있는 사람은 온전히 집중한 상태다. 그 사람의 의식 속에는 정신을 산만하게 하는 생각과 쓸데없는 생각이 끼어들 만한 공간이 없다. 자아의식은 사라지지만 '느낌'은 평소보다 훨씬 강렬해진다. 시간감각이 변화되어 이제는 몇 시간이 몇 분처럼 느껴진다. 어떤 이가 몸과 마음의 기능을 온전히 발휘하게 되면, 그가 하는 일은 무엇이든 그 자신에게 가치가 있어진다. 그의 삶 자체에 타당한 이유가 생긴다.
>
> — 미하이 칙센트미하이

마음 챙기기

흐름 속에 있을 때, 우리는 그 느낌을 '절정의 상태에 있다' 또는 '최고조에 있다'고 표현한다. 이 상태에서 당신의 몸, 감정, 마음, 영혼은 통합되고 어떤 행동을 하는 것이 아주 신 나게 느껴진다. 마치 그 행동 자체가 당신을 움직이게 하는 것 같다. 예를 들면 야구선수가 완벽한 홈런을 날릴 때, 강연자가 미리 준비한 자료 없이도 즉석에서 말이 술술 나와 청중을 압도할 때, 미술가가 물감을 써서 화폭 위 올바른 지점에 올바른 순서로 올바른 모양의 유화를 그려낼 때가 그에 해당한다. 이 상태에서 당신은 마치 홀린 듯한 기분을 느낀다. 그러다 대개 '정신을 딱 차리는' 순간이 찾아오는데, 이것은 우주선을 타고 비행하다가 지금 막 지구로 귀환한 기분과 같다. 직관의 시대에는 이와 같은 일체성(oneness)의 인식, 흐름을 따르는 주의력이 흔한 경험이 된다. 우리는 그것들을 좋아하게 될 것이다.

나는 노련한 무술인 친구가 에너지와 마음을 모아서 특정한 자세를 취하는 모습을 지켜본 적이 있다. 그는 양팔을 가볍게 앞으로 뻗은 상태에서 한쪽 다리는 들어올리고 다른 쪽 다리로만 땅을 짚은 채 완벽하게 균형을 잡고 편안히 서 있었다. 그는 자신이 정한 시간만큼 이 자세로 있다가, 올렸던 다리를 내려놓으면서 에너지의 강물 속으로 들어갔다. 나는 그 액체화된 불기운의 유연한 흐름을 확실하게 '볼' 수 있었다. 그것은 그를 둘러싸면서 번개와 같은 속도로 그의 몸을 통과하고, 비단처럼 부드럽고 유연하면서도 활기찬 연속 동작으로 그를 안내했다. 그는 호랑이가 되었다가, 물새가 되었다가, 뱀이 되었다. 흐름이 그를 완전히 사로잡았다. 마침내 흐름이 자신의 손아귀에서 그를 풀어주고 다른 방향으로 사라졌을 때, 그는 거의 멍한 상태로 바닥에 털썩 주저앉고는 천천히 의식을 되찾았다.

> 위대한 인간이 되는 공식은 자신의 운명을 사랑하는 것이다. 그런 사람은 특별해지기를 바라지도 않고, 나아가기를 바라지도 않고, 물러서기를 바라지도 않고, 영원함 속에 있기를 바라지도 않는다. 그는 필연적인 것을 견뎌낼 뿐 아니라 … 그것을 사랑한다.
>
> — 프리드리히 니체

그날 저녁 우리는 산책을 했다. 울퉁불퉁하게 비틀린 체리나무를 막 지나쳤을 때 그가 걸음을 멈췄다. 그는 두 갈래로 갈라진 나무 몸통과 뒤틀린 나뭇가지들을 아무 말 없이 바라보았다. 잠시 후 그는 자신의 손과 팔을 뱀처럼 꿈틀거리며 공중을 향해 뻗더니 우아하고도 관능적으로 빙빙 돌렸다. "저는 종종 수련의 일환으로 이렇게 하지요. 나무의 흐름 속으로 들어가서 나무가 성장하는 여정을 따라가는 겁니다." 옆에서 그의 강력한 집중력을 '느끼고' 그가 운용하는 에너지의 실제 흐름을 거의 '본' 이후로, 나는 내가 속한 모든 과정의 흐름과 연속적인 행동들을 더욱 선명하게 알아차리게 되었다.

당신은 지금 어디에 있든 어떤 흐름 안에 있다. 그 흐름은 당신을 새로운 경험으로 이끈다. 그 흐름은 당신을 통해 움직이고, 당신을 점유하고, 당신에게 정보를 제공한다. 지금 이 순간에 머물고 매 순간의 지혜를 신뢰함으로써 당신의 활동은 탁월하고 아름답고 순조로워진다. 이 과정에서 당신은 어디에도 가지 않는다. 나는 여행 중에 이런 느낌을 자주 받았다. 실제로 나는 가만히 서 있고, 내가 경험하는 현실이 오히려 나를 통과해가는 것 같은 느낌 말이다.

당신이 불교의 걷기 명상을 연습해본 적이 있다면 '들어올리기-내려놓기-걸음 옮기기-들어올리기-내려놓기-걸음 옮기기'의 과정에 집중하는 법을 이해할 것이다. 당신은 발을 들어올릴 때 먼저 발꿈치가 들리고 뒤이어 발끝이 떨어지고, 내려놓을 때 발꿈치가 먼저 새로운 땅에 닿고 뒤이어 나머지 발바닥이 뒤따라오는 전 과정을 아주 미세한 단계로 나누어 자각하게 된다. 한 단계는 다음 단계 속으로 자연스럽게 녹아들어간다. 또한 당신은 양발이 서로를 보완하기 위해 완전히 다른 주기로 움직이고 있음을, 그리고 발과 무릎과 허벅지와 엉덩이가 협동하고 있음을 알아차리게 된다. 이 흐름은 당신을 완전히 흡수하고, 각각의 요소들은 따로 구분하는 것이 무의미할 만큼 너무나 긴밀하게 결합되어 있다. 당신은 걷고 있다. 그런데 무엇이 당신을 걷게 하는가? 걷기 명상을 멈추더라도 당신은 자신이 어떠한 끊김도 없이 다음 행동으로, 그다음 행동으로 계속 흘러들어가고 있음을 느끼게 된다. 물 한 잔을 마신 후에는 자연스럽게 그 컵을 씻는 행동으로 이어지는 것처럼. 이 행동들 사이의 경계는 어디 있는가? 오직 좌뇌만이 흐름을 조각조각 나눠서 이름표를 붙인다.

실습과제
연속성 명상

1. 다음의 연습을 10분 동안 해보라. (시간에 신경 쓰지 않기 위해 타이머를 설정해놓아도 좋다). 어떤 장소로 이동하기 시작하거나 어떤 일을 시작하라. 당신을 돕기 위해 순차적으로 협동하는 몸의 각 부분들을 느껴보라. 손가락과 손이 서로 협동하는 것에 집중하라. 발, 다리, 엉덩이가 서로 협동하는 것에 집중하라. 당신의 마음이 한 가지 일로 정의 내린 작업 — 예컨대 '접시 치우기'나 '세수하기' — 을 실행할 때, 사실 그것 안에는 수많은 구성요소들이 있음을 알아차리라. 각각의 구성요소들을 느껴보고, 하나의 움직임이 다음 움직임으로 어떻게 녹아들어가는지를 느껴보라. 어디서 하나의 움직임이 끝나고 새로운 움직임이 시작되는가? 그 움직임을 발동시킨 생각은 어디서 시작되고 끝나는가?

2. 좌뇌가 시키는 대로 하지 말고, 당신의 몸이 원하는 방식으로 원하는 곳에 갈 수 있도록 놓아두라. 당신의 생각과 욕구를 움직이는 흐름을 살펴보라. 당신이 행동으로 옮기지 않을 때, 생각이 어떻게 왔다가 어떻게 가는지를 살펴보라. 당신이 어떤 충동을 행동으로 옮

기기로 결정했을 때는 또 어떻게 달라지는지를 살펴보라.

3. 공간에 주목해보라. 만약 당신이 뭔가를 옮기거나 치운다면, 그것이 기존에 차지했던 자리와 지금 새로 차지하게 된 공간을 느껴보라. 당신의 생각들이 사라졌을 때, 당신은 대체 누구인가?

4. 언제 당신은 시간을 나눠서 인식하게 되는가? 흐름 속에 있을 때도 그렇게 느끼는가? 느낀 바를 일지에 적어보라.

흐름의 중단

당신이 흐름 속에 푹 빠져들어 있었는데, 갑자기 마음이 휙 움직이거나 멍해지더니 당신이 타고 있던 기차를 탈선시키면 어떤 일이 생길까? 지금 당신이 멋진 새 웹사이트를 만드는 데 온 힘을 쏟으면서 흐름 속에 빠져 있다고 상상하라. 그런데 방금 무슨 일이 일어났는지 깨닫기도 전에 당신은 지금 문이 열린 냉장고 앞에 서서 간식을 찾고 있다. 뭔가가 당신을 몰입상태로부터 끌어냈다. 그 원인을 찾아내는 것은 흥미로운 일이다. 이런 갑작스런 분리상태가 발생하는 원인 중 하나는 잠재의식 속의 두려움을 맞닥뜨렸기 때문이다.

생각해보라. 조금 전에 당신은 무엇을 하고 있었는가? 그렇다. 당신은 자기소개글을 쓰면서 거기에다 올릴 사진에 대해 생각하고 있었다. 그때 흐름의 일부분 속에서 어떤 일이 일어났는지를 더 면밀히 살펴보라. 당신은 이런 생각과 마주했다. '그래, 나는 이 분야의 전문가야. 그런데 진짜 그런가? 내가 너무 자신만만하게 구는 건 아닐까?' '나는 그 사진을 쓸 수도 있어. 하지만 사진이 호감 가게 나오지 않았어. 사람들이 나에 대해 잘못된 인상을 받는 건 싫어. 사실 나는 그다지 매력적인 사람이 아닐지도 몰라.' 만약 당신이 좀더 주의 깊게 관찰한다면 당신은 자기 내면에 숨겨진 불안정한 자존감을 발견하게 될지도 모른다. 음식을 먹는 것으로 두려움을 감추지 말고 당신의 근원 주파수로 돌아가라. 진정한 자아의 느낌을 되찾기 위해 해야 할 일을 해낼 수 있도록 내면의 주시자에게 도와달라고 요청하라.

또는 당신의 초감응적인 자아가 미묘한 에너지 정보를 감지했기 때문인지도 모른다. 개인적 차원 혹은 국제적 차원에서 곧 벌어질 충격적인 사건에 대한 예감 말이다. 우리 집에서 5천 킬로미터 떨어진 곳에 살고 계셨던 아버지가 갑작스럽게 돌아가신 날, 내 마음이 얼마나 심란했었는지를 나는 아직도 기억하고 있다. 그날은 글쓰기에 전혀 집중할 수 없었다. 돌이켜보면 내 내면의 주시자가 나의 주의를 끌려고 노력했던 것이다. 내 주의가 산만했던 것도 아버지의 임종 때문이었을 것이다. 하지만 당시에는 아버지가 돌아가실 줄 꿈에도 몰랐기 때문에 그런 생각이 전혀 들지 않았다.

흐름이 끊기는 현상은 좀더 무해한 일들에 의해 생기기도 한다. 이를테면 한 친구가 당신을 간절히 생각하면, 당신도 그 친구에 대해 생각하게 된다. 그것은 마치 당신의 표면의식 바로 밑에서 텔레파시의 전화벨이 울리는 것과 같다.

흐름이 끊기는 것도 흐름의 일부다. 듀크대학 교수이자 저자인 캐시 N. 데이비슨은 이렇게 말한다. "우리가 주의를 딴 데로 돌리게 될 때, 뭔가가 일어난다. 주의가 산만해지는 것은 뭔가 새롭고 낯설고 다르다는 점을 알려주는 신호이다. 우리는 그런 느낌에 집중해야 한다. 적당히 반응해도 되는 사안과 정확한 상황 판단이 필요한 사안을 우리가 혼동하고 있을 때, 집중력이 흩어지는 것은 우리가 더 주의를 기울여야 할 곳을 정확히 찾는 데 도움을 준다."[2]

만약 당신이 내면의 주시자를 신뢰하기로 동의하고, 당신의 주목을 잡아끄는 것들로부터 그에 합당한 이유를 찾아내는 데로 주의를 돌린다면, 당신은 흐름의 단절과 주의력의 분산을 오히려 자신의 창조/성장과정에 보탬이 되도록 만들 수 있다. 나는 글 쓰는 도중에 이와 같은 일을 자주 겪는다. 예컨대 나는 작업 중인 단락을 어떻게 전개할지를 스스로 안다고 생각하고 있다가, 갑자기 별 이유도 없이 자리에서 벌떡 일어나서 참고서적에서 인용문구 하나를 찾아봐야겠다고 생각한다. 그런 다음 책을 고른 후 책장을 휙휙 넘기다가 지금 작업 중인 단락 속에 넣을 중요한 주장을 하나 발견한다. 그것을 단락 속에 집어넣으면 다른 주장들과 자연스럽게 연결되어 문맥이 좀더 매끄러워질 수 있다. 이처럼 주의력 분산은 단순히 당신의 구가 당신이 필요로 하는 뭔가를 담고 있는 새로운 영역으로 이동한 결과일 수 있다.

> 오! 우리 안팎에 있는 하나의 생명이여,
> 모든 움직임을 만나고 스스로 영혼이 되는,
> 소리 안의 빛, 빛 속의 소리와 같은 힘,
> 모든 생각 속의 리듬, 모든 곳에 있는 기쁨이여.
>
> — 사무엘 테일러 콜리지

흐름은 항상 당신에게 집중한다. 그것은 매 순간 당신에게 자신을 맞추고, 당신이 인류와 지구의 가장 효율적인 진화방식과 조화를 이루도록 노력한다. 사실상 흐름은 당신에게 일련의 생각, 행동, 동기를 당신에게 추천하고 있고, 자신이 무슨 일을 하고 있는지를 잘 알고 있다! 따라서 당신은 흐름의 안내에 기민하게 반응해야 한다. 그것은 당신을 매혹시키는 사물의 형태로 주어질 수도 있고, 지속되는 어떤 생각으로 주어질 수도 있고, 반복되는 상황으로 주어질 수도 있으며, 당신의 시야에서 가장 눈에 띄는 뭔가를 통해 주어질 수도 있다. 당신을 선택한 바로 그것을 선택하라! 얼굴에 미소를 가득 머금은 채 흐름을 맞이하라. 그리고 흐름과 함께 하라. 그 안에는 당신이 알아차려야 할 중요한 무언가가 있다.

요약

당신이 선형적인 방식으로 인식할 때, 흐름은 어디론가 가고 있는 듯 보인다. 사인파가 움직이는 방식처럼 흐름은 공간을 이동해 어딘가로 가거나 미래로 가는 듯 보인다. 반면 구-홀로그램 방식으로 인식할 때, 당신은 흐름이 실제로는 어디로도 가지 않는다는 사실을 알게 된다. 흐름은 단순히 물리적 현실(외현된/드러난 질서)과 비물리적 현실(내재된/숨겨진 질서) 사이에서 왔다 갔다 하면서 나타났다 사라지는 일을 반복한다. 당신이 흐름과 '함께 갈' 때는 눈 깜짝할 새에 현실 밖으로 나와 있다가 새로운 상상력과 주파수로써 자신을 개선하고, 그런 다음에 다시 눈 깜짝할 새에 물리적 삶을 회복한다. 당신은 원인과 결과로 이뤄지는 창조의 과정에 얽매이지 않는다. 흐름은 결코 갑자스럽게 당신을 공백 속으로 내던지지 않으며, 주기 안에서 천천히 방향을 바꾸게 하면서 각 단계마다의 삶을 펼쳐내준다.

흐름은 모든 영혼, 모든 생명체의 끊임없이 진화하는 의식이다. 그것은 당신에게 아이디어를 주고, 당신의 창조물을 필요로 하는 사람에게 준다. 그 결과 우리는 가장 효율적이고 평화로운 방식으로 진화한다. 또한 흐름은 당신의 몸, 감정, 마음, 영혼을 행동과 일치시키고 통합시키는 경험일 수 있다. 이 상태에 이르면 당신은 자신이 주체적으로 움직이고 있는지, 아니면 뭔가 거대한 것이 자신을 움직이게 하는 것인지를 구분할 수 없을 정도가 된다. 흐름의 단절과 주의력의 분산조차도 흐름의 일부다. 이것은 좌뇌의 집착을 끊을 수 있게 도와준다. 그와 동시에 마음속 깊은 곳에 억눌려 있는, 두려움에 기반한 잠재적 장애물을 알려줄 뿐 아니라 창조적 발견과 갑자스런 통찰력을 가져다준다.

11

통일장에 주목하기

양자역학에 따르면, 물체는 그 표층으로부터 분자, 원자, 아원자,
그리고 가장 근저에 있는 양자장까지의 여러 차원들이 '중첩'된 구조이다.
서로 분리된 듯 보이는 물체들이 본질적으로는 그 배후의 장場들의 파동현상이라는 것이다.

— 찰스 N. 알렉산더

　당신이 아주 살짝 자신의 인식을 전환함으로써 형태의 세계를 빛
과 에너지의 세계로 바꿔서 경험하게 되는 상상을 해보라. 거기서 당
신은 다양한 밀도의 에너지들과 다양한 차원의 빛들 사이를 돌아다
니다가 문득 그것이 자신의 자동차, 행복한 사람, 병든 개 또는 빗방
울임을 알게 된다. 당신은 자신보다 밀도가 약간 높은 에너지를 딛고
걸어가다가, 당신의 발아래에 있는 에너지는 땅이고 또 그 위의 옅은
에너지는 공기임을 알아차린다. 이제 당신은 일이 진행되기도 전에
미래의 모임이나 사건들의 파동을 미리 느끼게 될 것이다.

　당신이 어떤 생각에 집중했다면, 마치 만화영화가 현실 속으로
튀어나오는 것처럼 그 생각은 바로 당신의 눈앞에서 생생하게 춤을
추며 당신과 상호작용할 것이다. 만약 당신이 누군가 또는 무언가에
사랑을 느낀다면, 그 사랑의 태양은 모두가 볼 수 있도록 특별한 방
식으로 에너지장 전체를 밝힐 것이다. 그 빛은 당신이 이성적으로 생
각할 수 있는 범위보다 훨씬 더 멀리 퍼져서 장 안에 있는 다른 장소

들에도 영향을 미치게 될 것이다. 그 결과 다른 장소들도 주파수가 높아지고 더 밝고 강력한 빛을 뿜게 될 것이다. 만약 누군가가 당신을 생각한다면, 당신은 살짝 따끔거리는 느낌으로써 그 방향에다 주의를 기울여보라는 신호를 수신하게 될 것이다.

이런 현실을 상상해볼 수 있다면, 당신은 직관의 시대에 걸맞은 새로운 주의력 기술을 활성화시키는 과정에 있는 것이다. 바로 통일장에 주목하는 연습 말이다. 이번 장에서 우리는 먼저 비물리적 세계에서, 그런 다음 물리적 세계에서 '일체의 진실'(truth of unity)을 찾는 경험을 살펴볼 것이다. 자신의 중심에 머물면서 자연스럽게 이런 종류의 교감 속에 머물 수 있다면, 당신은 변성된 현실의 좀더 많은 측면들을 보게 될 것이다.

당신의 세상은 통합되고 있다

지금 우리는 흐름의 '전환기'에 있다. 얽힘(involution)의 단계가 몰입(immersion)의 단계로 전환되었고, 지금은 다시 뻗어감(evolution)의 단계로 넘어가고 있다. 당신은 영혼 그 자체이자 순수한 의식-에너지인 자신의 본성을 '기억해내고' 있다. 이것은 단순히 몇몇 사람들이 겪고 있는 현상이 아니라 전 지구적인 과정이다. 높은 주파수의 영적 진동이 물질을 채우고 있고, 내면세계와 외부세계가 서로 주파수를 맞추며 통합되고 있다. 당신이 이 두 세계 사이에 경계가 없음을 깨달을수록 변성과 진화의 과정은 더 빨리 진행된다.

앞서 상상해본 에너지-빛 차원 속의 삶은 당신이 이제껏 '진짜 삶'

으로 인식해온 주파수보다 조금 높은 대역에서 이미 실재하고 있다. 물리적 세계와 비물리적 세계가 통합되고 결합되면, 당신은 물질 안의 빛(또는 의식)을 좀더 쉽게 볼 수 있고 파동을 통해 에너지 정보를 좀더 쉽게 느끼게 된다. 의식-에너지 세계를 인식하면 열린 마음을 경험하게 된다. 여기에는 사람들과 사물들 사이의 경계가 없다. 그저 모든 것이 하나의 의식-에너지 통일장일 뿐이다. 그리고 비유하자면, 우리는 결코 바다를 떠나지 않는 파도다. 우리는 에너지의 바다를 돌아다니는 에너지적 존재이며, 우리의 물리적 현실은 바다 위로 나타났다가 다시 바다 속으로 사라진다. 이 바다는 통일장의 바다다. 여기에는 내부와 외부, 자아와 무아, 삶과 죽음의 경계가 없다. 물리적 현실이 경계가 있는 것처럼 보이는 이유는 단지 우리가 지금껏 그 안에 들어 있는 에너지-의식을 느끼고 보지 못했기 때문이다.

> 리그파rigpa(佛性)의 눈으로 보면, 내면세계가 활짝 열려 있고 가로막힌 데가 없듯이 외부세계도 활짝 열려 있고 가로막힌 데가 없다.
> — 최기 니마 린포체

몸체와 에너지장

물리학자들은 신비주의자들이 수천 년 동안 직접 체험해온 것들을 인정하는 쪽으로 결론을 내리고 있다. 내면세계가 바로 의식-에너지의 통일장이라는 사실 말이다. 그리고 물질로 된 물리적 세계는 하부장(subfield) 또는 매개체(intermediary entities, 의식-에너지 패턴)를 통해 통일장으로부터 응축돼서 나온 것인데, 이 하부장과 매개체 또한 통일장의 일부분이다. 루퍼트 셸드레이크는 이것을 형태장(morphic fields)이라고 부르고, 나는 이것을 내적 청사진(inner blueprint)이라고 부른다. 물리학자들도 힘(forces)이 사물들 간에 직접 전송되는 것이 아니라 매개체가 되는 장場을 먼저 통과한다는 사실을 알고 있다. 노만 프리드만은 다음과 같이 말한다. "생물이든 무생물이든, 모든 물질은 그것 자체의 장의 현현顯現이다. 이 말 속엔 깜짝 놀랄 만한 내용이 들어 있다. 전자(electron)가 전자장의 현현이라면 같은 원리로 세포도 그러하고 인간 존재도 그러하다고 볼 수 있다. 요컨대 우리의 몸은 '몸'이라는 물질장(matter field)의 현현이다."[1]

신비주의자들은 살아 있는 모든 것이 에너지장으로 둘러싸여 있다는 사실을 알고 있었다. 이 에너지장은 빛으로 보이기도 하고, 어떤 음색으로 들릴 수도 있으며, 다양한 감촉이나 온도로 느껴질 수도 있다. 최근에 이르러 우리는 이 에너지장을 사진으로 찍을 수 있게 되었다. 그 사진을 보면 마치 물리적 유기체가 에너지장을 방사하는 것처럼 보이지만, 거꾸로 에너지장이 물리적 유기체를 펼쳐내고 있다는 말이 진실에 더 가깝다. 우리는 장을 가진 몸체가 아니라 몸체를 가진 장이다. 진흙이 도자기를 만들어내는 재료인 것처럼, 당신 고유의 에너지장은 당신의 영혼을 위한 재료이다. 당신의 에너지장 또는 내적 청사진과 함께 작업하는 것이 통일장 그 자체인 당신의 확장된 본성을 이해하기 위한 첫걸음이다. 당신의 에너지장은 당신과 통일장 사이의 접점이다.

인식력과 감각을 가진 모든 사람은 오라를 감지할 수 있다. 꼭 눈으로 보는 방식이 아니더라도 말이다.

— T. 롭상 람파

당신의 에너지장은 곧 당신의 내적 청사진이다

모든 세계와 모든 창조물은 이미 통일장 속에 존재하면서 누군가 자신을 불러주기를 기다리고 있다. 예컨대 당신의 영혼은 영적 차원의 장으로서 당신을 위한 이상적인 삶의 시나리오를 공명시키고 있다. 그리고 그것으로부터 나온 정신적 패턴과 생각들이 한 차원 낮은 주파수 대역에서 정신적 장(정신체)을 형성하고, 또다시 한 차원 낮은 주파수 대역에서 감정적 장(감정체)를 형성한다. 그런 다음 물질적 형태의 모체가 되는 더 낮은 주파수 대역의 장을 만드는데, 이것이 바로 에테르(에너지)체다. 흔히 투시가들은 빛 또는 에테르로 구성된 이 전자기 에너지를 직접 본다. 이 에테르체가 바로 당신의 오라, 에너지장, 내적 청사진이며 이것으로부터 당신의 몸과 삶과 운명이 구현된다. 당신이 성공시켰거나 소유하게 된 모든 프로젝트, 상황, 물건들은 예외 없이 위의 과정을 통해 구현된 것이다.

당신이 물리적 존재로서 하는 일들 — 당신이 품는 생각, 당신이 내리는 선택, 당신이 느끼는 감정, 당신이 취하는 행동 — 은 당신과 공명하고 있는 상위의 장들 또는 '몸'들에 영향을 미친다. 두려운 생각이나 감정에 기초한 의식-에너지의 수축은 '흐름'이 이 장들을 통과하는 것을 막거나 왜곡시키고 당신의 영혼이 제 운명을 펼쳐내지 못하도록 훼방하는 장애물로서 작용한다.

나는 이런 장들의 시스템을 '거름막'에 비유하곤 한다. 당신의 영혼이 간직한 진실은 당신이 두려움을 제거하고 사랑과 통합을 실천함으로써 만들어낸 구멍을 통해서 흘러간다. 반면 당신이 두려움을 간직하거나 제대로 인식하지 못하고 있는 부분은 '막혀' 있기에 약점,

왜곡, 좌절의 경험을 만든다. 당신이 그런 수축상태를 해소하거나 집착을 버린다면, 당신의 전체 시스템은 즉각 주파수를 바꾸고 당신의 몸과 삶도 그 새로운 내적 청사진에 맞춰 재빨리 조율될 것이다.

당신의 육체가 가진 모든 질병은 당신의 정신체, 감정체, 에테르체에 있는 뭔가로부터 촉발된 것이다. 예컨대 당신은 사랑하는 사람들이 이 세상을 떠나는 모습을 반복해서 지켜보았을 수 있다. 그러면 우리가 '슬픔'이라고 부르는 수축상태가 당신의 감정체 안에 생겨나고, 같은 주파수를 가진 제약적인 신념들 ― '나는 이 사람들을 다시는 볼 수 없어.' '인생은 불공평해.' '나도 운명을 거스를 순 없겠지.' ― 이 당신의 정신체 안에 새겨진다. 그러면 당신의 에테르체와 육체는 그 주파수에 공명하면서 폐와 심장에 문젯거리를 만들어낸다. 폐와 심장이 슬픔에 감응하는 장기이기 때문이다. 하지만 당신이 시야를 확장하여 자신의 인식 안에 있는 오류를 발견하고 응어리진 감정과 잘못된 신념을 제거한다면, 그 질병은 빠르게 치유될 수 있다. 저절로 사라지는 경우도 많다. 이렇게 거름막의 구멍들이 확장되면 더 많은 영혼의 진실이 흘러가게 된다.

당신이 근원 주파수 수준에서 진동할수록 당신의 장은 더욱 깨끗해진다. 또한 당신은 당신 영혼의 이상적 계획 또는 운명의 패턴으로부터 당신의 삶이 구현되고 있으므로 혼자서 모든 것을 실현하기 위해 애쓸 필요가 없다는 신념을 갖게 된다. 당신의 장이 투명해지면 직관력이 정교해지고, 목표가 빠르게 실현되고, 적절한 기회가 찾아든다. 당신의 장에 힘을 실어줌으로써 그것이 당신을 성장시키게 하라. 마치 새싹이 애쓰지 않고도 점점 성체成體의 형태를 갖춰가듯이.

322

(해럴드 버 교수의 연구에 따르면) 새싹을 둘러싼 전기장의 모양은 씨앗을 닮아 있지 않다. 그것은 그 식물이 다 자란 모양을 닮아 있다.

— 리차드 거버

다른 사람들의 에너지장 감지하기

당신은 다른 사람들이 갖고 있는 에너지장의 특성을 쉽게 느낄 수 있다. 모든 사람은 자기 주변의 사람들과 주파수를 일치시켜서 상대방의 에너지장의 특성을 자신의 몸과 장 안에 받아들이는 경향이 있다. 마치 서로의 진동에 공명하는 소리굽쇠들처럼 말이다. 예를 들어 불안해하는 사람 곁에 있으면 당신도 덩달아 불안하고 초조한 느낌이 든다. 맑고 따스한 마음을 가진 사람 곁에 있으면 덩달아 웃고 싶고 넉넉한 기분이 든다. 걱정이 많은 사람을 보면 당신도 두려워지고, 화난 사람을 보면 당신도 화가 난다. 완벽주의자 곁에서는 자신감을 잃거나 바보 같은 실수를 저지르게 된다. 왜냐하면 상대방이 가장 두려워하는 일이 바로 그것이기 때문이다. 다른 사람들도 당신에게 똑같이 반응할 것이다. 사람들이 당신을 잘 인정해주지 않는다면, 사실은 당신이 당신 자신의 에너지를 억누르고 있는 건지도 모른다. 만약 당신이 다른 사람들로부터 계속해서 오해를 사고 있다면, 당신 스스로 자신이 원하는 바에 대해 불분명한 메시지를 내보내고 있는 건지도 모른다. 만약 당신이 명료하게 생각하고 마음이 열린 사람이라면, 주변에 있는 사람들도 그들 자신이 있는 그대로 인정받는다고 느끼고 자신감 있게 행동하게 된다. 우리는 모두가 서로의 에너지장을 끊임없이 읽고 있다.

실습과제
에너지장 읽기

1. 세상을 돌아다니며 만나게 되는 모든 사람 — 아이들, 어른들, 노인들 — 을 유심히 살펴보라. 그들에게서 받는 첫인상을 관찰하라. 처음에는 멀리서 살펴보고, 그런 다음 좀더 가까이 가서 살펴보라. 그들의 표정을 읽거나 몸짓의 의미를 해석하는 것이 아니라 당신의 몸이 어떻게 느끼는지를 살펴보라. 어떤 힘, 어떤 감정, 얼마만큼 밝은 빛이 느껴지는가? 어떤 음조가 들리는가? 어떤 색깔이 느껴지는가?

2. 당신이 그들 옆을 지나갈 때와 그들이 당신 옆을 지나갈 때 주의를 기울여보라. 서로 간에 미묘한 정보를 주고받는가? 그들의 장은 막혀 있는가, 아니면 깨끗한가? 그들은 자신의 몸 안에 현존하고 있는가, 아니면 딴 데 정신이 팔려 있는가?

3. 다른 사람들과 교류하면서 당신의 주파수를 변화시키는 실험을 해보라. 당신의 그런 변화가 그들의 에너지장에 영향을 줄 수 있다. 스스로 기운을 북돋운 후에 다른 사람들도 덩달아 기운을 내는지 살펴보라.

4. 식물과 나무의 에너지장을 느낄 수 있는지 살펴보라. 어떤 것이 건강하게 느껴지고 어떤 것이 활기 없게 느껴지는가?

당신이 자신의 중심과 근원 주파수로 되돌아가지 않고 다른 사람들의 다양한 주파수에만 끌려다닌다면, 당신 자신이 혼란스러워질 뿐 아니라 다른 사람들도 일관성 없는 당신을 보고 혼란을 느끼게 된다. 당신의 에너지체는 뭔가를 말하고 있는데, 당신과 어울리지 않는 다른 누군가의 패턴이 그 위에 덧붙어 있다. 만약 다른 사람에게서 이런 혼탁한 신호를 느낀다면 당신 또한 그 부조화와 불편함 때문에 그를 못 미덥고 무능력한 사람으로 여겨 피하고 싶어질 것이다.

당신이 낮은 주파수의 장에 접속하여 낮은 주파수의 행동을 하면서 스스로 불쾌함을 느끼고 있다면, 설령 무의식중에 일어난 일일지라도 그것은 당신이 선택한 결과이다. 고통받는 사람들을 돕는 와중에 그렇게 되었다고 해도 마찬가지다. 다른 누군가가 고통을 받고 있다고 해서 당신까지 똑같아질 필요는 없다. 다른 사람들이 당신의 에너지장을 억지로 바꿀 수 없듯이, 당신도 그들의 에너지장을 억지로 바꿀 수 없다. 우리의 삶은 '자유의지'라는 이름의 게임이기 때문이다. 어쨌든 우리가 서로 영향을 주고받는다는 사실은 분명하고, '채찍'보다는 '당근'이 더 즉각적이고 영속적인 결과를 낳는다. 그러니 위협을 통해 다른 이들을 변화시키는 것보다는 그들 스스로 기꺼이 주파수를 높이고 자아를 확장하도록 유도하는 편이 훨씬 쉬운 길이다.

우리는 서로 주파수를 맞추려는 경향이 있기 때문에 당신은 이 세상 속에서 스스로 '청정지역'이 되어보는 놀이를 해볼 수 있다. 당신은 자신의 소리굽쇠를 울림으로써 마주치는 모든 사람에게 높은 주파수의 에너지를 전달할 수 있다. 현명한 사람들은 '인류'라는 통일장 안에서 스스로 텅 빈 공간이 됨으로써 다른 이들을 돕는다. 그들 곁에 다가오는 사람은 누구든지 주파수 공명을 통해 자신의 생각, 느낌, 몸상태가 어느 정도 정화되는 경험을 한다. 당신의 에너지장의 투명도는 바로 당신의 '사랑의 가슴'이 얼마나 확장되어 있는가에 달려 있다. 내 친구는 이를 두고 "가슴에는 거죽이 없다"고 표현한다. 당신의 가슴이 당신의 에너지장만큼 커질 때 영혼이 드러난다. 영혼이 가진 연민의 진동은 진실 그 자체이다. 우리 모두는 내면 어딘가에서, 수축상태는 우리가 바라는 것도 우리의 진정한 모습도 아니라는 사실을 알고 있다. 이는 사람들은 천성적으로 좀더 마음을 열고 사랑이 넘치는 존재가 되길 바라고 있고, 기회만 주어진다면 항상 '가슴'을 선택할 것이라는 뜻이다. 당신은 다른 사람들에게 그런 기회를 줄 수 있다!

실습과제
가슴을 에너지만큼 확장하기

1. 눈을 감고 당신의 중심에 머물라. 편안하게 리듬에 맞춰 호흡하라. 가슴으로부터 사방으로 발산된 에너지의 공(ball)이 당신을 감싸면서 적당한 거리까지 확장해간다고 상상하라. 맑고 투명한 구를 느끼면서 연민이 당신의 구를 가득 채운다고 상상하라.

2. 이 가슴 에너지의 구가 당신의 영혼으로부터 응축되어 나온 것이라고 상상하라. 당신의 영혼은 특정한 주파수를 띠고 있고, 방금 당신은 그것과 자신을 일치시키겠다고 결심했다.

3. 당신 영혼의 진동이 가슴의 구를 통해 당신의 정신체, 감정체, 육체 속에 불어넣어진다고 상상하라. 영혼의 내적 청사진이 본연의 지혜를 발휘해 당신을 새로운 존재로 변화시키도록 허용하라. 당신이 잊어버리더라도 이와 같은 '업데이트'는 계속될 것임을 믿으라. 가능한 한 자주 당신의 오라를 가슴의 구로서 느껴보겠다고 다짐하라.

집단도 그 구성원들이 보여주는 집단적 생각, 감정, 행동이 창조해낸 내적 청사진 또는 형태장을 가지고 있다는 사실에 주목하라. 여기서 집단이란 종種, 국가, 가족혈통 또는 야구팀 등등이 될 수 있다. 구성원들 각자의 에너지장이 합쳐서 하나의 새로운 매개체를 형성하고, 그 집단의 내적 청사진은 구성원들이 단체활동을 통해 배우고, 진화하고, 혹은 교체될 때마다 변한다. 이것은 두 사람 사이의 관계에서도 똑같이 적용된다. 두 사람이 모이면 그들은 관계장 또는 관계의 내적 청사진을 형성하고, 이것이 그 둘의 진화를 촉진한다.

내적 청사진 수정하기

당신은 먼저 에너지 세계에서 사물을 느끼고, 알고, 창조한다. 사실 당신이 물리적 세계에서 무언가를 창조하고 싶다면, 먼저 상상의 영역에서 그것의 패턴과 관련된 내적 청사진을 바꾸는 작업에 착수하는 것이 훨씬 효율적이다. 내적 청사진을 바꾸는 대신 힘과 의지력을 이용해서 물리적 결과를 바꾸려고 한다면 아무리 최선의 노력을 기울인다 해도 계속해서 같은 형태가 구현되어 나올 것이다. 당신의 직장생활도 내적 청사진을 가지고 있다. 마찬가지로 당신의 집, 지금 관여하고 있는 프로젝트, 지금 창조하고 있는 것들도 각각의 내적 청사진을 가지고 있다. 그리고 그것들은 모두 수정이 가능하다. 만약 직업을 바꾸거나 직장을 옮기고 싶으면 먼저 상상 속에서 그것의 내적 청사진을 바꾸라. 그러면 외적인 변화가 훨씬 빠르고 순조롭게 나타날 것이다. 만약 조각품을 만들거나 그림을 그리고 있다면, 그 예술품이 이미 간직하고 있는 내적 패턴에 채널을 맞춰라. 미켈란젤로가 돌덩어리로부터 조각품을 '빼내주었듯이.'

당신은 다른 사람들과 의사소통할 때도 내적 청사진을 이용한다. 당신이 다른 사람들과 '물리적인 대화'를 나눌 때, 당신의 생각과 내적 그림과 감정도 당신의 장을 통해 전파되어 상대방의 장 속으로 침투한다. 그 모든 것이 합쳐져서 상대방의 의식 속에서 당신과의 대화가 '의미'를 띠게 되는 것이다. 그들은 당신의 내적 이미지와 감정이 당신의 외적 표현(말)과 일치하는 부분에 한해서, 그것도 그들 스스로 받아들일 수 있는 만큼만 당신을 이해할 것이다. 그러니 겉과 속이 다른 말은 오히려 진정한 의사소통을 훼방하는 결과를 낳는다.

다음번에 당신이 누군가와 의사소통하거나 누군가를 위해 기도할 때면, 당신과 그의 에너지장이 서로 연결되고 조율되는 모습을 먼저 마음속에 그려보라. 당신이 그에게 전하고자 하는 바를 음미해보라. 당신의 말이 당신이 전달하려는 의미와 정확히 일치되도록 하고, 당신의 메시지 속에 사랑과 감사의 마음을 넣어보내라. "내 안의 빛은 당신 안의 빛을 알고 반갑게 맞이하며 사랑한다. 나는 당신 안에서 최고의 것을 본다." 이것이 바퀴에 기름칠을 하듯 의사소통을 원활하게 해줄 것이다.

> 만약 당신이 뉴욕의 실험실에서 결정성장* 실험을 시작하고, 2주 후에 파리에서 누군가가 같은 일을 또 시작한다면, 파리 실험실의 결정구조가 더 빨리 성장하게 될 것이다. 왜냐하면 뉴욕의 실험실에서 이미 그 과정을 한 번 해두었기 때문이다.
>
> — 피어 빌라얏 이나얏 칸

    미셸은 가족과 문제를 겪었다. 그녀의 부모님은 종교적이고 보수적이었기 때문에 딸이 고향을 떠나는 것을 이해하지 못했다. 그들은 버림받았다고 생각했고, 미셸과 대화할 때마다 어떻게 해서든 그녀가 죄책감을 갖도록 만들었다. 미셸과는 달리 부모님의 바람대로 고향에 머물렀던 언니도 동생을 증오하는 듯 보였다. 언니는 동생을 면전에서 비꼬며 질책했고, 가족과 친구들에게 동생에 대한 거짓말을 해댔다. 심지어 부모님을 꼬드겨 재산상속에서 동생을 제외시키려고 했다. 미셸 가족의 내적 청사진 또는 에너지장은 박탈감, 배신감, 공격성, 피해의식에 빠진 사람들에 의해 지배당하고 있었다. 미셸의 부모님과 언니는 맹목적인 믿음을 가지고 있었고, 자신들의 부정적인 감정을 들여다보려 하지 않았다. 대신 그 불편한 감정을 희생양에게 투사했다. 그 대상이 바로 미셸이었다.

    가족의 내적 패턴을 변화시키기 위해 미셸은 우선 자신이 가족들과 어떤 특성을 공유하고 있기에 그들 속에서 태어났는지를 알아야

---

* crystal growth: 한 물질의 아주 작은 결정입자를 특정한 수용액 속에 넣어뒀을 때, 그 입자를 씨앗으로 삼아 결정구조가 점점 크게 자라나는 현상. 인조다이아몬드, 인조루비, 인조수정 등은 이런 방법으로 만들어진다. 역주.

할 필요가 있었다. 미셸과 가족은 공통적으로 공명하는 부분이 있었다. 어쩌면 전생에는 그녀 또한 나머지 가족들과 다를 바 없는 사람이었는지 모른다. 하지만 지금 그녀는 좀더 독립적인 삶, 영혼의 인도를 따르는 현실 속으로 들어가고 있었다. 미셸은 영적으로 빠른 성장의 길을 선택했다. 그녀는 이 가족의 집단적 마음-에너지장이라는 한계(이 경우엔 지뢰밭과 비슷하다!)를 혼자 뚫고 나왔다. 그렇게 함으로써 그녀는 자신도 모르게 가족들의 세계관에 도전한 셈이었고, 이에 가족들은 방어적인 태도를 취했다. 가족들은 미셸의 뒤를 따르기보다는 그녀를 위협해서 계속 잡아두려고만 했다.

물리적 현실 속에는 상황을 개선할 만한 여지가 별로 없었기에 미셸은 가족의 에너지장의 내적 청사진을 수정하는 작업부터 할 필요가 있었다. 먼저 그녀는 스스로 저항하고 상처받는 일을 멈춤으로써 그녀와 의절하려는 가족의 태도에 에너지를 보태는 일을 중단했다. 그런 다음 가족의 에너지장이 빛과 사랑으로 가득 채워지는 모습을 상상했다. 그녀는 가족 모두가 각자의 근원 주파수와 고유한 영적 성장의 길과 연결되는 모습을 마음속에 그렸고, 자신이 그들을 신뢰하고 있다는 메시지를 에너지장을 통해 텔레파시로 전달했다. 그러는 동안 비물리적 세계에서 했던 자신의 행동을 뒷받침하기 위해 물리적 세계에서도 가족들에게 카드를 보내고 전화를 걸었다.

> 영혼은 사랑의 의지를 일깨우지 않고 있는
> 그 어떤 것도 이해하지 못하는 듯 보인다.
> — 아빌라의 성녀 테레사

미셸이 이와 같은 작업을 하고 나서 몇 년 후에 아버지가 돌아가셨다. 어머니는 남편의 죽음으로 인해 정신적으로 큰 충격을 받았고 미셸에게 도움을 손길을 구했다. 그녀는 어머니 곁에 있으면서 어떤 비난이나 판단도 하지 않았다. 그러자 어머니는 자신이 너무 일찍 결혼하여 가족과 교회의 의무를 다하느라 바깥세상을 경험하지 못한 점이 늘 속상했다고, 그래서 실은 딸의 자유분방한 정신이 부러웠노라고 털어놓았다. 이 대화는 커다란 돌파구로 작용했고 모녀는 다시 가까워졌다. 새로운 에너지가 가족장에 흘러들어왔다. 어머니의 도움으로 미셸과 언니 사이에 닫혀 있던 문도 열렸다. 시간과 인내심이 필요했지만 가족의 내적 청사진은 진화했고, 물리적 상황도 변했다.

당신의 현실에서 구현되는 것은 무엇이든 당신의 에너지장 속에 들어 있는 의식-에너지의 특성을 반영한다. 즉 당신의 현실은 당신의 에너지장으로부터 나타난다. 마침내 미셸은 가족의 진동을 바꿀 수 있었다. 왜냐하면 그녀는 자신의 장을 과거의 진동이 아닌 연민의 주파수에 고정시켰고, 그 안에 다른 사람들의 장까지 기꺼이 포용했기 때문이다. 당신의 에너지장은 당신과 통일장과의 접점이다. 당신은 그것을 통해 통일장에 메시지를 보낸다. 그것은 잠재된 가능성을 구체화시키고, '흐름'이 당신이 진화하는 데 필요한 일련의 경험들을 불러오도록 돕는다. 당신의 진동이 높을수록 통일장은 당신을 좀더 완벽하게 채워준다.

당신 안에서 통일장 찾기

내면에서 통합과 화합을 이룰 때, 당신은 통일장을 경험하기 시작한다. 다음은 통일장을 경험하기 위한 방법들이다.

• 반대되는 측면들을 연결하여 하나의 흐름으로 통합시키라. 당신이 언제 당신 자신을 한 가지 측면으로만 정의내리는지 살펴보라. 예를 들어보자. '나는 멍때리고 있을 때가 많아!' '나는 수줍음을 너무 많이 타.' '나는 너무 둔감해.' 이런 말들은 양극성의 한 측면을 가리킨다. 그러면 당신은 이것과 저것 중에서 양자택일을 해야만 한다. 그러므로 표현을 이렇게 바꾸라. '나는 멍때리고 있을 때도 있지만 집중도 잘해.' '나는 수줍음을 잘 타지만 사교성도 좋아.' '나는 둔감한 면도 있지만 직관력도 발달해 있어.' 이외에도 '둘 중 하나(A 또는 B)'를 나타내는 생각을 찾아내 '둘 다(A와 B)'로 바꿔보라. '나는 좌뇌와 우뇌를 모두 사용한다.' '나는 이성적이면서 감성적이다.' '나는 좁게도 넓게도 집중할 수 있다.' '나는 두려움과 혼란을 느끼지만 사랑과 확신도 느낀다.' 이처럼 반대되는 특성과 자질들을 하나로 묶으면 흐름과 전체(the whole)를 좀더 온전하게 느낄 수 있다.

• 당신의 다양한 의식-에너지장들 사이의 유사점을 발견하라. 당신이 감정 차원에서 분노를 경험할 때, 그에 상응하여 물질 차원에서는 어떤 수축상태가 일어나고 정신 차원에서는 어떤 부정적 신념이 강화되는지를 살펴보라. 반면 행운이 굴러들어올 때, 당신의 영혼이 정신, 감정, 물질 차원에 어떤 식으로 영향을 미치고 있는지를 살펴보

라. 어떻게 당신의 영혼이 조화로운 공명을 통해 다른 차원들에 영적 진실을 전파하면서 당신을 한껏 행복하게 만드는지를 살펴보라.

- 육체, 감정, 마음, 영혼을 골고루 이용하라. 혼자 있는 시간과 인간관계, 단체생활에 쓰는 시간을 적절히 분배하라. 당신의 모든 측면이 골고루 드러나도록 일관성을 유지하라. 만약 며칠 동안 컴퓨터만 하고 있었다면, 야외에 나가 자연 속에서 걸으면서 영감을 받으라. 집의 뒤뜰에 마루를 만드는 공사에 매달려 있었다면, 흥미로운 책 한 권을 읽으라. 며칠 내내 사람들과 부대꼈다면, 혼자 조용히 쉴 수 있는 시간을 마련하라. 언제 자신이 한쪽으로 치우치는지를 살펴보고 균형을 맞추라.

- 마치 대가족이 한 집에 어울려 사는 것처럼 당신의 모든 인격적 측면과 재능들이 조화를 이루게 하라. 당신은 단순한 존재가 아니다. 당신에게는 음악가, 수학자, 작가, 그리고 도그 위스퍼러(개와 소통하는 능력을 가진 사람, 역주)의 재능을 가졌을 수 있다. 당신은 수줍음을 잘 타지만 훌륭한 대중 연설가에다 굉장한 춤꾼일 수도 있다. 당신은 자신의 새로운 재능을 발견할 수 있다. '나는 요리를 잘하는구나!' '나는 운동을 잘하는구나!' '나는 다른 언어를 구사할 수 있구나!' 자신을 다면多面의 커다란 다이아몬드라고 생각하고 자신의 모든 측면과 즐겁게 놀라. 당신이 가진 많은 얼굴들을 드러내라. 그것들이 서로 함께 즐겁게 노는 모습을 만끽하라. 매번 새로운 측면이 드러나면서 당신의 존재에 풍성함을 더해줄 것이다.

- 당신의 몸과 감응하고, 모든 부위에서 에너지와 존재감을 느껴보라. 명상 중에 당신의 몸, 피부 속, 그리고 피부 그 자체에 집중해보라. 온몸에서 근원 주파수를 느껴보라. 생생한 존재감이 몸 안의 모든 입자와 공간를 가득 채우고 있음을 느껴보라. 이제 당신 안의 어디에도 빈 공간이 없다. 통일장은 당신 주변은 물론이고 당신 안에도 존재한다.

인간관계에서 통일장 찾기

인간관계에서 통합을 실천하기는 참으로 어렵다. 하지만 인간관계야말로 당신이 스스로 억눌러온 부분들을 가장 빠르게 자각하게 해주는 수단이다. 상대방을 깊이 들여다보고, 서로의 일체성을 찾고, 서로가 함께 창조한 에너지장을 통해 계속 움직이고 있는 '흐름'을 느끼는 것이 그 비결이다.

- 들어오고 나가는 에너지에 주의를 기울이라. 우리는 늘 피드백을 주고받기 때문에, 당신은 인간관계를 통해서 에너지가 당신 안팎을 들락날락하는 모습을 쉽게 관찰할 수 있다. 지금 당신은 받는 만큼 주고 있는가? 다른 사람들은 당신에게 무엇을 주고 있는가? 받을 만한 것이라면 흔쾌히 받으라. 반대로 당신이 주고 있는 것은 무엇인가? 단순한 물리적 대상뿐만 아니라 의식-에너지의 측면에서도 생각해보라. 이러한 동시다발적인 교환이 균형 있게 이뤄지고 있는지를 살펴보라.

- 당신과 상대방의 관계장에 주목하라. 이 관계 속에서 당신과 상대방이 '하는' 것처럼 보이는 일들은 사실 둘의 관계장 또는 내적 청사진에 의해 조율되고 있다. 당신과 상대방의 영혼이 합작으로 만들어낸 현명한 '인도자'가 둘의 배움과 성장을 돕고 있는 셈이다. 이런 사실을 잘 이해하고 있다면 극단으로 치닫거나 건강하지 못한 종속적 관계로 빠져드는 일은 결코 생기지 않는다. 그리고 가장 높은 주파수의 관계장은 두 사람의 가슴으로부터 나온다.

- 두려움이 올라올 때마다 열린 마음의 상태로 돌아가라. 당신은 일체감과 두려움 사이를 오가게 될 것이다. 이것은 인간관계에서 장애물이 제거돼가는 자연스런 과정이다. 누구든 고립감이나 두려움을 경험하는 즉시 '따뜻한 가슴'으로 되돌아갈 수 있도록, 물리적 세계와 비물리적 세계 양편에서 서로 확고한 소통의 창구를 마련해두라.

- 언제 어디서나 둘 사이에 있는 것은 '공동의 문제'임을 잊지 말라. 상대방에게 싸움을 거는 대신, 하나의 문제를 두고 어떻게 둘이 반대의 입장에 서게 되는지를 살펴보라. 서로의 입장만 고집하지 말고 '공동의 문제'에 대해 이야기를 나누라. 상대방에게서 당신의 모습을 보고 당신의 문제를 발견함으로써, 당신은 당신 자신과 상대방이 둘이 아님을 이해하게 된다. 공통점을 찾아 더 많이 공명할수록 서로의 영혼이 더욱 확실하게 지각된다. 영혼과 영혼의 만남은 더 깊은 교감과 사랑, 그리고 '우리는 같은 곳에서 왔다'는 느낌이 샘솟게 한다.

- 멀리 있는 사람들과도 교감하라. 멀리 떨어져 있는 사람들이나 모르는 사람들과도 교감을 연습하라. 그들에게 집중하고, 그들을 당신의 장 속으로 포함시키라. 그리고 당신 자신도 그들의 장 속에 있다고 생각하라. 그들의 참모습을 보고, 그들을 진심으로 축복해주라. 만약 친구에서 말을 걸고 싶다면, 그와 당신의 장이 하나된 상태에서 그에게 말을 거는 당신의 모습을 먼저 상상해보라. 당신이 뒤에서 반려견을 바라보면 반려견도 당신의 시선을 눈치채고 고개를 돌리듯이, 당신도 멀리 있는 사람이 보내는 의식-에너지 차원의 텔레파시 정보를 감지할 수 있다. 지금 누가 당신에 대해 생각하고 있는가? 갑자기 누군가와 교감하고 싶은 충동이 느껴지는가?

내가 가장 경계하는 일은, 영적인 삶과 영적인 인간관계는 늘 고요하고 평온하기만 하다는 망상에 서서히 빠져드는 것이다.
— 메리엔 윌리엄슨

비물리적 세계와 물리적 세계를 하나로 엮기

물리적 세계라는 표면에서 우리는 서로 별개의 존재처럼 보일지 몰라도, 그 배후의 비물리적 세계에서 우리의 장은 중첩되며 서로를 품고 있다. 사실 당신은 우주 전체와 하나의 장을 공유하고 있다. 이처럼 서로 포개져 하나가 된 장 속에서는 모든 것이 모든 것에 대해 '알고' 있다. 저 멀리에 있으니 나랑은 상관없다는 식의 생각은 설 자리가 없다. 당신의 장 속에 누군가 또는 무언가가 나타나면, 당신은 그것과 공명하면서 그(그것)와 자신이 어떤 식으로든 닮아 있다는 사실을 깨닫는다.

예컨대 당신이 어떤 집단에 속하게 되었다면, 다른 구성원들은 당신의 장에 의해 등장한 것이고 당신 또한 그들의 장에 의해 등장하게 된 것이다. 당신과 그들의 주파수가 많든 적든 일치하고 있기 때문이다. 만약 당신이 돌아가신 아버지를 생각한다면, 그는 당신의 장에 의해 당신 앞에 — 당신의 상상력의 크기만큼 — 나타나게 되고 동시에 당신 역시 그의 앞에 — 그의 상상력의 크기만큼 — 나타나게 된다. 물리적 현실 속에서는 서로 별개의 존재로 보일지라도 모든 사물, 모든 사람은 당신 '안에' 존재한다.

통일장에 주목하는 연습은 당신의 변성과정을 가속화하는 강력한 방법이다. 또한 물리적 세계와 비물리적 세계의 밀접하게 상호작용하는 방식을 이해하는 것도 매우 유익하다. 다음의 방법을 통해 두 가지 현실을 통합하는 연습을 해보자.

• 세상을 하나의 의식체로서 대하라. 지금 이 순간, 세상이 의식-에너지장으로부터 펼쳐져 나오고 있다는 사실을 가능한 한 자주 떠올리라. 그리고 살아 있는 의식-에너지는 당신은 물론이고 무생물에 이르기까지 세상의 모든 구성물 속에 빠짐없이 존재한다는 사실을 기억하라. 이 말은 당신은 만물을 알 수 있고, 만물 또한 당신을 알 수 있다는 뜻이다. 당신이 세상만물을 의식 있는 존재로 바라보고 따뜻하게 대한다면, 세상도 똑같은 방식으로 당신을 존중하고 높여줄 것이다.

- 당신의 온전한 자아와 함께 인식하라. 당신의 삶을 돌보고 있는 것은 단순히 당신의 눈과 두뇌가 아니다. 가능한 한 자주, 심지어 일상업무를 보고 있을 때에도 당신의 몸과 세포에 집중하여 그들이 주목하고 있는 것이 무엇인지 살펴보라. 그런 다음 당신의 심장, 간, 무릎으로 초점을 옮겨서 그들이 알고 있는 것은 또 무엇인지 살펴보라. 당신의 에너지체가 더 큰 에너지장을 읽을 수 있도록 하라. 때로는 당신의 구 안에 들어 있는 특정한 것들에 대한 생각을 멈추고, 구 자체를 확장시켜 통일장을 좀더 많이 받아들이라. 자신이 얼마나 광대한 존재인지를 느껴보라.

> 그대는 하늘을 보지 않는다. 그대가 곧 하늘이다.
> 그대는 대지를 만지지 않는다. 그대가 곧 대지다.
> 그대는 빗소리를 듣지 않는다. 그대가 곧 비다.
> 그대와 이 우주가 바로 신비주의자들이 말하는 '일미(One Taste)'다.
>
> — 켄 윌버

- 두 가지 현실의 상호작용을 인식하라. 만약 당신이 외부의 물리적 세계 속에서 좌절감을 경험한다면, 반드시 내면의 감정 차원과 정신 차원에서도 똑같은 수축상태를 경험하게 된다. 예를 들어보자. 당신이 타야 할 비행기가 터무니없이 오래 연착되었다. 이때 당신은 자신의 내면을 살펴보다가 말을 안 듣고 대화를 거부하는 10대 아들에 대해 자신이 짜증과 걱정의 감정을 품고 있다는 사실을 깨닫게 될 수 있다. 반면 당신이 내면세계에서 '나는 운이 좋아'와 같은 감정을 경험하고 있다면, 바로 그런 일이 실제로 물리적 세계 속에서 일어날 것이다. 커다란 기회가 하늘에서 뚝 떨어지는 식으로 말이다. 비물

리적 세계와 물리적 세계 사이에는 경계가 없기에 당신의 내면세계와 외부세계는 항상 영향을 주고받는다.

당신은 매 순간 어떤 통찰을 얻고 있다. 당신은 그것을 내면의 에너지 상태, 생각, 감정을 통해 인식했을 수도 있고 외부의 사건을 통해 인식했을 수도 있다. 그것을 어디서 처음 인식했든 간에, 즉시 반대편에서 그 짝을 찾고 공통된 배후의 주제가 무엇인지 숙고해보라. 이것은 당신의 삶을 '하나의' 장을 통해 흐르는 '하나의' 흐름으로서 바라보는 연습이다.

● 두 가지 현실로부터 좀더 깊은 의미를 읽어내라. 두 가지 현실의 상호작용을 찾는 연습이 실마리가 되어줄 것이다. 예컨대 외부현실 속에서 당신의 자동차 타이어가 펑크났다. 그때 당신은 자신의 내면세계를 들여다보고, 새로운 프로젝트 앞에서 주저하는 당신 자신과 펑크난 타이어를 연결짓는다. 그 망설임의 이유가 무엇인지를 스스로에게 물어보라. 아마도 당신은 자신이 너무 쉼없이 달리느라 중요한 정보를 놓쳤거나 본심은 그 프로젝트를 하길 원하지 않는다는 사실을 발견하게 될 것이다.

만약 간절히 결혼을 원하는데도 제대로 된 신랑감을 못 만나고 있다면, 그것은 당신이 어떤 면에서 결혼할 준비가 안 됐거나 자신이 직접 해야 할 일을 누군가가 대신 해주길 바라고 있기 때문인지 모른다. 또는 당신이 자기 자신을, 자신의 몸을 충분히 사랑하지 않기 때문일 수도 있다. 세상은 당신이 당신 자신을 대하는 방식을 그대로 반영한다.

당신의 현실 읽기

1. 꿈을 풀이하듯이, 이번 주에 뭔가 평소와는 다른 이야깃거리나 사건이 있었는지를 살펴보라. 그것이 무엇을 상징하고 있는지를 해석해보라. 다른 사람들이 당신에게 건넨 특이한 말, 당신의 눈에 띈 흥미로운 이미지, 예상치 못했던 대화 등을 일지에 적어보라.

2. 당신의 머릿속을 떠나지 않는 생각, 강박관념, 꼭 해야 한다고 느껴지는 일, 걱정거리, 깨달음의 순간, 갑작스런 감정의 변화 등에 주의를 기울이라.

3. 물리적 세계 속에서 뭔가를 발견했다면, 그것의 짝을 비물리적 세계 속에서 찾아보라. 그 반대로도 해보라. 왜 그 두 가지가 서로 연결되는지를 자신에게 묻고 숨은 의미를 찾아보라.

4. 두 세계 사이의 연관성을 발견할 때마다, 그 배후에는 '하나의' 메시지 혹은 통찰이 숨겨져 있다는 사실을 충분히 음미하라.

물질 안에서 사랑 발견하기

의식-에너지장에 주의를 기울이다 보면 모든 곳이 사랑으로 충만하다는 사실을 깨닫게 된다. 당신은 잡동사니를 치우고 지금 이 순간에 집중함으로써 통일장을 경험하게 된다. 지금 이 순간의 '단순명쾌함'을 찾기 위해서는 머릿속 대화를 멈추고 당신의 감각, 직관, 고요함 속으로 들어가야 한다. 그저 지금 이 순간과 함께 머물라. 속도를 늦추라. 가야 할 곳도, 해야 할 일도, 바꿔야 할 것도 없다. 주변에서 들리는 일상의 소음들 배후의 보드라운 고요함에 귀를 기울이라. 귀를 기울이고 있는 주체가 바로 당신의 영혼임을 잊지 말라. 당신 안의, 고요함 속의, 허공 속의, 그리고 당신이 주의를 기울이는 대상들 속의 영원하고 보편적인 현존감에 초점을 맞추라. 당신 안에서, 고요함 속에서, 허공 속에서, 당신이 주목하는 대상들 속에서 일체성과 영원성을 느끼는 데 집중하라. 당신 자신의 참모습을 신뢰하고 또한 당신이 주목하는 대상을 신뢰하라.

> 하늘의 도리는 돌고 돌면서
> 만물은 각자 그 근원으로 되돌아오네.
> 근원으로 되돌아온 것을 고요함이라 하며
> 이를 일러 하늘의 뜻을 회복한 것이라고 말하네.
> 하늘의 뜻을 회복한 것을 일러 늘 변함없는 평상심이라 하고
> 늘 변함없는 평상심을 깨닫는 것을 밝은 지혜라고 말하네.
> — 노자

바로 가까이에 있는 대상에 찬찬히 집중하라. 커피 머그잔을 예로 들어보자. 감각적 인상을 통해 그 머그잔의 세부사항을 관찰하라. 머그잔의 색깔, 형태, 무늬, 질감, 재료를 관찰하라. 그 모습 그대로 가치를 인정하라. 잠시 더 머그잔에 집중하라. 인내심을 가지라. 좀더 깊이, 자세히 살펴보라. 마치 머그잔이 의식이 있는 대상인 것처럼 그것과 함께 머물라. 머그잔에 생명을 불어넣으라. 그것이 얼

마나 진실한지, 얼마나 아름다운지, 얼마나 사랑스러운지를 보라.

당신은 충분한 시간 동안 머그잔에 깊이 집중함으로써 그것 안의 현존을 느낄 수 있다. 당신은 물리적 세계 안팎을 들락날락하는 그것의 유동적 입자들을 느낄 수 있다. 더욱 깊이 집중하라. 당신의 영혼은 당신이 머그잔의 가슴을 경험할 수 있도록 돕고 있다. 당신은 그것의 본질이 곧 통일장으로부터 '배어나오는' 영혼임을 느끼고, 그것을 정답게 느끼게 된다.

지금 당신은 머그잔을 의식적인 존재로 보고 있다. 당신은 그것이 당신과 똑같이 의식-에너지로 만들어졌음을 알고 그것에게 감사하고 그것을 축복하고 있다. 동시에 머그잔도 당신의 존재를 알고, 당신에게 감사하고 있다. 당신은 세상과의 생생한 연결고리인 교감의 경험을 활성화시켰다. 당신은 커피 머그잔이라는 형태로 현현한 ─ 바로 당신을 위해! ─ 통일장의 일부와 하나되는 경험을 창조해냈다. 이제 당신은 이 머그잔이 당신을 돕기 위해, 당신과 함께하기 위해 어떻게 세상에 나타났는지를 알게 되었다. 당신은 커피를 마시게 해준 데 대해 머그잔에게 감사하고, 머그잔은 '머그잔'이라는 존재상태를 경험할 수 있게 해준 데 대해 당신에게 감사한다. 당신은 머그잔을 씻고 찬장에 넣으면서 그것과 대화를 나눈다. 이제 당신은 그것을 매우 조심스럽고 소중하게 다룬다.

보이지 않는 당신의 친족과 친해지기

당신의 삶 ― 당신의 구 안에서 등장하는 모든 것 ― 은 당신을 위해 통일장으로부터 나오는 것이다. 당신 안에 있는 무언가가 그것을 불러내고 있다. 여기서 통일장은 수많은 물리적, 비물리적 의식적인 존재들로 구성된 의식의 장, 곧 집단의식이라는 사실을 기억해야 한다. 물리적 형태로 구현되고 있는 세상의 모든 현상은 '사랑'이 일으키는 하나의 거대한 활동에 의한 것이다. 만물은 다른 것들을 섬기겠다는 아름다운 동기를 가지고 있으며, 그건 당신도 마찬가지다. 당신은 다른 생명을 섬기기 위해 태어난, 아름답기 그지없는 존재이다.

몇 년 전에 나는 보스턴에 사는 여성을 상담해주다가 한 가지 깨달음을 얻게 되었다. 그녀는 재정상태가 상당히 좋았고, 신체적 활력도 왕성했으며, 기쁨과 힘이 넘쳤다. 하지만 그다지 영적인 사람은 아니었는데, 나는 어느 순간 수백의 ― 어쩌면 수천의 ― 비물리적 존재들이 그녀의 장을 채우고 있다는 사실을 깨달았다. 나는 그들이 얼마만큼 그녀를 사랑하는지, 얼마만큼 그녀를 위해 봉사하는지, 얼마만큼 그녀가 해내고 있는 프로젝트와 활동을 돕는 데서 즐거움을 얻는지를 느낄 수 있었다. 그녀는 그런 존재들이 있다는 사실을 알지 못했지만 그녀의 에너지 속에는 따스한 환영의 태도와 자애로움이 있었다. 그녀가 할 일은 도움을 요청하는 것뿐이었고, 그러면 보이지 않는 힘들이 기꺼이 그녀를 도왔다. 사실은, 그들이 그녀의 요청을 기다리고 있었다.

이런 보이지 않는 힘을 지켜보면서, 나 역시 내 주변을 맴도는 존재들을 느낄 수 있게 되었다. 나는 이전엔 그들에게 크게 주목하지 않았다. 하지만 그 이후로는 그들에게 말을 걸고 도움을 청하면서 다양한 세속적 경험들을 함께 나눈다. 나는 그들과 함께 운전을 하고, 글을 쓰고, 정원을 가꾼다. 통일장의 어디에나 있는 비물리적 존재들은 '확장된 당신'의 일부이다. 그들은 언제든지 '수축된 당신'을 도울수 있다. 당신 또한 자신의 경험을 그들과 공유하고, 그들을 존중하고, 그들에게 감사를 표함으로써 그들을 도울 수 있다.

> 우리는 모두 우주의 기본 구성물질인 '별의 성분'으로부터 만들어졌다. 그리고 그 기원이 우주의 먼지 덩어리든, 태초에 만들어진 수소의 변형물이든, 또는 아스트랄계 물질이든 간에, 그것의 기본성질은 특별한 방식으로 응결된 에너지라는 것이다.
> — 리차드 거버

그래서 요즘 나는 멈추고 지금 이 순간에 주의를 기울일 때 — 커피 머그잔이나 원통의 선인장 또는 컴퓨터에 집중할 때 — 통일장의 존재들이 나와 협동하여 그 사물들이 물리적 형태를 유지하도록 도와주고 있는 모습을 상상한다. 아마도 그들은 바로 그 사물들 속에서 형태를 유지시켜주고 있을 것이다. 나는 그 존재들에게 감사를 표하며 그 사물들을 기쁘게 사용하고, 그들도 그런 나에게 고마워한다. 나는 뭔가에 주의를 기울일 때마다 통일장이 무수한 형태로 그 자신을 펼쳐내도록 돕고 있는 비물리적 존재들의 활동을 느낀다.

아마도 우리가 현재 정보시대의 화면중독 현상과 과도한 멀티태스킹 습관을 내려놓고자 하는 이유는 우리의 주변에서 펼쳐지고 있는 '생명'과의 심오한 사랑 및 교감을 되찾고자 하는 마음 때문일 것이다. 이런 사랑과 교감은 오직 내적 고요함을 통해서만 경험될 수 있다.

어수선한 마음이나 편견 없이 가만히, 순수하게 집중하라. 몇 초 더, 그리고 몇 초 더 주의를 기울이라. 온전한 하나됨이야말로 관건이다. 당신의 주의력은 통일장과의 교감을 촉진하고, 통일장은 당신에게 필요한 모든 것을 보여준다. 당신이 필요로 하는 것들과 그 결과물들이 서로 완벽하게 조율되는 모습을 지켜보라. 최대한 많은 사람들에게, 그리고 이 지구에 가장 도움이 되는 최선의 해답은 물질 안에서 사랑을 발견하고 통합된 의식의 인도를 수용할 때 주어진다. 고요해지는 연습을 통해 가슴속 깊이 들어가라. 사랑을 실천함으로써, 통일장을 통해 모든 공간에서 진동하고 활동하며 지금의 당신을 '창조해내고' 있는 자애로운 의식과 실재를 향해 존경심을 표하라.

인간의 지식 뒤에 감춰지고 묻히고 잊혀졌지만, 유한한 것들의 심층에는 무한한 것이 존재하고 있다. 잊혀진 이 '무한의 뇌'가 여전히 만물 사이에서, 만물 속에서 살아가고 있다.

— 도리얼(〈에메랄드 타블릿〉의 번역자)

요약

당신은 의식-에너지 세계를 경험하는 방법을 배움으로써 모든 물리적 형태 배후의 에너지장을 인식하고 내적 청사진을 수정하는 방법을 알게 된다. 당신은 특정 대상의 내적 청사진을 수정하고 물질화 과정을 조종함으로써 그것의 형태를 쉽게, 그리고 거의 순식간에 바꿀 수 있다.

우리는 에너지 정보를 얻기 위해 상대방과 주파수를 일치시키고 서로의 에너지장을 읽는 경향이 있다. 때때로 당신은 자신이 특정한 감정을 느끼고 있다고 생각하지만, 실제로 그것은 당신이 주파수를 일치시킨 다른 사람의 감정일 수 있다. 우리는 우리 자신의 장을 가슴(또는 근원 주파수나 영혼)의 수준에서 진동하게 함으로써 상대방에게 도움을 줄 수 있다. 그들이 우리와 주파수를 맞추려 할 것이기 때문이다.

일단 장의 개념을 깨닫고 나면 당신은 당신의 몸, 인간관계, 집단, 그 외 무수한 형태로서 현현한 통일장을 '느끼게' 된다. 세상만물은 전부 의식-에너지로 이뤄졌기 때문에 진실로 '살아 있다.' 당신은 어떤 대상이든 그것의 내면을 꿰뚫어보고 가슴을 느껴봄으로써 물질 안의 사랑을 찬미할 수 있다. 그리고 그 대상이 수많은 비물리적 존재들의 도움을 받아 현실 속에서 형태를 유지하는 과정을 이해할 수 있다. 당신이 통일장의 비물리적 존재들을 알아보고 그들에게 감사를 표현할 때, 그들도 기꺼이 당신을 돕는다.

12

집단적 자아에 주목하기

내가 어떻게 나 자신만일 수 있으리.

— 파파지

    나는 나인 동시에 우리다. 당신도 당신이고, 나도 당신이다. 이것이 바로 직관의 시대의 새로운 정체성이다. 구-홀로그램 인식이 당신과 모든 사람들 간의 상호연결성을 보여주고, 당신이 통일장 안에서 우리 모두를 하나로 엮는 일체성을 경험할 수 있도록 돕기 때문에 당신의 정체성은 변하게 된다. 이제는 개체성에 기반한 '고독한 자아'가 너무나 답답하고 따분하게 — 마치 괴상한 소설을 실제 이야기로 믿도록 강요당하는 것처럼 — 느껴진다. '내가 어떻게 이걸 사실이라고 믿었을까' 하고 생각하게 될 정도로 기존의 고립되고, 외롭고, 버림받았다는 느낌이 현실감을 잃는다. 당신의 현실인식과 자아인식 — '나는 누구인가?', '무엇이 진실인가?' — 이 양자도약(quantum leap)을 하고, 당신은 직관의 시대를 위한 새로운 주의력 기술 — 자신을 집단의식의 필수불가결한 일부로 인식하고 행동하는 것 — 을 연습하게 된다. 이번 장에서는 확장되고 있는 우리의 정체성, 집단적 마음과 가슴에 대한 개념, 그리고 우리 자신을 집단적 자아로서 경험할 때 등장하는 새로운 친밀감과 규범에 대해 살펴볼 것이다.

자아의 범위

당신의 구형의 장은 끊임없이 그 크기를 바꾸고 있다. 당신의 정체성은 바로 그 순간에 당신이 통일장을 얼마만큼 수용하고 있는지에 따라 결정된다. 당신의 구가 작을수록 당신의 자아 경험은 복잡해지고 개인적인 특성을 띤다. 반면 당신의 구가 클수록 당신의 의식-에너지는 선명해지고 당신은 집단적 마음과 가슴을 경험하면서 당신 자신을 '집단적 자아'(collective self)로서 이해하게 된다. 우리는 모두 이 '자아의 스펙트럼' 사이를 오간다.

특히 서양문화에서 우리는 자신을 독특한 이력이나 개인사를 가진 인물로서 정의하는 경향이 있으며 실제로 그런 언급을 자주 한다. 또한 우리가 속해 있는 인간관계나 집단과 자신을 동일시하는 일도 흔하다. 예를 들면 다음과 같다. "저는 법률사무소의 수석변호사입니다." "저는 개신교/가톨릭/불교 신자입니다." "저는 보수파/진보파/무소속입니다." 반면 동양문화에서는 개별적 자아가 뒷전으로 밀려나고 주로 가족, 부족, 마을이 정체성을 결정한다. 그러나 오늘날은 높은 주파수의 시대로서 우리로 하여금 자아의 스펙트럼 전체 — 고유한 육체와 성격을 가진 개인, 친밀한 동반자 관계, 가족/단체, 살고 있는 나라 등등 — 를 경험하게 만든다. 만약 UFO가 지구에 착륙해서 외계생명체가 모습을 드러낸다면, 아마도 그때 우리는 우리를 '지구생명체'라 여길 것이다! 우리는 한 가지 정체성으로만 존재하는 호사를 더 이상 누릴 수 없다. 지역과 국가를 막론하고, 우리 모두는 서로의 정체성을 하나로 합치기 시작했다.

직관의 시대에 당신의 정체성은 지금보다 더욱 확장될 것이다.

당신은 기존의 정체성을 초월하여 더 높은 주파수로서 '더 큰 자아'를 경험하게 될 것이다. 또한 비물리적이고 영적 세계 속에서 많은 시간을 보내기 때문에, 각각의 물리적 정체성에 상응하는 비물리적 정체성에 대해서도 알게 된다. 당신은 하나의 영혼으로서 소울메이트 또는 영적 친구들을 갖고 있고, 영적 집단 또는 영적 가족에도 소속되어 있다. 당신은 그 영혼들과 같은 파장을 지니고 있다. 당신과 그들은 비슷한 길을 따라 진화해왔고 비슷한 일들을 겪어왔기 때문에 성향과 관심사, 지혜의 수준이 비슷하다. 당신은 주파수가 높아질수록 당신의 경험과 정체성을 점점 더 많은 존재들과 공유하게 된다는 사실을 알게 된다. 마침내 당신은 '나는 모든 영혼들의 집단의식이고, 온전한 통일장 그 자체이다'라는 사실을 깨달을 만큼 확장된다.

> 사랑이야말로 우리의 진정한 운명이다. 혼자서는 삶의 의미를 찾을 수 없다. 삶의 의미는 다른 이들과 함께할 때 찾아지는 것이다.
> — 토마스 머튼

직관의 시대에 당신은 온갖 다양한 정체성을 경험하게 되는데, 그것들 중에는 더 나은 것이 따로 없다. 모든 정체성이 똑같이 중요하고 당신은 그것들 모두를 필요로 한다. 그러므로 자아의 스펙트럼 전체를 미끄러지듯 술술 통과하되 어떤 한 수준에 정체성을 고정시키지 말아야 한다. 그럼으로써 당신은 물리적, 비물리적 자아의 전 대역을 경험할 수 있다.

실습과제
집단적 자아 되기

1. 눈을 감고 천천히 심호흡을 하라. 당신의 구 한가운데 머물라. 당신의 몸과 에너지장을 느껴보라. 자신을 한 개인으로서 느껴보라.

2. 당신의 장을 부드럽고 유동적으로 만들라. 지금 속해 있는 인간관계에 초점을 맞추라. 당신과 상대방의 장이 결합하여 하나되는 것을 느껴보라. 이 상태에서 당신은 상대방을 포함하고, 상대방은 당신을 포함한다. 당신은 마치 상대방을 당신 자신처럼 잘 알게 되고, 상대방도 마찬가지로 당신을 잘 알게 된다. 인간관계의 장을 느껴보라. 이 관계의 목적이 느껴지는가? 상대방의 입장에 서서 알게 되거나 느껴지는 것을 모두 적어보라.

3. 당신의 장을 좀더 확장하라. 당신이 속해 있는 집단에 초점을 맞춰라. 그것은 가족이나 친구들이 될 수도, 팀이나 북클럽이 될 수도, 직장 동료들이 될 수도 있다. 당신의 장이 다른 사람들의 장을 모두 포함한다고 상상하라. 그리고 다른 사람들의 장도 당신과 다른 일원들의 장을 모두 포함한다고 상상하라. 이 결합으로 인해 집단적인 마음과 가슴이 창조되는 것을 느껴보라. 이 집단의 목적이 느껴지는가? 이 집단은 어디로 나아가고 어떻게 진화하려 하는가? 알게 된 것과 느낀 바를 모두 적어보라.

4. 당신의 장을 더욱 확장하라. 당신이 살고 있는 국가에 초점을

맞춰라. 당신이 사는 나라 안의 모든 사람의 장과 결합된다고 상상하라. 그들도 똑같은 경험을 하고 있다고 상상하라. 국가의 장을 느끼고, 그것의 집단적인 마음과 가슴을 느껴보라. 당신이 살고 있는 국가의 목적이 느껴지는가? 이 국가는 어디로 나아가고 어떻게 진화하려 하는가? 알게 된 것과 느낀 바를 모두 적어보라.

'속하는' 것과 '되는' 것은 다르다

집단적 자아에 집중하는 연습을 하려면, 그 관계나 집단을 하나의 존재로 보고 직접 그것이 '되는' 것과 그저 그것에 '속하는' 것의 차이를 구별할 수 있어야 한다. 개인의식으로부터 관계의식 또는 집단의식으로 정체성이 확장되고는 있지만 여전히 당신이 물리적 세계에 초점을 맞추고 선형적 인식을 하는 중이라면, 당신은 다른 사람들을 당신과 분리된 존재로 보게 될 것이다. 그때 당신은 그들 속에 '끼어서' 그들에게 인정받으려고, 그 관계나 집단의 일부로서 소속감을 느끼려고 할 것이다. 하지만 당신이 그들과 분리되어 있다는 사실은 변하지 않는다. 반면 비물리적 세계에 초점을 맞추고 구-홀로그램 인식을 하게 되면, 당신은 그 관계나 집단을 자신 안에 포함시키고 그것의 장과 통합되어 그것의 의식이 '되어버린다.' 여기에는 어떠한 분리감도 없다. 당신은 당신 자신과 다른 사람들을 편견 없이 있는 그대로 이해하고, 그 관계나 집단이 품고 있는 진화의 가능성을 느낀다. 당신은 그것에 '속하는' 것이 아니라 그것 자체가 '되었다.'

이처럼 관계의식 또는 집단의식이 되면 지혜와 연민의 마음이 확대된다. 왜냐하면 그것이 더 큰 지식의 저장고로부터 당신에게로 끌려 나오기 때문이다. 당신은 다른 사람들의 앎을 알게 되고, 집단적인 마음과 가슴을 얻게 된다. 당신은 다른 사람들의 내면을 알게 되고, 다른 사람들도 당신의 내면을 알게 된다. 이제 서로 간의 갈등은 사라지고, 공유된 장의 보편원리로서 신뢰가 생겨난다. 많은 개념들의 의미가 바뀐다. 예컨대 자유의 의미가 '무엇이든 자신이 하고 싶은 것을 하는 것'에서 '집단 내에서 어떤 필요가 생겨나면 다른 사람들을 돕는 것'으로 바뀐다. 집단의 내적 청사진이 모든 사람이 제 운명을 펼쳐내도록 돕는다. 직관의 시대에는 이렇게 집단성에 초점을 맞추는 것, 집단적인 마음과 가슴이 되는 것, 그리고 자신을 '우리'로 경험하는 것이 지금보다 훨씬 흔한 일이 될 것이다.

> 각 분야에서 성공한 사람들을 보면, 다른 사람들도 자신과 똑같이 성공할 수 있도록 많은 기회를 창조해낸 인물이라는 공통점이 있다.
> ― 메리엔 윌리엄슨

환생: 당신은 얼마나 광대한 존재인가

환생의 개념을 수용하는 것은 정체성 확장의 중요한 단계이다. 환생 ― 영혼이 시간과 공간을 가로질러 여러 생애를 산다는 개념 ― 을 그냥 진실로 믿고 있는 사람들도 있는가 하면, 그에 대한 증명을 요구하는 사람들도 있다. 전 세계의 많은 영적 전통들은 환생과 사후 세계가 존재한다고 주장한다. 그리고 임사체험을 한 많은 사람들, 내면세계 및 사후세계의 작동원리를 깊이 꿰뚫어보고 있는 신비주의자들, 최면을 통한 전생퇴행을 경험한 사람들도 사후세계의 존재와 생과 생을 넘나드는 영혼의 경험에 대해서 묘사하고 있다. 과학이 아직 증명할 방법을 찾지 못했기에 여전히 주관적이고 직관적인 앎에 의존할 수밖에 없지만, 그럼에도 나는 당신이 이 주제를 숙고해보길 권한다.

> 이 세상 속에 살고 있는 나 자신을 탐구하는 동안, 나는 내가 어떤 모습으로든 영원히 존재해갈 것이라고 믿게 되었다. 인간의 삶이 주는 온갖 불편함에도 불구하고 나는 '새로운 나'가 되는 데 저항하지 않을 것이다. 다만 전생의 실수들이 되풀이되지 않기를 바랄 뿐.
>
> ― 벤저민 프랭클린

환생은 당신의 관점에 따라 다르게 이해될 수 있다. 당신이 선형적이고 개별적인 자아의 관점을 가졌다면, 일련의 전생들이 먼 과거부터 현재까지 직선상에서 흐르고 있고 각 생들은 이전 생을 토대로 세워지면서 미래를 향해 진화한다고 생각할 것이다. 이런 관점에서는 당신이 그 생들을 '소유하게' 된다. 이 생들은 시간대가 다르지만 같은 공간에서 펼쳐졌을 수도 있다. 또한 당신은 자신이 동시에 여러 생을 '소유하고' 있다는 ― 즉 같은 시간대에 '중첩된' 상태로 여러 명의 사람으로서 살고 있다는 ― 사실을 깨달을 수도 있다. 하지만 여전히 당신에게 그 각각의 생은 공간적으로 분리되어 있다.

반면에 구-홀로그램 인식으로 환생을 바라보게 되면, 당신의 모든 생이 자신 안에서 동시에 일어나고 있음을 알게 된다. 여기에는 과거나 미래의 생이 따로 없고, 단지 서로 주파수가 다른 생들이 있을 뿐이다. 당신의 모든 생은 서로 영향을 미치고, 서로 관련돼 있으며, 서로 의존하면서 서로가 서로의 원천이 된다.

> 우리의 삶은 살갗을 초월해 전 세계 모든 이들과 철저하게 상호의존한다.
> — 조애너 메이시

만약 당신의 구를 좀더 확장시킨다면, 당신은 자신이 다른 영혼들과 그들의 수많은 생과도 하나되는 모습을 보게 된다. 모든 영혼과 그들의 수많은 생들이 당신의 구 안에, 당신의 지금 이 순간 속에 머물고 있기 때문에 당신은 모든 시공간을 가로질러 그들이 가지고 있는 경험과 지식에 접근할 수 있다. 이를 통해 당신은 자신이 지구상의 모든 생의 집단의식임을 깨닫게 된다. 심지어 당신은 구를 좀더 확장해서 지구 주위에 머물러왔지만 한 번도 물리적 형태를 띠진 않았던 존재들까지도 전부 그 안에 포함시킬 수 있다. 당신이 접근할 수 있는 지식의 기반은 광대하다! 당신은 삶을 소유할 필요가 없다. 삶은 모든 사람에게 속하고, 모든 사람이 삶을 공유한다. 그리고 모든 삶과 모든 인격체는 다른 모든 삶에 영향을 미친다. 당신은 이 거대한 지혜의 장에 접근했다가 다시 자신의 구를 수축시켜 개인적 자아의 초점으로 돌아올 때마다 그 지식을 암호화된 상징의 형태로 가져오게 된다. 그 지식들은 당신이 필요로 할 때면 언제든 놀라운 방식으로 모습을 드러낼 것이다.

영혼집단

때때로 영혼들은 지구에서 특정한 역할을 수행하기 위해서 집단으로 함께 환생하기도 한다. 호주의 원주민과 기타 부족들이 좋은 예다. 그들은 고대의 지혜를 수호하는 역할을 한다. 이 집단들을 시대순으로 나열해보면 고대의 이집트 파라오들, 에세네파*의 신도들, 그노시스** 주의자들, 프리메이슨***과 신지학파**** 신도들, 초월주의자들*****과 뉴잉글랜드 지방에서 발생한 신사고****** 운동 교회들을 꼽을 수 있다. 그들은 중요한 영적 가르침을 시대에서 시대로, 국가에서 국가로 전파하면서 그것이 서양에서 뿌리를 내리고 계속해서 꽃을 피우게 했다.

깨달음을 얻은 존재들로 구성된 특정한 영혼집단들도 다수 있는데, 신비주의자들과 직관력 전문가들은 이들의 존재를 알고 있었다. 대백색 형제단(The Great White Brotherhood), 하나의 법칙의 자손들(Sons of the Law of One), 니비루인(the Nibiruans), 14만 4천 명(the 144,000), 플레이아데스인(the Pleiadians) 등이 바로 이런 영혼집단들이다. 최근 두 개의 영혼집단이 추가로 발견되었다. 그중 하나는 인디고 아이들(The Indigos)

---

* 고대 유대교의 한 분파로 금욕, 독신, 재산공유가 특징이다. 이하 역주.
** 헬레니즘 시대에 유행했던 종파의 하나로 기독교와 다양한 지역의 이교 교리가 혼합된 모습을 보인다.
*** 16세기 말에서 17세기 초에 발생한 인도주의, 박애주의를 지향하는 비밀 우애단체.
**** 신비적인 직관에 의해 신과 합일함으로써 신성의 본질을 인식하려고 하는 신비주의 단체.
***** 눈에 보이는 사물을 상상력으로 직관할 수 있는 초월적인 세계의 상징물로 보면서 상상력에 우위를 부여하는 세계관.
****** 인간의 신성을 강조하여 올바른 사상이 병과 과실을 억제할 수 있다고 여기는, 19세기에 생겨난 일종의 종교철학.

이고, 다른 하나는 크리스털 아이들(The Crystals)이다. 우리의 관점에서 보면, 이들은 매우 심원하고 우리와 동떨어져 보인다. 하지만 직관의 시대로 전환됨에 따라 나는 우리도 이들과 같이 특정한 진동과 목적을 공유하는 집단들의 미묘한 진동을 느끼고, 그들이 기여하는 바를 존중하게 될 것이라고 믿는다.

가장 최근에 등장한 두 영혼집단은 대부분의 사람들보다 더 높은 주파수 수준에서 활동하는 것으로 보인다. 다시 말해 이들 집단에 속한 영혼들은 그들의 고차원적 의식을 그대로 간직한 채로 태어난다. 그들에게 직접적인 앎, 텔레파시를 통한 의사소통, 즉각적 물질화, 집단적 마음작용은 일상적인 현상이다. 특히 인디고 아이들은 신속한 비선형적, 정신적 처리과정과 집단활동에 끌리게 된다. 그들은 자연스럽게 기술적 진보와 연결되면서 기존체계에 저항하고 기존의 것을 참아내지 못하는 경향이 있다. 또한 고도로 직관적이고, 텔레파시를 주고받을 수 있으며, 직접적인 체험을 통해 엄청나게 빨리 배운다.

크리스털 아이들은 평화중재자, 치유자로서의 성향이 강하다. 그들은 극도로 예민하고 외부의 영향을 잘 받기 때문에 자신들에게 맞지 않는 세상에서 생존하기 위해 최대한 자신을 드러내지 않으면서 단절된 생활을 하려고 한다. 그들은 조용하고, 자기를 내세우지 않고, 온화하고, 현명하고, 고도의 공감능력을 갖고 있으며, 폭력과 전쟁을 결코 생각할 수 없고, 혼자만의 시간과 자연과의 교감을 많이 필요로 한다. 일부 직관력 전문가들은 전 세계적으로 자폐증이 늘고 있는 추세가 현재 환생하고 있는 영혼집단과 관련이 있다고 말한다. 에너지 측면에서 자폐증은 영혼들이 그들의 높은 주파수를 세상 속에서 유지하면서도 전 세계적인 혼돈과는 어느 정도 거리를 두는 하나의 방법이 될 수 있다.

대백색 형제단과 같은 고대의 영혼집단들이 인류로 하여금 고차원의 영역들과 연결되도록 도와줬던 것처럼, 신생 영혼집단들도 높은 주파수의 의식-에너지가 물리적 현실 속에 스며들게 하는 데 중요한 역할을 하고 있다. 그리고 그들은 태생적으로 집단의식의 작용을 알고 있기 때문에, 잠재의식 차원에서 우리에게 '영혼집단'이라는 개념을 알려주고 영적 가족이야말로 우리의 진짜 가족임을 깨닫게 도와준다.

이 지구상에서 당신은 일련의 집단들을 거쳐 간다. 예컨대 당신은 스포츠단체, 명상단체, 또는 북클럽에 참가할 수 있다. 굳이 영혼집단이 아니더라도, 이것들은 우리에게 집단의식의 정체성으로 나아가는 방법을 가르쳐준다. 영혼집단이란 비슷한 의식-에너지 수준에서 진동하는 존재들로 구성된 '지식의 저장소'와 비슷하다. 아마도 영혼집단의 구성원의 대다수는 비물리적 차원에 존재할 테지만, 당신과 같은 영혼집단에 속한 사람들을 직접 만나게 된다면 남다른 친근감을 느끼게 될 것이다.

당신은 성장을 위한 길잡이가 필요할 때마다 당신이 속한 영혼집단의 집단의식에 초점을 맞출 수 있다. 당신 자신이 그 영혼집단 전체를 포함할 만큼 확장될 수 있음을 기억하라. 당신은 당신의 영혼집단 그 자체('우리')가 되어봄으로써 한 단계 높은 집단의식으로 쉽게 도약하고, 더 다양한 유형의 존재들과 당신 자신을 동일시하게 될 것이다. 또한 우리가 서로 얼마나 많은 공통점을 가지고 있는지도 알게 될 것이다. 지금 당신은 마치 천국으로 가는 계단을 오르고 있는 것과도 같다.

당신은 만물 속의 가장 깊은 의미요,

결코 말해질 수 없는 마지막 단어입니다.

누구의 앞이냐에 따라 당신은 다른 모습으로 나타납니다.

바닷가에서 볼 때는 배가 당신이고, 배에서 볼 때는 육지가 당신입니다.

— 라이너 마리아 릴케

영혼들의 회합: 집단적인 마음의 구현

지금 일종의 '주파수 끌림' 현상이 벌어지고 있는데, 내 내면의 목소리는 이것을 '영혼들의 회합'(the Convening)이라고 부른다. 우리는 영혼들끼리의 이끌림과 만남이 즉각적으로 성사되는 경험을 하게 되었다. 당신이 자신의 장을 영혼의 높은 주파수 수준에 고정시킨다면, 바로 그것과 똑같은 작업을 하고 있는 다른 사람들이 홀연히 당신의 세계 속에 나타날 것이다. 물론 그들의 입장에서는 당신이 그들의 세계 속에 갑자기 등장한 셈이겠지만. 이처럼 우리는 진정으로 우리와 파장이 같은 사람들을 주변에서 만나게 될 것이다. 정말 놀랍고 즐거운 일이 아닌가! 어쩌면 영혼들이 서로 이런 농담을 주고받을지도 모르겠다. "내가 왜 당신을 불러들였는지 궁금하죠?"

움직이는 집단의식, 곧 '흐름'이 새로운 수준의 공동창조 활동을 준비하는 단계로 우리를 이끌어가고 있다. 갑자기 당신은 새로운 곳으로 이사하고 싶은 마음이 들거나 이사를 해야만 하는 상황에 놓인다. 그곳에서 당신의 '회합'이 벌어질 것이기 때문이다. 예컨대 다른 직업을 찾아보다가 새로운 집단과 교류하게 될 수도 있고, 당신의 집에서 어떤 모임을 주최하게 될 수도 있다. 이렇듯 회합이 성사될 때,

당신은 각각의 사람들이 한 조각씩의 퍼즐을 갖고 있음을 알게 된다. 그들은 삶의 질을 높이고 의식진화를 촉진해줄 활동이나 프로젝트에 공통적인 흥미를 보인다. 그들의 퍼즐 조각은 서로 완벽하게 맞춰지고, 그들의 계획은 금방 성과를 만들어낸다.

실습과제
당신의 영혼집단 불러내기

1. 조용히 눈을 감고, 마음을 차분히 한 채 심호흡을 하라. 근원주파수와 하나가 되라. 가장 고상하고, 행복하고, 활력 넘치고, 활짝 열린 마음상태가 되었다고 상상하라. 그 진동을 하나의 음(tone)으로 볼 때, 전용 소리굽쇠를 때려서 그 음이 당신의 몸과 에너지장을 가득 채우며 울려 퍼지는 모습을 떠올려보라.

2. 당신의 장이 확장되어 더 많은 시간과 공간을 그 안에 품는다고 상상해보라. 그런 다음 소리굽쇠의 음이 확장된 당신의 구를 또다시 가득 채운다고 상상하라.

3. 당신과 같은 음을 내는 사람들을 당신의 현실 속에 등장시켜달라고, 그들이 당신이 알아볼 수 있게 해달라고 당신의 에너지장에 요청하라.

4. 곧바로 그 과정이 일어나기 시작했음을 느껴보라. 믿음을 갖

고, 긴장을 풀라. 당신은 어떤 일도 억지로 할 필요가 없다. 당신은 요청했고, 그 과정은 이미 시작되었다.

위계적 구조가 바뀌고 있다

선형적 인식에 기반한 기존의 구조, 곧 '위계질서'가 이제 자유롭게 의사소통하는 다양한 집단들에 의해 변모하고 있다. 전 세계적으로 급속도로 확산되고 있는 소셜 네트워크 서비스들을 보라. 전혀 예상치 못한 독특한 방식의 교류가 확산되면서 한 번도 만난 적 없지만 같은 주파수, 관심사, 의사소통 방식을 가진 사람들을 서로 연결해주고 있다. 크라우드소싱(제품이나 창작물의 생산과정에 대중을 참여시키는 방식, 역주)의 급증 현상도 살펴보라. 익명의 참여자들이 하나의 문제를 풀기 위해 인터넷 가상공간에서 협력하고 있다. 이런 비위계적 작업방식은 집단적 학습과 다양성을 기반으로 하는 '벌집형 사고'(hive mind)를 통해서 — 전문가의 도움이 아니라 — 혁신적인 해결책을 찾는다. 이런 집단에 속하는 사람들은 각계각층의 다양한 연령대로 구성돼 있고, 출신지도 제각각 다르며, 전공학문의 범위도 다양하다.

크라우드소싱에서는 한 가지 흥미로운 현상이 눈에 띄는데, 그것은 누군가 답을 예측하려고 하거나 흐름을 특정한 방향으로 이끌려고 할 때는 참여율이 떨어진다는 점이다. 이것은 권위자가 '인가되지 않은' 창조성을 솎아내는 하향식 체계가 아니라, 그 반대로 참여자들이 다각적으로 소통하며 서로를 독려함으로써 더 나은 해결책을 찾아가는 방식이기 때문이다. 이렇게 모임과 해산이 자발적으로

집단, 조직, 공동체의 변성과정

기존의 인식 (의지 지향 모델)

진술: 나는 _____을 한다.

목적: 생존하기 위해,

　　　영속시키기 위해

목적을 달성하기 위한 행동

야망, 축적, 방어, 에고 만족시키기,
세분화, 집착, 통제, 경쟁,
공식에 집착
(변화가 문젯거리로 보인다.)

목표

- 환경 정복하기
- 다른 사람들을 지배하거나
　조종해서 자신의 의견과 일치시키기
- 물리적 현실(돈, 재산, 관계, 지위,
　평판)을 일관성 있게 유지하거나
　확장하여 안전성 창조하기
- 흐름 통제하기
- 다른 사람들을 능가하기
- 주고받는 대신 빼앗거나 소유하기
- 과제 지향적

새로운 인식 (상태 지향 모델)

진술: 나는 _____이다.

목적: 창조하고, 봉사하고,

　　　나누고, 즐기기 위해

목적을 달성하기 위한 행동

탐구, 성장, 호기심, 배움, 수용성,
허용, 존중, 신뢰, 공동창조, 협동,
지속적인 수정과 재해석
(변화가 기회로 보인다.)

목표

- 환경과 공존하기
- 더 많은 진실과 조화를 경험하기
- 창조 능력의 가능성 탐구하기
- 우리가 자신을 위하듯
　다른 이들에게 봉사하기,
　모두에게 유익한 상황 만들기
- 유대감의 경험 확대하기
- 보편적 원칙을 행동과 형체로
　구현하는 데 집중하기
- 자신과 다른 사람을 최고로 존중하고,
　모든 이들로부터 최상의 모습 끌어내기

집단, 조직, 공동체의 변성과정

기존의 인식 (의지 지향 모델)

목표

- 자신의 이익, 생존,
  에고 만족시키기,
  남에게 유세 떨기

결과

- 신뢰 부족, 고립, 우울
- 사기 저하, 동기 결여
- 원활하지 않은 의사소통, 비밀, 보류
- 결과를 생산하기 위한
  끊임없는 투쟁
- 제국 건설, 분개
- 낭비, 나태함
- 의무적인 행동으로 인해
  발생되는 이익: 내적 소명이 아니기
  때문에, 매번 성공하고 나서는
  처음부터 다시 의지력을 발휘해서
  힘을 끌어내야 함

→ 탈진, 소진
  (시스템 중단)

새로운 인식 (상태 지향 모델)

목표

- 흐름과 하나되기
- 사회적 진화 지지하기
- 과정 지향적
- 자아발전, 봉사, 사회기여 관련
  기회를 확대하기 위한 이익 창출

결과

- 상호 지지, 신뢰, 존중
- 건강한 의사소통, 열린 마음
- 더 많은 열정, 동기
- 더 많은 책임의식, 의무감
- 높은 생산성, 효율성
- 조율이 쉬워짐, 낭비 절감
- 긴장 없는 상태에서 발생하는 이익:
  집단이 조화를 이뤄
  올바른 방향으로 나갈수록
  발생하는 이익도 커짐

→ 에너지, 창조력, 생명력 증가
  (시스템 확장)

이뤄지는 가상의 팀의 구성원들은 에고의 만족이나 개인적 이익을 위해 일하는 것이 아니라 서로 힘을 합쳐 팀에 기여하는 활동을 즐기는 듯 보인다. 그들은 협동을 통해 함께 번영을 누린다.

저자이자 학자인 캐시 N. 데이비슨은 광범위한 온라인 크라우드소싱 백과사전인 위키피디아(Wikipedia)의 창립자 지미 웨일스와의 만남에 관해 이렇게 말한다. "관건은 다양한 관점과 다양한 생각을 수용하는 것이다. 설령 그것들이 서로 반대되고 논쟁을 일으키더라도 말이다. 다양성을 계산에 넣지 않고서는 당신은 뻔한 상식밖에 얻지 못할 것이다."[1] 위키피디아가 대중이 그 어떤 개인보다도 똑똑하다는 사실을 확인해주었기 때문에 데이비슨은 다음 단계를 이렇게 예상한다. "다음으로는 위키피디아의 방식이 사회 전반으로 확대되지 않을까 싶다. 모든 사람이 전 세계적 문제에 관해 자유롭게 통찰과 해결책을 제시하고, 서로의 발언을 보완하고 수정해주고, 그러면서도 원래의 출처는 그대로 보존하고, 실제 사실에 근거하여 사심 없이 적극적으로 소통하는 공간의 탄생 말이다."[2] 집단의식, 즉 당신과 진동이 같은 사람들로 구성된 영적 집단이 이뤄낼 진보는 그 상상만으로도 즐거움과 희망을 선사한다.

고차원의 유대감과 의식적인 교감

우리는 집단적 정체성에 초점 맞추는 연습을 지금 처음 시작하는 것이 아니다. 우리는 이미 유대감(fellowship)이란 개념을 알고 있지 않은가. 종교조직을 연상케 하기도 하는 이 단어는, 우리가 본질적으론 하나이고 우리의 모든 행동은 다른 사람들의 성장을 돕는다는 의미를 담고 있다. 요컨대 나는 '내가 나 자신을 위해' 원한다고 생각했던 뭔가가 사실은 나와 관련 있는 다른 사람들로부터 나온 것임을 깨닫게 된다. 또한 '내가 나 자신을 위해' 내린 결정이 다른 사람들의 삶에도 영향을 미친다는 사실을 알게 된다. 예를 들어 내가 사람들에게 전해야 할 중요한 메시지를 하나 갖고 있는데 나 스스로 대중 앞에서 말하는 데 소질이 없다는 이유로 집에서 텔레비전이나 보고 있다면, 그때 나는 당신이 인생을 변화시키는 데 필요한 어떤 통찰을 당신에게서 빼앗고 있는 셈이 된다. 반면 나 자신이 좀더 온전한 존재가 되면, 당신이 좀더 온전한 존재가 되는 데도 도움이 된다.

유대감은 의식적인 교감(conscious communion)과 관련이 있다. 이것은 만물과 연결된 채로 쉼 없이 정보와 자원을 온 공간에 전달하고 다니는 '하나의 에너지'를 깊이 경험하는 상태이다. 모든 생물과 모든 무생물은 항상 서로 교감하고 있다. 내가 당신을 나와 동등한 존재로 바라보고 당신의 가능성을 믿는다면, 당신은 '당신에 관한' 나의 비전을 실현하게 될 것이고 그 반대의 경우도 마찬가지다. 이런 일이 전 세계적 규모로 일어난다고 생각해보라. 그때 우리는 서로가 서로를 존중한 결과로서 얼마나 엄청난 일이 실현되는지를 직접 목격하게 될 것이다.

나는 이런 교감을 경험할 때, 만물을 통해 움직이는 '하나의 에너지' 덕분에 이 세상을 더없이 친숙한 곳으로 느끼게 된다. 이 공기는 나를 알고 있다! 저 나무도 나를 알고 있다! 왜냐하면 우리는 같은 질료로 만들어졌기 때문이다. 여기에는 모든 생명체와의 동질감과 편안함, 그리고 샘솟는 기쁨이 있다. 언제 어디서든 나는 친구들에 둘러싸여 있다! 나는 안정감을 느낀다. 자신이 잘 보호받고 있다고 믿는 아이들이 거리낄 것 없이 흥에 겨워 노는 모습을 떠올려보라. 내 느낌이 바로 그렇다. 내가 '나 자신'이라고 규정해왔던 작은 비눗방울, 그 골방을 벗어나서 뭔가를 열정적으로 창조해내고 싶어진다.

집단적인 자아의 의식상태에서는 '내 것'이라고 여겼던 문제나 관심사의 중요도가 낮아진다. 내가 너무나도 중요하고 특별하다고 생각해왔던 것들 — 내 정체성을 결정했던 것들 — 을 더 이상 떠벌리거나 꼭 쥐고 있을 필요가 없어진다. 내게 모든 것이 주어져 있는데 왜 굳이 '그것들'에만 신경을 쏟아야 하는가. 서로가 서로의 모든 것을 공유하고 있는데 왜 굳이 어떤 문제 혹은 재능을 '내 것'이라고 생각해야 하는가. 이제 작은 정체성에 연연하는 것은 고루한 일이 되었다. 나는 '우리'라는 이름의 커다란 구가 되었다. 나는 한 개인인 동시에 개인이 아니고, 한 부분인 동시에 그 전체이다.

실습과제
밤에 집단의식 속으로 들어가기

잠이 들 때, 자신이 빛줄기로 채워진 거대한 공의 중심에 있다고 상상하라. 이 빛줄기는 불빛처럼 보이는 수많은 존재들을 이어주고 있다. 이 빛줄기를 통해 사방에서 그들이 당신 안으로 들어오고 있다고 상상하라. 그로써 당신은 점점 더 충만해지고 이완된다. 당신이 잠에 빠지는(falling) — 즉 어딘가로 떨어지는 — 것이 아니라 한껏 확장되어 집단의식이라는 커다란 덩어리와 하나가 되어간다고 상상하

라. 수백만 개의 빛줄기와 빛알갱이들이 당신의 확장된 순환계를 유지시켜준다고 상상하라. 그리고 꿈속에서 무슨 일이 일어나는지를 살펴보라.

새로운 친밀감과 새로운 윤리

《더 필드The Field》의 저자 린 맥타가트는 이렇게 말한다. "양자 물리학자들은 아원자의 세계에서 '비국소성(nonlocality)'이라고 불리는 이상한 성질을 발견했다. 이것은 전자와 같은 양자 수준의 입자가 어떤 힘이나 에너지의 교환 없이도 멀리 떨어진 다른 입자에 영향을 미치는 현상을 뜻한다. 양자 수준의 두 입자를 한 번 짝지어주고 나면, 그것들을 다시 떼어놓더라도 하나의 상태가 다른 하나의 상태에 계속 영향을 미치게 ― 그 거리에 상관없이 ― 된다."[3) 그녀는 비국소성의 발견이 물리학에 어떤 영향을 미쳤는지를 설명한다. 물질과 에너지는 더 이상 별개의 것으로 보이지 않고, 원인과 결과를 관찰가능한 상태와 순서로 나열해야 할 이유도 사라졌다. 왜냐하면 생명망 그 자체가 온통 상호의존적인 관계로 얽혀 있는, '분리가 불가능한' 구조이기 때문이다.

이 과학적 발견은 양자 입자의 행동은 물론이고 직관의 시대의 기본적인 행동수칙과도 관련이 있다. 이것을 통해 우리는 우리 삶의 토대가 되어줄 새로운 교감과 통합을 이해하게 된다. 양자역학을 이해하면 집단의식도 이해하게 된다. 집단의식의 작용을 이해했다면 당신의 행동방식은 바뀔 수밖에 없다. 이제 당신은 당신이 모든 사람과 영향을 주고받으며 그 피드백을 계속 이어간다는 사실을 분명히 안다. 그리고 그 친밀한 상호연결성으로부터 나오는 힘을 깨닫는다.

지금까지의 도덕과 윤리는 늘 신비가들이 발견해낸 지혜를 근거로 만들어져 왔다. 문제는 명상을 해본 적도 없고 집단의식의 작용도 알지 못하는 평범한 사람들이 '위로부터 왔다는' 규범을 억지로 따라야 했다는 점이다. 종교와 국가의 강요에 의해서, 그리고 '소위' 보편적 진리를 따라 만들어졌다는 체제를 유지하기 위해서 말이다. 이런 율법과 계명들은 마치 외부의 세계로부터 오는 것처럼 보였고, 그렇기에 사람들은 그 권위에 복종(또는 저항)해야 한다고 느끼는 것이 정상이었다.

그러나 이제 우리는 보편적 진리가 바로 우리의 본성 안에 있음을 알고, 그것을 내면에서 직접 경험한다. 우리는 다른 존재들뿐만 아니라 의식-에너지 그 자체와도 새로운 관계를 맺는다. 그리고 그동안 그저 '도덕적' 청사진으로만 여겨졌던 원칙들이 우리에게 가장 실용적이고 효율적인 방식을 제공하는 '실제적' 역할을 해준다는 사실을 깨닫는다. 그러니 그것들은 더 이상 복종하거나 저항해야 할 대상이 아니다.

집단적 자아의 의식상태가 가져다주는 친밀감을 경험하면서, 당신은 자연스럽게 새로운 종류의 윤리에 적응하게 된다. 이제 그것은 외부로부터 강요된 것이 아니다. 다음은 이 새로운 원칙들 가운데 중요한 내용만을 간추린 것이다.

- 만물은 서로 영향을 주고받는다. 가슴을 열고 선행을 하는 사람들에 의해 당신의 삶은 가속화되고 순탄해진다. 그들이 지구 반대

편에 살고 있을지라도 말이다. 마찬가지로 당신 또한 당신 안의 잠동사니와 고통을 제거함으로써 세상을 정화하고, 다른 사람들이 그들의 주파수를 높여 고통을 치유하도록 도와줄 내적 청사진을 제공할수 있다. 선행은 놀라울 정도로 강력한 힘을 발휘한다.

• 자신에 대한 억압이 다른 사람들의 영적 경험과 진화를 훼방한다. 만약 당신이 자신의 에너지와 지혜를 옥죄고, 자아표현을 억누르고, 앞으로 나아가길 주저하고, 무관심과 무력함과 같은 상태에 빠진다면, 그때 당신은 당신의 고유한 자아표현에 의해 생겨날 유익함을 당신 자신은 물론이고 다른 사람들에게서도 빼앗고 있는 것이다. 당신이 자신의 것을 내놓지 않으면 다른 사람들은 필요한 것을 공급받지 못하게 된다. 반면 당신이 자신의 것을 내놓는다면 그들도 주고싶은 것들을 맘껏 내어줄 수 있고, 그렇게 서로가 서로를 채워주는과정이 지속될 것이다. 요컨대 의식-에너지의 매개체가 되기를 거부하는 것은 '흐름'을 늦추는 결과를 낳는다. 많은 사람들이 그렇게 행동할 때, 의식의 진화를 향한 우리의 집단적 행보가 방해받게 된다.

• 폭력성과 두려움으로부터 나온 아주 사소한 행동조차도 다른사람들에게 영향을 미친다. 우리는 종종 교묘하거나 무책임한 방식으로 다른 사람들을 괴롭히곤 한다. 빈정대기, 화풀이, 과시하기, 따돌리기, 방치하기는 물론이고 "아무것도 아냐", "됐어", "뭐든 상관없어" 등의 무시하는 투의 짤막한 표현들도 폭력성을 영속화하는 결과를 낳는다. 우리는 텔레파시 능력이 있기 때문에 말로 표현되지 않은비난과 공격적 태도를 읽어낼 수 있다. 이런 것들은 사소해 보이지만

다른 사람들에게 상처를 주고, 무의식중에 고통과 괴로움을 '현실'로 서 받아들이게 만든다.

만약 당신이 핑곗거리만 찾고, 누가 어떻게 되든 내버려두고, 발 끈 화를 내고, 못된 말을 내뱉거나 욕을 퍼붓고, 다른 사람들을 부정 적으로만 보고 그들의 가능성을 믿지 않는다면, 그때 당신은 집단의 식에 고통을 보태면서 모든 사람의 발목을 잡고 있는 것이다. 우리 모두는 이런 해로운 습관들을 멈추겠노라는 결심을 해야만 한다. 불 교에서 가르치듯이 "악행을 피해야 한다."

• 자유가 곧 봉사이고, 봉사가 곧 창조이다. 당신은 근원 주파수 에 머물면서 자신에게 원하는 대로 느끼고 창조할 수 있는 완벽한 자 유가 있음을 깨닫는다. 또한 자신이 얼마만큼 온전하게 전체와 하나 가 되었는지를 이해한다. 이제 당신이 그 자유를 통해 진정으로 하고 싶은 일은 다른 이들이 그들 자신을 표현할 수 있도록, 필요한 것을 얻을 수 있도록 돕는 것이다. 다른 사람들이 눈먼 상태로 낮은 주파 수에 정체되어 있는데 당신 홀로 높은 주파수에서 살아간들 무슨 즐 거움이 있을까. 고통에 빠진 사람들은 당신과 함께 '놀아줄' 여력이 없다. 당신이 열정과 감사하는 마음과 세밀한 주의력으로써 자아를 있는 그대로 드러낼 때, 당신의 창조적 활동은 곧 봉사가 되고 이 세 상에 아름다움과 유익함과 영감을 제공하게 된다.

> 다른 사람을 보면서 그가 자신보다 못하다고 평가하는 것은 그 사람의 물건을 훔치는 것과 다르지 않다. … 누군가를 용서할 수 있는 유일하고도 실질적인 방법은 그의 내 면의 이상理想을 꺼내어 진심으로 바라봐주는 것이다.
>
> ― 네빌 고다드

• 당신에게 필요한 것이 바로 당신이 원하는 것이다. 그리고 다른 사람들에게 필요한 것이 바로 당신이 주고 싶어하는 것이다. 집단적인 자아 안에서는 소망, 기회, 자원, 필요가 완벽하게 맞아떨어진다. 각각의 요소가 톱니바퀴 물리듯 명쾌하고 효율적으로 척척 들어맞는다. 당신이 좋아하는 일을 하라. 그것이 바로 당신에게 필요한 일이고, 다른 사람들에게도 가장 유익한 일이다. 당신의 호기심, 생각, 욕구는 어디에서 나오는가. 당신이야말로 그것을 줄 수 있는 유일한 사람이기 때문에 집단의식이 당신 안에 그런 호기심, 생각, 욕구를 심은 것이다. 집단의식은 당신이 당신 자신과 다른 사람들의 진화를 위해 특정한 일을 하고 싶게끔 만든다. 기억하라. 당신이 곧 '우리'다. 그 누구도 당신에게 뭔가를 억지로 시키지 않는다. 당신은 전체와 조화를 이루고 있다. 당신에게 떠오른 생각은 결코 우연이 아니다.

• 우리는 자연스럽게 서로 돕고, 협동하고, 공동으로 창조하고 싶어한다. 당신의 자아표현은 지지받는다. 당신이 자신의 생각대로 행동하고자 할 때, 그것이 실현될 수 있도록 돕는 손길과 자원들이 나타난다. 언젠가 경영 컨설턴트인 친구가 "다른 사람들은 당신이 행복하기를 진정으로 원한다"는 말을 한 적이 있다. 그러니 당신이 원하는 바를 다른 사람들에게 말하라. 그들은 당신이 그것을 얻도록 기꺼이 도와줄 것이다.

최근에 나는 비극적인 사고로 목숨을 잃은 소방관들과 만나는 꿈을 꿨다. 그들은 모두 강인하면서도 따뜻한 마음을 지녔고, 뭔가 할 일을 기다리며 대기하고 있었다. 꿈속에서 우리는 힘을 합쳐 몸이 아픈 한 남자를 치유했다. 그들은 모두 능숙하게 일을 처리했다. 또한 자신들의 능력을 발휘할 기회가 부족하기 때문에 언제든 도움이 필요하면 부르라고 말했다.

우리는 경쟁해야 하고, 승리해야 하고, '최고가 돼야 한다'는 생각에 너무나 익숙해져 있다. 하지만 그것은 집단적 자아의식의 작동방식이 아니다. 다른 사람들과 협동하고 공동창조할 때라야 '개인적으로도' 최고의 존재가 될 수 있다. 우리를 최고로 만들어주는 것은 바로 다른 사람들이다. 만약 우리가 경쟁이라는 개념을 다른 사람들을 뒤로 밀어내는 것이 아니라 모두를 최고로 만들기 위한 협동방식으로서 이해한다면, 이 사회는 의식의 진화를 향해 내달리게 될 것이다!

나는 일어선다. 그리고 하나의 존재가 아니라
수백 가지의 존재로 변신한다.
사람들은 내가 당신 주위를 뱅뱅 돌고 있다고 말한다.
터무니없는 말이다. 나는 내 주위를 뱅뱅 돌고 있다.

— 루미

요약

우리의 정체성은 물리적인 경험인 개인, 관계, 집단의 수준으로부터 비물리적 경험인 영혼, 소울메이트, 영적 집단에 이르기까지 다양하게 전환된다. 선형적 인식을 할 때, 우리는 인간관계와 집단에 '속하게' 된다. 그러나 구-홀로그램 인식을 할 때, 우리는 인간관계와 집단 그 자체가 '되어버린다.' 우리는 환생을 이해하고, 어떻게 우리가 모든 생에 동시에 접속할 수 있는지 깨닫고, 우리 자신이 얼마나 광대하고 광범위한 존재인지를 알아차린다. 또한 다양한 영적 집단에 초점을 맞춤으로써, 그 주파수 대역의 영혼들의 공명이 만들어낸 지식의 원천을 경험하게 된다.

'회합'이라고 불리는 새로운 현상이 일어나고 있다. 영적 회합을 통해 같은 주파수를 가진 사람들이 서로의 장 속에 모습을 드러내고 협동하기 시작하고 있다. 위계질서와 같은 기존의 구조들이 새로운 비선형적 구조로 전환되고 있다. 우리는 새로운 친밀감에 기반한 새로운 종류의 윤리를 배움과 동시에 유대감과 교감을 실천하는 방법도 배우고 있다. 그로써 새로운 가치관을 갖게 된 우리는 아주 사소한 측면에서라도 폭력적이 되지 않도록 조심하고, 어떤 방식으로든 자신을 억압하면 다른 사람에게도 해가 된다는 사실을 이해한다.

13

상상을 현실로

상상의 세계야말로 참되고 영원한 것이다.
이 단조로운 우주는 그것의 희미한 그림자일 뿐.

— 윌리엄 블레이크

상상력! 새로운 생각을 만들고, 무에서 유를 창조하고, 신체감각을 초월한 가능성에 접근하게 해주는 상상력이야말로 이 세상의 진정한 토대이다! 당신의 영혼은 상상력을 통해 당신의 세상을 펼쳐내고, 상상력을 통해 무한한 통일장 속의 아이디어에 접근하여 당신의 현실을 변화시킨다. 무수한 다른 영혼들도 상상력을 통해 각자 그들의 세상을 펼쳐내고 있다. 이 모든 상상력이 온전히 하나로 합쳐진다면, 우리는 마치 실시간으로 상호작용하는 비디오게임처럼 서로가 서로의 창조물 위에서 (엄청난 속도로) 창조활동을 이어나가는 삶을 살아가게 될 것이다.

꿈속에서 당신은 무엇이든 손쉽게 구현해내는 무한하고 유동적인 상상력의 힘을 경험한다. 하지만 당신의 '일상이라는 영화'도 바로 그 힘에 의해 펼쳐지고 있다는 사실은 거의 알아차리지 못한다. 당신은 꿈속에서 이 장면 저 장면을 옮겨다니듯이 현실 속에서도 이 장면 저 장면을 옮겨다니면서 색다른 일들을 경험한다. 예컨대 왠지 모르게 오늘따라 카페가 개성 넘치는 사람들로 북적이고, 거리의 나무들은 깔끔하게 손질되어 있으며, 버스기사도 평소보다 훨씬 쾌활하다. 또는 일들이 당신의 계획과는 다르게 흘러가기도 한다. 예컨대 우체국 가는 길에 우연히 친구를 만나고, 슈퍼마켓에 들렀다가 나와보니 이번엔 또 자동차 배터리가 방전되어 있다. 그런데 시동이 걸리도록 도와준 남자가 무심코 건넨 말 한마디가 당신의 마음에 깊은 울림을 준다. 이처럼 당신이 스스로 당신 자신의 삶을 '그려내고 (imagine)' 있고 당신의 생각과 감정과 인식이 당신 삶의 조건들을 만들어낸다는 개념은 그렇게 단순하게 이해될 만한 내용이 아니다.

우리가 어렸을 때, 상상력은 우리의 제2의 천성이었다. 하지만 학교와 일상생활에서 좌뇌를 사용하라고, '어른답게' 행동하라고 교육받는 동안 우리는 서서히 상상력을 사용하는 방법을 잊어버리게 되었다. 충격적이게도 지금 대부분의 사람들은 더 나은 삶을 꿈꾸거나 상상할 능력이 자신에게는 없다고 느끼고 있다. 대중매체 따위로부터 나오는 외부의 정보만을 받아들이도록 프로그램되었기 때문이다. 우리는 서브리미널 메시지*나 고정관념의 위험성에 대해 생각해보려 들지 않는다. 의문을 품지 않으니 호기심도 별로 없고, 창조력도 부족하고, 상상의 나래를 펼치지도 못한다. 이번 장에서 우리는 직관의 시대의 기술 중에서도 가장 강력한 기술 — 통일장(상상의 세계)으로부터 진일보한 현실을 끄집어내는 방법 — 에 관해 이야기해볼 것이다.

---

* subliminal message: 사람이 인지할 수 없는 속도 또는 음량으로 전송되어 수신자의 잠재의식 속에 (본인도 모르게) 새겨지는 메시지. 역주.

당신도 상상의 산물이고 이 세상도 상상의 산물이다

상상의 세계(Imaginal realm) 안에는 모든 잠재적 현실들이 실재하고 있다. 상상의 세계는 당신 내면의 심층이자, 집단의식의 터전이자, '흐름'의 발원지이다. 제임스 힐먼과 같은 심리학자들은 '허상'이라는 부정적이고 왜곡된 뉘앙스를 풍기지 않기 위해 imaginary라는 단어 대신에 imaginal이라는 단어를 썼다. 소위 '다 큰 어른'들은 상상을 실재하지 않는 곳으로의 도피행위로 간주한다. 그러나 상상의 세계는 이와는 정반대로 현실의 모체로서 분명히 실재한다. 그것이 바로 데이비드 봄이 말한 내재된 질서(implicated order)이고, 그것으로부터 외현된 질서와 외부세계가 펼쳐져 나온다. 당신의 삶 속에 있는 모든 것은 이 상상의 세계(의식-에너지)로부터 낮은 주파수 차원으로 투사되어 나온 물리적 영상들이다.

어떤 한 가지 생각에 집중할 때, 당신은 그것을 상상의 세계로부터 불러내고 있는 것이다. 그때 그것은 먼저 의식-에너지 수준의 청사진이 됨으로써 물질화 과정의 첫걸음을 시작한다. 그리고 당신이 그것에 더 많은 주의를 기울일수록 그 청사진은 확실한 물리적 형태를 갖춰간다. 상상의 세계에 들어가려면 그저 좌뇌에서 우뇌로 전환해서 지금 이 순간에 머물기만 하면 된다. 당신 내면의 주시자가 당신을 위한 아이디어들에 접근하도록 허용하라. 그리고 무엇이 당신의 마음을 잡아끄는지 살펴보라. 선형적 인식을 할 때는 비물리적 패턴을 물리적 현실로 '옮기는' 과정이 비교적 점진적으로 일어났지만 직관의 시대에는 모든 것이 즉각 실현될 것이다.

최근의 어느 날 아침, 나는 글을 쓰려고 동네 빵집에 자리를 잡고 앉아 있다가 잠시 창문 밖의 풍경을 멍하게 바라보았다. 때마침 도서관에서 운영하는 '책 읽어주기 교실'에서 나온 아이들이 엄마 손을 꼭 붙잡고 신이 난 듯 폴짝폴짝 뛰는 모습이 보였다. 가게 안은 스위트롤을 먹으면서 수다를 떨려고 모인 은퇴한 사람들로 가득했다. 나는 시선을 돌려 탁자 위 꽃병에 꽂힌 신선한 꽃을 바라보았다. 그 꽃은 유달리 큰 거베라gerbera였는데, 스쿨버스를 연상시키는 강렬하고 도발적인 노란빛을 발하고 있었다. 좀더 자세히 살펴보니, 안쪽으로 갈수록 더 작고 촘촘해지는 꽃잎들이 세 겹의 원형으로 배열되어 기하학적 아름다움을 뽐내고 있었다. 여기서 끝이 아니다. 그 꽃의 한가운데에는 구불구불하고 길쭉한 라일락 색조의 꽃잎들이 불꽃처럼 박혀 있었는데, 마치 멋들어진 케이크 위에 올린 마지막 장식 같았다. 이것이 바로 생명이 작동하는 방식이다! 그 식물의 영혼은 진심으로 자기 자신을 표현하고 싶어했다. 들떠 있는 유아들과 함께, 담소하는 노인들과 함께 그 화려하고 생명력 넘치는 꽃을 '그려내고' 있는 것은 바로 나 자신이었다. 나는 내가 이토록 창조적인 사람인지를 잊고 있었다.

그때 나는 이렇게 생각했다. '우리는 현실의 거죽만 바라보면서 정말 둔하게 살고 있구나!' 우리는 제대로 '보고' 있지 않다. 당신은 새로운 것을 창조하려고 할 때조차 실증적 관점에서 받아들인 정보들만을 고려하곤 한다. 하늘 아래 완전히 새로운 것은 없다는 식으로 말이다. 하지만 의문을 제기하고, 더 나은 것을 원하고, 깊이 들여다보지 않는 한, 당신은 스스로에게 빈약한 영감과 창조성만을 허락하게 된다. 반면 충분한 시간 동안 멈춰서서 지금 이 순간에 주의를 기울이고 눈길을 잡아끄는 것들과 감응한다면, 당신은 즉시 경외감과 영감이 수반되는 새로운 경험을 시작하고 만물 속의 영혼과 상상의 마법을 되찾게 된다.

이제 영감을 원할 때마다 당신은 상상의 세계와 직접 연결된다. 그리고 판단하지 않고 그저 '느껴봄'으로써 완전히 새로운 생각, 발견, 이야기, 이미지, 노래, 춤, 형태를 선물받는다. 거베라 꽃이 세 겹의 원으로만 이뤄져야 할 이유가 어디에 있는가. 왜 일곱 개의 원이면 안 되는가. 영감은 지금 이 순간의 가슴으로부터 나온다. 그것은 굳이 과거로부터 이어지는 인과관계를 따를 필요가 없다. 상상력은 의지와는 무관하다. 상상력의 원천은 기쁨이다.

당신이 고정관념과 위축감과 선행조건들을 붙들고 있을 때, 상상의 세계는 제 역할을 하지 못한다. 《돈 후앙의 가르침》에서 멕시코 야키 인디언 주술사 돈 후앙이 제자인 카를로스 카스타네다에게 "제대로 보기 위해서는 세상을 멈춰야 한다"고 말한 이유가 바로 이것이다. 상상의 세계로 들어가려면 견고하고 실증적인 세계관을 완전히 내려놓아야 한다. 돈 후앙의 말은 조금의 의심도 품지 않는 사람들에 의해 유지되고 있는 뻔한 관념과 가치관을 버리라는 뜻이다. 요한복음 10장 17~18절의 "아버지께서 나를 사랑하신다. 내가 목숨을 다시 얻으려고 내 목숨을 기꺼이 버리기 때문이다. 아무도 내게서 내 목숨을 빼앗아가지 못한다. 나는 스스로 원해서 내 목숨을 버린다. 나는 목숨을 버릴 권세도 있고, 다시 얻을 권세도 있다. 이것은 내가 아버지께로부터 받은 명령이다"라는 말씀도 같은 의미일 것이다.

> 모든 것을 새로운 차원에서 다시 얻기 위해서는
> 먼저 그것들을 내려놓아야만 한다.
> — 울프강 코프

우뇌로 전환함으로써, 당신은 상상의 세계로부터 당신 곁으로 오고 싶어하는 것들의 움직임을 허용하게 된다. 그것은 뭔가 새로운 것을 상상하려고 '애쓰는' 좌뇌로서는 해낼 수 없는 일이다. 당신의 영혼과 집단의식은 지금도 당신을 위한 새로운 현실들을 상상하며 그 씨앗을 당신 안에 심고 있다. 그 씨앗은 당신의 허락만을 기다리고 있다. 그것은 당신과 함께 '놀고자' 한다.

상상과 창조의 주기

상상은 주기를 따라 움직인다. '흐름'은 어떤 아이디어를 상상의 세계로부터 물리적 세계로 가져와서 창조물을 풀어놓은 후에 다시 상상의 세계로 되돌아가서 새로운 주기를 시작한다. 우리는 삶이 순간적으로 '깜빡이는' 과정에 관해 이미 논의한 바 있다. 내재된(숨겨진/비물리적) 질서는 펼쳐져서 외현된(드러난/물리적) 질서가 된 후에 다시 뒤로 물러나고, 파동은 입자가 되었다가 다시 파동으로 되돌아가고, 하나의 세계는 무수한 잠재적 가능태의 차원으로 해체되었다가 우리가 주의를 기울임에 따라 다시 모습을 드러낸다.

이와 같은 흐름의 움직임, 곧 상상과 창조의 주기는 크게 세 가지 단계를 거친다. 이것은 쉼 없이 순환되는 과정이기 때문에 '끔찍한 결말' 따위는 어디에도 존재하지 않는다는 사실을 깨닫고 각 단계들의 세부사항을 충분히 이해함으로써, 당신은 어려움 없이 이 주기를 경험해갈 수 있다. 첫 번째 단계에서는 상상의 세계로부터 나온 하나의 아이디어가 당신의 마음속에 자리를 잡는다. 두 번째 단계에서는 그 아이디어가 선명한 내적 청사진이 되어 감정과 동기와 행동을 유발하고 결과물을 낳는다. 세 번째 단계에서는 당신이 주의를 거둬들임에 따라 그 결과물이 해체되고 당신의 의식-에너지는 상상의 세계로 되돌아간다.

1단계: 영감과 선택

상상의 주기 중 첫 번째 단계에서 흐름은 주파수를 낮춰 상상의 세계로부터 물질계로 이동한다. 흐름은 당신의 영혼과 집단의식의 에너지가 당신을 통해 표현되도록 이끈다. 직관에 의해 전달되는 '영감'은 당신의 우뇌와 시각에 영향을 주어서 어떤 이미지를 보게 하거나, 어떤 개념을 느낌으로써 알게 하거나, 새로운 현실을 살짝 경험해보게 한다. 당신의 두뇌는 그 감각정보에 생각과 감정을 더하여 하나의 내적 청사진을 만들어낸다. 그리고 당신은 그것에 충분한 주의를 기울임으로써 그것을 '선택'한다.

2단계: 행동에 의한 물질화

두 번째 단계에서는 내적 청사진이 주파수를 낮춰 당신의 두뇌로부터 몸으로 내려오면서 욕망, 동기, 행동을 불러일으키고 마침내 물리적 결과를 낳는다. 이 단계의 끝무렵에 '흐름'은 물리적 현실, 좌뇌, 선형적 인식에 거의 붙들리다시피 한다. 좌뇌는 앞날을 두렵고 막막한 것으로 여기기 때문에, 이때 당신은 기존의 패턴에 집착하거나 의지력에 의존하고 싶어질 수 있다.

3단계: 에너지 상태로의 복귀

이제 당신에게는 간단한 일만 남는다. 당신의 창조물이 알아서 제 할 일을 하도록 긴장을 풀고 지켜보기만 하면 된다. 집착을 버리라. 편안하고 흡족한 마음으로 숨을 길게 내쉬어보라. 당신은 한 주기의 마지막 구간에 도달했다. 당신의 창조물에 만족하고 기쁨을 느끼라. 그것으로부터 배우고 그것에 의해 성장하라. 그런 다음에 당신의 주의력이 자유롭게 흘러갈 수 있도록 당신 자신에게 '목적 없는' 시간을 허락하라. 생각을 멈추고 어린아이들처럼 그냥 놀고, 탐험하고, 실험해보라. 그러다 보면 어느샌가 희뿌연 안갯속에서 새로운 상상의 빛 하나가 떠오르고 다시 새로운 주기가 시작될 것이다.

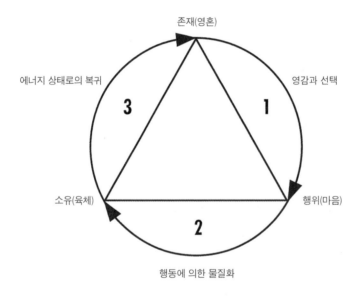

의식-에너지의 흐름은 '존재'(영혼/비물리적/상상의 세계)로부터 '행위'(마음/선택/행동)를 거쳐 '소유'(육체/형태/결과)에 이르렀다가 다시 출발점으로 되돌아간다.

지금 당신은 거대한 주기를 시작하고 있다

요즘 당신은 어딘가에 갇혀 있다는 느낌을 받고 있을 수도 있다. 기존의 것들은 너무 낡았고, 새로운 것들은 (분명 저 뒤에 있는 게 확실한데) 아직 모습을 드러내지 않고 있다. 왜 당장 앞으로 나오지 않을까. 이것은 불평할 일이 아니라 축하할 일이다. 지금 당신은 흔한 상상/창조 주기의 끝이 아니라 '한 시대'의 끝에 와 있는 것이다! 당신은 정보시대로부터 직관의 시대로 옮겨가고 있다. 이 결정적인 전환점에 도달하기 위해서 당신은 그동안 무수한 성장주기를 통과하며 배우고 훈련해왔다. 그러니 지금 당신이 '피로'를 느끼는 것은 당연한 일이다. 당신은 하나의 거대한 주기 속에서 마지막 3단계에 진입할 준비를 마쳤다. 여기서 좌뇌는 기존의 방식을 '잘못된 것'으로 여기도록 당신을 유도할지 모른다. 하지만 그것은 '잘못된 것'이 아니라 '낡은 것'일 뿐이다. 당신은 과거에도 잘 해냈고 지금도 잘 해내고 있다. 그리고 그 덕분에 이제는 현실을 그려내는(imagine) 방법까지 터득하게 되었다!

또한 당신은 여러 가지 극적인 사건들을 경험하고 있을 수도 있다. 그것들의 목적은 당신을 높은 주파수의 현실로 도약하게 만드는 것이다. 당신은 이혼을 경험할 수도 있고, 차를 도난당할 수도 있고, 충동적으로 직장을 그만둘 수도 있고, 가족 중 누군가가 중독치료 재활원에 들어가게 될 수도 있다. 이뿐만이 아니다. 새로운 독특한 취미를 갖게 될지도 모른다. 이를테면 영혼들과의 대화, 에너지 치유, 요가, 목공예, 그림 그리기, 난초 가꾸기, 색색의 스카프 활용법 등에 관심을 갖게 된다. 지금 당신의 영혼은 상징적인 변화를 통해 어떤 한 주기가 끝났고 기존의 것들을 내려놓을 때가 됐음을 알려주고 있다. 한편 당신은 우뇌로의 전환을 촉진하는 활동들에 흠뻑 빠져들게된다. 그 새로운 활동들은 당신이 중요한 문제를 푸는 데 도움이 될수도 있고 아닐 수도 있는데, 어쨌든 당신이 새로운 현실을 경험하도록 마음을 열어주는 역할을 한다.

미지의 세계를 접하면 처음엔 좌절하거나 부정적인 태도를 취하게 되기가 쉽다. '이젠 어떻게 해야 하지? 한 치 앞도 보이질 않잖아.' 최근에 한 고객이 나에게 "모든 것이 사라져버렸다"고 말했다. 또 다른 고객은 "차라리 아무것도 모를 때가 나았다"고도 했다. 하지만 이것들은 좌뇌가 하는 말이고, 좌뇌는 진실로 새로운 것을 보지 못한다는 사실을 기억해야 한다. 왜냐하면 좌뇌는 눈에 보이는 것이 전부인 기존의 현실을 거듭 재창조하고 유지시키는 역할만 해왔기 때문이다. 그러므로 이제는 당신의 우뇌와 상상력의 문을 열 수 있는 소소한 활동에 적극 참여해보라. 우뇌는 미지의 세계를 좋아한다!

당신은 예전과는 다른 것을 원한다. 당신의 영혼과 집단의식이 당신에게 새로운 생각들을 맛보여주고 있다. 물론 처음에는 그 생각들이 당신의 상황에는 맞지 않는 것처럼 보일 것이다. 수학자로 살아온 한 내담자는 갑자기 심리학자가 되고 싶은 충동을 느꼈다. 부동산업자인 내담자는 여성용 수집품을 전시할 박물관을 짓고 싶어졌다. 비서인 내담자는 피렌체로 가서 사진학을 공부할 계획을 세우게 됐고, 무술사범인 내담자는 시나리오 쓰는 법을 공부하고 싶어졌다. "내가 해낼 수 있을까요?" 한결같은 그들의 질문에 나는 자신 있게 답했다. "물론이죠! 당신이 예전에 수학자/부동산업자/비서/무술사범이 되는 데 성공했던 것과 무엇이 다르겠습니까?" 새로운 꿈들은 살그머니 다가와 당신의 의식 변두리에서 맴돌곤 한다. 그것들을 '보기' 위해서는 당신의 시야를 넓혀야 한다.

> 내 안의 무언가가 세상의 호흡이 이뤄지는 공간에 이르렀다.
> —카비르

상상력의 봉인 또는 해방

좌뇌는 상상의 세계로부터 시작되는 창조과정을 차단하고 막아서지만, 우뇌는 '흐름'과 조화를 이룬다. 다시 말해 이 과정을 힘겹게 통과하는 길도 있고 수월하게 통과하는 길도 있다. 당신이 힘들고 장애물이 많은 길을 택할 때, 당신의 좌뇌는 불신과 변명이라는 연막을 피우게 된다. '아마도 이건 어리석은 생각일 거야.', '아무래도 난 실력이 부족한 것 같아.' '누군가 벌써 이걸 했을 거야.' '아마도 내가 가진 전부를 잃게 될 거야.' 이 길은 당신이 상상의 나래를 펼치는 대신 무관심, 냉소, 분열, 중독, 혼란에 빠지게 한다.

반면 우뇌에 집중해서 평탄한 길을 선택할 때, 당신은 조용하고 포용적이고 순수한 '초심자의 마음'을 유지하게 된다. 당신은 당신의 에너지장으로부터 스멀스멀 올라온 새로운 생각들이 신이 난 아이가 느끼는 것과 같은 기쁨과 함께 제 자리를 잡도록 허용한다. 당신은 호기심이 가득한 눈으로 어떤 아이디어가 나타날지를 지켜보고 있고, 그 아이디어 또한 자기 자신이 실현되기를 갈망하고 있다. 당신은 상상을 현실로 만들기 시작하고, 당신의 우뇌는 그 아이디어가

최선의 결과로 이어지도록 '업데이트' 작업을 해준다. 당신은 그것이 전적으로 올바르고 즐거운 것으로 느껴질 때까지 내적 청사진을 수정할 권리가 있다. 조급해하지 말고, 부드럽게 이 '살아 있는' 과정에 주의를 기울이라. 열매가 익을 수 있도록 충분한 시간을 들이라. 이 과정을 지켜보는 것은 재밌는 일이다!

> 노력의 대가를 획득해내야 한다는 강박 때문에
> 우리는 내면의 호기심을 억누르곤 한다.
>
> ― 줄리아 캐머런

당신이 힘든 길을 택해서 '행위' 단계로 진입하게 되면, 좌뇌는 당신 혼자서 모든 일을 해야 한다거나 다른 사람들은 무능력하다거나 일이 제때 진행되지 않고 있다고 불평할 것이다. 또한 의지력과 에고는 당신에게 의무를 부과하고, 당신의 실수를 부풀리고, 단지 계획한 바와 다르다는 이유로 '흐름'을 중단시키려 들 것이다. 이뿐만이 아니다. 당신은 결과에 대한 집착에 사로잡힐 수도 있다. 당신이 상상이 지금 이 순간 속에서 구현될 여지를 주지 않을 때, 그것은 계속 저 미래 속에만 존재하게 된다.

하지만 당신이 평탄한 길을 택한다면 당신 자신을 행운아라고 여기고 '흐름'의 지성을 신뢰하게 될 것이다. 당신은 '흐름'과 하나된 상태에서 적절한 때에 적절한 행동을 하게 될 것이다. 당신은 일어나지도 않은 일을 미리 걱정하지 않는다. 당신이 필요로 하는 모든 정보가 지금 이 순간 속에 담겨 있고, 성공의 공식이 '흐름' 속에 내재되어 있다. 당신은 한 곳에서 속도가 늦춰진 덕분에 다른 곳에서는 속도가 빨라진다는 사실을 안다. 여기에 잘못된 것은 하나도 없다!

힘든 길을 택해 마지막 세 번째 단계에 들어선 당신의 좌뇌는 그 프로젝트를 끝내고, 텅 비우고, 새롭고 신선한 다른 것을 향해 옮겨가기를 거부할지도 모른다. 좌뇌는 미지의 세계로 들어간다는 생각, 그토록 힘들게 노력해서 얻어낸 모든 것을 잃는다는 생각, 그동안 거부해왔던 불편한 것들을 마주해야 한다는 생각에 충격을 받아 얼어붙을 수 있다. 반면 당신이 평탄한 길 위에 있다면, 기꺼이 기존의 장애물을 제거하고 높은 주파수 차원으로 껑충 뛰어오르고 싶어질 것이다. 또는 휴식이 주는 특별한 기쁨을 만끽하게 될 것이다. 당신은 각진 부분을 부드럽게 만들고, 텅 비워진 느낌에 젖어들고, 가슴과 하나가 되고, 무엇이 진실인지 알아차리고, 무엇보다 행복해질 것이다.

당신이 근원 주파수를 유지하면 상상이 현실이 되는 이 모든 과정은 순탄하고 효율적으로 진행될 것이다. 당신이 충분히 현존하고 즐기며 몰입하는 모든 순간이 연결되어 하나의 과정을 이룰 것이다. 어린아이처럼 밝고 긍정적인 기분을 유지하라. '유쾌함'으로써 이 과정에 기름칠을 하라. 각각의 단계에서 주어지는 특별한 에너지와 의식을 반갑게 맞아들이고 즐기라.

실습과제
상상의 세계로 가는 엘리베이터 타기

1. 눈을 감고 당신의 몸과 지금 이 순간의 중심에 머물라. 중립적이고 열린 마음을 가지라. 당신 앞에 엘리베이터가 나타나고 문이

열린다고 상상하라. 당신은 엘리베이터 안에 들어가고 곧 문이 닫힌다. 그리고 빠른 속도로 많은 층을 올라가서 상상의 세계에 도착한다. 문이 열리고 당신은 밖으로 나온다.

2. 당신의 눈앞에 펼쳐진 놀라운 광경을 보라. 그곳은 대자연의 풍경일 수도, 다른 행성일 수도, 혹은 도서관이거나 어떤 예술가의 작업실일 수도 있다. 또는 사람들이 북적대는 세미나가 열리고 있거나, 어떤 영적 스승 또는 동물이 등장할 수도 있다. 어쩌면 당신 자신이 평소와는 다른 존재이거나 낯선 옷차림을 하고 있을지도 모른다. 상상의 세계는 당신에게 의미 있는 모습으로 나타나고, 당신과 상호작용한다. 그곳은 당신의 행동에 반응한다. 당신이 뭔가를 생각해내면, 그곳도 뭔가를 만들어낸다.

3. 다음은 상상의 세계 속에서 당신이 해볼 만한 일들이다.
— 당신만의 작업실로 들어가서 뭔가를 만들어보라.
— 자연 속을 산책하면서 당신이 어디를 향하고
  누구를 만나게 되는지를 살펴보라.
— 다른 행성에서 온 존재를 만나보라.
— 이미 세상을 떠난 친구나 친척을 만나보라.
— 새로운 종류의 일이나 자원봉사를 해보라.
— 모자를 디자인하라. 의자를 설계하라. 자동차를 설계하라.
— 이상적인 체중과 최적의 건강상태를 갖고 있는
  자신의 모습을 상상하라.
— 이제껏 해본 적 없는 다양한 활동을 하고 있는

자신의 모습을 상상하라.

— 이제껏 해본 적 없는 예술 분야의 전문가가 된
  자신의 모습을 상상하라.

— 두렵게 여겨지는 일을 하라. 그리고 성공하라.

— 시간을 거슬러 올라가 유명인이 사는 집의
  벽에 붙어 있는 파리가 되어보라.

— 당신 자신이나 다른 사람들의 만성적인 질병이나
  증상을 치료하라.

— 까다로운 사람과 화기애애한 대화를 나눠보라.

— 뭔가를 아주 가까이서 관찰하고 또 멀리 떨어져서도 관찰해보라.

— 지구의 중심 속으로 들어가라.

— 이 세상에 존재하는 가장 숭고한 냄새를 맡아보라.

— 당면한 문제에 관해 전문가에게 도움을 요청하라.

4. 다시 엘리베이터를 타고 당신의 일상적 현실로 내려오라. 상상의 세계 속에서 경험한 아이디어와 느낌을 전부 가지고 돌아오라. 그것들을 일지에 기록하라.

당신의 꿈 세계는 실제 세계를 위한 연습이다

어린아이들처럼 뭔가가 '되어보는' 놀이를 하고 있다고 상상해보면 이해가 빠를 것이다. 상상력을 활용하여 생생한 단편영화를 하나 만들어보라. 주인공이 되어 그 영화 속으로 들어가라. 당신의 모든 감각을 총동원하라. 잠시 동안 영화를 상영해보고, 어떻게 느낌이 드는지 살펴보라. 유기농 농법의 농장에서 10대 청소년들과 함께 일하고 있는 자신의 모습이 보이는가? 만약 뭔가가 옳지 않게 느껴진다면 자유롭게 상황을 바꿔보라. 예컨대 10대 청소년들과 그 부모들에게 건강식 만드는 방법을 가르친다거나, 캐나다 최고의 농장을 방문해서 잡지에 실을 사진을 찍고 있다거나 하는 식으로 말이다. 상상의 세계 속에서는 인과관계와 무관하게 무슨 일이든 일어날 수 있다. 당신의 몸이 기쁨을 느낄 때까지 내면의 영화 속 장면을 계속 수정해보라. 그로써 당신은 자신이 진정으로 원하는 것이 무엇인지 알게 된다.

당신은 꿈을 활용해서 앞으로 해야 할 일에 대한 통찰을 얻을 수도 있다. 새로운 분야를 개척하거나 새로운 일을 경험하는 데 대한 설렘을 갖고 잠자리에 들라. 삶의 다음 단계, 좀더 확장된 경험 속으로 기분 좋게 빠져들라. 마치 그것이 이미 일어난 일인 것처럼 느끼라. 꿈속에서 겪은 일들을 일지에 기록하고, 나중에 일상의 현실에서 적용할 수 있도록 꿈속의 유연한 마음상태를 잘 기억해두라. 당신은 꿈속에서 경험한 일들을 현실 속에서 — 주파수를 약간 낮춘 형태로 — 불러낼 수 있다. 예컨대 당신은 한 편의 연극을 마치고 기립박수를 받는 꿈을 꾼다. 그리고 그 완벽한 성취감을 공식회의의 연단에 서게 됐을 때 써먹는다.

상상의 근육을 가능한 한 자주 단련시키라. 아이디어들을 '갖고 놀면서' 그 근육의 힘을 키우라. 멍하게 보내는 자투리 시간을 활용하라. 계산대 줄에서 당신 앞에 선 사람을 보면서 그의 과거나 미래를 상상해보라. 지갑에서 돈을 꺼내면서 그 돈이 당신에게 오기 전에는 어디에 있었을까 상상해보라. 상상 속에서 거실을 새롭게 꾸며보

라. 앞뜰에다 커다란 조각품을 가져다놓는다면 어떨까. 내가 새로운 품종의 채소를 만들어낼 수 있다면 어떤 맛과 어떤 모양이 좋을까. 내 이름을 다시 정할 수 있다면 뭐가 괜찮을까. 즐기라! 혹시 비전보드vision board ─ 당신이 좋아하거나 갖고 싶은 대상들의 이미지를 콜라주로 만든 판 ─ 를 만들어본 적이 있는가? 만약 있다면, 당신은 당신이 거기에 붙여둔 이미지들 중 상당수가 단기간 내에 현실이 되는 경험을 이미 해봤을 것이다.

실습과제
새로운 발명품 상상하기

1. 눈을 감고 당신의 중심에 머물라. 그런 다음, 언덕 위에 세워진 거대한 빌딩을 하나 떠올려보라. 넓은 길을 따라 커다란 정문 앞에 이르면 경비가 건물 안으로 들여보내준다. 널찍하고 천정이 높은 방 안으로 걸어 들어가라. 그 방 안에는 당신의 시야가 닿는 데까지 선반이 쭉 이어져 있다. 선반 위에는 다양한 크기, 형태, 색깔의 상자들이 놓여 있다. 너무 커서 지게차로 들어 올렸을 법한 상자도 있고, 너무 작아서 가까이 다가가야만 볼 수 있는 상자도 있다.

2. 각각의 상자들 안에 무엇이 들어있을지를 상상하면서 방 안을 돌아다니라. 그러다가 하나의 상자가 눈길을 잡아끌면, 그것을 갖고 방의 한쪽 끝으로 걸어가라. 그곳에 전용 관찰실이 있을 것이다.

3. 관찰실 안에서 상자의 덮개를 열고 그 안에 무엇이 있는지 보라. 그것은 새로운 발명품이다! 발명품을 꺼내서 자세히 살펴보라. 동봉된 사용설명서를 읽어보라. 그 발명품의 이름은 무엇인가? 어떻게 사용해야 하는가? 이해가 잘 안 되면 버저를 누르라. 안내원이 와서 설명해줄 것이다.

4. 이제 다시 현실로 돌아와서 그 발명품을 그림으로 그려보라. 그것에 관한 정보를 글로 적어보라. 그 발명품이 지금 당신의 인생에 필요한 뭔가를 상징하고 있지는 않은가?

예컨대 당신은 새 컴퓨터를 현실로 불러오는 상상을 하고 싶다. 그런데 자신이 그것을 진심으로 원한다고 장담할 수 있는가. 당신은 겉으로는 "진짜 원해"라고 말하는 동시에 속으로는 "하지만"이라는 속삭임을 듣게 될지 모른다. '하지만 돈이 걱정이야.' '하지만 쓰던 컴퓨터를 파는 일이 먼저야.' '하지만 어떤 사양의 컴퓨터를 골라야 하지?' '하지만 저장된 파일들은 어떻게 옮기지?' 이런 장애요소들을 제거하라. 하나씩 하나씩 문제를 해결하라. 그런 다음, 오랫동안 당신 곁에서 도움을 준 낡은 컴퓨터에게 감사하라. 그것을 의식 있는 존재로 대하고 사랑하라. 낡은 컴퓨터가 새 주인을 만나서 사랑받을 수 있기를 기원하라. 그리고 그것을 내려놓음으로써 당신의 현실로부터 사라지게 하라.

처음 떠오른 생각들은 엄청난 에너지를 가지고 있다.
하지만 대개는 우리의 내부센서가 그것을 억누른다.
그래서 우리는 두 번, 세 번 걸러져 처음의 번뜩임과는
연결이 끊어진 빛바랜 생각들 속에서 살아가고 있다.

— 나탈리 골드버그

완전히 새로운 상상이 지금 당신의 물리적 현실의 진동 속으로 들어오게 하라. 새 컴퓨터가 일상의 한 요소가 된 모습을 행복하게 상상하라. 당신은 새 컴퓨터 앞에 앉아 있다. 당신은 그 값을 치렀고, 기존의 컴퓨터에서 새 컴퓨터로 파일을 옮겼으며, 지금은 그것을 사용하고 있다. 마음속의 장애물들은 이제 과거의 일일 뿐이다. 당신의 몸은 새 컴퓨터와 함께 작업하는 순간을 즐긴다. 새 컴퓨터는 당신의 근원 주파수와 꼭 맞는다. 통일장이 자발적으로 당신 책상 위에서 '새 컴퓨터'라는 형태를 갖춰가고 있다는 사실을 이해한다면, 당신은 아무것도 걱정할 필요가 없다. 창조과정을 주관하는 것이 바로 통일장임을 잊지 말라. 당신이 새 컴퓨터를 얻는 데 필요한 행동을 하도록 통일장이 도울 것이다. 당신이 깨닫기도 전에 상상은 현실이 될 것이다.

현실 수정하기

가끔 당신은 자신이 근원 주파수와 일치하지 않는 현실을 '그려냈다는' 사실을 발견하곤 한다. 그 현실 속에는 당신이 더 이상 원하지 않는, 이제는 벗어나고 싶은 기존의 인식습관이 반영되어 있다. 예컨

대 취업난 속에 겨우 일자리를 얻었는데 직장동료들이 옹졸하고 게으른데다 능력 미달이고, 자신이 이 직장에 맞지 않는다는 사실을 뒤늦게 깨달았다. 또는 집을 사자마자 연로하신 부모님 곁으로 다시 이사를 해야 할 처지가 되었는데 설상가상으로 집이 팔리지 않는다. 우울한 시기에 체중이 늘었었는데, 치료를 받아 부정적 생각들을 내려놓고 나니 이제는 몸상태도 마음상태처럼 개선되었으면 좋겠다. 사법고시에 두 번이나 떨어졌기에 세 번째는 꼭 붙고 싶다. 병에 걸렸는데 이제는 벗어나고 싶다 등등….

다음은 현실을 수정하는 작업을 할 때 중요한 원칙들이다.

- 내가 창조해낸 현실이라고 해서 계속 그것과 의리를 지킬 필요는 전혀 없다. 이미 구현된 현실이라고 해서 다른 현실들보다 더 견고하고, 끈적거리고, 무겁고, 우선권을 갖는 것은 아니다. 물리적 현실은 꿈속의 현실과 똑같이 일시적이고 유동적이다. 현실이 불변한다는 망상을 만드는 것은 당신의 좌뇌다. 모든 현실은 상상의 세계로부터 나타나고, 다시 그곳으로 쉽게 사라진다. 당신이 어떤 현실에 집중할 때, 그것은 나타난다. 그리고 당신이 그 현실에서 시선을 뗄 때, 그것은 사라진다. 현실이 당신을 지배하지 않도록 하라. 당신은 창조자다! 권태로움을 당신의 조력자로 활용하라. 권태로움은 기존의 것을 벗어나 뭔가 새롭고 참신한 것을 향해 신속하게 이동하도록 도와준다.

- 당신의 진동을 바꾸면 그 즉시 현실도 바뀐다. 당신의 주파수가 올라가면 당신의 현실은 확장되고 개선된다. 반면에 주파수가 낮

아지면 당신의 현실은 수축되고 퇴보한다. 근원 주파수에 머물면 당신은 자연스럽게 집단의식과 함께 진화하고 상상력도 정교해진다. 당신의 장 안에 잡동사니가 없을수록 진동이 빨라지고 상상은 신속하게 형태를 갖춘다. 당신은 싫어하는 현실을 밀어내거나 치워버릴 수 없다. 그것을 따로 놓아둘 만한 장소가 없기 때문이다. 하지만 그 현실로부터 시선을 떼면, 그것은 서서히 해체되어 통일장 속으로 돌아간다.

• 당신은 모든 해답을 알아야 할 필요가 없고, 심지어 목표를 뚜렷이 해야 할 필요도 없다. 당신의 영혼과 집단의식이 당신이 삶을 이끌어주고 있다. 당신의 의식이 깨어 있다면, 꿈속에서 새로운 현실을 보거나 친구가 언급한 흥미로운 아이디어로부터 새로운 길을 찾거나 자신의 적성에 꼭 맞는 새 일자리를 소개받게 될 것이다. 설령 변화의 시기를 통과하는 동안 당신 앞에 장애물이 있다거나 성장이 지연되고 있다고 느껴지더라도, 높은 주파수의 의식-에너지가 어떻게든 돌파구를 마련해줄 것이다. 고무줄이 있는 힘껏 뒤로 당겨진 새총처럼, 앞으로 크게 전진하기 위해 당신은 잠시 장전의 시간을 갖는 것뿐이다. 그러니 걱정하지 마라!

• 가장 먼저 해야 할 일부터 시작하라. 맨 처음 하는 생각과 행동이 다음의 생각과 행동, 그다음의 생각과 행동과 연결되어 있다. 꾸물대지 말라. 바로 눈앞에 있는 일부터 시작하라. 당신이 '흐름' 속에 들어가면, 그것은 당신의 목적지를 향해 움직이기 시작한다. 당신은 물레의 중심축과 같다. 상상의 세계로부터 나온 생각의 가닥들이 당

신에게로 와서 마법처럼 하나로 줄기로 엮인 후에 다시 방향을 바꿔 물리적 세계 속으로 들어간다. 이 창조의 줄기는 계속 이어진다. 쉬지 말고 물레를 돌리라! 크기와 색깔과 질감은 변하겠지만, 어쨌든 생각의 가닥들은 계속 제공될 것이다. 당신은 또 어떤 가닥들이 나올까 기대하면서 계속 물레를 돌리기만 하면 된다.

• 당신이 겉으로 혹은 속으로 하는 모든 말은 새로운 현실의 창조에 영향을 미친다. 만약 당신이 좋아하지 않는 현실에 사로잡힌 채 자신이 얼마나 무력한지에 대해 불평하고 저항한다면, 그 현실은 찰싹 들러붙어서 당신을 따라다닐 것이다. 당신은 무심코 부정적인 현실에 집중했고, 지금도 그것에 자신의 생명력을 내어주고 있다. 그 현실은 기존의 인식습관과 두려움에 의해 구현된 것이다. 이제부터 당신은 근원 주파수에 근거하여 다른 선택을 하겠노라고 선언하라. 더 나은 새로운 현실을 창조하는 것은 쉬운 일이라고 당신 자신에게 말하라. 긍정적인 말은 긍정적인 결과를 창조하는 에너지를 갖고 있다고 당신 자신에게 말해주라.

실습과제
새로운 비전을 찾기 위한 질문들

뭔가 새로운 것을 현실에서 구현하고 싶은데 그것이 뭔지 아직 모르겠다면 다음의 질문들을 곰곰이 생각해보라. 그리고 떠오르는 답을 일지에 적어보라.

1. 매주 내게 하루가 더 주어진다면, 그날에 내가 의무감 없이 진심으로 좋아서 하게 될 일은 무엇일까?

2. 다른 사람들과 협동할 때 어떤 기분이 느껴졌으면 좋겠는가?

3. 좀더 배우고 싶은 것은 무엇인가?

4. 어떤 장소에 가보고 싶은가?

5. 어떤 집단에 속하고 싶은가?

6. 어떤 창조적 예술 형태를 배우고 연습하고 싶은가?

7. 어떤 자원봉사 활동을 하고 싶은가?

8. 집을 이사한다면 어떤 곳으로 가고 싶은가?

9. 내가 가장 좋아하는 세 가지 활동을 합쳐 하나의 직업으로 만든다면 어떤 모습이 될까?

10. 나의 삶 속에 더 많은 사람들을 추가한다면 어떨까?

11. 나의 삶 속에 혼자만의 조용한 시간을 추가한다면 어떨까?

12. 인간관계, 가족, 직장생활, 가정생활, 여행, 신체, 건강과 관련해서 나의 결정적 실패요인은 무엇인가?

13. 수입이 지금보다 두 배가 된다면 나는 무엇을 하게 될까?

14. 내가 하고 싶고 배워야 할 필요가 있는 것들을 전부 포함하고 있는, 내 인생의 이상적인 다음 단계는 무엇일까?

15. 내 일의 방향을 약간만 옆으로 틀면 어떨까? 또는 내 일의 범위를 50퍼센트 확장해서 새로운 분야와 만나게 한다면 어떨까?

16. 내가 지금껏 생각해온 것보다 훨씬 더 좋은 뭔가가 있진 않을까?

다른 사람들을 위해 더 나은 현실 상상하기

상상의 세계를 물질화하는 작업을 통해 당신은 당신의 인생만 개선하는 것이 아니라 당신과 관련된 다른 사람들의 인생도 개선하고 번창하게 만들 수 있다. 가장 쉬운 방법은 다른 사람들을 바라보는 '당신의' 시각을 바꾸는 것이다. 우리는 상대방이 우리의 위 또는 아래에 있다고 순간적으로 판단해버린다. 예를 들어 이 사람은 멋지고, 완벽하고, 훌륭하고, 재밌어 보인다. 반면 저 사람은 겁쟁이에 구두쇠인데다 단정치 못하고, 천박하고, 속물적으로 보인다. 우리는 이런 식으로 계속해서 남을 판단한다. 이제 그런 행동을 멈추고 다음의 방법을 실천해보라. 우선 당신이 누군가로부터 받은 첫인상을 살펴보라. 그런 다음 그들이 그 반대의 속성도 함께 갖고 있다고 상상하라. 만약 그들이 어리석다고 생각되면, 실은 그들의 지능지수가 높다고 상상하라. 그들의 행동이 어딘가 어설프다고 생각되면, 실은 그들이 운동선수나 댄서라고 상상하라. 그들이 완벽하다고 생각되면, 그들이 우리와 똑같이 실수하는 모습을 상상해보라. 요지는 모든 사람은 다양한 측면을 갖고 있어서 누구든 놀라운 행동, 어리석은 행동, 부정적인 행동을 다 할 수 있다고 생각하는 연습을 하는 것이다. 이것은 공항에서 비행기를 기다리거나 병원에서 진료순서를 기다리며 시간을 보낼 때 아주 좋은 방법이다!

사람들의 가장 좋은 모습은 앞으로 꺼내고, 그들의 부정적인 모습은 저 뒤로 감춰두라. 한 강연자가 대중 앞에서 나선다면, 그 사람이 명강의를 하면서 스스로 즐기는 모습을 마음속에 그려보라. 은행 출납원이 따분하고 지쳐 보인다면, 그가 미소를 짓고 적극적인 태도로 모든 고객을 응대하는 모습을 마음속에 그려보라. 허리가 구부정한 할머니가 지팡이를 짚고 인도에서 머뭇거리고 있는 모습을 보게 되면, 그녀의 몸에서 고통이 사라지고 새로운 에너지가 장기와 세포 구석구석을 채워가는 모습을 상상하라.

기도와 축복

당신에게는 텔레파시 능력이 있기 때문에, 누군가가 당신을 위해 기도한다면 당신은 그들로부터 긍정적인 의도 이상의 것을 받게 된다. 만약 그들이 '그들이 생각하기에' 당신에게 좋은 것만을 상상하고 있다면, 그들의 기도 내용이 편협하고 소극적이라면, 그들이 당신의 경험 속에 담긴 의미들을 인정하지 않는다면, 오히려 그 기도는 당신의 머리 위로 찬물을 끼얹는 것과 같다. 이런 경우에 당신은 반드시 잡동사니는 걸러내고 도움이 되는 것들만을 받아들여야 한다.

기도는 당신이 다른 사람의 상황을 있는 그대로 받아들여야 할 때 가장 큰 효과를 낸다. 물론 이것은 어려운 일이다. 다른 사람의 현실은 종종 우리 안의 두려움과 거부감을 끄집어내기 때문이다. 내가 아는 한 커플의 얘기다. 남자가 병에 걸렸고, 이에 여자는 이 세상에 혼자 남겨질 수도 있다는 두려움을 느꼈다. 따라서 그의 치료를 돕고자 하는 그녀의 소망은 온통 두려움으로 채워졌다. 그녀의 이런 감정 상태는 그에게 전혀 도움이 되지 않았다. 그의 병이 나을 것이라고 믿고 침착한 태도를 유지하는 편이 훨씬 유익했을 것이다. 왜냐하면 이제 그는 병이 낫기 위해서 자신의 두려움은 물론이고 그녀의 두려움까지도 극복해야 하기 때문이다. 우리는 무엇보다도 먼저 두려움과 움츠러드는 마음부터 흘려보내야 한다. 고통받는 사람은 그 상황

속에서 뭔가를 배우고 있다. 그들은 잠재의식으로부터 두려움을 끄집어냈고, 직접적인 경험을 통해 그것을 정면으로 '바라보고' 있다. 그리고 그들은 얻어야 할 것을 다 얻은 후에 기존의 조건들을 완전히 해체시키고 자유로운 상태로 되돌아갈 것이다.

내가 '축복의 기술'이라고 부르는, 높은 주파수의 기도 방법이 있다. 궁극적인 치유의 힘(지고한 주파수의 의식-에너지)은 통일장 속에 골고루 퍼져 있기 때문에 우리는 우리를 치유해줄 강력한 외부의 힘을 필요로 하지 않는다. 이 힘은 이미 우리 안에 존재한다. 우리는 상대방이 치유되고 있는 장면을 상상할 수 있다. 이상적이고 조화로운 모습에 초점을 맞추라. 만물 속에서 일체성을 발견하고 그것을 활성화시키라. 그리고 그를 축복하라. 축복이야말로 다른 사람들의 치유를 촉진할 때 가장 중요한 요소이다. 축복은 지고한 진실과 일체성으로부터 나오는, 우리가 잠깐 잊고 있었던 상상력의 기술이다.

내 직관에 의하면, 고대의 사람들이 음식을 먹기 전에 감사함을 표현하고 명상을 하는 전통을 지켰던 이유는 당시에는 냉장고가 없어서 음식이 쉽게 상했기 때문이다. 그들은 음식 '속에' 있는 빛과 에너지를 불러내고 힘을 실어주었다. 그들은 음식의 정수, 즉 이상적인 내적 청사진과 교감하고 대화했다.

음식을 준비한 사람은 이렇게 말했을 것이다. "복숭아, 감자, 호박, 비둘기여. 나는 당신이 누군지 압니다. 당신은 달콤함, 힘, 땅, 관대함을 상징합니다. 당신은 아름답고 광채가 납니다. 나는 창조자가 의도한 당신의 모습을 봅니다. 그리고 당신의 진실한 자아를 사랑합니다. 나는 우리가 하나가 되길 바랍니다. 당신이 당신의 몸을 내어 나를 먹이시길 바랍니다. 나는 온 마음을 다해 당신을 사랑하고 당신에게 감사할 것입니다. 당신을 먹을 때, 나는 당신의 정수를 내 안으로 가져가서 그것이 나를 통해 흐르게 할 것입니다. 나는 당신이 나를 통해 삶을 이어가도록 할 것입니다. 우리는 서로의 진실한 자아에 대해 알게 될 것입니다." 이런 식으로 옛날 사람들은 신선도가 떨어지는 음식으로부터 이로움을 얻었을 것이다.

나는 이런 기도 방식이 발전되어 '축복'을 통해 사람 또는 동물의 치유를 비는 표현들이 생겨난 게 아닐까 생각해본다. 나는 "축복이 있기를"(Bless you)*이라는 인사말에서 '자애롭고 현명한 어떤 존재가 당신의 중심을 들여다보고 있고, 그로 인해 당신의 아름다움과 진실이 현실 속에서 드러나고 있다'는 의미를 발견한다. 현명한 존재가 당신을 아름답고 진실한 존재로 바라보고 있다면, 당신 또한 자신을 그렇게 바라볼 수 있다.

용서

어렸을 때 나는 내게 잘못을 저지른 사람을 용서한다는 것은 그들의 이기적이고 어리석은 행동을 그저 견뎌내는 일이라고만 생각했다. 하지만 말로만 "난 괜찮아"라고 한들 좋아지는 것은 아무것도 없다. 강사이자 저자인 조앤 보리센코는 진정한 용서에 대해 이렇게 설명한다. "용서는 무책임하고 상처를 주는 행동을 용인하는 행위도 아니고, 누군가 내 오른쪽 뺨을 때렸을 때 무턱대고 왼쪽 뺨도 내어줌으로써 희생하고 순교당하는 감정을 품는 것도 아니다. 용서는 지

---

* 보통 재채기를 한 사람에게 몸조심하라는 의미로 건네는 말. 감기와 증상이 비슷한 흑사병이 크게 유행하던 시절에 재채기를 한 사람에게 하느님의 은총을 빌어주던 관습에서 비롯되었다. 역주.

금 이 순간을 경험하기 위해 과거의 일을 마무리하고, 과거로부터 오염당하는 일을 멈추는 것이다."[1]

용서에 대해 알면 알수록, 나는 그것을 축복과 마찬가지로 상상력과 관련된 기술로서 이해하게 된다. 용서는 판단을 초월해서 좀더 고차원적인 관점을 허용하는 기술인 동시에 현실을 있는 그대로 — 분노, 피해의식, 복수심 없이 — 받아들이는 능력이다. 원한을 품는 것은 다른 사람은 물론이고 자기 자신에게도 자유를 허락하지 않는 행위이다. 용서를 하면, 당신은 모든 사람에게 유익하도록 현실을 다시 그려낼 수 있게 된다. 당신의 개선된 현실 속에서 다른 사람들은 공손하고 호의적으로 행동하고, 당신도 그에 대해 화답할 것이다. 에너지는 자유롭게 흘러가고, 의식은 막힘이 없을 것이다. 상대방은 당신이 그들의 진정한 자아 — 두려움에 휩싸여 상처를 주고받는 자아가 아니라 — 를 인정해주고 있음을 느끼게 될 것이다.

당신이 당신 자신을 용서하지 않고 있다면 다음의 강력한 방법을 실천해보라. 당신이 상처를 줬다고 생각하는 사람들을 떠올리고, 그들이 원한을 품지 않고 있는 모습을 상상하라. 그들은 "그건 모두 지나간 일이야"라고 말한다. 그 말이 그들의 진심이라고 생각하라. 그런 다음 후회나 회한, 죄책감을 갖고 있지 않은 자신의 모습을 상상하라. 그리고 이전과는 다르게 당신의 가슴이 진정으로 원하는 방식으로 뭔가를 해나가고 있는 당신의 모습을 상상하라.

만약 당신이 상처 준 사람이 바로 당신 자신이라면 어떨까. 아마도 당신의 옛 자아는 실수를 저질렀고, 그 실수는 지난 몇 년간 당신의 삶에서 반향을 일으켰을 것이다. 상상 속에서 당신이 실수를 저지르자마자 그것을 바로잡는 모습을 그려보라. 또는 실수를 저지르지 않은 현실 속에 있는 당신의 모습을 상상하라. 지혜의 물결이 당신의 삶 전체를 타고 흘러서 지금 이 순간에까지 닿는 모습을 상상하라. 당신이 원하는 것을 받으라. 상상을 통해 당신의 진화를 도울 현실을 그려내는 비결은 이미 그런 현실 속에 있다고 '느끼며' 살아가는 것이다. 상상은 마법처럼 당신에게 행복한 현실을 가져다주기도 하고, 당신 자신과 다른 사람들의 치유를 돕기도 한다.

> 자유의지란 무엇을 소망할 것인지를 스스로 선택할 수 있다는 뜻이다.
> 그 소망이 이미 실현되었다고 믿으면, 그것은 정말로 현실 속에서 모습을 드러낸다.
> 이 과정에서는 모든 일이 올바른 방향으로 조화롭게 펼쳐지기 때문에
> 선택을 끝마친 후에 당신의 자유의지가 할 일은 따로 없다.
>
> ― 네빌 고다드

요약

상상력은 강력하고 창조적인 힘이다. 우리는 상상의 세계에 초점을 맞춤으로써 그것에 형태를 부여한다. 우리는 다른 모든 존재들과 함께 우리의 현실을 창조한다. 꿈속 현실이 유동적이듯, 물리적 현실도 유동적이다. 학교교육과 대중매체 등의 외부적 요인이 우리로 하여금 상상의 세계를 하찮게 보고 그것으로부터 멀리 떨어져 있게 유도한다. 하지만 당신은 아이디어들을 가지고 놀고, 마음속에서 단편영화를 제작해보고, 영화 속 장면을 수정하고, 자신이 지어낸 시나리오를 즐기면서 상상의 근육을 다시 키울 수 있다. 당신은 직접 상상의 세계 속으로 들어가서 마법과 같은 경험을 손쉽게 창조할 수 있

다. 상상력은 기쁨으로부터 나온다.

당신은 이미 창조한 현실을 다시 상상하고 수정할 수 있다. 상상이 현실이 되는 흐름의 과정은 일단 당신을 상상의 세계로 데려가는 것으로부터 시작해서 총 세 단계를 거친다. 첫 번째 단계는 존재하기(영혼), 두 번째 단계는 행동하기(마음), 세 번째 단계는 소유하기(육체)이고 그다음에는 다시 첫 번째 단계로 되돌아간다. 당신은 당신 자신뿐 아니라 다른 사람들을 위해서도 더 나은 현실을 그려낼 수 있다. 그들에게서 다양한 측면들을 발견해내고, 그들을 축복하고 용서하고, 그들의 참모습을 바라봐주면 된다.

14

신인류의 능력

우리가 '이성적인 의식'이라고 부르는, 소위 깨어 있는 정상적인 의식은
단지 하나의 의식상태일 뿐이다. 그것을 둘러싼 얇은 칸막이 바깥에는
완전히 다른 의식상태들이 존재한다.

— 윌리엄 제임스

　직관의 시대에는 지금껏 초자연적 현상이었던 것들이 자연스럽고 평범한 일이 되고, 지금껏 우리가 '인간'으로 정의내렸던 존재는 '신인류'로 거듭나게 된다. 오늘날의 주파수 상승 현상은 우리의 감각적 인식능력을 개선하고 더 많은 에너지가 우리의 순환계와 신경회로를 통해 흐르도록 해주고 있다. 우리는 기존의 느리고 제약적인 분위기 속에서는 알 수 없었던 정보를 알게 되고, 엄두를 내지 못했던 능력을 발휘하게 될 것이다. 요즘 초인적인 힘을 지닌 슈퍼히어로의 이야기를 다룬 영화와 책들이 넘쳐나는 데는 그럴 만한 이유가 있다. 집단의식이 우리로 하여금 과학기술의 도움 없이도 새롭고도 놀라운 일들을 해낼 수 있게 준비시키고 있기 때문이다.

　이번 장에서 우리는 직관의 시대의 또 다른 주의력 기술에 대해 살펴볼 것이다. 그것은 바로 의식-에너지에 집중함으로써 당신의 인식능력과 신체능력을 확장하는 기술이다. 우리는 이제 우리의 가시거리 안으로 들어온 '신인류의 능력들'에 대해 알아볼 것이다. 이것

은 마치 과학소설, 판타지소설 속의 이야기처럼 들릴 수 있다. 비록 이것이 당신이 편안하고 익숙하게 느끼는 범위를 약간 넘어선다 해도 그 가능성을 허용하길 바란다. 인간의 새로운 능력들이 굳이 할리우드 영화의 장면처럼 극적이거나 과격한 양상을 띨 필요는 전혀 없다. 오히려 그것들은 자연스럽고, 선하고, 합당한 것으로 보일 것이다. 훗날 당신은 "누구나 원래부터 마음을 읽는 능력을 갖고 있지 않았었나? 아무것도 없는 데서 물질을 만들어내는 능력은 지극히 당연한 일 아닌가?" 하고 말하게 될지 모른다. 어쨌든 아직 우리는 기존의 현실 속에서 살고 있기 때문에 변성된 현실의 모습을 상상하는 데는 약간의 어려움이 따른다는 점을 잊어선 안 된다.

'신인류'를 꿈꾸다

1987년에 처음 페루의 마추픽추로 떠났던 여행에서 나는 계몽적인 꿈과 계시를 아주 많이 경험했다. 그중 일부는 내가 깨어 있는 상태에서 나타났는데, 나는 공중부양을 하거나 순간이동을 하는 듯한 기분을 느끼면서 은하들 사이에 존재하는 듯 보이는 우주적 존재들과 끊임없이 교감했다. 이상하게 들리겠지만 나스카, 쿠스코, 마추픽추, 티티카카를 여행하는 동안 — 내가 경험한 바로는 지구상에서 가장 주파수가 높은 지역들이다 — 나는 주술사들과 신장 2미터의 사람들이 살고 있는 비물리적 현실과 내 일상적이고 물리적인 현실이 경계 없이 혼재하는 듯한 느낌을 받았다. 그것은 거의 임사체험과 같은 경험이었다.

《감응력》을 출간하고 2009년에 다시 페루에 갔을 때, 나는 부푼 기대감을 갖고 영적 메시지와 경험을 기다렸다. 무슨 일이 일어났을까? 아무 일도 일어나지 않았다! 그러나 집에 돌아온 후에 나는 반복해서 어떤 꿈을 꾸기 시작했다. 그 꿈의 내용은 일주일에 걸쳐 밤마다 조금씩 전개되었다. 나는 꿈속에서 한 남자의 머리와 목, 어깨를 바로 뒤에서 자세히 볼 수 있었다. 그는 발가벗고 있었고 근육질 몸매에다 대머리였다. 잠시 후 그의 몸에 둘둘 말린 형태의, 검푸른 색의 조그만 덩굴손이 나타나기 시작했다. 나는 반투명한 그의 피부 바로 아래 있는 그것의 모양을 확실히 볼 수 있다. 시간이 지날수록 그 정교한 문신은 점점 더 섬세해지고 복잡해지고 아름답게 변해갔다. 그것은 그의 피부를 휘감았을 뿐만 아니라 몸속까지 파고들어간 3차원적 디자인이었다. 그의 몸은 세포조직까지 훤히 들여다보였다. 그리고 마침내 어떤 목소리가 들려왔다. "이것이 바로 신인류다."

처음엔 그 꿈을 어떻게 해석해야 할지 몰랐다. 그러다가 인류학자이자 저자인 알베르토 비욜도와 함께 샤머니즘을 연구하고 있던 친구에게 그 이야기를 들려주게 되었다. 그녀는 이렇게 말했다. "지금 서서히 모습을 드러내고 있는 신인류의 출현에 관한 잉카의 예언이 있다고 들었어. 아마 그것과 관계된 꿈이 아닐까?" 나는 소름이 돋았다. 왜냐하면 그 친구에게는 페루를 다녀왔다는 얘기를 한 적이 없기 때문이다. 그녀는 비욜도로부터 잉카인들이 '파차쿠티Pachacuti'라고 불렀던 변화의 시기에 대해 들은 적이 있다고 했다. 지금이 바로 그 시기의 정점이고, 격동기가 지나면 신인류 ― 비욜도는 이 신인류를 '호모 루미너스homo luminous'라고 부른다 ― 가 출현한다는 것이다. 파차쿠티(또는 파차쿠텍Pachacutek)는 한때 위대한 잉카제국의 지도자로서 시대를 앞서 나가 어둠 속에서 빛을 발했던 인물의 이름이기도 하다. 그는 미래의 우리의 모습을 보여주는 상징이자 원형이다.

다시 내 꿈 이야기로 돌아가자면, 나는 그 남자의 몸에 있던 나선형의 디자인이 새로운 종류의 내부회로망 — 물리학에서 말하는 웜홀처럼 다차원적인 속성을 지닌 — 이라는 사실을 깨달았다. 그 이미지는 우리의 에너지가 앞으로는 완전히 새로운 방식으로 움직이게 되리라고 알려주는 듯 보였다. 이것은 선형적 인식습관에 기반한 세계관의 종말에 관해 내가 알고 있던 모든 사실과 일치했다. 나는 이 나선형의 회로망이 우리에게 좀더 위대한 능력과 위대한 지식을 제공해주고, 우리를 통일장이라는 원천과 직접 연결시켜줄 것이라는 사실을 깨달았다. 비욜도는 이렇게 말한다. "잉카의 예언은 곧 우리가 양자 도약 수준의 진화를 이루어 더 이상 육체의 죽음이 존재치 않는 신인류로서 거듭나게 되리라고 말한다."[1)]

초능력과 슈퍼히어로

슈퍼맨, 배트맨, 스파이더맨, 아이언맨부터 원더우먼, 캣우먼, 라라 크로프트, 엘렉트라에 이르기까지 온갖 슈퍼히어로들이 그 어느 때보다 인기를 끌고 있다. 또한 텔레비전에도 투시를 하고, 유령들과 대화를 나누고, 시간여행을 하고, 과거사를 읽어내고, 꿈속에서 주어진 실마리를 통해 범인을 잡는 주인공들의 이야기가 넘쳐난다. 예컨대 자폐증을 앓고 있는 한 소년이 숫자를 통해 사람들이 제 운명의 짝을 만나도록 돕는다. 혹은 괴력, 마인드컨트롤, 전기신호를 감지하는 능력, 투시透視·투청透聽·투감透感 등의 확장된 능력을 가진 사람들로 구성된 범죄수사팀이 사건을 풀어나간다. 위대한 마법사, 뱀파이어, 늑대인간의 이야기도 흔하다. 그리고 이 이야기들 속에서 현대의 과학기술은 초능력과 조금도 관련이 없다. 그것들은 우리가 자연적으로 타고난 재능으로 그려진다. 이런 프로그램들이 일일이 셀 수 없을 만큼 많다! 대체 그 이유가 무엇일까?

나는 우리가 초자연적인 일들이 평범한 일상이 되어가고 있고 최신식 기계장치의 도움 없이도 마법같이 놀라운 일들을 해낼 수 있다는 관점을 스스로 되새기고 있는 중이라고 생각한다. 물론 우리 자신이 실은 상상 이상의 존재라는 사실을 인정하게 되더라도 처음에는 새로운 능력들을 뭔가 특별한 것으로 바라보게 될 가능성이 많다. 요컨대 한두 가지의 초능력이 있으면 남들보다 우월해질 것이라고 생각하게 되고, 그 생각은 에고를 만족시킬 것이다.

내가 직관력이나 영적 소통능력을 가진 사람들과 함께하기 시작했을 때, 극적인 심령 현상들을 직접 경험해보고 싶어하는 이들은 대개 젊은 남성들이었다. 아마도 그것이 스포츠카를 타고 질주할 때 아드레날린이 분출되는 것과 비슷한 기분을 느끼게 해주기 때문일 것이다. 그들은 한목소리로 공중부양을 하고, 한 장소에서 다른 장소로 순간이동을 하고, 염력으로써 물건을 움직이고 싶다고 말했다. 반면 여성들은 예지력을 가진 상담사나 에너지 치유사가 되어 남을 돕고 싶어했다. 그래서 나는 그들 각자가 가진 다양한 동기에 관해, 그리고 그 동기가 확장된 능력의 발전시키는 데 어떤 영향을 주는지에 관해 관심을 갖게 되었다.

실습과제
하루 동안 과학기술과 멀어지기

1. 일주일 중 하루를 택해서 컴퓨터, 휴대폰, 계산기, 텔레비전으로부터 완전히 떨어져 지내라. 한 달 동안 이 연습을 지속하라. 전화도 자동응답기가 대신 받게 하라. 텔레파시 능력과 직관력을 이용하여 주변 환경, 그리고 만물 속에 깃든 생명과 교감해보라. 창조성을 발휘하라. 외부의 자극을 받아들이는 대신 당신 자신으로부터 나오는 것들을 보라. 자연 속에서 혼자만의 고요한 시간을 가지라. 점차 그 시간을 늘려보라. 상상의 세계 속에서 머물라.

2. 이렇게 과학기술과 단절된 시간을 경험하면서 그동안 과학기술이 당신에게 어떤 역할을 해주고 있었는지를 살펴보라. 당신의 의식-에너지를 이용해서 똑같은 일을 해낼 수 있는지 확인해보라. 당신의 의식-에너지의 근육을 키우라.

만약 '초능력'을 갖고 싶은 마음이 있다면 자기 자신에게 이런 질문들을 던져보라. '나는 무엇 때문에 신인류의 확장된 능력을 계발하고자 하는가?' '내 안에서 새로운 능력이 솟아나게 하려면 어떤 조건을 갖춰야 할까?' 다른 사람들은 못하는 일을 하게 될 때, 당신은 다시 에고에게 붙들려 정체상태에 빠지고 집단의식과 분리되어 '흐름'을 막게 될지도 모른다. 확장된 능력의 '특별함'에 집착할수록, 그 능력은 한쪽으로 치우치거나 제대로 작동하지 않거나 사라지게 될 가능성이 높다.

　복잡한 문제를 또 하나 언급하자면, 선형적 인식습관을 가진 대부분의 사람들은 일단 이 확장된 능력들을 회의적이고, 의심스럽고, 두려워하는 태도로 바라볼 것이다. 왜냐하면 그 능력들을 '정상적인' 것이 아니라 악마의 짓이거나 속임수라고 여기기 때문이다. 당신은 차원 높은 능력을 선보인 탓에 다른 사람들로부터 비난을 받을 수도 있다. 또는 능력이 갑자기 주어진 탓에 당신의 감정과 상식이 혼란에 휩쓸릴 수도 있다. (우리는 이런 상황을 영적 위기 혹은 쿤달리니 폭발에 의한 정신병이라고 부른다.)

　이런 경고에 주의를 기울여야 한다. 영적인 훈련 과정을 거치지 않는다면, 확장된 능력은 당신의 좌뇌를 불능상태에 빠뜨리고 당신의 성격이나 생활을 엉망진창으로 만들 것이다. 확장된 능력을 가졌지만 불안정하고 불균형한 에너지를 가진 사람들이 적지 않다. 그 상태가 얼마나 심각한지 그들 주변에 있는 기계들은 걸핏하면 고장이 난다. 일명 'PK맨'으로 알려진 테드 오웬스는 자신이 염력으로써 세상의 날씨를 조종하고, 축구경기의 결과에 영향을 주고, 필요하면 UFO도 불러낼 수 있다고 주장했다. 하지만 그는 종종 악감정과 에고에 의해 움직였고, 싫어하는 사람들이 있는 곳으로 허리케인을 보내는 악행을 벌이기도 했다. 비슷한 재능을 가진 다른 사람들도 박해를 받거나 건강상의 문제를 겪는 경우가 많았다. 그들은 신경과민에다 위험할 정도로 과체중이었고, 알레르기와 부분마비와 만성통증에 시달렸다. 종합해보면, 지구의 주파수 상승과 맞물려서 서서히 확장된 능력을 계발해가는 것이 최선의 길이다. 만약 확장된 능력이 당신의 진화과정에 도움이 된다면, 그것은 자연스럽고 균형 잡힌 방식으로 나타날 것이다.

실습과제
사물의 내력 읽기

1. 친구에게 그의 집에 있는 흔한 물건들 중에서 사연이 있는 것을 하나 가져와달라고 부탁하라. 친구가 그 물건에 얽힌 사연을 많이 알고 있을수록 좋다. 할아버지의 은시계도 좋고, 고모의 책도 좋다. 창고열쇠도 좋고, 어린 시절부터 간직해온 반지, 작은 조각상, 머그잔도 좋다. 친구가 그 물건에 대해 잘 알고 있어야 한다는 점이 중요하다.

2. 조용히 앉아서 그 물건을 잡고 있으라. 그리고 당신이 그 물건으로부터 수신한 인상들을 가능한 한 상세하게 친구에게 들려주라. 당신의 얘기가 얼마나 정확한지 확인해보라.

당신이 확장된 능력과 관련된 광대한 영적 흐름 속에 있다면, 이런 능력은 당신의 의식-에너지가 확장된 결과로서 또는 특별한 목적을 위해 자연스럽게 나타났다가 제 할 일을 다하면 또 뒤로 물러날 것이다. 주파수가 상승함에 따라, 당신은 이런 능력이 얼마나 정상적이고 자연스러운 것인가를 점차 깨닫게 된다. 만약 당신이 의식-에너지의 거대한 구로서 존재하고 있다면, 모든 사람과 모든 것이 당신 안에서 빈틈없이 연결돼 있다면, 당신은 다른 사람들의 생각을 텔레파시로써 알 수 있다. 왜냐하면 그들은 당신의 커다란 마음 '속에서' 소통하고 있기 때문이다.

이런 상태에서 당신은 주의력을 조절함으로써 에너지를 움직여 어떤 물건을 물질화·비물질화하거나 다른 장소로 이동시킬 수 있다. 당신의 외모 또는 당신의 현실을 순간적으로 변화시키는 일도 어렵지 않을 것이다. 당신은 당신 자신은 물론이고 다른 사람들의 미래와 과거까지 알 수 있고, 죽은 사람들과 비물리적 존재들에게 말을 걸 수도 있다. 만약 사물을 물질화·비물질화할 수 있다면, 똑같은 원리로 당신의 몸을 가볍게 만들어 공중부양을 하거나 한 장소에서 다른 장소로 순간이동을 할 수도 있을 것이다.

> 물질적, 생리적, 정신적, 영적 변화는 반드시 에너지의 변성과 관련이 있다. … 모든 생각, 모든 감각, 모든 감정은 에너지의 교환에 의해 생겨난다.
>
> — J. G. 베넷

나는 직관력을 계발하기 시작하면서 다양한 초능력자들을 만나게 되었고 초자연적인 현상들이 실재한다는 사실을 확인했다. 나는 뉴욕에 거주하는 초심리학자인 한스 홀저와 함께 작업하다가 비물리적 존재가 사진의 필름을 변화시키는 현상을 목격했다. 한 놀라운 치유사가 종양을 없애는 모습과 부러진 내 발목뼈를 눈 깜짝할 새에 맞추는 모습도 두 눈으로 직접 보았다. 한때 나는 일곱 명의 영매와 주술사들과 일했는데, 그들 주변에서는 기묘한 현상들이 자주 나타났다. 그들 중 일부는 으스스할 정도의 예지능력을 갖고 있었다. 나와 함께 많은 시간을 보낸 한 영매의 주변에서는 물건들이 사라졌다 나타났다 하는가 하면 순간이동을 할 때도 많았다. 그녀는 영적 인도자들의 것으로 추정되는 목소리가 녹음된 공테이프도 갖고 있다. 한 번은 1,600킬로미터 떨어진 곳에 있는 한 주술사가 에너지체의 모습으로 내 앞에 나타나기도 했는데, 그 모습은 그를 직접 만나는 것과 똑같이 생생했다.

정상의 범위 확장하기

확장된 능력은 임사체험, 충격적 사건, 큰 수술을 겪은 사람에게서도 나타날 수 있다. 그들의 에너지체와 마음에 전달된 충격이 어떤 틈새를 만들고, 그리로 높은 차원의 의식-에너지와 영혼이 흘러들어오는 것이다. 이런 일에서 회복된 후에 그들은 이전과는 다른 기분을 느끼거나 심지어 자신이 좀더 진화된 다른 영혼과 바꿔치기 당했다는 생각이 들기도 한다. 내가 알기로, 그들은 무한한 영혼과 집단의식을 드러낼 수 있는 능력을 얻은 것이다. 트라우마를 남기는 사건들은 새로운 의식, 확장된 의식으로 나아가는 계기이자 일종의 지름길과 같은 역할을 한다. 많은 사람들이 이와 같은 경험담을 내게 들려주었다. 마리는 이렇게 말한다. "전 열아홉 살에 끔찍한 교통사고를 당했어요. 몇 초 동안 죽은 상태였지요. 그리고 사흘간 혼수상태에 빠져 있다가 깨어나 보니, 제 직관력이 좀더 명확해졌고 왼손에는 초승달과 별 모양의 흉터가 나 있었어요."

오늘날과 같이 가속화된 세상에서는 굳이 트라우마를 경험하지 않아도 확장된 능력을 계발할 수 있다. 그저 당신의 진동을 근원 주파수에 맞추고, 좀더 투명해지려고 노력하고, 자신이 생각보다 훨씬 더 놀라운 존재라는 사실을 깨닫기만 하면 된다. 한 가지 능력이 열리면 그것과 관련된 다른 능력들도 빠르게 계발된다. 예컨대 내면의 감각을 이용해 듣고 느끼는 투청透聽 능력과 투감透感 능력이 향상되면 텔레파시 능력도 훨씬 정교해진다. 왜냐하면 텔레파시는 미묘한 인상과 소리를 감지하는 능력과 관련이 있기 때문이다. 이렇게 신체의 초감응력이 살아나면 당신의 주파수가 비물리적 존재들의 주파수와 비슷해지기 때문에 당신은 그들을 감지할 수 있게 된다. 당신이 원하는 직업, 인간관계, 현실을 창조해내는 법을 연습하면 염력으로 사물을 이동시키는 데도 도움이 된다. 꿈속에서 자신의 움직임을 조절하는 자각몽을 연습하면 시간여행도 가능해진다!

'신인류'의 능력 계발하기

확장된 능력을 계발하기 위해 다음의 방법을 실천해보라.

• 당신 자신이 더 많은 앎과 능력을 진심으로 원하고 있는지를 자문해보라. 단순히 호기심을 좇는 것만으로는 깊은 차원으로 들어갈 수 없다. 인내력이 없으면 아무것도 성취할 수 없다. 솔직함, 인내력, 끈기가 필요하다.

• 점차 개선되고 있는 자신의 초감응력에 집중하라. 당신의 내

면 주시자는 당신이 무엇에 주목하길 원하는가? 더 오랫동안, 더 깊이 지금 이 순간에 초점을 맞출 때 무엇이 당신의 눈길을 사로잡는가? 계속 자문해보라. 그 밖에는 또 어떤 것들이 눈에 띄는가? 이 상황의 배후에서는 어떤 일이 일어나고 있는가? 저 남자와 저 여자는 무엇을 생각하고 느끼고 있는가? 당신의 신체적 감각이 좀더 예리해지도록 하라. 당신의 내적 청각, 내적 시각, 내적 촉각을 최대한 활용하라. 당신은 소리에서 색깔을 느끼거나 자신의 살갗 속을 들여다볼 수 있는가? 여기서 목표는 주의력을 통해 얻어낼 수 있는 정보의 양을 늘리고 질을 높이는 것이다.

> 낯선 것 속에서 진실을 발견하기 위해서는
> 당신의 시각의 기본 틀을 먼저 해체시켜야 한다.
> — 레너드 코헨

- 사람들과 상황들에 집중하면서 에너지가 불균형하거나 막힌 곳을 찾으라. 뭔가가 불안정하다는 사실을 발견했다면, 그것이 두려움 없이 온전한 상태로 '흐름' 속에 있는 모습을 상상함으로써 그것을 축복해주라. 당신이 어떨 때 춥고, 덥고, 배고프고, 지치는지를 살펴보라. 상상력을 발휘하여 그 느낌을 편안한 수준으로 누그러뜨리라. 여기서 요점은 일단 변화시키고 싶은 대상을 정하고, 내면의 작업을 통해 실제로 그것을 변화시켜보는 — 충분히 만족스러워질 때까지 — 것이다. 그 결과로서 외부세계가 어떻게 바뀌는지를 확인하라. 당신이 이뤄낸 변화를 인정하고 만끽하라.

• 다음 장의 목록을 살펴보라. 이것들 중에 당신이 이미 하고 있 거나 이제 막 할 수 있는 단계에 이른 능력이 있는지 점검해보라. 당신이 꿈속에서 본 일이 진짜로 현실에서 일어난 적이 있는가? 친구가 병이 날 것을 미리 예감한 적이 있는가? 어떤 친구에 대해 생각했는데 한 시간 뒤에 바로 그 친구로부터 전화가 걸려온 적이 있는가? 과거의 상처를 치유했더니 다음날 동료가 "와! 너 오늘 뭔가 달라 보인다!"라고 말한 적이 있는가? 현관을 들어서다가 돌아가신 이모가 거실에서 서성이고 있다는 인상을 받은 적이 있는가? 불쑥불쑥 튀어나오고 있는 당신의 능력을 인정하라. 당신이 인정해줄수록 그 능력은 더욱 발전한다.

### '신인류'의 확장된 능력들	
신체적 능력과 감각의 개선	오감의 극대화를 통해 에너지 속의 정보 해독하기, 에너지 흐름을 강화하고 조율하기, 요가수행자들처럼 신체기능 제어하기, 서로 다른 감각들을 긴밀히 공조시키기, 에너지 차원에서 장애요소를 제거하고 치유하기. 지진·전자기장·오염물질 감지하기.
내적 감각의 발달	내적 시각, 청각, 촉각, 미각, 후각의 발달. 오라 보기. 시공간상 멀리 떨어진 사건들 예견하기. 몸의 패턴 읽기. 삶의 패턴 읽기. 무형의 존재를 보고 듣고 느끼기. 다우징 dawsing이나 신체역학(kinesiology) 관련 기술의 숙달.
텔레파시, 마음 읽기, 사이코메트리	공간과 차원을 초월해 언어 없이 의사소통하기. 다른 종種과 의사소통하기. 물건을 만져보고 내력 읽기.
예지와 전생 회상	다른 시간대와 장소에 있는 대상들 인식하기. 원거리 투시. 점술. 아카식 레코드에 접근하기. 상징 해석하기.
다른 차원과의 의사소통	온전한 또는 제한적인 영적 교신능력을 통해 눈에 보이지 않는 존재들과 의사소통하

'신인류'의 확장된 능력들	
	기. 의식과 주술을 통해 비물리적 존재들과 협동하기. 자동기술/자동그림, 제노글로시 xenoglossy(배우지 않은 언어로 말하는 현상) 등의 능력.
자각몽	꿈속에서 꿈속의 상황 조종하기. 다른 차원으로 이동하기.
체외이탈, 임사체험, 아스트랄계 여행, 동시에 두 장소에 존재하기, 시간여행	몸에서 빠져나와 시공간을 초월해 다른 지점으로 이동하기. 육체를 이탈한 존재들의 방문 감지하기. 동시에 두 장소에 존재하기.
형체 바꾸기, 연금술	자신의 외모와 형체 바꾸기. 인간이 아닌 다른 동물로 변신하기. 한 가지 물리적 성분을 다른 성분으로 변성시키기.
염력, 물체이동, 순간이동, 물질화, 공중부양, 승천/강림	고도의 집중력으로 물체 움직이기. 물체를 비물질화/물질화시키기. 시간과 공간을 초월해 물체를 한 장소에서 다른 장소로 옮기기. 사물을 지면에서 띄우기. 당신의 물리적 자아를 벗어나 영혼이 되었다가 다시 물리적 자아로 돌아오기.

실습과제
텔레파시 연습하기

언젠가 내 친구의 세 살배기 아들이 엄마에게 자기는 마음을 읽을 수 있다면서 이렇게 말했다고 한다. "한 번 시험해봐. 뭔가를 생각하고 그걸 마음속으로 외쳐봐!" 당신도 이 방법을 시도해볼 수 있다.

1. 친구나 동료를 떠올려보라. 그들의 머릿속 중심, 가슴속 중심, 그리고 몸속의 모든 세포에 집중하라. 당신이 그곳에 있다는 느낌을 그들에게 전달하라. 그들의 장 속에 들어가서 당신의 근원 주파수에 맞춰진 소리굽쇠를 때려라. 그들과 물리적 세계에서도 연결되고 싶다고 말하라. 그런 다음 흘려보내고 긴장을 풀라. 그들이 당신에게 전화를 하거나 메시지를 보내오는지 확인하라. 그렇지 않다면 이 과정을 반복하라.

2. 당신이 잘 알고 있는 사람을 한 명 떠올리고 마음속에서 그의 이미지를 그려보라. 그가 지금 무엇을 하고 있는지 느껴보라. 그가 어떤 감정을 느끼고 있는지, 무슨 생각을 하고 있는지, 어떤 색의 옷을 입고 있는지 느껴보라. 당신이 그의 옆에 서 있고, 그가 당신의 존재를 알아차리는 장면을 상상하라. 그런 다음 그에게 전화를 걸라. 방금 당신이 한 일을 설명하고, 당신이 느낀 그의 이미지가 실제 모습과 얼마나 일치하는지 확인해보라. 그에게 당신의 실험에 동참해줄 수 있는지 물어보라. 어느 때든 당신이 지켜보고 있다는 느낌이 들면 바로 확인전화를 해달라고 요청하라.

3. 죽은 친척들 중 한 사람을 떠올려보라. 그의 모습을 상상하고, 당신이 긴장을 풀고 있거나 꿈을 꾸고 있을 때 당신의 의식 속으로 들어와달라고 요청하라. 그리고 당신의 장 속에 당신이 해석할 수 있는 메시지를 남겨달라고 요청하라. 그것은 특정한 감정상태, 단어, 문구 또는 상징물이 될 수도 있다. 한 달 동안 이 연습을 반복하라. 의미심장한 것들을 발견할 때마다 일지에 기록해두라.

• 당신의 내면에서, 당신의 상상 속에서 이런 능력들을 먼저 계발하라. 당신의 모든 감각과 고도의 집중력을 활용해서 식탁 위에 있는 소금통을 1센티미터 움직여보는 상상을 해보라. 어떤 물건을 만질 때면 그것이 어디서 왔는지, 누구의 물건이었는지를 이미 알고 있다고 생각하라. 당신 자신이 지금 있는 곳에서 형체를 감췄다가 1.5미터 정도 떨어진 곳에서 다시 나타나는 장면을 상상하라. 상상 속에서 이런 식의 현실창조 놀이를 계속하라. 당신 자신에게 사물의 내력을 읽어내는 사이코메트리 능력과 염력, 순간이동 능력이 있다고 느껴질 때까지 반복하라. 확장된 능력은 비물리적 세계에서 먼저 시작된다. 그곳에서는 이런 능력이 정상적인 것이다. 그것은 물리적 세계 속으로 미끄러져 들어와서 곧 이곳에서도 정상적인 능력이 될 것이다.

• 당신의 의식-에너지를 근원 주파수에 맞추는 연습을 하라. 당신의 주파수를 당신의 영혼과 일치시킨 덕분에 더 많은 에너지가 당신의 몸속을 순환하게 되었다고 생각하라. 당신 자신을 투명한 존재

로 상상하라. 그럼으로써 상상이 현실이 되는 과정의 장애물이 제거된다고 상상하라. 이것이 평소의 마음상태가 되게 하라. 몸의 긴장을 풀고 상상의 세계 속으로 빠져들라.

> 우리는 신성 또는 영혼이야말로 우리 자신의 원형이자 순수한 본질임을 서서히 깨달아가고 있다.
> — 켄 윌버

• 당신 내면의 의식-에너지 세계가 물리적 세계와 완전히 통합돼가고 있음을 수시로 기억하라. 이 두 세계는 지금 이 순간 속에서 서로 끊임없이 영향을 미치고 있다. 만약 당신이 확장된 능력의 내적 청사진을 창조할 수 있고 그것을 실재하는 것으로 느낀다면, 그것은 머지않아 실현될 것이다. 그것은 현실 속으로 튀어나오려 하고 있다. 당신이 해야 할 일은 그 능력의 가능성에 대한 불신과 거부감을 없애는 것이다. 가능성을 허용하라.

• 이런 확장된 앎과 행동이 꼭 당신의 신체기관에 의해 발현될 필요는 없다. 당신의 장은 에너지와 입자들로 구성되어 있다. 그 장 속의 모든 것은 에너지와 입자들로 구성되어 있다. 따라서 당신의 의식은 그 어떤 대상과도 접촉할 수 있다. 당신은 소금통, 공기, 또는 테이블을 구성하고 있는 입자들을 살아서 움직이게 만들 수 있다. 예컨대 소금통을 당신의 장 안의 다른 장소로 옮길 수 있도록 집단의식에게 도와달라고 요청하기만 하면 된다. 모든 확장된 힘은 이런 협동작업으로부터 나온다.

- 당신이 알고 싶거나 하고 싶은 일을 상상하고 그것을 생생한 현실로 느낀 후에는 집중의 강도를 확 낮추어 편안한 상태로 되돌아오라. 이제는 당신의 눈과 두뇌가 아니라 당신의 몸과 가슴이 그것에 주의를 기울이도록 하라. 긴장을 풀라. 억지로 밀어붙이는 태도는 도움이 되지 않는다. 내려놓아야 에너지가 흐를 수 있다.

실습과제
동물로 변신하기

1. 당신이 지금 자연 속에서 빈터로 걸어가고 있다고 상상하라. 조용히 주변을 둘러보라. 풍경으로부터 어떤 동물이나 새 한 마리가 나와서 당신 앞에 모습을 드러낼 것이다. 그 동물은 당신을 선택했고, 당신에게 전할 메시지나 교훈을 가지고 있다. 그 동물을 신뢰하라.

2. 당신의 에너지체가 당신의 육체를 빠져나와서 그 동물의 몸속으로 들어간 뒤에 그것과 조화롭게 하나가 된다고 상상하라. 새로운 몸의 형체에 적응하라. 그 동물의 눈을 통해 세상을 바라보는 데 익숙해지라. 그 동물의 머리, 앞발과 뒷다리에 적응하고 그것의 가슴을 느껴보라. 다른 부위들도 찬찬히 느껴보라.

3. 그런 다음 그 동물이 당신을 어디로 데리고 가든 함께 따라가라. 그 동물이 어떤 식으로 세상을 이해하고 상황을 헤쳐나가는지 살펴보라. 그 동물은 어떤 방식으로 사물을 감지하고 이해하는가? 그

동물은 당신에게 텔레파시로써 말을 걸고, 자신의 지식패턴을 당신의 에너지체에 직접 전달할 수 있다. 그 동물이 전하려 하는 메시지나 교훈을 받았다면, 감사의 마음을 전한 후에 그 몸을 천천히 빠져나와 당신의 몸으로 되돌아오라.

4. 당신은 그 동물이 되어봄으로써 무엇을 배웠는가? 그 동물은 왜 당신을 선택했는가? 관찰한 사항을 일지에다 적어보라.

다른 사람들의 경험담

우리는 모두 확장된 능력과 관련된 이야기를 가지고 있다. 하지만 그것을 재미삼아 친구들에게 들려줄 만한 희한한 경험 정도로만 여기는 사람들이 많다. 이런 이야기를 진지하게 곱씹어볼 때 당신은 놀라운 가능성의 문을 열게 된다.

나는 집을 나서서 캘리포니아의 멘로파크까지 1시간 15분 정도 운전을 하다가 기이한 경험을 한 적이 있다. 매주 지나다니는 길이기에 나는 그곳 지리에 익숙했고, 15분 간격으로 눈에 띄는 표지를 지나치게 된다는 사실도 잘 알고 있었다. 그날도 나는 같은 길을 운전하고 있었다. 그러다 문득 차 안의 시계를 확인했는데, 내가 원래 있어야 할 지점이 아닌 다음번의 표지물이 있는 곳에 와 있다는 사실을 발견했다. 평소보다 15분 거리를 더 이동한 것이다. 나는 이상하다고 생각하면서도 그냥 "시간을 많이 벌었네"라고 중얼거리고 말았다. 그렇게 나는 몇 킬로미터에 달하는 15분 거리를 '빼먹은' 채로 고

속도로를 빠져나왔다. 그런데 다시 시계를 보니 (어느새 15분이 더해져서) 평소 여기까지 오는 데 걸리는 시간과 동일한 시간이 흘러 있었다. 나는 내가 착각을 하거나 실수를 한 게 아니라는 사실을 분명히 알고 있었다. 문득 내가 순간이동 같은 걸 했었는지도 모르겠다는 생각이 들었다. 하지만 내 좌뇌는 평소와 달라진 현실을 감당하지 못했고, 그래서 다시 나를 원래의 일정표에 맞는 현실로 돌려보낸 것이다.

> 나의 혈관들은 눈에 보이지 않게 몸 밖으로 뻗어 있다.
> — 안토니오 포치아

이와 비슷한 이야기들이 더 있다. 카즈라는 일본인은 열흘간 단식을 한 후에 뭔가 '희미하고 옅은 냄새'를 맡았다. 박하향이었다. 그는 방 안을 살펴보고, 창문 밖을 둘러보고, 복도도 확인했지만 냄새의 근원지를 찾을 수 없었다. 그 냄새는 계속 사라지지 않았는데, 결국 카즈는 그것이 그의 방에서 한참 떨어져 있는 어머니의 욕실 속 치약으로부터 풍겨나오는 것임을 알아냈다. 그는 이렇게 말한다. "이것은 내가 자연이나 환경과 얼마만큼 하나가 될 수 있는지를 보여 준 경험이었다. 우리는 모두 본능적으로 이와 같은 능력을 가지고 있다."

캐리는 자신이 사람들에게 먼저 전화를 거는 경우가 거의 없는 편인데 할아버지가 돌아가시던 바로 그 순간에게 그에게 전화를 걸었었다고 한다. (그녀는 나중에 할머니가 돌아가실 때도 똑같은 경험을 했다.) 캐리는 이렇게 말한다. "저는 할아버지가 세상을 떠나시던 바로 그 순간에 전화를 걸었어요. 전 이게 매우 고무적인 경험이라고 생각해요.

우리 모두가 항상 서로 연결돼 있고, 물리적 한계를 넘어서 의사소통하고 있다는 뜻이잖아요."

휴고는 군복무 중에 손끝을 이용해서 글을 읽을 수 있다고 자랑하는 병사를 만난 적이 있다고 한다. 그 병사는 테스트를 받는 데 동의했고, 휴고는 그가 아무것도 볼 수 없도록 그의 눈을 붕대로 감고 머리에는 봉투를 덮어씌웠다. 그런 다음 책 한 권을 꺼내어 손이 가는 대로 페이지를 펼쳤다. 병사는 그 페이지의 첫 번째 단어에 손끝을 갖다 대더니 마치 눈으로 보는 듯이 읽기 시작했다. 뒤이어 휴고는 그 병사에게 사진 한 장을 건네주었다. 병사는 사진을 만지작거리더니 그 이미지를 상세하게 묘사하기 시작했다. 휴고는 이렇게 말한다. "전 그날 이후로 진실로 모든 일이 가능하다고 생각하게 되었어요!"

나는 1996년에 볼티모어로 출장을 갔을 때 갑작스럽게 기분이 변하는 것을 느꼈다. 나는 내담자가 약속시간에 늦은 데 대해서 평소와는 달리 화가 많이 났다. 그리고 그 내담자와 함께 함께 리딩작업을 시작했는데 그 집의 복도에서 뭔가 웅성대는 소리가 들려왔다. 처음에는 그녀의 가족 중 누군가가 퇴근해서 집에 돌아왔나보다 하고 생각했다. 그녀가 이 집에는 우리 둘뿐이라고 말했지만 나는 그 말을 믿을 수 없었다. 나는 평소의 의식상태로 돌아온 후에 주변을 살펴보았는데 정말 그녀의 말대로 아무도 없었다. 리딩작업을 마치고 나자 마치 나 자신이 돌덩이라도 된 것처럼 눈꺼풀조차 들어올릴 기운이 없었다. 나는 그대로 그 집의 소파에 쓰러져서 거의 혼수상태와 다를 바 없는 깊은 잠속으로 빠져들었다.

얼마 후, 그곳에서 열릴 세미나의 주최자가 찾아와서 나를 깨웠다. 이제 몇 시간 후면 세미나가 열릴 텐데 나는 도통 집중할 수가 없었다. 커피를 여러 잔 마셨는데도 계속 정신이 흐리멍덩했기에 나는 그녀에게 "세미나 장소까지 가는 길에 눈을 좀 붙여도 괜찮을까요?" 하고 물었다. 그날 나는 세미나 참석자들에게 방금 경험한 일을 들려주었다. 놀랍게도 참석자들 중 여섯 명이 나와 비슷하게 별다른 이유 없이 집중력이 떨어지고 불안한 느낌을 받았다고 말했다. 그리고 저녁 8시 30분경이 되자 우리 모두의 기분이 한결 나아졌다. 나는 맑아진 정신으로 세미나를 기분 좋게 이어나갔다. 그리고 나는 다음날이 되어서야, 트랜스월드 항공 800편이 전날 저녁 8시 30분경 이곳에서 수백 킬로미터밖에 떨어지지 않은 뉴욕 근방에서 폭파됐다는 소식을 뒤늦게 접하게 되었다.

우리는 혼자 힘으로는 살아갈 수 없다. 수천 개의 실가닥이 우리와 다른 사람들을 이어주고 있다. 우리는 서로 공명하는 존재이므로, 우리가 한 행위의 결과는 반드시 우리에게 되돌아온다.

— 허먼 멜빌

도대체 무슨 일이 일어난 걸까? 마치 동물들이 지진을 예견하고 대피하는 것처럼 내 몸이 코앞에 다가온 '사건의 파동'을 감지하고 그에 반응했던 걸까? 이제 곧 목숨을 잃게 될 사람들을 돕기 위해 내 의식이 최대한 상위 차원으로 끌어올려졌던 걸까? 내가 들었던 목소리는 정말 그 사건의 희생자들과 관련이 있을까? 그렇다면 그 사건이 상위 차원에서는 실제의 물리적인 폭발보다 한참 앞선 시점부터 진행되고 있었던 걸까? 그리고 실제로 그 사건이 일어난 그 순간에 상위 차원의 긴장상태도 해소되어버린 걸까?

이것은 비물리적 차원 속의 어떤 극적인 요소가 내 물리적 삶에 커다란 영향을 주었던 한 예이다. 나는 2011년의 9/11 사태 직전에도 이와 비슷한 경험을 했다. 나는 이것이 체외이탈 또는 동시에 두 장소에 존재하는 능력과 관련된 경험이라고 믿는다. 나는 그즈음에 항상 물리적 세계와 비물리적 세계 속에 '동시에' 머물고자 노력하고 있었기 때문이다. 아마도 그런 내 에너지의 상당부분이 상위 차원 속의 사고희생자들에게로 향했기 때문에 물리적 현실 속의 나는 정신을 차릴 수가 없었던 것이 아닐까 싶다.

실습과제
시공간 여행하기

1. 에너지체로서 누군가를 방문해보자. 당신이 잘 아는 사람을 하나 떠올려보라. 그 사람이 평소에 있을 만한 장소에 있다고 상상하라. 예컨대 책상 앞에 앉아 있는 어머니, 스토브 앞에서 요리를 하고 있는 형제, 또는 정원에 있는 친구의 모습을 상상하라. 당신이 그들과 같은 시간과 공간 속에 있다고 여기라. 마치 지금 당신이 실제로 그곳에 있는 것처럼 느끼라. 당신은 지금 에너지체로서 존재한다. 그것이 점점 '채워지면서' 견고한 형체를 띠어간다고 상상하라. 이제 손을 뻗으면 그 사람을 만질 수 있고, 말을 걸면 소리가 실제로 전달될 것이다. 그의 이름을 불러보라. 또는 다른 직접적인 방식으로 그들의 이목을 끌어보라. 그들에게 중요한 얘기를 들려주라. 그들을 부드럽게 만져보라. 이것을 실제상황으로 느끼라. 위의 과정을 반복

해보고 그 사람의 반응을 점검해보라. 아마도 그들은 부엌에서 당신의 모습이 섬광처럼 나타났다가 휙 사라지는 광경을 목격했을 수도 있고, 당신에 관한 꿈을 꾸거나 별다른 이유 없이 당신에게 전화를 걸어올 수도 있다. 이렇게 에너지체로서 그들을 방문하는 동안 당신이 얻게 된 통찰이 무엇인지를 살펴보라.

2. 동시에 두 장소에 존재하는 연습을 해보자. 당신이 다른 어딘가에 있는 사람을 에너지체로서 방문하고 있는 동시에 지금 여기에서도 존재하고 있다고 상상하라. 이 두 가지 이미지를 실제상황처럼 느끼고 경험하라. 두 가지 이미지를 편안하게 공존시키기 위해서 당신은 약간 더 고차원적인 관점으로 전환하거나 당신의 구를 확장시켜야 할지 모른다.

3. 시간여행을 시도해보자. 앞선 연습에서 다른 장소에 있는 당신의 모습을 상상했던 것처럼 이번에는 다른 시간대, 즉 과거 속에 있는 당신의 모습을 상상하라. 에너지체로서 과거의 시간으로 가서 그때의 당신 몸속으로 들어가라. 과거의 당신의 몸을 통해 세상을 바라보라. 지금 당신은 방문객이다. 그러니 그 당시에 당신이 인식하고 선택했던 것들을 그저 따라가라. 주변환경을 자세히 살펴보라. 당신의 내면의 동기, 다른 이들과의 상호작용, 자기 자신에 대한 태도 등을 살펴보라. 현재의 에너지체로부터 과거의 몸속으로 부드럽고 은밀하게 사랑을 주입하라. 또는 과거의 자신에게 도움이 될 만한 긍정적인 메시지를 남겨두라.

높은 주파수의 작용과 '신인류'의 능력에 관해, 그리고 의식-에너지의 미세한 변화가 물리적 현실에 영향을 미치는 방식에 관해 아직 우리가 모르는 것들이 너무나 많다. 일전에 나는 친구이자 동료이자 영매인 케빈 라이슨의 도움으로 영적 존재로부터 메시지를 받은 적이 있다. 그 존재는 자연연소(spontaneous combustion) 현상에 대해 설명해주었다. 그에 따르면, 사람의 몸 전체가 몇 초 만에 불에 타버리는 — 심지어 손발은 거의 재만 남는다 — 이 현상은 육체를 벗어난 의식이 되돌아오지 않고 아예 다른 시공간으로 가버릴 때 발생하는 일이라고 한다. 몸의 형체를 계속 유지해야 할 이유가 사라졌기 때문에 육체가 스스로 붕괴한다는 것이다. 이 메시지는 내게 놀라운 통찰을 주었다. 나는 초자연적 현상을 일으키는 '눈에 보이지 않는 원인'에 관해 우리가 아는 바가 아직 턱없이 부족하다는 사실을 깨달았다. '신인류'의 능력이 아직 보편화되지 못하고 있는 이유는 단지 우리가 아직 그것의 내적 청사진을 이해하지 못하고 있기 때문인지도 모른다.

먼저 비물리적 세계에서 작업을 시작하여 그 움직임과 형태를 물리적 세계 속에서 이뤄내는 방식에 익숙해질수록, 우리는 이 모든 초자연적 현상과 능력의 '기이함'에 대해서도 편안한 마음을 갖게 될 것이다. 오히려 그것은 우리가 얼마만큼 상상의 나래를 펼칠 수 있는지, 그리고 고도의 집중력에 의한 물질화 과정을 얼마만큼 신뢰하고 있는지를 가늠해보는 기준이 되어줄 것이다. 우리는 물리적 세계 속에서는 너무나도 기이하게 보였던 능력이 비물리적 세계 속에서는 전혀 특별하지 않다는 사실을 알게 될 것이다. 사실은, 이런 초자연적 능력이야말로 우리가 죽고 나서 비물리적 존재로서 살아가게 되더라도 계속 우리와 함께할 것들이다.

진짜 과학은 과학소설보다도 더 기이할 뿐 아니라
훨씬 더 흥미진진하다.
— 스티븐 호킹

요약

직관의 시대에는 지금껏 초자연적이라고 여겨졌던 현상들이 자연스럽고 정상적인 일이 될 것이다. 확장된 능력은 비물리적 세계의 높은 주파수가 물리적 세계로 그대로 흘러들어올 때 나타난다. 오늘날의 책, 영화, 텔레비전은 초능력에 관한 이야기들로 넘쳐나고 있다. 이것은 우리가 과학기술의 혜택보다 더 대단한 일을 직접 해낼 수 있고, 또 스스로 그렇게 하기를 원하고 있음을 보여준다. 이런 능력을 계발하고자 할 때는 동기를 분명히 하고 영적인 이해와 경험을 쌓아나가야 한다. 왜냐하면 혼란에 빠지게 될 위험이 다분하기 때문이다.

우리는 확장된 능력들을 서서히, 그리고 부드럽게 계발하게 될 것이다. 우리의 주파수가 상승하면서 우리가 그것들을 필요로 하게 될 것이기 때문이다. 이 능력들은 서로 영향을 주고받으면서 다 함께 발전할 것이다. 현실이 변성되고 나면, 우리는 지금껏 이해하지 못했던 의식-에너지의 작동원리를 마침내 이해하게 될 것이다. 비물리적 세계에서는 모든 일이 가능하다. '신인류'의 능력이 물리적 세계에서 드러나지 못하도록 방해하는 요인 중 하나는 우리가 그 가능성을 믿거나 상상하지 않고 있기 때문이다.

15

가상의 죽음 경험하기

모든 사람이 자기 자신을 죽이고 있다. 영원하고, 더없이 즐겁고,
자연스러운 상태가 무지한 삶에 의해 늘 압사당하고 있다.

— 스리 라마나 마하리쉬

이번 장에 오싹한 내용 따위는 없으니 안심하시라! 우리는 직관
의 시대로 진입함에 따라 가속화에 의한 변성과정을 경험하게 되는
데, 사실 그것은 우리가 죽어가는 동안에 또는 죽음 직후에 하게 될
경험과 본질적으로 동일하다. 지금까지는 죽음이야말로 우리에게
주어지는 유일한 변성의 기회나 다름없었다. 하지만 우리는 그 경험
을 '의식적으로' 하지 않았기에 중요한 부분들을 놓쳐왔다. 지금은
다르다. 오늘날 우리는 다른 차원으로 옮겨가는 과정을 온전히 의식
할 수 있게 되었다. 즉 이 세상을 떠나지 않고도 '죽음'을 경험할 수
있게 된 것이다. 그러므로 내가 여기서 말하고자 하는 바는 '가상의
죽음'을 경험해보는 연습에 관한 것이다.

만약 우리가 이 작업을 하게 된다면 죽음의 신비가 확실하게 풀
릴 것이다. 그리고 물리적 세계에만 맞춰졌던 초점을 비물리적 세계
로 완전히 돌려놓아야만 하는 시기가 왔을 때, 이런 사전작업 덕분에
그 과정을 고통 없이 수월하게 통과하게 될 것이다. 그 과정이 힘겹

고 낯설기보다는 물 흐르듯 편안하게 느껴질 것이다. 이제 우리는 우리의 가장 큰 두려움 중 하나를 제거할 기회가 생겼다. 이것은 놀랄 만큼 흥미진진한 일이다!

죽어가는 동안 그리고 죽음 직후에 일어나는 일의 미묘한 차이를 이해할 수 있다면 우리는 직관의 시대에 가장 중요한 주의력 기술 중 하나를 획득하게 된다. 물리적 세계의 견고한 베일 너머를 꿰뚫어보고 느껴봄으로써 자유롭고, 평화롭고, 즐겁고, 사랑이 가득한 영적 세계로 건너가는 — 여전히 살아 있는 채로 — 기술 말이다. 우리는 이 중요한 전환기의 여러 단계들을 상상을 통해 미리 경험해봄으로써 그 과정을 단축시킬 수 있다. 우리는 비물리적 세계 속으로 들어가서 그곳의 규칙을 따르면서 살 수 있고, 그와 '동시에' 물리적 세계의 규칙을 따르면서 물리적 세계 안에서도 살 수 있다. '흐름'과 함께 이쪽과 저쪽을 오가는 것이 우리의 제2의 천성이 될 것이다. 마침내 우리는 '죽음'을 어떤 사람이나 대상과 분리되는 경험으로 바라보지 않게 될 것이다. 오히려 죽음은 상상도 못한 방식으로 우리를 깊이 연결시켜준다. 그리고 예언된 바와 같이, 우리는 변종(transmutation)이나 승천(ascension)에 가까운 경험을 통해 정말로 더 이상 죽지 않는 존재가 될지도 모른다. 행성에 내렸다가 광선에 의한 순간이동으로 우주선으로 귀환하곤 하는 〈스타트렉〉의 커크 선장처럼.

관점 넓히기

짧은 기간 동안 실제로 죽었다가 다시 살아난 사람들이 적지 않다. 뿐만 아니라 이미 죽어서 비물리적 현실 속에서 살고 있는 존재들과 의사소통을 하는 사람도 있고, 명상과 체외이탈 여행을 통해 의식의 경계를 발견한 사람들도 있다. 그들은 모두 죽음의 실제 과정에 대한 이야기를 들려준다. 아이러니컬하게도 그들 중 많은 이들은 지상의 삶이 훨씬 더 죽음처럼 느껴지고 비물리적 상태는 즐겁고 자유로운 느낌이라고 말한다. 그들에 따르면, 그곳의 존재들은 오히려 다시 태어나기를 주저하는 경향이 있다. 우리의 성장과정 가운데 '몰입단계'에 해당하는 지상의 삶이야말로 우리를 무겁고 활력 없게 만들고, 영적 차원의 놀라운 가치들과 멀어지게 만들기 때문이다.

나는 크리슈나무르티가 세상을 떠나기 직전에 캘리포니아주 오하이에 위치한 사과밭에서 담요를 두른 채 앉아 있는 모습을 본 적이 있다. 그때 그는 이렇게 말했다. "지금 죽어가고 있는 것은 에고일 뿐입니다." 나는 실로 삶은 끝없이 이어지며, 소멸되는 것은 오직 우리로 하여금 의식-에너지를 경험하지 못하게 하는 수축상태와 집착상태일 뿐이라는 사실을 단박에 깨달았다. 그리고 이와 관련된 흥미로운 생각들이 떠올랐다. 만약 우리의 물리적 경험을 상위 차원인 의식-에너지 세계의 경험과 결합시킬 수 있다면 어떻게 될까? 탄생과 죽음에 대한 저항감이 완전히 사라진다면 어떻게 될까? 우리 자신이 결코 죽지 않는 존재라는 사실을 분명히 깨닫는다면 어떻게 될까? 이런 변화가 우리 자신과 이 세상을 극적으로 변화시키지는 않을까?

죽음이 신비스럽고도 두려운 일로 여겨지는 이유는 그것이 우리의 인식작용이 완전히 멈춰버린 공백 속에 존재하기 때문이다. 우리는 다른 차원으로 옮겨가는 동안에 겪었던 일들을 기억해내려고 할 때마다 먹통이 되어버린다. 왜냐하면 그 '텅 빈' 상태를 견딜 수 없기 때문이다. 아무것도 없는 상태라니! 헉! 생각하기도 싫어! 두려움이 만들어낸 공백 때문에 우리는 물리적 세계와 비물리적 세계를 오가는 의식-에너지의 연속성을 경험하지 못한다. 우리는 창조/상상의 주기의 마지막 단계와 다음 주기의 첫 번째 단계를 연결하는 법을 잊어버렸다. 또한 이것이 끝없이 순환되는 과정이기에 어디에도 '끝'은 없다는 사실도 잊어버렸다. 우리는 비물리적 현실을 경험하는 능력을 완전히 방치해버렸다. 왜냐하면 그것은 눈에 보이지 않기 때문이다! 이와 같은 제한적 관점이 우리를 이쪽 아니면 저쪽, 유형 아니면 무형, 실재 아니면 비실재의 이원성으로 몰아넣는다.

죽음이 엄연한 현실로 여겨지는 이유는 우리가 육체의 유무와 관계없이 계속 삶을 이어간다는 사실을 알지 못하고 있기 때문이고, 삶과 죽음이라는 이원성이 좀더 포괄적인 이해에 의해 극복되는 주파수 수준에 이르지 못했기 때문이다. 아마도 죽음이라는 현상은 부정적 감정과 신념에 의해 형성된 '전 지구적' 내적 청사진으로부터 생겨나서 지속돼왔을 것이다. 만약 우리가 그 내적 청사진을 업데이트할 수 있다면, 죽음이라는 현상도 놀라운 방식으로 변화를 꾀할 것이다. 다음은 죽음에 대한 우리의 관점을 바꾸게 해주는 몇 가지 생각들이다.

- 우리가 자주 쓰는 표현들을 재검토할 필요가 있다. '삶과 죽음'이라는 말은 물리적 세계속의 경험만이 삶이고 죽음은 삶이 아닌 것으로 생각하게 만든다. 형체가 없으면 그저 무無일 뿐이라는 식이다.

그러나 삶은 의식-에너지와 동일한 것이고, 삶이야말로 통일장의 본질이다. 삶은 모든 곳에서, 모든 것 속에서 ― 당연히 비물리적 세계 속에서도 ― 끝없이 이어진다. 다양한 존재상태와 차원들을 고려할 때, '물리적 삶과 비물리적 삶'이란 말이 더 적절한 표현일 것이다.

• 우리는 삶과 죽음이 서로 별개의 상태인 것으로 생각하지만 그것은 사실과 다르다. 감정, 생각, 영靈과 같은 비물리적 상태가 그러한 것처럼, 물리적 세계 속의 삶도 특정한 주파수 대역의 의식-에너지일 뿐이다. 이 모든 것은 한 덩어리로서 서로 영향을 주고받는다. 삶과 죽음의 상태는 연속적이며, 서로 통하면서 서로를 공동으로 창조한다. 여기에 '저 바깥'이란 존재하지 않는다. 우리는 다른 어딘가로 '옮겨가는' 것이 아니다.

• 공空은 아무것도 없다는 뜻이 아니다. 무無는 그것 자체로 하나의 경험이다. 그것은 제약이 없는 상태이고, 시공간 격자의 한 점에 고정된 삶으로부터 해방된 상태이다. 공空은 하나의 거대한 공간이고, 그 안에서 우리는 상상의 세계 속에 있는 모든 것 또는 통일장 그 자체와 무제한으로 접속한다.

> 분별심을 내려놓으면 이 세상이 투명하게 빛날 것이다.
> 마치 그 안에서 불이 켜진 듯이.
> ― 사론 살스버그

• 죽음이 충격적인 일로 보이는 이유는 우리가 그것을 들여다보지 않기 때문이다. 다른 차원의 의식과 에너지를 경험하는 데 익숙해지면 우리는 이른바 물리적 세계와 비물리적 세계 사이에서 생겨나는 일들을 '느낄' 수 있게 된다. 그리고 충격적인 결말은 어디에도 존재하지 않으며 오직 일련의 알아차림과 주파수의 변화만이 지속된다는 사실을 알게 된다. 이 모든 것은 서로 '중첩'되어 있기 때문에, 우리는 초점을 바꿈으로써 다양한 차원들을 넘나들 수 있다.

• 우리는 언제나 비물리적 세계와 물리적 세계 속에 '동시에' 존재하고 있다. 우리는 꿈을 꿀 때만 비물리적 자아의 상태가 되는 것이 아니다. 책상 앞에 앉아 일을 할 때도 우리의 비물리적 에너지체가 우리 안팎에서 우리를 존재케 하고 있다. 우리가 죽은 후에 비물리적 세계 속에서 살아가게 되더라도, 우리의 영혼은 여러 시공간 속에서 다중의 삶을 펼쳐냄으로써 계속 두 가지 세계 속에서 '동시에' 살아갈 것이다.

실습과제
관점 넓히기

1. 자신이 일곱 살이었을 때로 돌아가서 그때의 눈으로 이 세상을 바라본다고 상상하면서 의식의 변화를 느껴보라. 그런 다음 현재의 나이로 돌아와서 지금 이 순간의 눈으로 이 세상을 바라보라. 한번 더 당신의 어린 시절로 돌아가서 아이의 눈으로 이 세상을 바라보

라. 그런 다음 다시 어른의 눈으로 이 세상을 바라보라.

2. 꿈의 세계 속으로 들어가서 당신이 그곳에서 얼마나 쉽게 현실을 변화시키고 뭔가를 창조해낼 수 있는지를 느껴보라. 그런 다음 반응속도가 느리고 밀도가 높은 물리적 세계로 되돌아와서 이곳의 현실이 어떻게 작동하는지를 느껴보라. 다시 한 번 비물리적 꿈의 세계 속으로 들어가라. 그리고 다시 물리적 세계로 돌아오라.

3. 이번 생을 시작하기 이전의 자신의 모습을 상상해보라. 그런 다음 이번 생의 한가운데 있는 자신의 모습을 상상해보라. 마지막으로 이번 생애가 끝난 후의 자신의 모습을 상상해보라.

4. 위의 연습을 얻은 통찰들을 일지에 적으라.

임사체험이 알려주는 사실들

샘 파르니아 박사는 세계적 명성을 지닌 과학자로서 죽음을 과학적으로 연구하고 있다. 그는 2008년에 시작된 'AWARE'*란 이름의 글로벌 프로젝트에 참여했고, 임사체험을 통해서 아직 알려지지 않은 생명작용을 연구하고 있다. 그는 심장이 작동을 멈춰서 더 이상 혈액이 두뇌에 공급되지 않으면 약 10초에 걸쳐 두뇌활동이 중단된

---

* AWAreness during REsuscitation: 소생술 처치를 받고 있는 동안의 의식상태. 역주.

다고 설명한다. 그런데 이렇게 '죽고 나서' 몇 분(길게는 한 시간) 뒤에 다시 소생한 사람들을 연구해보니, 그중 10~20퍼센트는 그 시간 동안 계속 상황을 의식하고 있었고 나머지 사람들도 사후세계와 관련된 일련의 경험을 한 경우가 상당수였다는 것이다. 파니아는 더 이상 마음과 두뇌를 같은 것으로 가정할 수 없다고 말한다.

물론 임상적으로 사망했다가 다시 의식을 회복한 사람들이 모두 임사체험을 한 것은 아니다. 하지만 임사체험을 한 사람들이 본 것과 느낀 것은 서로 놀랍도록 일치하는 경우가 많다. 심지어 그 내용은 다른 문화권에 있는 사람들끼리도 비슷하다. 심장마비 후에 임사체험을 한 영화배우 피터 셀러스는 그 순간을 다음과 같이 묘사한다. "제 몸을 떠나는 느낌이 들었어요. 몸을 빠져나와 허공에 붕 떠 있었는데, 사람들이 제 몸을 병원으로 싣고 가는 모습이 보였어요. 저도 그들과 함께 갔죠. 두렵다거나 하는 감정은 들지 않았어요. 전 정말 괜찮았으니까요. 문제가 있는 것은 제 몸이었죠."[1]

많은 사람들이 이와 비슷한 내용의 임사체험을 보고한다. 환한 터널을 매우 빠른 속도로 통과했는데 전혀 불편하지 않았다거나, 눈부신 광채의 영적 존재를 만났는데 그 존재가 사랑의 기운을 발산하면서 아주 깊은 평화 혹은 어떤 강렬한 감정이 솟구치게 만들었다거나, 먼저 죽은 지인들을 만났는데 그들의 '본질'이 동일했기에 바로 알아볼 수 있었다는 식이다.

어떤 사람들은 시공간의 동시성에 관한 경험을 했다고, 또는 생전의 모든 경험과 선택들이 자신의 삶과 다른 사람들에게 어떤 영향을 미쳤는지를 단번에 깨닫고 삶을 되돌아보는 경험을 했다고 보고한다. 생전보다 훨씬 더 생생하게 보고, 듣고, 냄새 맡고, 느끼고, 맛

볼 수 있었다면서 지상의 것들과는 전혀 다른 색깔이나 음악을 묘사하는 사람들도 있다. 그러다가 그들은 자신이 하려고 했던 일을 끝내지 못했다는 사실을 깨닫고 다시 몸속으로 ― 비물리적 세계의 엄청난 기쁨과 행복을 기꺼이 뒤로 하고 ― 되돌아온다.

〈무기여 잘 있거라〉에서 어니스트 헤밍웨이는 임사체험의 생생한 느낌을 묘사했다. "용광로 문을 활짝 연 듯한 섬광이 번쩍 일었고, 흰빛으로 시작되어 붉은빛으로 바뀌었다가 계속 색을 달리해가는 으르렁거림이 폭풍처럼 휘몰아쳤다. 숨을 쉬려고 했으나 그럴 수가 없었다. 마치 내가 몸 밖으로 나와 송두리째 허공으로 날아가는 것 같았다. 온몸이 빠른 속도로 날아가는 느낌 속에서 정말 죽었구나 싶었다. 그런데 잠시 후에 죽었다는 생각이 잘못된 것이라는 사실을 깨달았다. 나는 날아가는 것이 아니라 그냥 공중에 떠 있다가 미끄러지듯 내려오고 있었다. 나는 숨을 쉬었고, 그 순간 다시 살아났다."[2]

나는 꿈속에서 수차례의 임사체험을 겪었다. 한 번은 꿈속에서 내가 죽어가고 있었다. 나는 죽는 것이 아플지 궁금했다. 그래서 그 과정을 아주 천천히 진행했고, 내 몸의 '밖으로' 나와서 허공에 뜨는 대신에 몸속의 조직과 세포들 '안으로' 들어가서 삶의 마지막 지점을 찾아내려고 했다. 그러다가 갑자기, 내가 사라졌다! 어떤 고통도 문제도 없었고, 짓눌리거나 쪼그라드는 느낌도 없었으며, 뭔가가 바뀌었다는 자각조차 없었다. 그야말로 찰나에 벌어진 일이었다. 나는 확장되고 있었고, 새처럼 자유로웠고, 기분이 끝내줬다! 신기하게도 내 몸과 내 자아에 대한 모든 관심이 사라져버렸다. 이 새로운 상태는 너무도 친숙하게 느껴졌고, 일상의 현실보다 훨씬 더 생생했으며, 더없이 마음이 편안했다.

내가 그 경험을 떠올릴 때마다 즐거워지는 이유는 그것이 좌뇌의 지배를 완전히 벗어난 상태였기 때문이다. 사실 죽음이란 관점이 단순히 좌뇌로부터 우뇌로, 혹은 그 둘 다를 넘어선 차원으로 강제적으로 전환되는 경험에 불과하다. 만약 육체와 함께 걸어다니는 도중에도 우뇌와 우뇌의 마법 같은 무형의 현실에 초점을 맞출 수 있다면, 죽음을 삶의 마지막 순간으로 여기면서 두려움에 떠는 일은 없어질 것이다. 이것이 바로 '가상의 죽음'을 경험하는 방법이다. 자신을 의식-에너지로 바라보면 더 이상 죽음도 존재하지 않게 된다.

실습과제
상상을 통한 임사체험

1. 눈을 감고 중심에 머물러라. 그리고 상상의 세계 속으로 들어가라. 당신의 감각과 감정, 에너지를 충분히 느껴보라. 당신이 '물리적으로' 완벽하게 안전한 상태에 있다는 사실을 확인하라. 그리고 상상을 통해 당신이 육체를 떠나는 모습을 그려보라. 또는 당신의 밀도가 육체의 수준으로부터 입자들의 수준으로 확 낮아지는 모습을 그려보라.

2. 강력한 힘이 당신을 빛의 터널 속으로 끌어당긴다고 상상하라. 당신은 엄청난 속도로 그 터널을 통과한 후에 밝고 환한 장소에서 휴식하게 되고, 그곳에서 빛으로 된 특별한 존재를 만난다. 이 존재는 당신을 사랑으로 감싸 안는데, 그 기운이 너무나도 강렬해서 당

신은 울음을 터트리거나 황홀경을 경험할 수도 있다. 깊은 평화 속에서 당신에게 필요한 모든 것을 받으라. 천상의 음악을 듣게 될 수도 있다.

3. 당신이 이곳의 빛과 사랑에 적응하고 나면 세상을 먼저 떠난 당신의 지인들이 나타날 것이다. 그들은 쉽게 알아볼 수 있는 모습일 수도, 그렇지 않을 수도 있다. 하지만 당신은 곧바로 그들을 알아보고, 그들과 의사소통한다. 그들이 말해주는 것을 적으라.

4. 이곳에서는 어떤 시공간이든 경험할 수 있고 어떤 지식이든 알 수 있다는 사실에 주목하라. 지금 당신은 바로 이번 생에 초점을 맞춰서 그와 관련된 교훈을 얻고 있다. 과거의 어떤 시간들이 떠오를 것이다. 당신이 친절함, 사랑, 용기, 균형 등을 만족스럽게 경험하지 (혹은 표현하지) 못했던 시간들 말이다. 그 시간들에 주의를 기울이라. 그리고 마음속으로 당신의 행동을 바꾸겠다고 결심하라. 많든 적든 당신이 피해를 준 모든 사람을 축복하라. 당신에게 피해를 준 모든 사람을 용서하라. 그들에게 악의가 있었든 없었든, 그들 모두를 똑같이 용서하라.

5. 당신이 이번 생에 해야 할 일, 알아야 할 교훈, 타고난 소명을 지금 '느끼고' 있다고 상상하라. 다시 현실로 돌아오는 것이 올바른 선택이라는 확신을 갖고 그렇게 하라. 한층 고양된 의식과 함께 당신의 육체로 되돌아오라. 천천히 지금 이 순간의 장면 속으로 돌아오라.

6. 당신이 배우고 경험한 것을 일지에 적어보라.

투명해지는 연습을 통해 죽음 경험하기

변성과정에서 당신은 잡동사니를 제거하는 단계들을 거치게 된다. 여기서 잡동사니란 두려움, 무지, 그리고 진정한 당신의 참모습과 공명하지 않는데도 당신이 붙들고 있는 거짓된 생각들을 의미한다. 이 낮은 주파수의 생각과 감정들을 제거할 때, 당신의 영혼은 당신의 운명을 정확하게 펼쳐내게 되고 '흐름'도 당신의 진화를 돕게 된다. 우리는 10장에서 집착 없고 유동적이고 정화된 존재상태에 관해 이야기했었다. 그 '투명한' 상태에서 당신은 본本과 체體 사이를 자유롭게 넘나들면서 물리적 세계와 비물리적 세계를 통합하게 된다.

당신이 무의식중에 자신을 탁하고, 견고하고, 분리돼 있고, 외로운 존재로 느끼게 되는 이유는 당신 안에 있는 잡동사니들 때문이다. 그것이 바로 당신을 비물리적 근원으로부터 떼어놓는, 즉 비물리적 세계와 물리적 세계를 가로막고 있는 '베일'이다. 이번 장 서두의 인용문이 말해주듯이, 그런 잡동사니를 지니고 살아가는 것은 일종의 자살행위와 같다. 그것은 '죽음은 무無와 같다'는 잘못된 신념으로부터 비롯된다. 따라서 이 신념을 제거한다면 당신은 다시 투명한 존재가 되고, 두려움 없는 의식-에너지 세계가 주는 유익함을 빠짐없이 경험하게 될 것이다.

투명한 존재가 되기 위해서 다음의 방법들을 실천해보라. ― 움츠러들고, 움켜쥐고, 통제하고자 하는 마음을 멈추라. 두려움, 애착,

에고, 단단히 응어리진 믿음과 감정을 내려놓으라. 영혼집단의 유대감과 근원 주파수의 공명을 바탕으로 하여 당신의 삶을 진실로 신뢰하는 습관을 기르라. 무슨 일이 생기든 그것을 받아들이고, 진심으로써 적극적으로 참여하고, 기쁨으로써 창조하고, 넓은 마음으로써 도우라. 지금 당신이 창조/상상의 주기 속에서 어떤 단계에 있든지, 그 자리에 온전히 머물라. 그래야만 흥미로운 다음 단계로 나아갈 수 있다는 사실을 알라.

투명한 존재가 될수록 물리적 세계와 비물리적 세계가 경계를 나눌 수 없는 하나의 거대한 현실임을 분명히 알게 될 것이다. 당신은 자아의 전체 스펙트럼을 알게 되고, 각각의 주파수 대역에서 당신이 어떤 모습으로 어떤 일을 할 수 있는지도 알게 된다. 아마도 우리가 '완전히' 투명한 존재가 되면, 그때는 탄생과 죽음의 개념이 강림(descension)과 승천(ascension) 또는 물질화와 비물질화의 개념으로 대체될 것이다. 우리는 더 이상 몰입(immersion)단계에서 혼란에 빠지지 않고 맑게 깬 의식으로 이 순환주기의 전 과정을 경험하게 될 것이다.

> 나라는 존재, 쉼 없이 희로애락을 경험하고 있는 이 활발한 정신이
> 그저 한 줌의 먼지가 되어 소멸할 것이라는 말을 나는 믿지 않는다.
> — 메리 울스턴크래프트

투명한 존재가 되면 기존의 정체성과 세계관에 집착하지 않게 된다. 당신은 쉽게 관점을 바꿀 수 있고, 당신의 현실은 그에 반응한다. 육체의 죽음도 그저 단순한 관점의 전환에 불과한지 모른다. (지금 나는 물리적인 나로서 여기에 있다. → 지금 나는 비물리적인 나로서 여기에 있다.) 날마다

당신은 꿈을 통해 바로 이런 '순간적 차원이동' 연습을 하고 있다. 그
것 자체가 죽음을 경험해보는 또 하나의 방법이다.

사후의 의식 수준들

로버트 먼로가 세운 '먼로 연구소'(The Monroe Institute)는 사람들에게
육체의 주파수를 초월하여 상위 차원의 의식상태로 여행하는 방법
을 가르쳐주는 국제적인 기관이다. 지난 수십 년 동안 그곳에서는 의
식의 다양한 주파수 대역들 또는 차원들을 발견하여 정리해왔는데,
그중에는 사후의 경험과 관련된 내용이 많다. 그들의 연구는 비물리
적 세계 속에서도 성장과정이 계속 이어진다는 사실을 강하게 암시
한다. 죽음은 결코 끝이 아니다.

먼로 연구소의 프로그램에 참가한 사람들이 보고한 사후의 첫 번
째 의식 수준은 죽는 순간의 치매, 망상, 혼수상태, 마취상태 등과 관
련이 있다. 사후세계를 믿지 않는 사람들은 여기서 '기약 없는' 잠에
빠져들 수도 있다. 하지만 결국 그들은 새로운 현실을 인식하게 되는
데, 영적 인도자 또는 조력자가 텔레파시와 에너지 차원의 작업으로
써 그들을 돕는 경우가 많다.

사후의 두 번째 의식 수준은 죽음을 두려워하는 사람들, 자신이
죽은 줄 모르는 사람들, 부정적인 신념이나 감정에 여전히 사로잡혀
있는 사람들과 관련이 있다. 자살자와 중독자, 또는 슬픔과 후회와
저항 속에서 죽음을 맞은 사람들이 대표적이다. 그들은 영적 인도자
또는 조력자의 도움과 가르침을 받게 될 때까지 비교적 오랫동안 이

수준에서 정체될 수도 있다.

사후의 그다음 의식 수준들에서 우리는 실제로 주파수의 상승을 경험하게 된다. 그러나 아직 고착상태가 완전히 해소된 것은 아니다. 만일 천국에 이를 때 트럼펫 소리를 듣게 되리라고 믿어온 사람이 있다면, 그는 여기서 정말로 그 소리를 들을 것이다. 어떤 종교적 인물을 섬겨온 사람이 있다면, 그는 여기서 그 인물을 만날 것이다. 가족관계를 가장 중요하게 여겼던 사람은 사후에도 계속 그런 성향을 유지할 것이다. 하지만 어느 시점에 되면, 이들도 조력자의 도움을 받아 다른 가능성을 발견하고 좀더 수준 높고 유동적인 주파수의 의식으로 나아가게 된다.

이처럼 의식의 차원을 계속 높여간다는 말이 우리가 어딘가를 '향해' 나아가게 되리라는 뜻이 아님을 기억해야 한다. 이것은 우리의 구를 연속적으로 '확장해가는' 과정이다. 그리고 더 이상 의식의 제약이 없는 수준에 이르게 되면, 사람들은 여기서 소위 '공원(Park)'이라고 불리는 공간을 경험하게 된다. 이곳은 아름다운 나무와 잔디가 어우러진 공원처럼 보이는 거대한 공공수용소이다. 여기에서 사람들은 사별했던 사람들과 재회하고, 인도자의 도움을 받아 이번 생의 교훈을 이해하고, 젊음과 원기를 회복하고, 미래에 펼쳐질 생을 살펴보고, 우주의 기억이 보관된 광대한 '아카식 레코드' 도서관에서 공부를 하고, 또는 더 높은 주파수의 의식으로 확장해갈 준비를 한다. 그중 일부는 구조대원, 인도자, 조력자가 되기 위한 훈련을 받고 나서 기꺼이 낮은 수준으로 하강하여 제약적인 현실 속에 갇혀 있는 영혼들을 '끌어올림으로써' 그들의 진화과정을 촉진시킨다.

이보다 더 높은 의식 수준에 이르면 우리는 깨달음을 얻은 스승,

구원자, 예언자와 연결된다. 영혼들이 그들의 모든 생의 경험을 통합하며 휴식을 취하는 곳도 바로 이 수준이다. 이보다 더 높은 의식 수준을 경험하는 것도 가능하다. 그중에는 '집결소(the Gathering)'라고 불리는 흥미로운 공간이 있는데, 이곳에서 우리는 엄청나게 주파수가 높은 비인격적 지성체들을 만나게 된다. 그들은 지구에서 일어나게 될 중요한 사건들을 목격하기 위해 지구 근처에 모여든 존재들로서, 우리를 도와주고 싶어한다.

상위 차원들의 특성과 영혼의 본성에 관해서는 우리가 앞으로 알아가야 할 부분이 많다. 지금 나는 비물리적 세계 속에서도 진화과정은 계속 이어진다는 사실을 당신이 이해할 수 있도록 사후의 의식 수준들을 간략히 소개했을 뿐이다.

사후의 경험 예습해두기

앞서 살펴보았듯이, 먼로 연구소에서 보고한 사후의 경험들은 생전의 무의식 또는 부정적인 신념/감정과 관련이 많다. 물리적 삶 속에서 습관이 되어버린 감정과 믿음은 당신의 에너지체 속에도 깊게 각인된다. 그래서 당신이 육체를 떠난 후에 에너지체로서 여행을 할 때도 그 패턴으로부터 영향을 받는 것이다. 질병과 신체적 고통은 뒤에 남겨둘 수 있지만 마음속 깊이 각인된 감정적 고통과 부정적인 생각은 그럴 수가 없다.

당신이 죽음을 두려워할 때, 죽음에 저항할 때, 비물리적 삶으로의 전환을 자각하지 못할 때, 당신은 자신이 죽는 순간에 무슨 일이 벌어지는지를 전혀 이해할 수 없을 것이다. 현실을 부정할 때 중요한 정보를 놓치게 된다는 사실은 어디서든 똑같다. 만약 어떤 사람 또는 장소에 강하게 집착하는 상태로 죽음을 맞았다면, 당신은 사후에도 계속 그것에 집착하게 될 수 있다. 이것이 바로 유령과 귀신이 생겨나는 이유이다. 우리는 물리적 삶을 살아가는 동안 우리 자신을 정화함으로써 이런 잠재적 잡동사니들을 제거할 수 있다. 그러면 죽음을 경험할 때 초반의 몇 단계는 건너뛰고 곧장 높은 에너지-의식의 수준으로 올라가게 될 것이다.

당신이 열린 마음의 투명한 존재라면, 죽음 직후에 사랑을 일깨우는 통찰을 많이 얻게 될 것이다. 나는 아버지가 돌아가신 2000년에 이런 기술들을 처음 배우게 되었다. 아버지는 5천 킬로미터 떨어진 곳에서 혼자 사셨고 돌아가신지 나흘 만에야 시신이 발견됐다. 나는 아버지가 숨을 거둘 당시에 경험했을 일들이 걱정되었다. 그래서 상심을 어느 정도 추스른 후에 깊은 명상상태에 들어가서 아버지의 임종 당시의 경험을 살펴보기로 했다. 나는 아버지가 의자에 앉아 있었고 심장이 멈추기 직전에 정신을 잃었다는 사실을 알 수 있었다. 나는 지난 수년간 그가 겪은 좌절감, 분노, 적개심이 그에게 어떤 영향을 미쳤는지를 느낄 수 있었고, 그가 자신이 이뤄낸 것들을 스스로 인정하지 않고 자괴감에 빠져 있었다는 사실도 느낄 수 있었다.

아버지는 죽음을 약간 두려워했지만 실제로 겪어보니 전혀 고통스러운 일이 아니었다. 몸 밖으로 빠져나온 아버지는 의자에 앉아 있는 자신의 몸을 보면서 "나쁘지 않군"이라고 말했다. 집에 외로이 남겨진 반려견이 마음에 걸렸지만 곧 다른 사람들이 와서 돌봐줄 테니 큰 문제는 아니었다.

아버지는 그동안 겪어온 감정적 고통이 한순간에 사라졌다는 사실을 알아차리고는 놀라워했다. 육체와 함께 고통도 사라졌다. 그는 그 고통의 대부분이 자신의 염세주의적 태도로부터 비롯되었음을 깨달았다. 그가 오랫동안 품고 있던 울화도 크게 수그러들었다. 왜냐하면 몸속의 신경전달물질이 화학반응을 통해 반복적으로 만들어낸 부정적 감정의 굴레를 드디어 벗어났기 때문이다. 아직 용서의 작업이 남아 있었지만 전혀 부담스럽게 느껴지지 않았다.

말년에 외로운 시간을 보냈던 아버지는 죽음 이후에 많은 친구와 가족들이 자신을 반갑게 맞아주고 격려하고 사랑을 전하는 모습을 보고서 놀라움을 감추지 못했다. 뒤이어 그는 곧장 어떤 장소로 이동했고, 그곳에서 영적 인도자와 조력자의 도움을 받아 이번 생의 경험들을 정리할 수 있었다. 이번 생에서 그는 과거 생의 빚을 청산했고, 성실했고, 진실했고, 능력을 발휘했고, 성깔은 있지만 좋은 아버지였다. 그는 자신이 상처를 받으면 다른 사람에게도 상처를 주는 식으로 행동했었다는 사실을 깨달았다.

그런 후에 아버지는 흥미로운 계시를 받았다. 그는 가족 구성원들끼리는 DNA 차원의 물리적 공명을 바탕으로 하여 서로 '중첩'되어 있고, 그로써 서로의 인생에 풍성함을 더해준다는 사실을 이해했다. 우리는 이런 '중첩' 현상을 통해서 중요한 교훈들을 비언어적 형태로 '흡수'하게 된다. 나는 나 역시 이런 방식으로 아버지께 다소 도움이 된 존재였음을 확인했다. 이 계시는 아버지와 나를 사랑의 기운으로 가득 채워주었다.

아버지는 마찬가지의 방식으로 자신이 다른 사람들에게 주었던 지지와 교훈도 살펴보게 되었다. 나는 그 순간 내가 가슴과 어깨를 쫙 펴고 살아갈 수 있는 것이 바로 아버지 덕분임을 깨달았다. 그가 내 안에서 성실하고, 현명하고, 안정되고, 고요한 태도를 유지하는 법을 가르쳐주고 있었던 것이다. 나는 내 안에 새겨진 아버지의 '걸음걸이'를 본받아 앞으로 나아가고 있었다. 그때 어떤 목소리가 들려왔다. "너의 재능은 다 이런 식으로 주어진 것이다." 잠시 후 나는 아버지를 보내주었고, 그는 매우 빠른 속도로 앞으로 나아가는 듯 보였다. 이후로 내가 느낄 수 있는 것은 그의 유머감각과 웃음소리 정도였다.

이 경험을 통해 나는 진정으로 '눈을 뜨게' 되었다. 나는 만물 속에서 사랑을 느끼게 되었다. 나는 통일장의 위대한 조화가 우리를 사랑과 기쁨의 자연스런 상태로 되돌려준다는 사실을 깨달았다. 죽음이 슬프고 두려운 경험에서 놀라운 치유와 회복의 과정으로 바뀌었다. 나는 아버지가 돌아가시기 전에 자발적으로 정화와 배움의 과정을 끝마쳤더라면 ― 즉 그가 가상의 죽음을 연습해둠으로써 비물리적 삶으로의 전환에 불필요한 장애요소들을 미리 제거했더라면 ― 그의 죽음이 훨씬 더 많은 사랑과 기쁨으로 채워졌을 것이라는 사실을 안다. 직관의 시대에는 이런 '죽음의 기술'이 변성과정의 중요한 요소가 될 것이다.

> 깨어 있는 의식으로 초월적 차원을 경험하기 위해서는 시간과 공간에 관한 고정관념을 벗어나야 한다. 그로써 당신 자신이 공간의 차원 '바깥'에서 늘 존재해왔다는 사실을 깨달아야 한다.
> ― 피르 빌라얏 이나얏 칸

죽음을 경험해보는 방법들

투명해지기	두려움, 다른 사람들로부터 주입된 생각, 영혼과 단절된 행동, 부정적인 생각 등을 제거하기.
집착 거두기	생각, 감정, 소유물, 습관에 관한 집착 내려놓기. 온전한 자아표현을 주저하고, 다른 사람들을 지배하려 들고, 조건을 따지며 인색하게 구는 기존의 행동패턴 내려놓기.
에고의 죽음 경험하기	기존의 제약적인 정체성에 계속 매달릴 필요가 없음을 인정하기. 만족을 느끼기 위해서 굳이 남들보다 잘나야 할 필요가 없음을 인정하기. 내가 반드시 옳아야 하고 현실을 통제해야 할 필요가 없음을 인정하기.
신뢰감 키우기	내면의 주시자 및 흐름과 협동하기. 나의 진화를 위해 만사가 완벽하게 작동하고 있음을 인정하기.
근원 주파수 유지하기	세상의 무지와 고통으로 인해 중심이 흔들릴 때마다 '내가 느끼고 싶은 기분'으로, 그 유쾌한 상태로 되돌아가기. 긍정적인 확언과 화법 연습하기.

죽음을 경험해보는 방법들	
우뇌, 가슴, 세포, 에너지장과 감응하기	좌뇌의 집착, 머릿속 대화, 판단과 증명에 대한 갈구를 알아차릴 때마다 우뇌로 전환하기. 자신의 구를 확장하여 시야 넓히기. 직접적인 앎과 직감 이용하기.
물리적 세계와 비물리적 세계 통합하기	의식-에너지가 만물 속에서 작동하는 방식 느껴보기. 형체가 통일장으로부터 나왔다가 다시 통일장 속으로 사라지는 과정 살펴보기. 자신의 에너지체를 느껴보기.
새로운 주의력 기술 연습하기	선형적 현실로부터 구형적 현실로 전환하기. 일체성 느끼기. 집단의식 및 흐름과 협동하기. 주의력 기술들 훈련하기.
텔레파시 능력과 상상력 계발하기	명상, 주의력 기술, 기타 주파수 상승법(비물리적 차원의 작업에 필요한 모든 기술)을 통해 비물리적 존재들과 의사소통하는 연습하기.

집착과 에고 내려놓기

비물리적 삶으로 전환할 때 가장 적응하기 어려운 것이 바로 자신의 습관, 소유물, 인간관계는 물론이고 자아에 대한 모든 정의 — 세속적 정체성 — 로부터 초연해져야 한다는 점이다. 이것은 당신이 사랑했던 사람들을 사랑하기를 멈추라는 뜻이 아니다. 단지 서로가 서로를 경험하는 방식이 바뀌는 것을 허용하라는 뜻이다. 다음의 명상은 죽음과 재탄생을 간단히 연습해보는 방법이다. 당신은 먼저 집착을 내려놓고, 당신 자신에게 텅 빈 상태를 경험할 기회를 준 후에, 당신이 진정으로 원하는 것들을 가지고 현실로 되돌아오게 될 것이다.

실습과제
세속적 집착을 내려놓고 더 중요한 것을 얻기

1. 눈을 감고 당신의 중심에 머물라. 당신이 맑고 부드러운 다이아몬드 빛의 장으로 둘러싸여 있다고 상상하라. 당신의 시선이 닿을 수 있는 모든 공간은 이 장 안에 있다. 이것은 당신의 참자아의 빛이다. 이것은 당신의 고귀한 운명과 조화를 이루지 않는 것들을 전부 변화시킨다. 당신이 더 이상 필요치 않는 것들을 이 안에 내려놓으면 그것들은 저절로 사라진다. 반대로 당신의 진화에 필요한 것은 무엇이든 마법처럼 나타난다.

2. 마음을 편안하게 하라. 세포 수준까지 내려가서 긴장을 풀라.

당신의 육체, 감정체, 정신체 속에서 당신을 참된 존재로 만들어줄 에너지 패턴들이 쏟아져 나와서 당신 주변을 가득 채운다고 상상하라.

3. 이제 당신은 당신이 집착하고 있을 가능성이 있는 대상들의 세 가지 리스트를 살펴보게 될 것이다. 각각의 대상과 연결되어 그것을 느껴본 다음에 다이아몬드 빛의 장 속으로 흘려보내라. 그리고 영적인 정화의 빛 속에서 그것들을 태워 없애라.

4. 각각의 대상을 흘려보낼 때마다 샘솟는 자유로움에 주목하라. 당신 자신이 한없이 순수한 의식-에너지가 되도록 허용하라. 당신의 영혼의 정수를 느껴보라. 텅 빈 상태를 유지하며 휴식을 취하라.

〈당신의 소유물〉
• 차량 ― 자동차, 보트, 비행기, 캠핑카, 오토바이, 자전거
• 각종 장비, 장치, 도구, 컴퓨터, 전화기, 가전제품, 가구
• 옷, 신발, 보석
• 집, 부동산
• 돈, 상품, 귀중품
• 친구, 가족, 애완동물, 적
• 재능, 힘

〈당신의 생각과 활동〉
• 직업, 전문적 역할, 성과물
• 가족, 종교(교회), 친구와 관련된 역할들

- 취미, 여가활동, 스포츠, 건강상태
- 먹기, 마시기, 잠자기, 성생활
- 습관, 중독, 약점
- 좋아하는 것과 싫어하는 것을 나누는 기준
- 자신이 선한 사람이라고(혹은 악한 사람이라고) 믿고 있는 이유
- 자신이 해야 한다고 여기는 일들
- 다른 사람을 도왔던 일들과 다른 사람에게 신세를 졌던 일들
- 세계관과 우주관

〈당신의 감정과 정체성〉
- 과거에서 비롯된 감정적 고통, 후회
- 피해의식, 억울함
- 자유롭지 않다는 느낌, 답답함
- 두려움
- 자신의 성별
- 자신의 이름, 내력, 혈통
- 자신의 신체, 고통, 질병

5. 마음을 열고 충분히 휴식하라. 이번에는 이 리스트를 끝에서 부터 거꾸로 거슬러 올라가며 읽어보라. 그리고 당신의 열정과 직관과 본성이 원하는 것들만을 거기에 새롭게 추가하라. 높은 주파수 차원에서 현실을 창조하라. 당신에게는 이렇게 많은 소유물과 정체성이 필요하지 않다. 다시 현실로 돌아와서 한결 세련된, 새로운 삶의 방식을 느껴보라.

지금 당신이 변성과정의 한 단계로서 인생의 중요한 기로 또는 에고의 죽음을 경험하고 있다면 이 연습이 특히 더 유용할 것이다. 먼저 상상의 세계 속에서 집착을 내려놓고 나면 물리적 현실 속에서도 집착을 내려놓기가 한결 쉬워진다. 뭔가를 내려놓은 후에 찾아오는 자유로움과 홀가분함을 충분히 경험하라. 그러면 '흐름'이 당신에게 필요한 것을 가져오고 필요 없는 것은 가져가도록 허용하면서 새로운 다른 대상과 ― 당신이 이미 그것을 갖고 있든 그렇지 않든 간에 ― 함께하는 일이 쉬워질 것이다.

> 만약 영혼이 불멸한다면 … 영혼이 다음 세상으로 가져갈 수 있는 것은 삶의 교훈과 경험뿐일 것이다. 그리고 무엇을 가져갔느냐에 따라서, 갓 죽은 사람들은 사후의 여행을 시작할 때 도움을 받거나 곤란에 빠지게 될 것이다.
> ― 소크라테스

비물리적 삶을 위한 기술들

우리는 밤마다 꿈을 꾸기 때문에 비물리적 세계의 작동원리에 대해 제법 잘 준비된 상태이다. 비물리적 세계로 옮겨간 직후에 우리가 겪게 될 일들은 마치 자전거 타는 법을 처음 배울 때와 비슷할 것이다. 일단 한 번 배우고 나면 당신은 절대로 그걸 잊지 않게 된다. 비물리적 세계에서 당신이 반드시 사용하게 될 주의력 기술들이 몇 가지 있다. 그것들을 미리 연습하고 발전시켜두면 훗날 그곳에 갔을 때 그대로 써먹을 수 있을 것이다. 그중 첫 번째 기술은 직관과 직접적인 앎, 공감과 직감, 텔레파시와 직접적 의사소통 능력을 '동시에' 사용하는 것이다.

비물리적 세계 속의 삶은 전적으로 우뇌 속에서 살아가는 것과 비슷하다. 여기에는 기존의 언어와 논리는 물론이고 분리라는 개념과 두뇌의 정보처리기능 자체가 존재하지 않는다. 대신 우리는 직접적인 앎을 통해 서로 소통하고, 따뜻한 공감을 통해 서로를 이해하게 된다. 당신의 의식은 당신의 에너지체 — 주파수의 송수신기 — 를 통해서 복잡한 개념이나 지식체계까지도 단번에 받아들인다.

당신이 직접적인 앎과 직관을 통해 비물리적 세계에 있는 누군가를 생각하면 그들도 당신을 생각하게 된다. 이런 상호작용은 즉각적으로 일어난다. 당신과 그들 사이에는 어떤 장애물도 없다. 만약 당신이 뭔가를 창조하고 싶어하면, 다른 사람들도 그 사실을 알고 당신을 돕고자 한다. 당신은 가슴의 의식-에너지장 속에서 살아가게 된다. 당신은 텔레파시로써 어떤 존재와 소통함과 동시에 그와 비슷한 주파수를 가진 영혼집단 전체와도 소통할 수 있다. 모든 사람이 의식-에너지를 통해 통합되어 있기에 우리 안에는 하나의 공통된 목소리가 존재한다. 의사소통은 에너지 차원의 인식과 자각에 '의해서', 그리고 당신의 에너지체를 '통해서' 이뤄질 것이다.

이 기술을 미리 연습해두기 위해서 다른 사람들도 항상 이렇게 의사소통을 하고 있다고 상상하라. 그들의 논리적 습관, 편견, 성격, 무신경한 태도의 이면을 바라보라. 어쨌든 그들은 모두 가슴을 가진 존재들이다. 만약 당신이 누군가를 생각할 때, 그들도 당신을 느끼고 당신의 의도를 알 수 있다고 생각하라. 모든 사람이 사실은 직관과 텔레파시의 전문가라고 생각하라. 그런 다음 어떤 사람이나 대상에 관해 떠오르거나 느껴진 인상이 있다면, 그 정보를 신뢰하라. 그것을 참고하여 행동하라. 그것에 가장 적합해 보이는 방법을 찾으라. 이 기술을 삶에서 적극적으로 활용하라.

> 만물은 그저 계속 앞으로 밖으로 나아갈 뿐 … 결코 소멸하지 않는다. 죽음은 우리의
> 생각과는 달리 오히려 다행스런 일이다.
>
> — 월트 휘트먼

비물리적 세계에서 대단히 중요한 또 다른 주의력 기술로는, 상상을 통해 현실을 창조하고 주의력으로써 그것을 유지하는 능력이 있다. 우리는 13장에서 이 주제를 다룬 바 있다. 하지만 비물리적 세계에는 '물리적 결과'가 존재하지 않기 때문에 당신이 창조의 주체라는 사실이 더욱 명확해진다. 또한 좌뇌가 없는 세계이기 때문에 주의력이 훨씬 부드럽고, 자연스럽고, 신속하고, 유동적으로 작용한다. 즉각적으로 창조된 현실은 당신이 당신의 장 안에서 그것에 주의를 기울이는 동안만 유지된다. 만약 장면을 바꾸고 싶으면, 원하는 다른 장소를 시각화하고 당신이 지금 거기에 있다고 느끼기만 하면 된다.

당신은 물리적 삶을 사는 동안 시도할 기회를 갖지 못했던 일들을 이곳에서 상상을 통해 경험할 수 있다. 예컨대 집을 직접 설계해서 세워보고 싶다면, 당신이 상상을 시작하자마자 그것이 형체를 갖춰갈 것이다. 문의 색깔과 창문의 위치를 바꿔보라. 집의 위치를 공터에서 해변으로 바꿔보라. 그러면 현실이 그 상상대로 즉각 변할 것이다. 당신이 지금 상상의 세계 '속에' 있기 때문에 당연히 창조의 결과물도 그 세계 속에 존재한다.

당신이 물리적 삶을 사는 동안 상상의 세계를 믿지 않거나 상상과 꿈을 통한 창조작업을 시도해본 적이 없다면, 그 요령을 터득하게 될 때까지는 비물리적 세계 속에서 좌절감과 불편함을 느끼게 될 것이다. 또한 벼룩처럼 폴짝폴짝 초점을 옮겨다니는 주의력을 갖고 있다면, 이런 산만함이 비물리적 삶에서도 그대로 이어질 수 있다. 그러

면 상상으로 현실을 창조하는 능력과 창조된 현실들 사이를 자유롭게 옮겨다니는 능력에 제약이 생긴다. 상위 차원에서는 당신의 주파수가 곧 당신의 현실이다. 물론 물리적 세계도 마찬가지긴 하지만 비물리적 세계에서는 이 사실이 더욱 확연히 드러난다. 거기에서 당신은 자신의 주파수를 직접 느낄 수 있고, 주의의 초점을 바꿈으로써 다른 주파수로 전환할 수 있다. 지금의 물리적 삶 속에서 상상의 세계에 접속하고 주의력을 통해 그것을 물질화하는 연습을 해둔다면, 당신은 비물리적 삶 속에서도 그 기술을 고스란히 활용할 수 있게 된다.

무한의 동적인 측면

우리가 '가상의 죽음'을 연습하는 목적은 물리적 현실과 비물리적 현실을 통합하고, 이 두 세계에 똑같이 적용되는 원리들을 찾고, 이 두 세계 속에서 똑같이 효과적으로 써먹을 수 있는 주의력 기술을 발전시키기 위함이다. 이 연습을 통해서 우리는 기억과 목적의식을 유지한 채로 비물리적 세계를 경험하고, 그런 다음 우리 자신의 영적인 내적 청사진을 왜곡 없이 그대로 갖고 다시 태어날 수 있게 될 것이다. 우리는 지금 이 두 세계를 하나로 엮어서 온전한 지혜의 직조물로 만들어내고 있다.

카를로스 카스타네다는 그의 저서 《무한의 동적인 측면》(The Active Side of Infinity)에서 의식을 유지한 상태로 물리적 세계와 비물리적 세계를 오가는 연습에 관해 언급하고 있다. "돈 후앙은 '궁극의 여행'을 준비하기 위해 알아야 할 주술적 지식들의 의미를 설명해주었다. 모든 인간은 삶의 끝에서 이 여행을 떠날 수밖에 없다. 돈 후앙에 따르면 … 주술사들은 사후에도 자신의 자각의식과 목적의식을 유지할 수 있다고 한다. 현대인들에게 '사후세계'라고 불리는 희미하고 이상적인 공간이 그들에게는 하나의 엄연한 현실이었다. 그곳의 삶의 방식과 이곳의 삶의 방식은 무척 다르지만, 본질적인 기능만 따진다면 결코 다르다고 할 수 없다."[3] 카스타네다는 우리가 죽음 직후에 맞이하게 되는 경험을 주술사들은 '무한의 동적인 측면'이라고 부른다고 말했다.

자연스럽게 변성과정을 통과하고 직관의 시대로 진입함에 따라, 당신은 주술사들과 기타 깨우친 존재들이 발견했었던 바로 그 지혜와 능력에 대해 알아가고 있다. 지금 당신은 스스로 변성해가고 있고, 스스로 '정상'의 판단기준을 바꿈으로써 훨씬 더 큰 가능성을 받아들이고 있다. 판타지소설에나 나올 법한 초능력, 즉각적인 치유, 다른 차원으로의 이동, 영적인 의사소통 능력 등이 이제 정상의 범위 안에 포함될 것이다.

직관의 시대가 삶과 죽음에 대한 당신의 개념까지 확 바꿔놓으리라는 사실이 과연 놀랄 일일까? 의식-에너지는 파동과 입자 사이를 오가는 움직임을 한시도 멈추지 않는다. 당신과 나 역시 그러한 파동/입자의 덩어리일 뿐이다. 우리는 눈 깜짝할 새에 물리적 삶 속으로 들어갔다가 또 긴장을 풀고 비물리적 삶 속으로 되돌아간다. 이쪽의 '죽음'이 저쪽에서는 '탄생'이 된다. 우리는 그 둘을 분리할 수 없다.

의식-에너지가 그동안 방치돼 있던 '인위적인' 공백을 채워가면서 우리는 삶의 동시성과 영원성을 경험하기 시작하고 있다. 당신은 죽음이란 실재하지 않으며, 다만 두려움과 좌뇌에 의해 발생한 소용돌이가 의식-에너지를 붙잡아서 가둘 뿐이라는 사실을 알게 될 것이다. 또한 당신은 주의의 초점을 유연하게 전환함으로써 덫에 빠진 인생의 문제들을 새롭게 바라볼 수 있게 된다. 당신은 당신 자체가 곧 삶이고, 의지이고, 에너지라는 사실을 깨닫는다. 당신은 원할 때면 언제든지 물리적 현실과 비물리적 현실을 오갈 수 있다. 당신은 상상력과 주의력을 활용하여 다양한 주파수의 현실을 창조할 수 있고, 다른 모든 존재들과 협동할 수 있다. 당신은 도착했다! 지금 여기에 있는 채로 모든 곳에 도착했다!

직관의 시대에는 물리적 삶을 살기 위해 반드시 물리적 출생이 필요하지 않을 것이다. 또한 비물리적 삶 속으로 되돌아가기 위해 반드시 물리적으로 죽어야만 필요도 없을 것이다. 지구상에 살았던 수많은 위대한 스승들처럼, 당신도 눈 깜짝할 새에 강림과 승천, 물질화와 비물질화의 마법을 부릴 수 있다. '흐름'과의 조화 속에서.

그들이 우리는 부활할 수 없다고 말하는 이유는 무엇인가? 탄생과 부활 중에 무엇이 더 어려운 일이겠는가? 없던 것이 생기는 것과 있던 것이 다시 생기는 것 중에 무엇이 더 어려운 일이겠는가? 당연히 새로 생기는 것보다 돌아오는 것이 더 쉬운 일 아니겠는가?

— 블레즈 파스칼

요약

우리는 사후세계를 '최후의 미개척지'라고 생각하지만, 직관의 시대에는 죽음에 대한 우리의 관념과 경험이 ― 다른 모든 것이 그러하듯이 ― 변화하게 될 것이다. 우리는 비물리적 세계와 물리적 세계의 통합, 하강-몰입-상승의 순환주기, 삶의 영원성 등을 깨달으면서 죽음을 둘러싼 신비를 파헤치게 될 것이다. 죽음은 실재하지 않는다. 단지 의식의 진화과정 가운데 '몰입단계'의 종결 또는 에고의 소멸이 있을 뿐이다.

많은 사람들이 임사체험이나 깊은 명상을 통해 사후세계를 경험한다. 그들에 따르면, 우리는 비물리적 세계 속에서 점진적인 과정을 겪게 되는데 그중 초기의 단계들은 마음속의 집착과 장애물과 잡동사니를 제거하는 작업과 관련이 깊다. 그다음의 단계들은 사랑이라는 필터를 통해서 이번 생의 교훈을 이해하고 소화해내는 작업과 관련이 깊다. 그런 후에 우리는 비물리적 차원의 삶이 어떻게 작동하는지를 기억해내고, 계속해서 상상의 세계 속에서 배우고 창조하게 된다.

물리적 삶 속에서 이런 작업을 의식적으로 연습해두면 훗날 비물리적 삶으로의 전환이 즐겁고 수월해질 것이다. 나는 이것을 '가상의 죽음'이라고 부른다. 이것은 당신이 죽어가는 동안, 그리고 죽음 직후에 하게 될 일들을 상상 속에서 미리 해보는 것이다. 비물리적 삶의 준비작업으로 직접적인 앎, 텔레파시, 연민, 상상과 관련된 능력을 연마하라. 직관의 시대가 펼쳐지면, 우리는 '탄생과 죽음' 대신 '강림과 승천'을 통해 비물리적 삶과 물리적 삶을 손쉽게 오가게 될 것이다.

책을 마치며

정신을 바짝 차리고 중간지점까지만 잘 걸어간다면
어둠 속에서 도약하여 어느덧 목적지에 도착해 있을 것이다.

— 헨리 데이비드 소로

　서문에서 말했듯이, 당신과 마찬가지로 나도 지금 시간의 가속화 현상과 함께 의식-에너지의 가속화 현상을 겪고 있다. 나는 지금 이 순간에 초점을 맞추고, 삶을 속속들이 느껴보고, 그 흐름과 하나되어 우리의 미래상을 흘끗 보고 있다. 말하자면, 나는 직관의 시대에 펼쳐진 현실과 '신인류'로 거듭난 우리의 모습을 어렴풋이나마 보고 있다. 나는 지금 내가 알고 있는 바를 당신에게 전하고 있지만 나의 이런 관점은 앞으로도 계속 확장될 것이다. 당신도 미래의 모습을 지금 당장 볼 수 있다. 그러기 위해서는 지금 이 시대가 요구하고 있는 새로운 개념들을 이해하고 새로운 항해술을 익혀야 한다. 물론 쉽지만은 않은 단계들, 마주하고 싶지 않은 문제들, 깊숙이 박혀 있어 깨트리기 어려운 습관들도 많지만 결국 우리는 '행복'이라는 헬륨가스로 채워진 풍선처럼 높은 주파수의 차원으로 떠오르게 될 것이다.

　여기서 대략적인 방향이라도 알려줄 수 있는 지도가 있다면 큰 도움이 될 것이다. 이 지도에 공백으로 남겨진 지점에서는 당신의 직관력을 활용하고 내면의 주시자를 신뢰하라. 당신의 진화과정이 빈

틈없이 진행되고 있다는 사실을 믿으라. 좌뇌의 불신을 극복하라. 당신을 변성으로 이끄는 흐름은 당신을 망치려는 것이 아니라 당신을 도우려는 것이다. 그것은 당신이 앞으로 겪을 일들을 이해할 수 있도록, 당신이 이 좁은 수로를 안전하게 통과하기 위해서 필요한 것들을 준비할 수 있도록 당신을 부드럽게 이끌고 있다. 그저 귀를 기울이라. 새로운 패턴이 마음속에 들어와 각인되게 하라. 당신의 몸이 더 높은 수준의 에너지에 적응하여 새롭게 기능하는 방법을 이미 알고 있음을 믿으라. 당신이 원하는 것을 선택하고, 그 선택에 따라 행동하라. 따뜻한 마음을 갖되 당신 자신을 희생하지 말라. 좌뇌의 명령과 지시를 '꺼버릴' 때, 당신은 당신이 무엇을 해야 할지를 더욱 명확히 알게 된다.

미래가 더 이상 '저기 저편'에 있지 않다는 사실을 기억하라. 미래는 당신의 의식-에너지의 구 안에 들어 있다. 다만 당신이 지금 창조해내고 있는 이 현실보다 약간 더 높은 주파수 대역에 있을 뿐이다. 당신은 주파수를 높여서 그곳에 도달할 수 있다. 그곳에서는 내가 지금 묘사하고 있는 급진적인 아이디어들이 너무나도 당연한 것으로 보일 것이다. 나는 미래를 아주 희망적으로 바라보고 있다. 나는 긍정적이고 흥미진진한 비전을 보고, 듣고, 간직해왔다. 그리고 누가 뭐라고 해도, 긍정적인 비전에 집중하는 것이 두려움과 고통과 괴로움과 종말론에 에너지를 보태는 것보다 훨씬 생산적인 태도가 아니겠는가.

두 팔을 올려라!

당신이 언제 어떤 대상에 시선을 사로잡히게 될지는 아무도 모르는 일이다. 최근에 나는 동네의 한 커피숍에 앉아 있었는데, 때마침 커피숍 밖에 있던 한 소녀가 내 눈에 들어왔다. 소녀는 애교 많은 강아지한테 온통 마음을 빼앗겨버린 상태였다. 소녀는 신이 나서 꺅하고 소리를 지르며 양팔을 번쩍 들어올렸다. 나는 해변에서도 이와 같은 행동을 하는 아이들을 자주 보았다. 파도가 밀려와서 발을 살짝 간질이면, 아이들은 신이 나서 바다를 향해 양팔을 번쩍 들어올린다. 거대하고 장엄한 어떤 자극이 그 순수한 아이들로 하여금 몸과 마음을 활짝 열게 만드는 것이다. 그런데 우리는 언제부터 이런 몸짓을 하고 싶은 충동을 잃어버렸을까?

미식축구 선수가 터치다운을 한 후 환호성을 지르는 모습을 제외한다면, 나는 어른들이 양팔을 들고 기뻐하는 모습을 마지막으로 본 것이 언제인지 기억조차 나지 않는다. 몸이 커진 만큼 팔도 무거워진 걸까? 무거운 가방을 들고 다니느라 근력에 문제가 생긴 걸까? 그렇다면 고작 눈썹이나 치켜올리는 것이 최선이란 말인가? 아이들의 팔은 힘들이지 않고도 저절로 들린다. 당신도 한 번 해보라! 아이들처럼 남의 시선에 신경 쓰지 말고 그냥 두 팔을 위로 뻗고 손가락도 쫙 펴보라. 가슴에 뭔가 뭉클한 느낌이 있을 것이다. 가슴이 활짝 열리고 폐가 양껏 공기를 들이마실 것이다. 기분이 정말 좋아질 것이다!

나는 내 마음 밖으로 나와서
끝없이 펼쳐진 저 하늘 아래를 걷고 싶다.
— 라이너 마리아 릴케

나는 이 책을 마치면서 왜 이런 생각을 하고 있을까? 아마도 이
책의 제목 속에 '도약'이란 단어가 들어 있기 때문일 것이다. 변성과
정은 어려운 단계들도 포함하고 있지만, 전반적으로 볼 때 우리가
'즐거운' 전환점에 서 있다는 사실을 기억하길 바란다. 도약하라! 이
말 뒤에는 반드시 느낌표가 필요하다. 또한 당신의 '영혼'이란 말 뒤
에도 느낌표가 필요하다! 당신의 영혼 그 자체인 비물리적 세계가 공
개적으로 모습을 드러내고 있다. 그것도 당신의 물리적 현실을 통째
로 뒤바꾸면서 말이다. 지금 당신은 깜짝 놀랄 만큼 좋은 것들을 기
억해내고 있고, 당신을 환하게 밝혀줄 기억들이 아직 엄청나게 많이
남아 있다.

의식-에너지가 왜곡 없이 작동하는 현실이 바로 당신의 코앞에
와 있다. 그것이 갓 구운 빵처럼 구수한 냄새를 솔솔 풍기면서 당신
을 끌어당기고 있다. 당신은 그것을 그냥 지나칠 수 없다. 직관의 시
대는 당신을 뿌리부터 바꿔놓는 동시에 과학, 심리학, 의학, 비즈니
스, 정부, 심지어 역사까지도 변화시키고 있다. 모든 분야가 서로 영
향을 주고받으면서 하나로 통합되고 있다. 지구상의 모든 빛의 입자
를 통해서 도처에서 비밀이 밝혀지고, 어둠이 사라지고, 지혜와 진실
이 모습을 드러내고 있다.

당신은 과학이 새로운 사실을 밝혀내주기를 기다려왔을지도 모
른다. 그러나 진실의 근원은 당신과 다른 모든 사람들의 내면에 들어

있다. 우리는 내적 작업을 통해서 우주의 보편적 원리와 지혜에 직접 접근할 수 있다. 그리고 당신은 당신의 앎을 세상과 함께 나눔으로써 우리 모두에게 큰 도움을 주게 될 것이다.

천상의 작가들

나와 함께 이 글을 쓰고 있는 비물리적 존재들, 즉 내 상상 속의 '천상의 작가들'에게 "이 책을 어떻게 끝낼까요?" 하고 물었더니 그들은 이렇게 대답했다.

"이것은 자아의 끝이 아니라 무한한 경험의 시작이다. 그리고 무한하다는 것은 결코 두려운 상태가 아니다. 좌뇌로부터 해방되고 나면 두려움은 완전히 사라지고 공간과 자유와 무한을 찬미하게 된다. 우리는 기존의 인식습관으로부터 직관의 시대의 새로운 의식으로 나아가는 변성의 단계들을 설명했다. 이 과정은 수년이 걸릴 것처럼 보이지만 실제로는 단숨에 일어날 수도 있다.

부정적 신념을 버리고 긍정적인 관점을 수용해야 하는 데에는 그럴 만한 충분한 이유가 있다. 당신은 이 세상이 견고하다는 환상을 꿰뚫어봄으로써 현실을 변성시키는 데 필요한 도움을 넘치도록 받게 될 것이다. 세상에는 수많은 비물리적 존재들이 있고, 물리적 존재들 또한 전부 비물리적 측면을 갖고 있다. 우리는 영적 차원의 진실로부터 한시도 벗어난 적이 없다. 우리 안의 심오한 지혜가 당신을 괴롭히고 있는 모든 거짓말, 오해, 미신을 떨쳐낼 것이다. 우리야말로 늘 당신의 곁에 있는 진정한 가족이다.

투명한 존재가 되어 다이아몬드 빛 속에서 살기 위해서 거쳐야 할 단계들은 전혀 어려운 것이 아니다. 당신의 변성은 미래의 일이 아니다. 미래는 더 이상 존재하지 않는다. 당신은 이미 변성되었다. 변성된 자아가 당신의 물리적 현실 속으로 들어와서 당신의 제2의 천성이 될 때까지, 당신은 상상의 세계 속에서 그것을 계속 경험하기만 하면 된다. 그러면, 우리가 즐겨 말하듯이, '정말 그렇게' 될 것이다.

아, 그들은 공허한 거짓말로 우리를 비웃으며,
이 멋진 땅을 눈물의 계곡으로 만든다.
영혼이 정말로 불멸한다면,
영원한 삶은 이제 갓 시작된 것이 아니겠는가.

신께서 주신 힘으로써 살아가는 사람들에게
천국은 이미 시작되었다.
제아무리 지독한 비관론일지라도
신성한 운명을 실현해낼 지고한 힘을
살아 있는 영혼들에게서 빼앗지는 못한다.

— 앨리스 케리

참고문헌

Chapter 1

1. Barbara Hand Clow, *Awakening the Planetary Mind: Beyond the Trauma of the Past to a New Era of Creativity* (Rochester, VT: Bear & Company, 2011), 38.

Chapter 3

1. C. G. Jung, *The Structure and Dynamics of the Psyche*, trans. Gerard Adler and R. F. C. Hull, 2nd ed., vol. 8, The Collected Works of C. G. Jung (Princeton: Princeton University Press, 1969), 158.

2. James H. Austin, *Zen and the Brain: Toward an Understanding of Meditation and Consciousness*, 2nd ed. (Cambridge, MA: MIT Press, 1999), 40.

3. Rick Hanson, *Buddha's Brain: The Practical Neuroscience of Happiness, Love, and Wisdom* (Oakland, CA: New Harbinger Publications, 2009), 5.

Chapter 5

1. Jill Bolte Taylor, *My Stroke of Insight: A Brain Scientist's Personal Journey* (New York: Plume, 2009), 140.

2. Ibid., 141.

Chapter 7

1. Satprem, *The Mind of the Cells or Willed Mutation of Our Species*, trans. Francine Mahak and Luc Venet (Paris: Institut de Recherches Evolutives [Institute for Evolutionary Research], 1982), 13.

Chapter 8

1. Neville Goddard, "No One to Change but Self," 1948 Lessons (Lectures) Series, Including the Questions and Answers, no. 4: http://freeneville.com/free-neville-goddard-lectures-1948-4-no-one-to-change-but-self/ (accessed November 4, 2012).

2. Michael Talbot, *The Holographic Universe: The Revolutionary Theory of Reality* (New York: Harper Perennial, 1992), 50.

469

Chapter 9

1.   Jon Kabat-Zinn, *Wherever You Go, There You Are* (New York: Hyperion, 1994), 4?5.

2.   Cathy N. Davidson, *Now You See It: How Technology and Brain Science Will Transform Schools and Business for the 21st Century* (New York: Penguin, 2012), 6.

3.   Ibid., 56.

4.   Charles A. Lindbergh, *The Spirit of St. Louis* (New York: Simon & Schuster, 2003), 387.

5.   Ibid., 386.

6.   Ralph Waldo Emerson, *Ralph Waldo Emerson: Selected Essays*, ed. Larzer Ziff (New York: Penguin, 1982), 39.

7.   Gaston Bachelard, *The Poetics of Space* (Boston: Beacon Press, 1994), 195.

8.   James H. Austin, *Zen and the Brain: Toward an Understanding of Meditation and Consciousness* (Cambridge, MA: The MIT Press, 1999), 549.

Chapter 10

1.   David Bohm, *Wholeness and the Implicate Order* (New York: Psychology Press, 2002), 188.

2.   Cathy N. Davidson, *Now You See It: How Technology and Brain Science Will Transform Schools and Business for the 21st Century* (New York: Penguin, 2012), 55-56.

Chapter 11

1.   Norman Friedman, *Bridging Science and Spirit: Common Elements in David Bohm's Physics, the Perennial Philosophy and Seth* (St. Louis, MO: Living Lake Books, 1990), 235.

Chapter 12

1.   Cathy N. Davidson, *Now You See It: How Technology and Brain Science Will Transform Schools and Business for the 21st Century* (New York: Penguin, 2012), 229.

2.   Ibid., 230.

3.   Lynne McTaggart, *The Field: The Quest for the Secret Force of the Universe*, rev. ed. (New York: Harper Perennial, 2008), 11.

Chapter 13

1.   Joan Borysenko, PhD, *Fire in the Soul: A New Psychology of Spiritual Optimism* (New York: Grand Central Publishing, 1994), 128.

Chapter 14

1.   Alberto Villoldo, "The Inca Prophecies of Hope and Revelation," *Insight Healthy Living Directory* website (2009): http://www.insightdirectory.com/articles-/80-the-inca-prophecies -of-hope-and-revelation-by-alberto-villolodo.html (accessed November 4, 2012).

Chapter 15

1.   This account of Peter Sellers's near-death experience was published in Shirley MacLaine's book *Out on a Limb* (New York: Bantam, 1986; page 172).

2   Ernest Hemingway, *A Farewell to Arms*, The Hemingway Library ed. (New York: Scribner, 2012), 47.